History of CHINA

艾公子 著

一看就
停不下来的
中国史

叁

辽宁人民出版社

图书在版编目（CIP）数据

一看就停不下来的中国史. 3 / 艾公子著. -- 沈阳：
辽宁人民出版社, 2024. 10. -- ISBN 978-7-205-11275-2

Ⅰ. K209

中国国家版本馆 CIP 数据核字第 2024D3U764 号

出版发行：辽宁人民出版社
　　　　　地址：沈阳市和平区十一纬路 25 号　邮编：110003
　　　　　电话：024-23284325（邮　购）　024-23284300（发行部）
　　　　　http://www.lnpph.com.cn
印　　刷：天津旭丰源印刷有限公司
幅面尺寸：170mm × 240mm
印　　张：24
字　　数：413 千字
出版时间：2024 年 10 月第 1 版
印刷时间：2024 年 10 月第 1 次印刷
责任编辑：刘　明
封面设计：人马艺术设计·储平
版式设计：新视点工作室
责任校对：冯　莹
书　　号：ISBN 978-7-205-11275-2

定　　价：65.00 元

　　刘娥十来岁便嫁给银匠龚美，跟着龚美来到当时的京城开封。史书说，刘娥"善播鼗"，鼗鼓现在俗称拨浪鼓。

　　　　　　　　　　　　　　——1033 年，史上第二个武则天被扼杀了

刘娥，四川人，自幼父母双亡，被寄养在外婆家。十来岁便嫁给银匠龚美，跟着龚美来到当时的京城开封。史书说，刘娥「善播鼗」，鼗鼓现在俗称拨浪鼓，说明她是开封城内一个底层的取悦市民的艺人，生活艰难。

宋真宗赵恒继位前为襄王时，听说四川女人漂亮聪慧，一心想娶个川妹子。碰巧底下有个叫张耆的人，打听到龚美家贫，想让刘娥改嫁。刘娥由此以卑微的出身和再嫁之妇的身份，进入了襄王府邸，并得到赵恒的宠爱。但是，她那卑微的身份，必将如影随形，时刻打击、摧残着她。

关于孙传庭入狱的原因，已很难清晰呈现，但离不开这几个基本因素：陕西权贵的诬告，朝廷高层的内斗，以及崇祯帝的刚愎自用。

——最后的英雄：国家无人可用，而名将在牢里

大明王朝的最后十几年，诚为多事之秋。内忧外患，内有「流寇」起义，外有后金寇边，最后，这个老大王朝，不是死于内，就是死于外。

孙传庭真的坐不住了。他给崇祯帝上了一道疏，叫《有敌情必有虚怯之处疏》。看名字就知道，这是批评内政的。

他在等待机会复出。

时局变得越来越坏，他变得越来越焦灼。他早已不在局中，完全可以置之不顾，乘桴浮于海，但这就是传统士大夫的可贵之处——国难当头，舍我其谁！

汉文帝

窦皇后

到了代国，才貌出众的窦猗房幸运地得到代王宠爱，为其生下一女二子，上演了一出"麻雀变凤凰"的好戏。

——两汉第一豪门：13 人封侯，兴衰 300 年

塞翁失马，焉知非福。到了代国，才貌出众的窦猗房幸运地得到代王宠爱，为其生下一女二子，上演了一出「麻雀变凤凰」的好戏。代王刘恒正是后来的汉文帝，窦姑娘也就成了窦皇后。

此时，这个偶然事件引发的裂变才刚刚开始。窦猗房由宫女一跃成为皇后，其家族备受荣宠，封侯受赏，显赫一时。窦氏家族历经两汉，四起四落，其成败荣辱与大汉王朝相伴相生。

这一切的起源，竟然只是一个宦官的小小失误。

诸葛亮

　　为维持边疆稳定，诸葛亮采用马谡"攻心为上，攻城为下"的策略平定南中，安抚夷越，让蜀军北进中原时无后顾之忧。

——蜀汉为何一定要北伐？

为维持边疆稳定，诸葛亮采用马谡「攻心为上，攻城为下」的策略平定南中，安抚夷越，让蜀军北进中原时无后顾之忧。

吴人张俨在《述佐篇》中称赞道：「孔明起巴蜀之地，蹈一州之土，方之大国，其战士人民盖有九分之一也，而以贡赞大吴，抗对北敌，至使耕战有伍，刑法整齐，提步卒数万，长驱祁山，慨然有饮马河、洛之志。」

自　序

传说中，在人世与地狱之间，隐藏着一重模棱两可之门：罗生门。

该词源出日本，被用来指喻事实与假象的纠缠。1950 年，日本电影《罗生门》上映，影片讲述一位武士被杀，随后，围绕谁是杀害武士的真凶，强盗、死者的妻子、借死者亡魂来做证的女巫，以及目击者樵夫，各方都基于自己的利益和立场，给出了不同的故事版本，从而使得这起凶杀案的真相变得扑朔迷离。

在小说和电影的叙述中，罗生门作为一种隐喻，仍然有被发掘真相的可能；但在几千年浩瀚迷离的历史长河中，罗生门则指向难以复原的支离状态，以及不同利益立场者的叙述纠缠。从这种意义上来说，历史的阐述，本质上就是一场拉锯于罗生门的话语争夺战，所以，拨开历史的迷云，如何尽可能地接近并还原真相，是历史阐述者面临的重任。

但真相真的重要吗？又或者，真相就是大众所喜闻乐见的吗？以中国流传的"赵氏孤儿"案为例，从《史记·赵世家》衍生出来的忠义与复仇的故事版本，千百年来为人称颂，并广为流传。但实际上，我们在《左传》等更为原始的史料中可以发现，"赵氏孤儿"案不过是一场历史演绎的罗生门。在春秋战国时期晋国内部国君与公卿、公卿与公卿、公卿内部之间的政治斗争中，一场争权夺利的血案，经过赵氏家族等利益相关者的不断渲染，最终被演绎成了一段千古流传的忠义传奇。历史的吊诡正在于此，后世流传的所谓真相，往往只是被需要的事实罢了。

不仅如此，以裴松之补注的《三国志》为例，围绕着吕伯奢之死等各种话题，就出现了众多相互矛盾乃至对立的史料和观点。再往后，在玄武门之变、斧声烛影之谜、光绪之死等众多史学疑案中，对于李建成的人品、赵光义是否下毒、慈禧是否对光绪痛下杀手，都存在许多争议。如何穿透历史的罗生门，这本身就是一项艰巨的挑战。

历史的意义，不仅在于"究天人之际，通古今之变"，亦在于构建探索生命奥义的津渡。在窥探历史真相的同时，我们也在孜孜以求，追寻忠、孝、仁、义、礼、智、信等儒家原则，观察自我，观察生命，观察古往今来和万物演变的奥义。这是一场无法穷尽时空的探索之旅，它将始终伴随人类追寻自我的旅程，直至人类最终陨灭于浩瀚宇宙、化为虚无尘埃为止。

正如我们之前所说的，无论历史如何诡异抑或失真，我们都希望在尽可能接近真相的讲述中，探寻到人性的光辉和进步的力量。对于历史，我们始终保持着温情与敬意，因为拂去沧桑，只有热爱与敬畏，才能让我们更好地理解过去、珍惜现在和面向未来。

本书作者艾公子，原用笔名"最爱君"，系"最爱历史"创作团队的集体笔名。三名执笔者分别为郑焕坚、吴润凯和陈恩发。这是艾公子的畅销书《一看就停不下来的中国史》系列的第三册。此次再版，主要修订了书中的部分讹误和表述差错。

思无止境，在纷繁复杂的历史与尘世之中，我们将始终以敬畏和温存之心，审视罗生门内外的冷暖悲欢。一切历史，都是当代史。读历史，就是读人心，读现在，读未来。

初心不改，是为序。

艾公子

2020 年 4 月 14 日于广州

2023 年 12 月 26 日修订

目 录

二　时也命也：卑鄙是卑鄙者的通行证，高尚是高尚者的墓志铭

| 三 | 中观历史：国家以下，个体以上，时间长河中的稳定结构 |

| 四 | 洞穿幽微：那些潜藏的隐秘力量，才是历史的真正主宰 |

一

高处不胜寒：
那些影响时代的人，终将受时代影响

帝王生涯

一代战神李存勖：用 15 年得天下，用 3 年全毁了

从巅峰跌到低谷，仅仅过去 3 年，后唐庄宗李存勖将一个天纵之骄的剧本，演成了逸豫亡身的悲剧。

安逸享乐，并非李存勖的本性。相反，他自幼长于戎马之间，在危急关头继承父志，扶广厦之将倾，尝尽艰辛，身经百战，历经 15 年才一雪前耻，了却其父李克用生前三矢遗愿。成与败，转瞬即逝，而这一切其实并不矛盾。

1

后梁开平二年（908）正月，春寒料峭，病重的晋王李克用已时日无多。在人生的最后几年，李克用的事业正遭受前所未有的打击，与他争斗 20 余年的朱温进军关中，挟持天子，两次出兵李克用的根据地河东（今山西），兵临晋阳城下。

梁晋争霸形势逆转，李克用处于劣势，朱温梁军大举进犯时，李克用昼夜登城，忧不遑食，差点儿就要逃往大漠避难。此后几年，朱温灭唐称帝，李克用却无力与他相争。

另外一边，河北的藩镇卢龙节度使刘仁恭趁火打劫，背叛老大哥李克用。

刘仁恭一直利用李克用与朱温的恩怨，苟安于幽州，依违于梁、晋之间。每次遭到朱温攻打，他就态度卑微地向李克用求助。李克用深知唇亡齿寒的道理，有意扶植刘仁恭，对他多有帮助。朱温退兵后，刘仁恭却放飞自我，不听李克用指挥。

此人不过是个反复无常的小人。

在刘仁恭的统治下，幽州百姓苦不堪言。境内男子都被征用为兵，并在脸上刺"定霸都"三字以防逃跑。士人舍不得在脸上刺字，就在臂上刺"一心事主"。史书记载，当时卢龙境内几乎只有妇女和幼童不被刺字。

当李克用遣使请幽州兵一同征讨朱温时，刘仁恭忘恩负义，非但没有出兵相助，

反而一边读着李克用的书信，一边恶语相向，还扣押了河东来的使者。李克用咽不下这口恶气，出兵讨伐幽州，结果一时醉酒轻敌，又在木瓜涧遭遇大雾，遭到幽州军伏击，自己险些成了刘仁恭的俘虏。

后来，刘仁恭的爱妾与他的儿子刘守光通奸。事泄后，被贬外地的刘守光一不做二不休，带兵把他老爹赶下台，囚禁在城中。从此，卢龙镇落入刘守光手里。

李克用晚年的另一个心腹大患是契丹。

梁晋相争时，日后被追谥为辽太祖的耶律阿保机四处征战，北伐室韦，东征女真，多次侵扰河东，后来与李克用达成同盟协议，约为兄弟。

李克用曾在帐中与阿保机纵酒痛饮，相约共击梁军："唐室为贼所篡，我想讨伐朱贼。老弟可以率领精骑2万，同收汴、洛。"阿保机一口答应，留下3000匹马作为礼物，还像是个老实人。

可当朱温称帝，势力达到顶峰时，阿保机却背弃与李克用的盟约，反过来与朱温合作，向后梁奉表称臣，请求册封，遣使者"以良马、貂裘、朝霞锦聘梁"。李克用听闻，大为愤慨，只恨自己虎落平阳，再不能率领沙陀骑兵踏破契丹。

2

临终前，李克用留下三支箭，嘱托在病榻之侧的儿子李存勖："一矢讨刘仁恭，汝不先下幽州，河南未可图也；一矢击契丹，且日阿保机与吾把臂而盟，结为兄弟，誓复唐家社稷，今背约附贼，汝必伐之；一矢灭朱温。"

弥留之际，李克用大呼："汝能成吾志，死无憾矣！"

李存勖坐领河东，接下的是一个千疮百孔的烂摊子，不仅当不了肆意挥霍的"富二代"，一个不小心还可能败光家产。年仅24岁的他牢记父亲遗训，将三支箭供奉于家庙，每次出征就命人取下放在锦囊之中，带在身边，凯旋时再安放于庙中。

当时，后梁兵强马壮，连战连捷。康怀英率领的梁军筑起高墙，形成"夹城"，外拒援兵，内抗守军，围攻潞州（今山西长治）已近一年。

李存勖在安定内部后，召集晋军诸将说："潞州是河东的藩蔽，潞州若失，河东不保。况且朱温素来只忌惮先王，他听说我继任，一定以为我不熟军旅，会有骄傲懈怠之心。我们若率领精兵出击，出其不意，必定能大破敌军。成就威名，决定霸业，在此一举，不可失也。"

当年四月，李存勖亲率大军南下，在潞州北部安营扎寨。

黎明之前，天降大雾，李存勖亲率一支军队埋伏在三垂岗，在晨曦中直捣梁军所筑夹城，率先发起进攻。之后，晋军兵分三路，摇旗击鼓，将后梁所筑夹城拦腰截断。混战之中，晋军沙陀兵杀后梁兵1万余人，俘虏梁将300人。康怀英阵脚大乱，只带着亲兵百余骑遁逃。

战报传到开封，朱温大为惊惧，叹道："生子当如李存勖，李氏不亡矣！我家的儿子不过都是猪狗而已。"

李存勖解潞州之围，堪称梁晋争霸的一个转折点。在被后梁打压多年后，晋军终于打了场翻身仗。在此战20年前，李克用在邢州大捷后还军潞州，曾经在三垂岗置酒高会，命伶人吟咏西晋陆机所作的《百年歌》。

这一组诗，写的是人一生从小到老，百年间的悲欢离合。当伶人唱到诗中描写衰老的一段时，歌声甚为悲切，满座都有些伤感。李克用捋着胡须，指着身旁年幼的李存勖，笑道："我将要老了，但我这儿子必是奇儿。20年后，能代替我在此征战吗？"

玉如意指挥倜傥，一座皆惊；金叵罗倾倒淋漓，千杯未醉。

三垂岗的传说，为后世文人留下了无尽的遐想。20年后，李存勖的复仇之战，就从三垂岗开始。

3

回到晋阳后，李存勖励精图治，命令河东各州县举贤才，黜贪残，宽租赋，抚孤穷，伸冤狱，禁奸盗。他亲自练兵，严明军纪，训练士卒，命令骑兵不见敌军不可骑马，将士不得逾越已定的行动计划，违者皆斩。后世史家认为，李存勖军力强盛的原因，正在于"士卒精整"。

这是李存勖一生最上进的时光。或许，一个人只有在一无所有的时候，才知道放手一搏。

力行改革之后，李存勖的第一箭，对准了幽州的刘仁恭父子。

乾化元年（911），占据幽州的刘守光自称大燕皇帝。

刘氏父子生性残暴，幽州百姓不满他们的恐怖统治，大规模南逃。每次刑讯犯人，刘守光常将他们关押在铁笼里，放在薪火上烤，或用铁刷刷人面部。若部下有人劝谏阻拦，则会被他下令诛杀。可见此人心理之变态。

即便如此，刘守光还妄自尊大，他穿着黄袍，沾沾自喜地对部下说："衣此而南面，可以帝天下乎？"又向朱温挑衅："我大燕地方2000里，带甲30万，东有鱼盐之饶，北有塞马之利。我南面称帝，谁能比我强！"

刘守光称帝后，李存勖大笑。监军张承业说："恶不积不足以灭身，正所谓将欲取之，必先与之。如今刘守光狂妄，请暂且遣使问候，看他到底有几斤几两。"为助长其骄纵之心，李存勖还劝周边六镇节度使共尊刘守光为"尚父"。

刘守光太狂了，完全不将李存勖放在眼里，已准备与后梁展开决战。

李存勖知道大鱼已经上钩，派大将周德威统兵3万进攻幽州。刘守光还沉浸在皇帝梦中，面对晋军突袭已不堪一击，不到两年时间，幽州城破，刘氏集团覆灭。

刘守光几次向李存勖求饶，无果后只好跌跌撞撞逃出城外。他几天没吃饭，后来在向乡民乞食时被发现，押送晋军。李存勖将退休在家的刘仁恭和他不孝的儿子刘守光捆在一起，献于太庙。

刘守光还想绝处求生，对李存勖大叫道："晋王要恢复唐室，成就霸业，为何不赦免臣？臣好为您效劳。"刘守光的妻子颇有气节，看丈夫如此懦弱，说："事已至此，生复何为？我等愿先死！"于是刘守光一家被处死。刘仁恭则被李存勖下令押到雁门，剖腹取心祭奠已去世的李克用。

幽州向西与晋相邻，南接后梁。攻取燕地后，李存勖解除了后顾之忧。

4

李克用留下的第二支箭，是命儿子讨伐契丹。

李存勖继袭晋王之初，并没有马上与契丹为敌，而是避免双线作战，遣使送礼贿赂契丹，请求阿保机出兵援救潞州。阿保机也被李存勖蒙蔽，答应出师救援，说："我与先王为兄弟，儿即吾儿也，宁有父不助子耶！"正因如此谦卑的态度，河东与契丹的关系才没继续恶化，但李存勖始终没有忘记阿保机背信弃义之仇。

在打败刘守光，夺取河北地区后，李存勖终于有机会与契丹一战。

龙德元年（921），河北三镇之一的成德发生内乱，大将张文礼举兵叛乱，李存勖率兵讨伐。张文礼为求自保，便向契丹求援。与成德唇齿相依的易定节度使王处直，生怕李存勖乘势夺取其地，也派其子请契丹南下救援，还恬不知耻地对阿保机说："镇州（今河北正定）美女如云，金帛如山，请您赶紧前去夺取。不然，就要为晋王所有了。"这些河北藩镇为了利益纠纷，竟然不惜招引契丹。

阿保机垂涎河北之地已久，一连收到两份求助，自然率军大举南下，接连攻陷涿州，围困幽州，逼近易、定二州。

李存勖得知契丹南渡易水河，毫不畏惧，激励军心："霸王举事，自有天道，契丹其如我何！"他亲赴定州（今河北保定），与契丹大军交战。

这一战相当激烈，李存勖一马当先，亲自担任前锋，率领铁骑五千与契丹军酣战，甚至一度被围，仍不退却，史书称其"挺马奋跃，出入数四，酣战不解"。此次大战，晋军作战勇猛，以少胜多，还在交战中俘虏了阿保机的儿子。适逢契丹后方大雪侵袭，路上无可掠夺，兵马缺乏粮草，冻死者不计其数。阿保机自知在李存勖这里占不到丝毫便宜，只好退兵北去，长时间不敢南犯。

败退途中，阿保机以手指天，叹息道："天未令我到此。"

5

李存勖最大的对手是后梁。

正是朱温后来居上，才让李克用壮志难酬；正是后梁大军围城，才让李克用忧虑而死。

梁晋争霸 40 年，将由李存勖亲手终结。

乾化五年（915），曾经多次为后梁力挫晋军的魏博节度使杨师厚病死。

魏博镇自晚唐以来一直以地广兵强著称，杨师厚生前还有一支精锐亲兵，号称"银枪效节军"，皆为军中骁勇。朱温之子、后梁末帝朱友贞为削弱魏博的割据势力，竟然想到了一个奇葩的主意。在杨师厚死后，后梁将魏博一分为二，分别治魏州（今河北邯郸）与相州（今河南安阳）。魏博将士大都是父子相承，几代人在本地当兵，都舍不得搬家，纷纷拒绝分镇，一怒之下发动兵变，并请李存勖为他们做主。

此前，梁、晋两军长期围绕黄河两岸交锋。李存勖闻讯，当机立断，率军拿下魏州，从此后梁失去河北屏障，退守黄河南岸，都城汴京完全处于晋军威胁之下，双方形势再度逆转。

梁、晋两军恩怨未了，由此展开最后的恶战。

贞明四年（918），李存勖率领 10 万大军南下，进军至胡柳陂，双方血战，几天内各损失了三分之二的兵马，一时尸横遍野。

后梁政权内部，朱友贞为提防同室操戈的兄弟早已心力交瘁。他唯恐弟弟们效仿他当年杀哥哥朱友珪继位的行为，整日深居宫中，歇斯底里地死死抓住皇位。

朱温的儿子们为皇位杀红了眼。朱友贞的幼弟朱友孜趁哥哥最宠爱的德妃张氏下葬之机，派刺客半夜刺杀朱友贞。但这个刺客业务能力不达标，还没下手就把人给惊醒了。朱友贞跳下床，光着脚逃出门外，召集宫中宿卫入殿搜查，亲自抽出剑将刺客刺死，并下令诛杀朱友孜。

朱友孜的阴谋败露后，朱友贞更加疏远宗室兄弟，从此只信任朱温女婿赵岩和德妃张氏家人，任由他们把持朝政，离间将相，自己无所作为，直至后梁衰亡。权力，是让人上瘾的毒药。李存勖不会知道，终有一日他也将受此毒害。

到龙德三年（923），政治昏暗的后梁早已大失民心，李存勖抓住时机，在魏州称帝建国，打出复兴唐室的旗号，史称后唐。

此时的后梁正像失控的马车，疯狂地驶向命运的终点。李存勖称帝的第二个月，后梁郓州守将就向后唐投降，密告城中守军不满千人，将帅早已不得民心。李存勖袭取郓州，打开了直扑汴京的大门。郓州至汴京一带，几无重兵把守，李存勖的大军一路摧枯拉朽。

整个后梁，只有人称"王铁枪"的名将王彦章成功阻截后唐军队，几次攻破后唐所占城池。王彦章自年少时为朱温军卒，为后梁多立战功，此人力大无穷，每战手持两铁枪，驰突如飞，勇不可当。

可身处灭亡的边缘，朱友贞竟然听信谗言，在前方战事紧急时，下诏召回王彦章。直到李存勖来到汴京城下，才又急命王彦章护卫。王彦章当时已年过花甲，他明知必败，仍出城迎敌，受重伤后被后唐俘虏。

李存勖素知王彦章威名，多次派人劝降这位老将。王彦章拒绝道："今日我兵败力穷，死有常分，皇帝纵然不杀我，我王彦章又有何面目见人！何况身为臣子，岂能朝事梁而暮事晋？"说罢慷慨赴死，正应了他平日里爱说的那句"豹死留皮，人死留名"。

绝望的朱友贞躲在宫中，发现自己的玺印早已被宦官偷去，献给后唐邀功请赏。心灰意冷的朱友贞召禁军将领皇甫麟入宫，对他下达命令："我和晋人世代为仇，不能等着他们来杀我。你杀了我吧，不要让我落在仇人手中。"皇甫麟与皇帝相对大哭，杀死朱友贞后，自己也拔剑自刎。

后梁，灭亡。

至此，李存勖夺取河北、北却契丹、南灭后梁，历时15年，基本上实现了其父留下的三大遗愿。鼎盛时期的后唐，统一北方各镇，东接海滨，西括陇右，之后甚至攻灭前蜀，南方诸国也纷纷奉后唐为正朔。

此时的后唐，在五代十国历史中疆域最广，一时难逢对手，李存勖无疑是最接近一统天下的人物。

历史，却开了一个天大的玩笑。

6

由俭入奢易，由奢入俭难。李存勖照着父亲的遗愿打败三大对手，失去人生目标，一头扎进了舒适区陷阱，从此醉生梦死，再也未能醒来。

从衰败到复兴，李存勖走了15年，从巅峰到陨落，他却只用了短短3年。李存勖带兵打仗是一时俊杰，可当上皇帝后，他更在乎的不是如何当一个好皇帝，而是怎么享受帝王的生活。

李存勖定都洛阳后，恢复唐朝旧制，竟然连祸害唐朝多年的宦官制度也照搬过来，任用宦官为宫内各执事和诸道监军。

诛灭宦官，是朱温代唐时少有的功绩之一。朱温曾联合朝臣对宦官进行毁灭性打击，一度杀到只剩下几十个小宦官洒扫庭院。可李存勖又把这些阉人请回宫里。宦官得到重用后，竭尽所能谄媚李存勖。

当时李存勖刚住进唐朝的旧宫室，后宫嫔妃尚未完备。宦官顺应李存勖心意，就说以前唐朝后宫有一万多人，现在屋空多怪，宫中常有鬼怪之物，应该多找些人充实后宫。

李存勖一听，有道理啊。可能他本人更爱河北的美女，下诏派人到邺城（今河北临漳），采集美女1000余人入宫。邺城军士的妻女听说此事，吓得四处逃散，一下子跑了数千人，但仍有邺城女子千人被装在车里，送往洛阳，一路上车马连绵不绝，哭声不止。

宦官还劝李存勖把将领贡献的财赋当作皇帝巡游的费用，或赏赐左右亲信。

李存勖听从宦官建议，大肆搜刮财富，却舍不得花钱犒赏军队，甚至听信阉宦的谗谄，冤杀功臣郭崇韬、朱友谦，以致为后唐立下汗马功劳的将士们生活穷困，怨声载道。战功卓著的李克用义子、后唐大将李嗣源也遭到李存勖猜忌，惶惶不可终日。

李存勖不仅宠信宦官，还招揽了大批出身唐末士族门阀的腐朽官员。

唐朝旧臣苏循是个卖主求荣的小人。朱温称帝前，苏循鞍前马后为之效劳，帮他想尽办法把唐朝拉下马，时人骂他是"唐家之鸱枭，当今之狐魅，彼专卖国以取利，不可立维新之朝"。

后唐灭梁后，苏循一见到李存勖就以拜见唐朝皇帝之礼朝贺。当时文武百官还没有人用朝贺之礼，苏循却率先尊称李存勖为大唐皇帝，山呼万岁，涕流满面。李存勖看了不禁喜形于色。第二天，苏循又不知从哪儿搜出30管大笔，声称这是"画日笔"，乃唐朝皇帝专用，特献给李存勖。

苏循拍马屁的水平可谓炉火纯青，李存勖一高兴，许以高官厚禄。

眼看李存勖招纳唐朝旧臣，士族残余势力赶紧出来抱住大腿，豆卢革、韦说等出身名门高第的大臣，纷纷被任命为高官。他们实属庸才，毫无治国才能，只知败坏后唐政治。

值得一提的是，镇压门阀士族也是朱温当年采取的先进措施之一。五代时，甚至一度形成"取士不问家世，婚姻不问阀阅"的风气，可李存勖又把前朝的弊端继承下来。李存勖也逃不开那条定律：人总会活成自己曾经最讨厌的模样。

7

李存勖是个戏痴，精通音律戏曲，喜欢自敷粉墨，登台唱戏，直到宋代，汾、晋一带还有人传唱他撰写的曲调，时人称为"御制"。这个天下头号票友，还给自己取了个响亮的艺名"李天下"。

有一次，李存勖与众伶人唱戏作乐，他环顾四周，大声呼喊："李天下，李天下何在？"一旁的伶人敬新磨上去就给了他两个耳光，李存勖愣住了，其他人也是惊骇万分。

敬新磨却淡然自若地说："'理天下'者只有陛下一人，您刚才为何还喊了两声'李天下'？"

李存勖不怒反笑，还重重赏赐了敬新磨。给了皇帝俩耳光，还能当场得到赏赐，敬新磨可说是千古第一人，比后世西方国家民众朝国家元首扔鞋子风光多了。

最让后世诟病的是，李存勖痴迷戏曲，到了将社稷视为儿戏的地步，竟然大肆封赏伶人，任由伶官出入宫廷，对曾跟随自己出生入死的将士们却弃之不顾。伶官景进得宠一时，经常侍奉李存勖左右，甚至可以参与军机国政，连满朝文武大臣都对他有所忌惮，想着如何巴结他。

这些伶官之中，最特殊的当数郭从谦。郭从谦也是伶人出身，却立有战功，因功被李存勖任命为从马直指挥使。从马直，是李存勖的亲军，事关其性命安危。

郭从谦是个能干实事的伶人，可他出身卑微，便尊同姓的后唐功臣郭崇韬为叔父，又被郭崇韬的女婿、李存勖的弟弟李存乂收为义子。郭崇韬遭宦官陷害被杀后，李存乂也含冤而死，郭从谦大为愤慨，他在军营中喝酒，醉后直说，郭崇韬、李存乂都是被冤枉的。

李存勖知道后，也不将郭从谦斩尽杀绝，只是调侃他说："你的同党郭崇韬、李存乂都负我，你现在打算怎么办呢？"

郭从谦内心惶恐，回到营中，对麾下将士说："现在你们花光所有财产，尽情饮酒吃肉，不用再为以后做打算了。"手下将士都疑惑不解，问其原因。郭从谦说："皇帝现在要出兵平叛，回来就要把我们尽数坑杀。"军士信以为真，叛乱一触即发。

后唐同光四年（926），魏州发生兵变，李嗣源受命前往邺城平叛。行至半路，李嗣源的军队也反了，他们在从马直军士张破败的带领下纵火焚营，逼近李嗣源大营，对他说："以前在贝州戍兵，主上就不予我等厚宥，我们又听说，待邺城平定之后，欲尽坑全军。我们初无叛志，只是怕死而已。现在已经与诸军商议，合兵一处，击退其他诸道军队，让先皇帝在河南称帝，请您在河北称帝。"

李嗣源本想拒绝，将士们抽戈露刃，大呼劝说，软硬兼施才拥立这位后唐大将起兵。

眼看叛乱不休，李存勖决定御驾亲征，可他早已不得人心。平叛途中，军心涣散，士兵逃散，最后只剩下2万余人，还没打仗，人都快跑光了，李存勖只好班师回朝。

在京城驻扎的郭从谦趁机发动兵变，率领部下进攻皇城，叛军有的纵火焚烧宫门，有的翻墙攻入皇宫，数十人就将曾经不可一世的李存勖团团围住。交战中，李存勖被流矢射中，伤势严重，左右将他扶入殿中歇息。重伤的李存勖口渴难耐，向左右讨水喝，一旁的刘皇后只好取来一杯乳浆让他解渴。李存勖饮下乳浆不久后，因伤重不治身亡。

当年助李存勖成就霸业的是其父留下的三支箭，最后夺取他性命的，不过是乱军中的一支箭，而这场叛乱完全是其咎由自取。李存勖的成功并非每个人都可以复制，他的失败却值得所有人警醒。

宴安鸩毒，不可怀也。

他计划用 30 年平天下，可老天只给了 5 年半

宋太祖赵匡胤，曾经因为顶不住一名侍御史的"正面刚"，当场打掉了他两颗牙齿。这名侍御史忍痛趴在地上，把牙齿捡起来。

赵匡胤嘲讽说，什么情况，你还要拿牙齿当证据，告朕的状不成？侍御史不慌不忙地答道，我告不了您，但自有史官把此事记下来。赵匡胤一听，慌了，赶紧向侍御史赔礼道歉，赐金帛慰问。

这件事告诉我们，宋朝的史官很牛，是一个小官员敢当面"怼"皇帝的靠山。这些史官对历任皇帝的要求都很高，即便是宋仁宗这样难得一遇的仁君，也经常被他们在史书里揪小辫子。

但是，有一位皇帝，宋朝的历任史官均给予了极高的评价，简直是他们眼中的完美帝王：薛居正《旧五代史》，说他"乃一代之英主"；欧阳修《新五代史》，称赞他是"雄杰""贤主"；司马光《资治通鉴》，说他是仁君和明君……

这可不是政治压力下的歌功颂德，因为，对于宋朝史官来说，这名完美的帝王是前朝皇帝。

1

历史上有派出所所长当上皇帝的，有做手工的当上皇帝的，有和尚当上皇帝的，而柴荣（921—959）的皇帝生涯起点，则是一个商人。

柴荣出身家道中落的富家。他有个姑姑，曾被选入后唐庄宗的后宫，后被遣散回家，途中，一眼相中了郭威（904—954），带着嫁妆跟着郭威跑了。当时，郭威只是一个落魄的军卒。

柴荣后来投奔姑父郭威，并成为郭威的养子。此时，郭威处在事业的上升期，柴

荣帮助他做生意，累积资本，一度到江陵贩茶。

经商的同时，只要有空，柴荣就坚持习文练武，不仅通读史书，而且精通武艺。绝对是个聪明、上进的年轻人。

公元 947 年，刘知远称帝，建立后汉。郭威是刘知远的心腹，辅佐有功，一路晋升，成为统率大军的将相。柴荣跟随养父，进入军界。

后汉继位的皇帝刘承祐（即后汉隐帝），十分忌惮拥兵在外的郭威，意欲诛杀他。事泄，郭威起兵"清君侧"。刘承祐将留在京城的郭威家人杀得一干二净，史书说"婴孺无免者"，连尚在襁褓中的郭威儿子，也杀了。

郭威于是在澶州发动兵变，黄袍加身，建立后周（951—960）。10 年后，赵匡胤如法炮制，建立大宋，终结了后周的历史。这是后话。

郭威做了 3 年皇帝，就因病去世，年仅 51 岁。因为他的家人已被后汉隐帝杀光，使他成了真正的"孤家寡人"，在考虑皇位继承人时，养子柴荣就是第一人选。

郭威称帝后，有意让柴荣掌管军队，以立军功，树威望，但在后周开国功勋、枢密使王峻等人的阻挠下，此事只能搁置下来。

后周立国的第二年，慕容彦超在兖州造反，柴荣请求带兵平叛，郭威也公开表示支持，说："如朕不可行，当使澶州儿子（指柴荣）击贼，方办吾事。"王峻不愿柴荣带兵，最终只得由郭威率军亲征。

在逝世前一年，郭威察觉到王峻的野心，将他软禁起来。当天退朝后，郭威向太师冯道等人哭诉，说王峻欺人太甚，欲尽逐大臣，剪除朕的羽翼。朕只有一子（指养子柴荣），他也要从中离间我们。

通气工作做完，第二天直接贬王峻为商州司马。然后，升任柴荣为开封尹，封晋王。这样，柴荣继承皇位的局势，已经很明朗了。

不过，时任禁军系统高级将领的李重进，是郭威的外甥，有可能成为柴荣顺利继位的障碍。郭威对此了于胸，故在后周权力交接的关键时期，召李重进进宫，交代后事，命李重进当着他的面跪拜柴荣，"以定君臣之分"。

954 年，郭威驾崩，34 岁的柴荣继位，是为后周世宗。

2

柴荣继位，并不意味着万事大吉。恰恰相反，真正的考验才刚刚到来。

如果略知五代史，肯定会对那个时代流水线般生产皇帝的流程印象深刻。整个五代时期，共54年，换了8个姓，出了14个皇帝，平均不到4年就换一个皇帝。

皇帝上位的方式，也很多样化。其中，父子（包括养父子）传位的形式，仅有5个，约占三分之一。最关键的是，通过父亲（包括养父）传位的继承者，政权寿命大多不长。在柴荣之前，后唐李从厚从父亲李嗣源那里继位，不到1年即被夺；后汉刘承祐继承父亲刘知远的皇位，2年即亡；后晋石重贵时间稍长一点，从养父石敬瑭那儿继位，但不到4年就被契丹人掳走了。刚上位的柴荣，一想到这些离自己很近的历史，估计肝儿都颤了。

事实也是如此。柴荣继位不到10天，北汉开国君主刘崇听说郭威死了，立马联合契丹，发兵5万，进攻后周，想趁着新君立身未稳，灭掉后周。

柴荣决定御驾亲征。但他的决定，却换来了朝廷上的群嘲。以太师冯道为首的群臣，一个个站出来竭力反对。当时的对话是这样的——

柴荣：刘崇趁我国丧，闻我新立，自以为吞并天下的时机到了，用心险恶，我不可不亲征。想当年唐太宗创业，无不亲征，我又何惧？

冯道：陛下不能和唐太宗比。

柴荣：我兵强马壮，破刘崇必如泰山压卵。

冯道：陛下您不是泰山。

柴荣被"怼"得一脸黑线。这个冯道，是五代时期的不倒翁，历仕四朝十帝，始终担任将相、三公、三师之位。乱世中，没有什么忠君观念，只忠于实力派，谁赢了就听谁的。整个时代的风气，都是如此。

军队更是如此。五代时期，兵骄将悍，战胜则擅兵挟主，战败则倒戈投敌。

柴荣深陷困境，外有强敌临境，内有准投降派在观望站队。这逼迫他更加必须亲征，在前线应对任何突发事变。

两军战于高平（今属山西晋城）。刚开打，后周右路军就崩了。大将樊爱能、何徽望贼而遁，千余人投降了北汉，南逃的数千人则沿途劫掠粮草。柴荣下令禁止劫掠，樊爱能、何徽均不听。设想一下，如果柴荣没有御驾亲征，樊、何极有可能倒戈一击，打回开封，将毫无威望的新皇帝干掉。要知道，将领前线战败后，掉头灭掉故主，拥立新君，几乎是五代权力更替的一项"传统"。

关键时刻，柴荣亲率军队，冒着弓箭，督促诸将奋战，直到斩杀北汉骁将张元徽。

后周打赢了。柴荣的皇位，稳了。

明清之际大思想家王夫之说，经过高平之战，"主乃成乎其为主，臣乃成乎其为臣"。他还说，柴荣坐稳天下，不是依靠养父郭威，而是靠自己"以死生为生民请命"，拼了自己一条命，打赢高平之战的回报。

3

高平之战后，终于树立了威信的柴荣，开始整肃军队，并拉开了被后世称为"周世宗改革"的序幕。

第一件事，是斩杀望敌而退的降将。当时，樊爱能是侍卫马军都指挥使，何徽是侍卫步军都指挥使，二人位高权重。但鉴于二人在高平之战中的表现，柴荣毫不手软，果断处死，同时处死的还有二人所部军将70余人。经过这次大规模的杀伐立威，"骄将惰卒，始知所惧"。

柴荣经常对身边的人说，高平之战是检验我们军队战斗力的一战，可惜临敌不堪一战，差点丧败，"兵在精不在众，宜令一一点选"。由此，后周开始挑选精锐士兵留充禁军，裁汰老弱之兵。当时，全国的勇士猛人，基本都在地方节镇，柴荣于是公开招募武艺高强的人充当殿前军，设殿前都点检统一指挥禁军。

在柴荣的强力整顿下，初步扭转了兵力外强内弱的局面，中央禁军已经比地方节镇强大。后周的军队战斗力因此大大提高，史书说是"士卒精强，近代无比，征伐四方，所向皆捷"。柴荣死后，赵匡胤以殿前都点检为资本，演出了黄袍加身的戏码。赵匡胤上台后，担心历史重演，于是改变了柴荣强化禁军战斗力的做法，反其道而行之，通过剥夺将帅兵权、推行更戍法等措施，严重削弱了宋代军队的战斗力。这是后话。

除了军事，在经济、人事、法律等诸多方面，柴荣都有相应的重磅改革措施。

中国历史上出了几个以"毁佛"闻名的皇帝，柴荣就是其中一个。清代摊丁入亩以前，很长的历史时段内，政府都按人头征税，这导致很多人以遁入空门的方式，不事生产，躲避赋税。当僧尼的人数超过正常的比例，一个国家（尤其是非大一统的朝代，比如南朝、五代）就会因劳动力严重不足而被拖垮。柴荣改革之前，后周境内平均每个县有20多家寺院。佛教兴盛到这种程度——寺院销铜钱造佛像，造成了流通钱币严重短缺。

柴荣继位第二年，下令大废国中佛寺，规定有国家许可的寺院才能保留，其他一律废除。因为佛教信仰关乎因果报应，很多官员对毁佛心有忌惮，柴荣亲自带头，砸毁了一尊别人不敢冒犯的观音铜像。他说：

"卿辈勿以毁佛为疑。夫佛以善道化人，苟志于善，斯奉佛矣。"

"吾闻佛说以身世为妄，而以利人为急，使其真身尚在，苟利于世，犹欲割截，况此铜像，岂有所惜哉？"

拜佛不一定是真心奉佛，行善才是真心奉佛。佛祖愿以真身救世人，如今牺牲铜像，造福天下，肯定更加在所不惜。柴荣的说辞，放在今天，仍然很有说服力。

在他的推动下，最终废除寺院 3 万余所，6 万多名僧尼还籍。佛像被销毁后，重新用于铸造钱币，恢复经济。

柴荣的另一项改革措施，是恢复五代以来沦为形式的科举制度，注重人才选拔。有一年，礼部草率录取了 16 名进士，他知道后，亲自组织重考，最后仅录取 4 人。他还多次以"失于选士"为由，处分主考官。

难得的是，他不是一个机械的规则主义者，而是强调制度与破格相结合。

柴荣想任用小吏出身的魏仁浦为枢密使，有人反对，理由不是魏仁浦能力不行，而是说他非科举出身。柴荣当场反驳说："自古以来，明君都是用有文才武略的人辅佐自己，这些人难道都是科举出身吗？"最终还是破格任用魏仁浦为相。

赵匡胤极为敬畏的后周名臣王朴，也是柴荣破格提拔的。赵匡胤建立大宋后，曾指着自己的黄袍对近臣感慨说："王朴如果还活着，我穿不了这黄袍。"

柴荣虚心纳谏，在历史上也很出名。他说过："言之不入，罪实在予。"意思是，你们尽管讲，讲错了算我的。在位期间，他从未因言论问题杀害过一个大臣。

作为"五代第一明君"，柴荣最为人欣赏的地方，其实是他的权力观。儒家虽然一直讲"民贵君轻"，但历史上的皇帝没几个真心认同，他们讲得最多的是两点：第一，百姓愚昧，要朝廷来开导；第二，百姓狡诈，要好好管理。柴荣的认识，却完全不同。以下是他与近臣的两次对话——

臣子：现在的老百姓，坏得很。

柴荣：这样看不对，这是因为当地的官员没选好，让百姓遭殃了，他们才会去做坏事。

臣子：淮南闹饥荒，您下诏要求贷米给饥民赈灾，但是百姓穷困，我怕他们偿还不了啊。

柴荣：百姓是朕的子民，天底下哪有儿子饿肚子，而父亲不管的？谁又要求他们一定要偿还呢？

柴荣曾问王朴，你看朕能当几年皇帝？王朴懂玄学，答道："以我所学预测，可以当30年；30年后，我就不知道了。"柴荣听了很高兴，向王朴吐露了他的理想："若如卿所言，朕当以十年开拓天下，十年养百姓，十年致太平，足矣！"

4

从柴荣继位的第一天起，他就笃定地按照他的第一个十年计划在推进工作。

他的改革，强国富民，最终目的是"开拓天下"。用历史教科书的话说，统一中国是当时的历史趋势，符合广大人民群众的根本利益。后周位处中原，北有辽国和北汉，南有南唐、后蜀、南汉等政权。如何推进统一进程，这里涉及中国历史的一个重要战略问题："先南后北"，还是"先北后南"？

枢密使王朴为柴荣献上《平边策》，按照王朴的设计，后周应该先灭南唐、南汉，次取巴蜀，再次而幽、云，最后攻取北汉。这是典型的"先南后北"而且"先东后西"战略。后来北宋的统一进程，大体上与此类似，但略有不同。北宋赵匡胤、赵光义两任皇帝，采取"先南后北"，但又"先西后东"的策略，最终实现了相对的大一统。但正因为北宋太过强调先易后难，以致在灭掉五代十国之后，国力消退，始终都无法从辽国手中夺回幽云十六州，成为宋人永远的痛。

柴荣的做法，其实跟王朴的策略，以及后来北宋的操作，都不一样。他有自己的一套谋略。他先派大将西征，不到半年，攻取了后蜀的秦、凤、成、阶四州。随后，开始南征。他三次御驾南征，最终拿下南唐的江北十四州。

就在所有人都认为柴荣要灭掉南唐，连南唐都自认国祚不保、遣使求和的时候，柴荣却对南唐使者说，划江而治就好了，我在位时，绝对不会灭你的国，至于后世我就不打包票了。

这个时候，柴荣已经将他的目标锁定在最强大的敌人——辽国。

我们可以复盘一下柴荣的整个计划：他先攻打并不强大的后蜀，取了四州，但未灭其国，可见是出于练手和震慑的目的；接着攻打南方最强大的南唐，取了江北之地，仍未灭其国，目的仍然是震慑，让所有南方的政权都老老实实别动，奉我为正朔。

他应该是一个民族意识很强的国君，心目中真正的敌人是辽国，他要干掉辽国，夺回幽云十六州。所以针对北方，他也没有先打北汉，而是直奔幽云而去。这一点，与王朴倒是意见相同，一定要先夺幽云，再打北汉。

为什么要先幽云后北汉呢？王朴分析得很有道理，他说，幽云既下，则北汉"不足以为边患，可为后图。候其便，则一削以平之"；如果先北汉而后幽云，虽北汉可灭，然已师老兵疲，幽云难下。后来的北宋则反过来，先打了北汉，再去夺幽云，结果真的错失窗口期，怎么都夺不回来。这是后话。

柴荣在震慑了南方政权之后，按计划出兵辽国，还基于一个现实的考虑。当时的辽国，国力虽强，但矛盾激烈。时任皇帝辽穆宗，晚上喝酒，白天睡觉，被国人称为"睡王"。以辽国的国力，来一个昏君，中原政权收复幽云还有胜算，若是来一个明君，基本就没戏了。柴荣攻打辽国，正是想抓住其内乱的政治窗口期。

959年，柴荣在位的第六个年头。农历三月，他率军北上伐辽，势如破竹，接连收复瀛、莫、易三州，以及瓦桥、益津、淤口三关，仅用了42天。这对辽国的震慑很大，史书说，辽国"凡蕃部之在幽州者，亦连宵遁去"。

五月，柴荣正要乘胜进取幽州，却突然患病。传说他行至一地，询问当地人地名，对之"病龙台"，他听完默然，病情加重。回到开封，六月病逝，年仅39岁。

后来，宋真宗赵恒曾无限惋惜地说："（柴荣）非遇疾班师，则克复幽蓟矣。"

王夫之复盘并对比了柴荣、王朴和赵匡胤三人的统一战略，推柴荣为第一，王朴第二，赵匡胤第三。他深有感触地说："其有疾而竟不克者，天也；其略则实足以一天下，而绍汉唐者也。天假之年，中原其底定乎！"

历史无法假设，而老天如果再给柴荣一些时间，历史会往哪里走？这成为古今无数读史者心中无解的谜团，永远的遗憾。

5

柴荣希望用30年致太平，可惜老天只给了他5年半时间，这对于一个想要有大作为的统治者而言，实在太吝啬了。

考察历史上一些公认的治世，它们的创造者，在位时间通常在10年至25年之间——

文景之治的缔造者：汉文帝在位23年，汉景帝在位16年；

孝宣中兴的缔造者：汉宣帝在位 26 年；

开皇之治的缔造者：隋文帝在位 24 年；

贞观之治的缔造者：唐太宗在位 23 年；

仁宣之治的实际缔造者：明宣宗在位 10 年（他老爸明仁宗在位 10 个月，儿子拉他沾光）……

当然，一个统治者在位时间太长，往往也不是好事。一般来说，在位时间超过 40 年的皇帝，后期容易昏聩怠政，酿成政治恶果。比如，历史上这些"晚节不保"的有名皇帝——

汉武帝，在位 54 年；梁武帝，在位 48 年；唐玄宗，在位 44 年；嘉靖、万历这两个皇帝，在位都超过 40 年；乾隆帝，在位 60 年……

从两方面来看，柴荣 30 年的预期，确实是一个相当理性的判断。在乱世末期，缔造一个治世的时间，会比大一统朝代长一些。历史上的治世，与柴荣的情况最具可比性的，应该是隋朝开国皇帝杨坚的开皇之治。杨坚在位 24 年，可见柴荣自我预期 30 年，很实在、合理。再长了，可能会堕入老人政治的陷阱，这也是柴荣极力想避免的。

可惜，如今这一切，只能是我们的事后推论而已。

而柴荣真正厉害的地方则在于，哪怕他只有 5 年半的时间，他仍然赢得了历史的至高评价。他在位 5 年半获得的口碑，不亚于治世明君的十年二十年。

欧阳修对柴荣佩服得五体投地，他在《新五代史》里赞道：

"世宗（柴荣）区区五六年间，取秦陇，平淮右，复三关，威武之声震慑夷夏。而方内延儒学文章之士，考制度，修《通礼》，定《正乐》，议《刑统》，其制作之法皆可施于后世。其为人明达英果，论议伟然……其英武之材可谓雄杰，及其虚心听纳，用人不疑，岂非所谓贤主哉？"

司马光写史，对历代皇帝持论颇为苛刻，但他同样对柴荣不吝赞誉：

"若周世宗，可谓仁矣，不爱其身而爱民。若周世宗，可谓明矣，不以无益废有益。"

当代史学家，亦公认柴荣是中国历史上继唐太宗之后，又一个取得治国治军突出成就的统治者。史学界认为，柴荣在他的历史时代，取得了三个重要成就：第一，五代时期数十年分崩离析的残局，到柴荣统治时期，才有了统一的端绪；第二，唐末五代以来，军阀混战中遭受严重破坏的社会经济，到柴荣统治时期，才有了复苏的转机；第三，由于统一的端绪和经济复苏的转机的出现，以及对内的全面改革，对外的军事行动都卓有成效，使人们在分裂动乱的局势下，在存亡未卜的命运中看到了光明，看到了希望。

不禁令人遐想，柴荣若不死，中国历史会怎样呢？

也许这就是柴荣的魅力，他可以穿透历史事实与虚拟历史的壁垒，让人在无限的惋惜中，去探索中国历史的另一种可能性。尽管，这种可能性终究只是一团无解的迷思。

天意难测，历史亦然。

李世民的最后10年

1

魏徵死后不到一年，唐太宗李世民下令，狠狠砸掉这位贞观名臣的墓碑。

这是贞观十七年，公元643年。作为被后世传颂的君臣佳话，李世民向来以善待魏徵闻名于后世，然而故事从来只说前半段，不说后半场。此前，由于痛悼魏徵的去世，李世民还亲自为魏徵起草碑文并撰书，在魏徵死后给予极大的荣哀。然而，君王的心意说变就变。

砸碑，始于李世民对魏徵的多疑。

魏徵生前向李世民密荐，说中书侍郎杜正伦和吏部尚书侯君集有宰相之才。后来，杜正伦出任太子右庶子，没想到太子李承乾行为乖张，杜正伦于是屡次向李承乾进谏，李承乾不听，杜正伦就说如果太子再不改正，则将向太宗禀报，并说出这是太宗的暗中嘱咐。李世民获悉后，认为杜正伦竟然敢泄露密情，于是将杜正伦贬官外放。侯君集就更加要命。就在魏徵去世的公元643年，侯君集由于涉嫌参与太子李承乾谋反案被杀。至此，李世民开始觉得，魏徵生前推荐的两个人竟然都出了问题，这完全是在"阿党"，搞小政治集团。

就在这个时候，史官褚遂良又向李世民进谗言，说魏徵曾经将他生前进谏的言论拿给褚遂良看，这完全是意图谋取名望。李世民越想越生气，于是下令，取消原本应承的将衡山公主嫁给魏徵的儿子魏叔玉的婚约，另外还下令狠狠砸掉魏徵的墓碑。

砸掉魏徵墓碑的这一年，是唐太宗李世民生命的倒数第六年。作为被后世传颂的千古一帝，他的性情开始越发多变。

此前，李世民非常喜欢吏部尚书唐俭，每次非要等到唐俭来才肯吃饭，"每食非

（唐）俭至不餐"。然而几年后，有一次李世民在与唐俭下围棋时发生了争执，这本是君臣间的闲暇游戏，李世民却勃然大怒，认为是唐俭不给他面子，盛怒之下将唐俭从吏部尚书贬到潭州（今湖南长沙）做地方官。

不仅如此，因为这点小事动怒的李世民还密令尉迟敬德暗中察访唐俭是否有怨言，准备借故将唐俭处死，幸亏尉迟敬德主持公道，唐俭才免于一死。对此，从极度喜爱到"特憎"唐俭的李世民还到处对别人说，"更不须相见（唐俭），见即欲杀"。

2

太宗变了。

其实，对于李世民这种从贞观初期的"从谏如流"，到后期的"正人不得尽其言，大臣莫能与之争"的政治局面，魏徵在生前就已有了预感，对此他在临死前劝谏李世民说，陛下"虽有善始之勤，未睹克终之美"。魏徵的劝谏，也是对自己的精准预言，而回报他的，就是李世民在他死后一年内，下令狠狠砸掉了他的墓碑。

而李世民的这种征兆，从他生命的倒数第十年，即贞观十三年（639），就已经开始显现。

这一年，曾经在玄武门之变中为李世民立下首功、亲手割下李建成人头，并从李元吉手中救下李世民性命的大将尉迟敬德被调任鄜州（今陕西富县）都督，临行前李世民对尉迟敬德说："有人说你谋反，这是为什么呢？"

率性直爽的尉迟敬德非常愤慨，他说："臣确实谋反！臣跟随陛下征讨四方，身经百战、伤痕累累。如今天下已经安定，陛下就开始怀疑我要谋反了吗？"说完，尉迟敬德脱掉衣服，露出自己全身的刀伤箭伤，李世民见此流了眼泪，才说："你穿上衣服吧，朕丝毫不怀疑你，所以才这么跟你说，你何必这么生气呢！"

话虽这么说，可尉迟敬德知道自己的处境。于是，尉迟敬德开始在家中修园林、造楼台，并且用白色花纹的丝织物装饰楼宇，通过向外界展示奢靡以"自污"，他还学习演奏清商乐曲自我娱乐，并服用"五石散"和丹药来自我陶醉，不与外人交往达16年之久。

对于李世民猜忌功臣的心意，宰相岑文本也是战战兢兢。

贞观十八年（644），岑文本被任命为中书令（宰相），家里人都为他高兴，没想到岑文本却忧虑恐慌地说，原来秦王府的旧臣、名相房玄龄几度被起用，又几度被贬，而我岑文本"非勋非旧，滥荷宠荣，位高责重，所以忧惧"。当时，亲朋好友纷纷来向岑文本祝贺，没想到岑文本一律谢绝，并且直言说："今受吊，不受贺也！"

尽管后世纷纷给贞观之治戴上高帽，但贞观时期的一系列名臣，以宰相为例，从房玄龄到岑文本，都多次因为小事被贬，起用，再贬，再起用，通过对手下精明强干的臣子们施以权术，李世民深信，如此方能驾驭群雄，让他们心生畏惧、不敢轻易造次。

就在自己临死前4年，李世民甚至还将当时的宰相刘洎赐死，而原因只是有人进谗言，说刘洎对旁人说皇帝生病了，很担心太宗会一病不起。而习惯了"万岁"的李世民，则认为刘洎心怀异志，因此起了杀心。

而作为大唐第一战将，曾经为唐王朝讨平王世充和窦建德，南平萧铣和辅公祏，北灭东突厥，西破吐谷浑的李靖，则在公元635年领军击灭东突厥后，被人诬告"谋反"。

对此，李世民也不问告状是否属实，而是直接将李靖召来痛骂一顿说，前朝（隋朝）也有个名将史万岁曾经大破突厥，然而隋文帝杨坚不仅有功不赏，相反还直接将史万岁暴杀于朝堂之上。

然后李世民在未经审判就断定李靖"谋反"有罪的前提下说："朕则不然，录公之功，赦公之罪。"意思就是说，我不学隋文帝击杀功臣，相反，我对你是有罪不罚、有功却赏。

为大唐立下不世奇功的李靖懂得君王的心意，此后，他"阖门自守，杜绝宾客，虽亲戚不得妄进"。最终保得了一个善终。

3

尽管对跟大臣们玩弄权术熟稔于心，但在生命中的倒数第六年，太子李承乾的密谋造反案，却给了这位父亲以重重一击。

贞观十七年（643），李世民的第五子齐王李祐发动叛乱，失败后李祐本人被赐死，然而在审理齐王叛乱案的过程中，却无意中牵连出了太子李承乾以及李世民的弟弟汉王李元昌的联合谋反案。

尽管自己也是通过血腥政变上台，但当太子李承乾的谋反事实被无意中揭露出来时，李世民仍然内心震撼，他随后命令长孙无忌、房玄龄、萧瑀、李勣等重臣迅速组成联合调查组进行审查，在证明太子谋反属实后，李世民与群臣商议如何处治太子李承乾，席间没有人敢说话。

最终，通事舍人来济提出一个处理原则说："陛下不失为慈父，太子得尽天年，则善矣！"于是，李世民的异母弟弟汉王李元昌被赐死，李承乾则被从太子废为庶人，并流放到黔州（今重庆彭水）。

在李承乾被废后，李世民的四子魏王李泰一度成为太子一位的最有力竞争者，为了全力打压其他竞争对手，李泰开始对包括李治在内的其他皇子威逼恫吓，在获悉李泰的所作所为后，李世民最终痛下决心，决定上演一番苦肉计。

这一年（643），李世民在散朝后只留下长孙无忌、房玄龄、李勣和褚遂良等人，随后，他假装抽出佩刀想要"自杀"，在长孙无忌"夺下"佩刀后，李世民"痛哭"着说："吾家不幸，我三子一弟（指李世民的儿子太子李承乾、四子李泰、五子李祐，弟弟汉王李元昌）所为如此，我活着实在没什么意思啊！"

于是，长孙无忌等人"争前扶抱"李世民，并请问李世民究竟有什么想法。这时候，李世民才道出自己的想法："我欲立晋王（李治）为太子。"担心自己的想法遭到重臣们反对的李世民解释说，李治虽然在他与长孙皇后所生的嫡子们中才能最为平庸，但李治心性宽善，立李治为储君，可以保存废太子李承乾和魏王李泰性命。如果立李泰为储君，则废太子李承乾和李治两人性命"皆不全"。"（李）治立，则（李）承乾与（李）泰皆无恙矣。"

为了避免自己当年兄弟相戕的悲剧，经历过玄武门之变的李世民几经权衡，最终决定扶持才能最为平庸的李治登上储君大位。而李治，正是后来的唐高宗。

4

经历长年的征伐、权术与争斗后，李世民逐渐心生疲态。

随着年龄的增长，进入贞观之治的后期，他开始大兴土木，先后修葺了洛阳飞山宫、元圃苑，并在汝州（今河南临汝）西山修建了襄城宫，在关中地区则修建了汤泉宫（后来改名华清宫）、九成宫、翠微宫和玉华宫。

尽管曾多次批评隋炀帝杨广骄奢亡国，但进入晚年的李世民，对于隋炀帝的奢侈生活却日益心生羡慕，在长年的戎马生涯和权术斗争后，他逐渐渴望一个安乐舒适的晚年，于是，李世民也学着自己的表叔隋炀帝杨广，经常在长安城中装饰皇宫、点燃明烛过夜生活。

有一次，李世民甚至将隋炀帝仍然在世的萧皇后请来一同观赏自己的奢靡皇宫和夜生活，并得意地问萧皇后："我的排场跟隋炀帝相比怎么样？"

没想到萧皇后却笑而不语，李世民再三追问，萧皇后才说，隋炀帝不过是亡国之君，陛下却是开基之主，不能比较。李世民不甘心，又接着追问说，那隋炀帝究竟奢侈到什么程度呢？

萧皇后于是才说，隋炀帝"每除夜，殿前诸院设火山数十，每一山焚沉香数车，沃以甲煎，焰起数丈，香闻数十里。一夜用沉香二百余车、甲煎二百余石。房中不燃膏火，悬宝珠一百二十照之。陛下殿前所焚是柴木，殿内所爇是膏油，但觉烟气熏人"。

听了萧皇后的描述后，李世民半晌不说话，"口刺其奢，而心服其盛"。

后来，李世民对太子李治说："吾居位已来，不善多矣，锦绣珠玉不绝于前，宫室台榭屡有兴作，犬马鹰隼无远不致，行游四方，供顿烦劳，此皆吾之深过，勿以为是而法之。"

尽管对奢靡生活怀着不可抑制的向往和喜好，但作为一代雄主，李世民在奢靡之中，仍然保持着一定的清醒，并不断克制着自己。

此前的贞观十一年（637），一次与近臣的对话中，李世民与房玄龄和魏徵等人讨论过"创业难还是守成难"的问题。对此李世民说，"创业虽然艰难，但已经是过去的事情；而守成之难，才是未来最应该审慎畏惧的"。

怀揣着"创业难守成更难"的理念，李世民尽管在晚年也开始骄奢享受，但仍然处处约束着自己，这也为成就贞观之治打下了牢固的基础。

5

但君王并非万能，在先后平定突厥和吐谷浑，并远征高昌、威震西域后，作为一代雄主的李世民，仍然有着内心的遗憾，他渴望在有限的生命里，去完成更多震古烁今的伟业。

于是，在生命的倒数第五年，贞观十八年（644），李世民不顾群臣劝阻，亲率大军远赴辽西征讨高句丽，然而唐军损兵折将却无法成功。在回军途中，李世民才想起一年前被自己下令砸掉墓碑的魏徵，他感慨着说："如果魏徵还在，一定会劝阻我取消这次征战。"有所醒悟的李世民于是下令，将被砸毁的魏徵墓碑重新竖立，并特别召见了魏徵的妻子儿女进行抚慰。

随着时间的流逝，李世民身边的亲人和能臣干将也不断死去。

此前，635年，先是在玄武门之变后与李世民一度关系微妙的父亲、唐高祖李渊去世。636年，李世民的贤内助长孙皇后又去世。而就在出征高句丽的当年，李世民的大儿子、废太子李承乾也在流放地黔州（今重庆彭水）去世。为此，勤于政务的李世民或许是内心被触动，竟然一连多日取消了朝会。

尽管在玄武门之变中，亲手屠杀了2位同父同母的兄弟和10个侄子，进行灭门权斗时毫不手软，但随着年龄的增长，李世民内心的柔软处逐渐显现。

李世民生命的倒数第三年，贞观二十一年（647），李世民的舅公高士廉去世，李世民在高士廉病危时，亲自"幸其第，流涕与诀"。高士廉是李世民的妻子长孙皇后的舅舅，当初，年幼的长孙皇后被自己的无赖哥哥逐出家门，幸亏被舅舅高士廉救济养活。高士廉去世后，李世民又痛哭流涕，想亲自前往送葬，最终因为生病初愈才被群臣劝阻，为此，李世民乃"还入东苑，南望（送殡队伍）而哭，涕下如雨。及枢出横桥，上登长安故城西北楼，望之恸哭"。

随着年龄增长，他的泪腺越来越难以自制。

就在生命的倒数第二年，贞观二十二年（648），多次被李世民贬黜的贞观名相房玄龄病危，李世民直接将房玄龄接到自己的寝宫住下，"相对流涕"，并且指派御医为房玄龄治病，"闻其小愈则喜形于色，加剧则忧悴"。房玄龄临死前，李世民亲自"临视，握手与诀，悲不自胜"。

尽管与杀戮、权术相伴终生，但他内心的柔软，仍然在史书中留下了蛛丝马迹，就在自己生命的最后一年，贞观二十三年（649），被李世民威吓控制的大唐第一战将李靖病危，李世民也是亲临病榻慰问，见到病危的李靖后，李世民忍不住"涕泪俱下"。

不能不说，这或许也是对于自我时日无多的哀悯和自怜。

因为君王可以战胜一切，却唯独不能战胜时间和死亡。

6

李世民陷入了对长生不老术的追求。

早年，李世民曾经嘲笑秦始皇追求长生不老术，并认为人的寿命长短"皆得之于自然，不可以分外企也"。李世民还嘲笑说："忠良可接，何必海上神仙乎；丰镐可游，何必瑶池之上乎！"

然而，贞观十七年（643）太子李承乾的谋反叛逆，以及贞观十八年（644）征讨高句丽的失败，使得回国后的李世民大病了一场。按照史书记载，贞观十九年（645）十一月，李世民在定州（今河北定州）病重几乎丧命。此后一直拖到第二年，也就是贞观二十年三月，李世民才返回长安城中。

随着健康的每况愈下，李世民对于金石丹药和长生不老术的兴趣日益高涨，此后，在生命的最后4年，从贞观二十年到贞观二十三年，关于李世民服食金石丹药的记载一直不绝于书。

一位来自天竺的胡僧，则疑似成了李世民暴毙的间接凶手。

由于在生命中的最后几年长期服用丹药，李世民的身体日益虚弱。贞观二十一年（647），王玄策率众出使天竺，并率领1200名吐蕃兵和7000名泥婆罗（今尼泊尔）骑兵大破中天竺，并俘虏了一位自称已有200岁、懂得长生不老术的天竺方士那逻迩娑婆寐献给了李世民。

对于李世民的直接死因，唐高宗李治在位时的东台侍郎郝处俊说："昔贞观末年，先帝（李世民）令婆罗门僧那逻迩娑婆寐依其本国旧方合长生不老药……历年而成。先帝服之，竟无异效，大渐之际，名医莫知所为。"后来，唐宪宗时的朝臣李藩也说："文皇帝（李世民）服胡僧长生药，遂致暴疾不救。"

在服用天竺方士那逻迩娑婆寐进献的长生不老药前，为了保证获取神效，贞观二十三年（649）四月，李世民还特地来到位处终南山上的翠微宫。没想到服用这个长生不老药后，最终却暴毙在终南山上。

但临终之际，李世民仍然不忘玩弄权术。由于担心儿子李治无法慑服名将李勣，临终前，他为儿子李治留下一个秘计说："李勣才智过人，但是你对他没有恩典，恐怕不能让他信服。现在我会将他贬黜到外地，如果他马上出发赴任，等我死后，你就将他恢复提拔为仆射（宰相）进行重用；如果他徘徊观望，那你就直接将他杀了！"

随后，李世民下令将李勣从宰相任上贬为叠州（今甘肃迭部）都督，心知肚明的李勣接到贬任消息后，二话不说，连家都不回，直接离开长安赴任。最终，李世民死后，李勣又被继位的唐高宗李治委以重任。

李世民去世后19年，公元668年，他用权术留给儿子李治的奇将李勣，最终率领唐军攻灭高句丽，完成了李世民未能完成的宏伟遗愿。

那时，一个光芒万丈的大唐王朝，正冉冉升起。

中国最后的和尚皇帝：朕实不幸，堕帝王家

在挚爱的董鄂妃去世后，决定剃发为僧前，24 岁的顺治皇帝爱新觉罗·福临向禅僧问道："上古以来，只有如来佛祖舍弃王位而成正果，达摩祖师也是舍弃王子的宝位而成禅宗始祖，朕想效仿他们，你觉得怎么样？"

临死前 4 个月，顺治帝又向禅师玉林通琇说："朕常于佛前发愿：早生净土，回入娑婆，正因出家，早明心地，为（佛教）临济正宗，始满朕愿。"对此玉林通琇回答说："皇上不妨以帝王之身，行菩萨修行之事。又何必拘束于一瓢一衲、穷岩枯壑、出家为僧的修行呢？"顺治帝很怅然，只能回答说："和尚所言极当，恐朕未能若此耳！"

再后来，越接近生命的终点，顺治帝对于皈依表现得越是虔诚："朕实不幸，堕帝王家，今期速脱，愿似师兄，振兴临济（宗）祖道，足矣！"

后来，禅师玉林通琇的弟子茚溪森（行森和尚）私下为顺治皇帝剃发，并奉顺治帝遗诏为顺治帝举行了火化仪式。在回忆这些皇家往事时，康熙十六年（1677），行森在临死前留下的佛偈中说："今朝收拾去了，妙妙。人人道你大清国里度天子，金銮殿上说禅道。呵呵，总是一场好笑。"

生亦何哀，死亦何苦。即使贵为君王，生命也不过是一场风尘往事。

1

6 岁那年，爱新觉罗·福临迎来了生命的转折点。

这是明朝亡国的前一年，明朝崇祯十六年（1643）。八月初九（9 月 21 日）夜，白天还在处理政务的 52 岁的皇太极，夜里猝死。由于生前没有留下任何遗言，也没有交代由谁继位，这随即在清廷内部引发了一系列混乱。

当时，围绕清廷皇位的继承，皇太极的长子、时年 35 岁的豪格，与皇太极的弟

弟、时年32岁的多尔衮展开了激烈争夺，最终双方在剑拔弩张中各自妥协，改而推举皇太极的第九子、当时年仅6岁（虚岁）的福临继承皇位，以方便各方均衡皇权，而在权力争夺中，郑亲王济尔哈朗和睿亲王多尔衮则成为摄政王。

懵懵懂懂中，6岁的福临果真福临，在权力漩涡中意外登上皇位，随后清廷定第二年年号为顺治。福临是为顺治皇帝（福临生卒年为1638—1661年，在位时间为1643—1661年）。

然而，此后回忆身世，顺治帝却说："朕实在不幸，出生在帝王家。"亿万人艳羡的九五至尊，却痛苦于自己出身帝王家，顺治帝不是第一个，也不是最后一个。

6岁的福临继承皇位，也在清代历史上开启了幼童继承皇位的先例。此后，8岁的康熙帝、6岁的同治帝、4岁的光绪帝和3岁的宣统帝也先后继承了皇位，在清廷入关后的10位皇帝中占了整整5位。由于幼童继位，这也使得皇权的实际控制者"摄政王"得以名正言顺地存在，而从入关后的首位摄政王多尔衮算起，到清朝末代皇帝溥仪的生父、摄政王载沣为止，清朝最终也"以摄政始，以摄政终"。

顺治帝登基的第二年，中原大地风云突变。明朝崇祯十七年、清朝顺治元年（1644）三月十九日，李自成农民军攻破北京，崇祯皇帝上吊自尽，建国276年的明朝灭亡。

随后四月初九，摄政王多尔衮统率清兵进军关内，并击败李自成，在五月初二进驻北京，短短两个多月，中华大地风云变幻。

多尔衮在统兵进入关内后，逐步排挤了共同摄政的郑亲王济尔哈朗，开始独掌大权，随后又诬陷逼死最大的政治对手、皇太极的长子豪格，并在豪格死后强行霸占豪格的妻子为王妃。经过几年谋划，多尔衮最终独揽皇权，成为清廷里名副其实的摄政王。

2

对于多尔衮，童年早熟的顺治帝懂得"隐忍"二字的力量。

在父亲努尔哈赤和皇兄皇太极去世后，多尔衮无疑是清廷问鼎中原的最大功臣，在挥兵进入北京后，多尔衮又继续追击李自成等农民军和南明的抵抗势力，俨然成为大清国里真正的君主，当时，为了自己办公方便，多尔衮甚至将顺治皇帝的印玺全部搬到自己的王府里发号施令，而对于多尔衮，王公大臣们则要"列班跪送"，多尔衮自己"所用仪仗、音乐及卫从之人，俱僭拟至尊"，以皇帝的排场仪仗显赫出入，并将自己的命令直接称为"下旨"。

当时，多尔衮自封为"皇叔父摄政王"，后来又自封为"皇父摄政王"。当时住在紫禁城的西方传教士回忆说："上上下下都怕他，据说就是达官显贵往往也不能直接同他说话，要趁他外出守候在路旁，借便谒见。"当时，"满洲诸臣皆跪"，"大权在握，关内关外咸知有摄政王一人"。

对于多尔衮，当时清廷"臣工或尊之为'上'，与皇帝无别；若摄政王有言，则称'王上曰'；凡有赏赐则曰'钦赐出自圣恩'"。

不仅如此，在清宫诡秘的往事中，多尔衮还疑似霸占了皇太极的妻子、顺治帝的母亲孝庄皇太后。孝庄皇太后本名布木布泰（亦作本布泰，意为"天降贵人"），是与清代皇室世代联姻的蒙古科尔沁部落的贵族女子。1643年皇太极去世时，孝庄皇太后年仅30岁，鉴于夫死子幼的无奈局面，清宫中一直有"太后下嫁"多尔衮的秘闻。尽管没有证据坐实，但孝庄皇太后在明亡清兴的鼎革之际，与多尔衮暧昧不清的关系，也成为顺治帝一生挥之不去的心头之痛。

他无法理解母亲对他苦心孤诣的保护，更需要暗中隐忍骄横跋扈的摄政王多尔衮，对于一个骤登帝位的孩童来说，这份心中的痛苦无法溢于言表，于是，他只有将痛苦发泄在别人身上。

后来，年幼却善于隐忍的顺治帝回忆说："睿王（多尔衮）摄政，朕只有拱手让政做下祭祀而已，当时天下国家之事，朕事先往往不知道，事后也没有人向朕详细禀告。"

一个6岁登基的孩童，从此永远告别了正常人的生活，被困锁于皇宫内院之中，终生值守着帝王的清规戒律和繁文缛节，这让原本活泼好动的顺治帝逐渐变得暴躁不安，当时，尽管与母亲孝庄皇太后住得仅有几墙之隔，但在从顺治帝6岁到14岁亲政的7年多时间里，顺治帝每隔几个月才被允许与母亲见上一面，这对于处在童年的顺治帝来说，是一种心灵的巨大伤害，由于缺少父爱和母爱，顺治帝从小就和自己的乳母李氏生活在一起，也因此，顺治帝将"竭尽心力、多方保护诱掖"的乳母视为亲生母亲，感情十分深厚，与自己的亲生母亲反而有着感情隔阂。

对于母亲"太后下嫁"的苦衷，年少的顺治帝无法理解，而对于骄横跋扈的多尔衮，顺治帝又不敢在他面前表现怨气，于是只好经常将怒火发泄到身边的侍卫身上。禅僧木陈道忞在顺治十六年（1659）入宫时，还经常见到顺治帝"不时鞭扑左右"，可见由于童年的压抑造成的性格暴躁，是顺治帝多年难改的毛病。

在这种童年早熟的漫长隐忍中，顺治帝逐渐形成了孤僻古怪、"火烈急暴"的性格。对此，因为帮顺治帝的母亲治好了病而被顺治帝尊称为"玛法"（满语"爷爷"的意思）的德意志传教士汤若望回忆说："他心内会忽然间起一种狂妄的计划，而以一种青年人们的固执心肠，坚决施行。如果没有一位警告的人乘时刚强地加以谏止，一件小小的事情也会激起他的暴怒来，竟致使他的举动如同一位发疯发狂的人一般……一个有这样的权威、这样性格的青年，自然会做出极令人可怕的祸害，因为谁是敢来向这位火烈急暴的青年人加以谏正的？他略一暗示，就足以把进谏者的性命毁灭了。"

3

足以毁灭别人的力量，也足以毁灭自己。

顺治七年（1650）十一月，多尔衮在狩猎时骑马坠伤。一个月后，年仅39岁的多尔衮死于北京古北口外喀喇城。

当时，虚岁仅13岁的顺治帝表现得极为隐忍，他先是身着缟服，假装率领王公大臣一直到北京东直门外五里地迎接多尔衮的灵柩，还下诏追尊多尔衮为"懋德修道广业定功安民立政诚敬义皇帝"，庙号成宗，并按照帝王的礼仪为多尔衮发丧，以此稳住多尔衮的心腹和朝中局势。

多尔衮死后一个月，顺治八年（1651）正月十二日，逐步控制朝中局势的顺治帝宣布正式亲政，随后，先是被多尔衮压制多年的政敌纷纷出来翻案，揭发多尔衮的大逆之罪，顺治帝则借此机会彻底清算多尔衮及其余党。

耶稣会士卫匡国在《鞑靼战记》中记载，多尔衮死后被毁挖坟墓，掘出尸体，用棍子打，以鞭子抽，砍掉脑袋，暴尸示众。而多尔衮的哥哥、和硕亲王阿济格则以"谋乱"罪名被处死，多尔衮的党羽何洛会等人还被凌迟处死。

但顺治帝对于多尔衮并不解恨，一直到多尔衮死后10年，当时彭长庚等人上疏颂扬多尔衮率兵逐鹿中原的功绩，请求恢复多尔衮的爵号，对此顺治帝仍然大发雷霆，下令将彭长庚等人流放宁古塔，可见他仇恨多尔衮之深。

此后，顺治帝的儿子康熙帝、孙子雍正帝都不敢为多尔衮翻案，一直到顺治帝的曾孙乾隆帝，才给多尔衮平反说："定鼎之初，王（多尔衮）实统众入关，肃清京辇，戡定中原，前劳未可尽泯。"但乾隆帝又特别指出多尔衮生前"摄政有年，威服自尊"。尽管如此，乾隆帝仍然下令为多尔衮平反，复还多尔衮睿亲王的封号，并将其配享太庙，按照亲王的规格修复陵墓。

生命荣哀更替、繁华转瞬即逝，但顺治帝来不及感慨。

多尔衮生前，虽然指挥清兵平定中原大部，但由于严令剃发，推行"留头不留发，留发不留头"等高压政策，因此南明和张献忠大西军余部、李自成大顺军余部，以及郑成功的部队仍然在坚持作战。1651年顺治帝亲政后，明朝剩余的抵抗力量先是在桂林击败清军，迫使定南王孔有德自杀，随后义军又在衡州斩杀清军敬谨亲王尼堪，史称"两蹶名王，天下震动"。

面对反清义军的不屈抗争，以虚岁14岁开始亲政的顺治帝也表现出了自己的不凡才干，他先是命令明朝降将洪承畴经略五省，随后攻陷湖广，招降了南明永历政权的秦王孙可望部，又进军云南、攻陷昆明，大抵平定了南明永历帝的抵抗义军。

此外，顺治帝又下令取消了多尔衮此前向直隶、山西、湖广等十几个省加征的土地和人丁银，免除各省加派银250万两，并决定永远不向江南征收橘子，赦免山东临清烧制城砖长途运输的劳役之苦，对于明朝末期由于加派"三饷"导致天下骚乱，顺治帝也经常以此为训进行克制。

为了真正平定天下，顺治帝还下令取消从多尔衮摄政时期开始兴起的"跑马圈地"运动，并训告说："农民全赖土地为生，圈占田地，就断了他们的生路。"

鉴于明朝宦官乱政的历史教训，顺治帝还命令禁止宦官干政，并规定宦官品级最高不能超过四品，并且禁止宦官结交满、汉官员，为此顺治帝还下令在紫禁城中竖立铁牌禁止宦官干政，上面写着"特立铁牌，世世遵守"。

清廷进入中原后，也开始贪污腐化，对此，顺治帝在亲政的10年间（1651—1661）还严惩贪官污吏，并先后惩处了以漕运总督吴惟华为首的"一总督、八巡抚"，使得清廷的吏风大有好转。

经过近10年的治理，这位从虚岁14岁开始亲政的少年天子，最终以一系列高明手腕清算政敌巩固权力，对外又大抵平定南方，并且联合蒙古，治理西藏，最终继多尔衮后，成功在中原站稳了脚跟，为后续的康雍乾之治奠定了基础。

而与之对比，南明内部权力纷争不断，昏聩不堪的福王、唐王、鲁王、桂王政权，以及大西军、大顺军余部各自争斗不休，以致最终被清军一一击破。

4

在多尔衮执政时期，为了防止顺治帝习读诗书变得聪慧，多尔衮以强调"国语骑射"为名，多次禁止顺治帝学习汉文。

多尔衮死后，14岁的顺治帝开始以顽强的毅力攻读汉文典籍，他在每天处理政务之余，持续苦读9年，甚至一度因为读书过度而吐血。顺治帝回忆说："发奋读书，每晨牌至午，理军国大事外，即读至晚。然顽心尚在，多不能记。逮五更起读，天宇空明，始能背诵。计前后诸书，读了九年，曾经呕血。"

在长年累月的学习下，起先对汉文茫然无知的顺治帝不仅逐渐通晓汉文，而且书法、绘画也日益精进，给后世留下了不少精妙的书画作品。

但在治理江山之外，婚姻始终是顺治帝生命中的大问题。

起初，多尔衮出于与蒙古部落世代联姻、抗击汉人的需要，特地为顺治帝订婚、聘娶了出身于蒙古科尔沁部落的博尔济吉特氏。这位博尔济吉特氏，同时也是顺治帝的母亲孝庄皇太后的亲侄女和顺治帝的亲表妹。多尔衮死后两年，出于对多尔衮指配婚姻的憎恶，顺治帝宣布废除博尔济吉特氏的皇后名衔，降格为静妃。

为了继续维持与蒙古部落的联盟关系，同时也巩固自己的皇太后位置，顺治帝的母亲孝庄皇太后无奈之下，又为顺治帝续娶了蒙古科尔沁部落的贝勒淖尔济的两个女儿。而淖尔济，正是孝庄皇太后的侄儿。

但顺治帝不仅反感多尔衮，也反感母亲对自己婚姻的干涉，对于母亲为自己指定的皇后和贵妃，与母亲从小就关系疏远、感情不和的顺治帝选择的是刻意疏远，以致孝庄皇太后的两位侄孙女终身都无法亲近顺治帝，没有生下一儿半女，守了一辈子活寡。

但对另一位女子，顺治帝却爱得死去活来。

当时，清宫中有命妇轮流进宫侍奉后妃的制度，顺治帝的同父异母弟弟博穆博果尔的妻子董鄂氏也一度奉命进宫。尽管已经拥有16位妃嫔，但顺治帝却被这位弟媳深深吸引。野史传说，"婚外情"的消息传开后，顺治帝的弟弟博穆博果尔大怒，愤怒地训斥自己的妻子董鄂氏。为了替自己的情人出头，顺治帝则狠狠地扇了弟弟博穆博果尔一个耳光。

顺治十三年（1656）七月初三，襄亲王博穆博果尔在忧愤中去世。

博穆博果尔死后仅仅 27 天，迫不及待的顺治帝就宣布将董鄂氏迎娶进宫，并册封为贤妃，不久又晋封为皇贵妃。进宫后第二年的十月，董鄂妃为顺治帝生了一个皇子，但不幸刚出生三个月就夭折了。

尽管如此，顺治帝还是将董鄂妃视为国色天香、红粉知己，并将自己的另外 16 位皇后、妃嫔统统抛下，专宠董鄂妃一人。枕上春梦仅仅 3 年后，年仅 22 岁的董鄂妃不幸病逝。痴情的顺治帝竟然痛不欲生，当时在皇宫中的传教士汤若望回忆说："（顺治）寻死觅活，不顾一切，人们不得不昼夜看守着他，使他不得自杀。"

5

董鄂妃的去世，也是顺治帝生命倒计时的开始。

董鄂妃去世于顺治十七年（1660）八月十九日，而顺治帝则在顺治十八年（1661）正月初七去世，前后相隔仅有 4 个多月。

佳人的逝世，让顺治帝万念俱灰。

此前，顺治十四年（1657），20 岁的顺治帝第一次在北京城内的海会寺，会见了禅僧憨璞聪，这也在无意中打开了顺治帝的佛缘。顺治帝深深为禅宗所吸引，他先后在北京召见了名僧玉林通琇、木陈道忞、茚溪森等人，并且请玉林通琇给他起法名，还特别嘱咐"要用丑些字样"。

玉林通琇进献字样后，顺治帝自己选了"痴"字，并给自己取法名"行痴"，法号"痴道人"。在和尚们面前，顺治帝甚至自称弟子，或称呼其他僧人为师兄弟。对此，玉林通琇则颂扬顺治帝是"佛心天子"。

董鄂妃去世后，顺治帝有了剃度出家的想法，有一次他对僧人木陈道忞说："朕想前身一定是僧人，所以一到佛寺，见僧家窗明几净，就不愿再回宫里。要不是怕皇太后挂念，我就要出家了！"

对于这位从 6 岁就在懵懂中被拥立为帝，长期偏处深宫的青年皇帝来说，他内心的孤独，似乎只有佛法才能慰藉。

董鄂妃去世后，短短两个月时间，顺治帝先后 38 次到高僧禅舍，相访论禅，彻夜交谈，沉迷于佛的世界。顺治帝甚至还命令玉林通琇的弟子茚溪森为自己净发，要放弃皇位子身修行。

与多次舍身入佛的梁武帝和在年轻时被迫当过和尚的明太祖朱元璋相比，顺治帝执着于佛法，其心也最为柔弱动人。

茚溪森在劝阻无奈之下，只好为顺治帝剃发。孝庄皇太后见势不对，随即召来茚溪森的师父玉林通琇。当听到弟子茚溪森竟然为当今皇帝剃发后，为了警戒弟子同时也劝诫顺治帝，玉林通琇立即命人架起柴堆，准备烧死茚溪森。为了保护茚溪森，万般无奈的顺治帝只好表示放弃出家，回到皇宫里。

回到皇宫后不久，从小陪伴顺治帝长大、被顺治帝视为母亲一般的乳母李氏去世，这也彻底击垮了顺治帝的最后一根精神支柱。

不久，顺治帝感染了天花。在感知到自己即将不起后，因为思念董鄂妃而骨瘦如柴的顺治帝决定立下遗诏，随后他召来翰林院掌院学士王熙口述遗诏，而临死前，他也给自己下了一道罪己诏。

在经历爱子夭折、宠妃死亡、出家不成、乳母病故后，加上天花的侵袭，顺治帝的身体彻底垮了，在罪己诏中，他以佛教徒的呕心沥血，剖析自己的十四大罪过，并指出自己未能孝敬母后，"永违膝下"，又奢靡浪费，"是朕之罪"。

临死前，他最终指定曾经出过天花的皇三子玄烨继承帝位，并且遗诏让为自己剃发的茚溪森来主持自己的火化仪式。

对于自己遗嘱火化，顺治帝留言说："祖制火浴，朕今留心禅理，须得秉炬法语。"

而在为顺治帝主持火化仪式后，茚溪森回忆说，他当时在紫禁城后面的景山寿皇殿负责点火仪式，临点火前，茚溪森高声大喊道："释迦涅槃，人天齐悟。先帝火化，更进一步。寿皇殿前，官马大路。"然后，茚溪森上前，"遂进炬"。

顺治帝火化后，有关顺治帝假死出家"逃禅"的传说越传越广，甚至演化出后来康熙皇帝上五台山寻找父亲的故事，而史料，则为我们留下了真实的细节。

就在顺治皇帝死后，清廷中书舍人张宸在《平圃杂记》中，记录了孝庄皇太后在儿子顺治帝出殡时，白发人送黑发人的悲伤欲绝："仰见皇太后黑素袍，御（紫禁城）乾清门台基上，南面，扶石栏立，哭极哀。"

似乎很少人注意到，这位30岁就丧夫、48岁又丧子的女人，日后将以怎样的坚强，支撑起一个王朝的未来。此后，孝庄将以太皇太后的身份，辅佐当时年仅7岁的孙子康熙帝巩固帝位，成就康熙王朝。

只是没有人会再记得，顺治帝在临终前几个月所说："朕实不幸，堕帝王家。"

幸与不幸，即使是帝王，也难以主宰自己的命运。

被误读的大人物

刘禅：一个被黑了 1700 多年的亡国之君

1

蜀汉灭亡后，后主刘禅受封为安乐公，被送到洛阳软禁。有一次，掌握曹魏大权的司马昭设宴款待，邀请刘禅和一帮蜀汉旧臣参加。

酒宴上，不怀好意的司马昭故意叫一班歌女表演一段蜀地歌舞，蜀汉旧臣听之感伤，纷纷落泪，只有刘禅一人说说笑笑，看得比春晚现场观众还带劲。司马昭看在眼里，对其心腹贾充说："刘禅这人没心肝到了这个地步，就算是诸葛亮在世，也无法保全蜀汉，何况是姜维呢？"贾充说："若不是这样，您岂能轻易将其吞并？"

过了一阵子，司马昭问刘禅，你还想念蜀地吗？

刘禅笑嘻嘻地说出一句千古名言："此间乐，不思蜀。"

长期担任刘禅"秘书"的郤正听到他这么一说，觉得太丢人了，回到府中就告诉刘禅，您不该这样回答晋王。下次再问您，应该流着眼泪说："先人坟墓远在陇、蜀，我心里难过，无日不想念。"

后来，司马昭果然又问刘禅同样的问题。刘禅照着郤正说的从头到尾复述了一遍。司马昭欣赏完他的表演，说："这好像是郤正说的啊！"

刘禅故作惊讶道："对啊，就是郤正教我的。"此言一出，哄堂大笑。

《三国志集解》评价此事说，"恐传闻失实，不则养晦以自全耳"。面对司马昭的明枪暗箭，刘禅以一句"乐不思蜀"全身而退，躲过夺命的鸩酒，得以安度晚年。这影帝级的演技，可比他父亲刘备当年和曹操煮酒论英雄时，假装"失匕箸"还要精湛。

不过也正是如此，"扶不起的阿斗"成了刘禅最大的标签，好像此人就是一个昏庸无能的亡国之君。实际上，刘禅投降之后，起初并没有留下太多负面评价，陈寿在《三国志》中，甚至还如此评价诸葛亮辅政时的刘禅："后主任贤相则为循理之君……然经载十二，而年名不易，军旅屡兴，而赦不妄下，不亦卓乎！"

在时人看来，刘禅并不傻。

2

刘禅的出生极具传奇性，不同于古代史籍中一些如履迹而孕、梦日入怀之类的离奇传说，阿斗可是在婴儿时期实实在在地经历了一段神话般的冒险。

建安十三年（208），曹操南下攻打荆州。刘备携民渡江，在当阳长坂遭遇大败，全军溃逃，身边只剩下数十骑，妻儿不出意外地再次陷于乱军之中。当时刘禅尚在襁褓，多亏刘备手下大将赵云紧紧抱着他，还一边保护其母亲甘夫人撤退，才杀出重围，幸免于难。

长坂桥上，又有"万人敌"之称的张飞率领二十骑断后，据水断桥，瞋目横矛，对曹军怒道："身是张翼德也，可来共决死！"曹军全部不敢靠近他，刘备等人才得以逃脱。

刘禅的生母甘夫人，是刘备在小沛时纳的妾。刘备早年流离困顿，多次丧偶，失去了好几任嫡妻，由甘夫人代为主持家事。甘夫人的封号还是在她去世后才追谥的，可见刘禅并非嫡子，出身并无优势。刘备将他作为继承人培养，其中一个原因在于刘禅确实天资聪颖，而给予刘禅如此评价的不是别人，正是诸葛亮。

诸葛亮曾经对同僚称赞年少的刘禅聪明过人，那人就将这番话悄悄地告诉刘备。

刘备这老父亲听了颇为自豪，后来对儿子说："丞相叹卿智量，甚大增修，过于所望，审能如此，吾复何忧。勉之，勉之！"意思是说，连丞相都夸赞你天分极佳，远远超过期望，我还有什么可担忧的呢？

诸葛亮是出了名的实在人，肯定不会阿谀谄媚，无故拍领导儿子的马屁。后来他辅佐刘禅，还再次称赞刘禅"年方十八，天资仁敏，爱德下士"，说明刘禅绝非庸才。

《三字经》说"养不教，父之过"，刘备可不背这个锅。他在世时不忘督促刘禅勤学苦读，还给儿子列了个书单："可读《汉书》《礼记》，闲暇历观诸子及《六韬》《商君书》，益人意智。闻丞相为写《申》《韩》《管子》《六韬》一通已毕，未送，道亡，可自更求闻达。"书中皆是帝王之学，研读这些书目需要一定的知识积累，由此可见刘禅平日学习并没有落下，非但不是天生痴傻，可能还是一个"高才生"。

刘禅其人，愚懦之中藏机敏，可他从刘备手中接下的是一个烂摊子。

章武三年（223），历经关羽失荆州和夷陵之败后，蜀汉先主刘备在永安宫抑郁而终，临终前托孤于丞相诸葛亮，任命尚书令李严为副。永安托孤是三国时极富戏剧性的一幕。作为统治者的刘备，竟然放心地将奋斗一生建立的蜀汉政权托付给诸葛亮，还说了一番耐人寻味的话："君才十倍曹丕，必能安国，终定大事。若嗣子可辅，辅之；如其不才，君可自取。"意思是说，如果刘禅无能，诸葛亮可自行取代。

诸葛亮听后，涕泣而誓："臣敢竭股肱之力，效忠贞之节，继之以死。"

之后，刘备诏敕刘禅："汝与丞相从事，事之如父。"

刘备去世后，继任的刘禅遵照遗嘱，与辅政的诸葛亮达成默契，"政事无巨细，咸决于亮"，从而开启蜀汉发展的一段黄金时期。

3

从章武三年（223）17岁即位，到炎兴元年（263）献表投降，刘禅作为三国时期在位时间最长的皇帝，占据西南一隅，做了40年的无为天子，看似奇葩，实则大有文章。陈迩冬先生说，庸主往往是贤能之相所造成的。正如齐桓公得管仲而称霸诸侯，万历帝因张居正而坐享王朝。稷下道家有"君道无为，臣道有为"一说，刘禅采用的正是这一政治运作模式。

诸葛亮主持朝政时，蜀汉政权实际上是一种"虚君制"，其本质是"上而无为以任其下"，皇帝在"循名责实"的前提下，任由宰相建立一个可靠的政府，充分发挥才能。

宰相是政府首脑，带领百官管理国家事务，类似于现代一些国家的"责任内阁"，接受皇帝问责，就像诸葛亮自己说的，"愿陛下托臣以讨贼兴复之效，不效，则治臣之罪，以告先帝之灵"。第一次北伐失败后，他就曾自贬三等。如此，刘禅乐得安逸，诸葛亮殚精竭虑。刘禅自己也说："政在葛氏，祭在寡人。"国家大事由诸葛亮负责，自己只担任名义上的国家元首，负责祭祀之类的礼仪就行了。

在刘禅的放权下，诸葛亮开府治事，大权独揽，成功化解了内外交困的局面，让力量弱小的蜀汉在成都立住脚。他平定南中，北拒曹魏，东和孙权，兴修水利，发展贸易，使蜀汉一度出现"田畴辟，仓廪实，器械利，蓄积饶，朝会不华，路无醉人"

的盛景。

诸葛亮竭尽心智履行相父之职责，在《出师表》中可看出孔明对后主的循循善诱："诚宜开张圣听，以光先帝遗德，恢弘志士之气，不宜妄自菲薄，引喻失义，以塞忠谏之路也"，"陛下亦宜自谋，以咨诹善道，察纳雅言，深追先帝遗诏，臣不胜受恩感激"。虽然通篇提了多次"先帝"，但句句都是为了阿斗好，古往今来，有几个大臣敢跟皇帝这么说话？人们往往只记住鞠躬尽瘁、死而后已的诸葛亮，却忘了其身后任人信人的后主刘禅。

横向比较三国时期的托孤，就可知二人的君臣关系有多难得。尽管诸葛亮也曾打压朝中一些不利于己的重臣，如同为顾命大臣的李严，但蜀汉的执政班子整体上都相当稳定。

反观曹魏，文帝、明帝两朝托孤，司马懿都是辅政大臣之一。曹操曾经警告过曹丕："司马懿非人臣也，必预汝家事。"不出其所料，高平陵事变后，司马懿以太后的名义消灭以另一个托孤大臣曹爽为首的政敌，杀了曹爽等人三族。司马家族就此一步步蚕食曹魏政权。

孙吴的皇帝孙权晚年昏聩，为太子之争心力交瘁，临终将年仅10岁的幼子孙亮托付给孙弘、诸葛恪、孙峻等大臣。诸葛恪是诸葛瑾的儿子，也就是诸葛亮的侄子，但他没有其叔父的气度。孙权一去世，诸葛恪就将素来不和的政敌孙弘诛杀，此后独揽朝政，劳师动众，引起孙吴宗室不满，百姓怨声载道。于是孙峻又设下一桌鸿门宴，在帷帐内埋伏士兵，将诸葛恪斩杀，并夷灭其族。孙吴就此开了内讧的先例，此后朝政混乱，国力日衰。

4

建兴十二年（234），诸葛亮带着未竟的北伐理想病逝于五丈原，践行了自己对刘备父子的承诺。对于这一影响蜀汉未来的惊天变局，刘禅沉着应对，立刻在成都城内实行宵禁，进入警备状态。孔明灵位送回后，刘禅率文武百官出城20里相迎，又素服发哀3日。刘禅伤心不已，甚至哭倒在朝堂之上。

诸葛亮治蜀有功，深得人心，朝中群臣和各地百姓纷纷上书，请求在成都为已故的丞相立庙。这一提议违背礼制，刘禅当然没同意，老百姓只好逢过节时在路边"私祭"。此事一直拖了30年，刘禅才下诏，远在沔阳为诸葛亮立庙，并禁止民间的

"巷祭""野祀"。刘禅对功高震主的诸葛亮确实有些忌惮，后世甚至有人以此推测他对诸葛亮擅权早已心生不满。

实际上，当时就有人这么想。诸葛亮去世后，丞相参军李邈以为刘禅将对诸葛一党进行清算，赶紧投机倒把，上书说："吕禄、霍禹未必怀反叛之心，孝宣不好为杀臣之君，直以臣惧其逼，主畏其威，故奸萌生。亮身杖强兵，狼顾虎视，五大不在边，臣常危之。今亮殒没，盖宗族得全，西戎静息，大小为庆。"这是将诸葛亮比作西汉吕氏、霍氏等嚣张跋扈的外戚，还将孔明之死当作喜事，可谓用心险恶。

刘禅看到这份奏疏是什么态度呢？他二话不说，将挑拨君臣关系的李邈下狱处死。值得一提的是，在有明文记载的史料中，李邈是刘禅在位期间唯一亲自下诏诛杀的人，这也是他难得动怒的时刻。

刘禅对诸葛亮任之生前，信之殁后，蒋琬、费祎都是诸葛亮临终前推荐给后主的宰相人选，刘禅如果对诸葛亮的安排不满，大可提拔自己的亲信，可他却根据孔明的安排，先后任命蒋琬、费祎主持朝政。除此之外，在此后得到重用的董允、姜维等文臣武将也是诸葛亮生前赏识选拔的人才。刘禅还下诏褒扬孔明，言辞切切，感人肺腑，自称"朕用伤悼，肝心若裂"，足见感情之深。

清人袁枚对历朝历代褒孔明而贬后主的做法深恶痛绝，他写道："孔明之贤，即后主之贤也。"

5

诸葛亮逝世后，刘禅开始掌握实权，他削弱相权、加强帝权的做法也相当聪明。

无论是蒋琬，还是费祎，都不具备孔明的威望和能力，刘禅适当放权，命他们辅政，同时又恢复君权，以免大权旁落的尴尬局面再次出现。在三国中，实行虚君实相的蜀汉却最早取消丞相制。鉴于诸葛亮在世时权势过重，刘禅不再任命丞相，先是以蒋琬为尚书令和大将军，接替孔明"总统国事"，之后又任命费祎为尚书令和大将军，录尚书事，蒋琬改任大司马。

如此，费祎主管军事，兼管行政，蒋琬主管行政，也兼管军事，两人的权力相互交叉，相互牵制，各有侧重。等到蒋琬去世，刘禅更进一步，"乃自摄国事"，悄无声息地夺回君权。刘禅这样高明地玩弄权术，也许不单是读了他老爸推荐的那一套帝王之术，还能参透其中玄机。

在处理君臣关系时，刘禅经常表现出极高的情商。

曹魏的大将夏侯霸是曹爽一党，正始十年（249）高平陵事变后，他害怕受到司马懿父子迫害，吓得叛魏降蜀。不过，夏侯霸的父亲夏侯渊，当年可是在曹、刘争夺汉中时为蜀将黄忠所杀，蜀汉算是夏侯霸的杀父仇人。

刘禅知道此事会让夏侯霸心存芥蒂，于是在接见他时一笑泯恩仇，说："卿父自遇害于行间耳，非我先人之手刃也。"一句话就将仇恨化解，两军相争，难免有死伤，你的父亲也并非死于我父亲之手，仇恨不应该延续到我们这一代。

之后，刘禅话锋一转，指着自己的儿子对夏侯霸说："此夏侯氏之甥也。"你看，我儿子还是夏侯家的外甥啊。刘禅的皇后是张飞之女，张飞的妻子出自夏侯家族，这不就是一家人嘛。

三言两语让夏侯霸感动不已，他从此死心塌地追随蜀汉，多次参与姜维北伐的战争，和老东家拼命。

生长于战乱之中的刘禅，深知父辈创业艰辛，也非耽于享乐的皇帝。

他常年居于深宫之中，从不出游巡幸劳民伤财，直到诸葛亮去世两年后，才难得去了一趟都江堰，"登观阪，看汶水之流，旬日还成都"。都江堰是一个水利工程，刘禅很可能不是去游玩，只是参加每年岁修后的放水仪式。《三国志》还是将此事郑重其事地记录下来，其实游山玩水对很多帝王而言不过是正常的业余爱好，可能小说家还要给他们杜撰几段大明湖畔夏雨荷之类的风流韵事。

刘禅却没有这样的浪漫邂逅，在三国时期的皇帝中，他的宫廷生活相对简朴，且从谏如流，坦然接受大臣对自己私生活的约束。刘禅有时想选民间美女充实后宫。担任黄门侍郎、侍中，负责管理宫中事务的董允就劝刘禅说，不应立过多后妃，"古者天子后妃之数不过十二，今嫔嫱已具，不宜增益"。刘禅只好听从其建议。

刘禅宠信宦官黄皓，正是因董允时常"正色匡主"，黄皓才在很长一段时期内不敢放肆，直到董允死后才频频作妖。而刘禅也只是将他当作一个跳梁小丑，说黄皓不过"趋走小臣耳"。

刘禅有时想发展后宫娱乐业，选拔声乐人员、扩建皇宫建筑。蜀中大儒谯周劝其减省后宫开支，刘禅虽然不开心，但只是免去了他太子家令的职务，惹不起我还躲不起吗？但此后还是听从谯周谏言，并没增修后宫。

心地善良的仁德之君，一定会在危急关头顾全大局，屈己爱民。蜀汉灭亡时，刘禅的做法也可以说是一种仁慈。

6

景耀六年（263），司马昭派邓艾、钟会、诸葛绪分三路大军进攻蜀汉，蜀汉大将姜维率领主力驻守在剑阁，与钟会大军对峙。精通山川形势的邓艾看到剑阁难以攻破，就带着精兵绕过剑阁，逢山开路，遇水架桥，奇袭几百里，偷渡阴平，攻破绵竹，直奔成都城下。

魏军一到，整个蜀汉朝廷乱成一锅粥，就如何摆脱困境展开讨论：一派主张投靠盟友孙吴；一派主张迁都南中；一派主张出城投降曹魏；还有一派主张固守待援。

最终，刘禅接受光禄大夫谯周的提议，决定降魏，由大臣捧着降书和印绶，前往邓艾营中投降，至少避免了蜀地生灵涂炭。至此，蜀汉在西南地区40余年的统治正式结束。

刘禅也不过是顺势而为，他投降时，蜀汉的形势早已不容乐观，连年北伐，"未能进咫尺之地，开帝王之基，而使国内受其荒残，西土苦其役调"。蜀亡时，人口仅剩94万，却有甲士10万、官吏4万，百姓负担沉重，财政难以为继。有人慨叹："蜀穷匮至此，固难以支久矣！"

刘备对刘禅寄予厚望，但他也在遗诏中对儿子说过："勿以恶小而为之，勿以善小而不为。惟贤惟德，能服于人。"

然而，更多的人只记住了刘禅不战而降的懦弱。身为国君，他未能以身殉国；身为儿子，他未能坚守父业；身为领袖，他未能身先士卒。不忠不孝，无信无义，更何况当时一些蜀国人还表现出了过人的气节。

刘禅之子北地王刘谌，在听到其父决定投降后，怒道："若理穷力屈，祸败将及，便当父子、君臣背城一战，同死社稷，以见先帝可也！奈何降乎！"刘禅将其喝退，刘谌带着全家老小前往祭拜刘备之后，起身杀死妻儿，然后自杀于昭烈庙里。

刘禅的后妃中有一位李昭仪。魏军攻占成都后，曾将蜀汉宫中的一些宫人赏赐给尚未娶妻的将领。李昭仪愤然表示："我不能二三屈辱！"随后自杀而死。

远在前线的姜维大军得知刘禅投降的消息后，全军忧愤不已，将士们纷纷拔刀砍石，发泄心中愤恨。在绝境之下，姜维仍然试图挽救蜀汉，他谋划策反钟会，不幸失败后被杀，蜀汉太子刘璿也死于乱兵之中。

7

蜀人是否因为刘禅亡国而怨恨他呢？

并没有。

曾经供职于蜀汉政权，写下《陈情表》这一千古名篇的李密，后来被召至洛阳为官。有人问他："安乐公何如？"李密说："可比齐桓公。"那人不解，李密接着说："齐桓得管仲而霸，用竖刁而虫流；安乐公得诸葛亮而抗魏，任黄皓而丧国，是知成败一也。"在李密看来，刘禅稍次于春秋首霸齐桓公，尽管有功有过，却不失为一代雄主。

直到宋代，刘禅在蜀地仍是以正面形象接受供奉，为当地百姓深深怀念。成都的刘禅祠与武侯祠分列于刘备的昭烈庙两侧，自南北朝兴建，一直到北宋香火不绝。在古代，只有那些有大功德于民的人，才能专立祠庙。

当忠君爱国的新儒学在宋代日益禁锢思想后，这一情况才发生变化。庆历年间（1041—1048），常州宜兴人蒋堂知益州，在蜀地搞基建，发现木材不够用，便下令拆毁刘禅祠，将材料用于建造其他建筑。蜀地老百姓极为不满，表示强烈抗议，一时间甚至出现"蜀人浸不悦，狱讼滋多"的情况。

蒋堂坚持强拆，抗议无效，因为在这些儒生看来，刘禅亡国，于汉是不忠，于父是不孝，这样的人不配拥有专祠。在成王败寇的理念下，有些所谓明君可以将残暴不仁当作英明神武，将好大喜功视为锐意进取，而像刘禅这样的亡国之君，就只能贴上无德无能、呆头呆脑的标签，永世不得翻身了。

暴君之死：在位 14 年，影响历史 1300 年

李世民夺位后，很喜欢跟臣子谈论读书心得。一次，他对左右说，我读了《隋炀帝集》，知道隋炀帝也认同尧、舜的功绩，否定桀、纣的暴行，但他做起事来，怎么就完全相反了呢？

"劝谏达人"魏徵立马回答说，一个君主，哪怕再有才，也应当虚心听取属下的劝谏，这样"智者献其谋，勇者竭其力"，治国大事才不会跑偏。魏徵接着说，但是，"炀帝恃其俊才，骄矜自用，故口诵尧、舜之言而身为桀、纣之行，曾不自知，以至覆亡也"。归根到底，隋炀帝因为太有才了，恃才傲物，听不进劝，自己做了桀、纣都不知道呀。

李世民对这个答案很满意，跟着表态说："前人的教训不远，我更应当引以为鉴。"

这个情景，爱读唐史的人，估计都不会陌生。李世民和魏徵，这对搭档被塑造为明君贤臣的典范，正是通过这样一次次君臣的对话——内容大多是关于劝谏与纳谏——而实现的。

这次关于隋炀帝亡国的对话，实际上框定了后人对杨广的基本评价。

第二年，魏徵遵照李世民的指示，组织力量修《隋书》，定下的指导思想正是"以隋为鉴"。从隋朝的兴亡中吸取经验教训，为当朝国君掌握存亡治乱的规律服务。基调已定，隋炀帝杨广在历史上，就只能是一个荒淫无道的昏君。历代官修史书的残酷就在这里，真实永远是第二位的，资治（服务政治）才是第一位的。

1

历史上有些开国皇帝，江山得来极其容易，常被形容为"欺负孤儿寡母"，隋文帝杨坚、宋太祖赵匡胤就是典型代表。另一些皇帝，皇位得来极其血腥，往往通过发

动残酷政变，从父亲、兄弟、侄子等人手中夺位，唐太宗李世民、明成祖朱棣都是典型代表。

但这些，并不妨碍他们在后世成为口碑尚佳的皇帝。原因是，他们治国能力还不错，且比较在乎自己的形象，言行中不忘体现自己是一代明君。当然，也不排除这些皇帝中，有人对历史档案进行篡改，努力漂白自己的形象。

人类总是健忘的，评价历史人物尤其如此。一个皇帝的出身、曾经的所作所为，很快就会被遗忘，但他的归宿、人生的终点是好是坏，却被人铭记，用于对此人盖棺论定。隋炀帝杨广在历史上口碑极差，就吃亏在这里。

他是亡国之君呀。

历史上，有伟大的开国君主，有伟大的中兴之主，但绝无伟大的亡国之君。因为他是亡国之君，他的罪恶是叠加的，是被无限放大的。

他的上位方式与李世民颇为相似。两人均非嫡长子，按照正统的继承程序，都没有机会入承大统。结果，李世民发动玄武门之变，灭了皇太子李建成，逼父亲李渊退位。而杨广的操作相对柔和一些。他一面在父母面前装孝顺，扮朴素，赢得贤孝之名；一面收买权臣杨素，散播谣言，说皇太子杨勇求神占卜，盼望皇上早死。搞得隋文帝杨坚防太子如防大敌，干脆把杨勇废了，指定由新太子杨广囚禁管制。

临死前，杨坚躺在病床上，太子杨广与大臣杨素等人侍驾。杨广估计杨坚差不多了，就与杨素商量后事，但杨素给太子的回信却阴差阳错送到杨坚手中。与此同时，杨坚的宠妃陈夫人，哭哭啼啼，跑到老皇帝床前，说太子要非礼她。眼前种种，让杨坚对杨广破口大骂，并命人急传废太子杨勇前来。

门外的杨素见情况紧急，赶紧与杨广密谋，决定做掉杨坚，控制局面。杨素立刻假传圣旨，将知情的大臣逮捕入狱，又更换皇宫守卫。安排妥当，杨素派人入内探视杨坚。不久，杨坚就驾崩了。

由于史书在说到杨广的上位史时，模棱两可，导致其是否弑父即位，迄今众说纷纭。但是，李世民残忍杀害太子李建成、逼退父亲李渊，却是千真万确的事情。吊诡的是，确凿的历史可以美化成实现贞观之治的必要条件，而模糊的历史却被强化成隋朝短命而亡的必经之路。

因为杨广是亡国之君，所以他必须背负倒果为因的沉重十字架。

2

在线性的历史解释中，二世而亡的隋朝，隋文帝杨坚越英明，就越映衬出隋炀帝杨广败家。不过，平心而论，把隋亡的责任都推到杨广身上，有失公平。

杨坚确实厉害，治国很有一套，做了很多开创性工作，被西方人认为是中国最伟大的帝王。但他，也给儿子挖了不少坑。

杨坚执政后期，已经趋于暴虐，容不下异见分子，实行酷刑，滥杀功臣。他热衷于搞钓鱼执法，经常派人向一些官吏行贿，发现有人受贿了，直接处以极刑。他本人崇尚节俭，却舍不得让老百姓过上较为富足舒服的日子，紧紧守着国家的财富。甚至在关中百姓遭遇灾荒、生活难以为继时，他仍不肯开仓赈灾，而是任凭一队队饥民艰难地踏上逐粮洛阳的苦旅。难怪明清之际的大儒王夫之看杨坚不爽，说："隋文帝之俭，非俭也，吝也。"

杨坚还下令禁止民间听音乐，甚至下令废除学校。这些悖逆历史潮流的做法，最终都在杨广上位后得到纠正。

杨坚在位后期，因为这些昏聩的举措，已经激起了多起反抗暴政的起义。

开皇九年（589），20岁的杨广被父亲任命为伐陈军队的最高统帅。年纪轻轻就率领50万大军，灭了南方的陈朝，实现南北大一统。将江南纳入统治版图后，隋文帝杨坚对这片"新领土"采取了高压政策。不仅下令毁掉六朝古都建康城（今江苏南京），还下令销毁江南地区的所有武器，强迫部分江南士族迁入长安。杨坚让大臣苏威作《五教》，规定江南地区百姓，无论年龄大小，一律都要背诵。这是典型的文化专制主义。

仅仅一年时间，这些政策就激起了江南人的激烈反抗。

开皇十年（590）十一月，在旧时陈朝的疆域内，一场旨在反对隋朝的叛乱全面爆发。婺州、会稽、苏州均有人举兵起义，被叛军抓住的隋朝官员，有的被开膛破肚，有的被割肉吃掉。叛军边吃边怒吼："这样就能让你们更好地背诵《五教》了！"

面对蔓延开来的暴乱，杨坚只得调整统治策略，将主管江南事务的扬州大总管换人，换来了晋王杨广。由此开始杨广驻防并治理江南的10年生涯。

杨广一反父亲的高压政策，对江南实行怀柔政策。他利用当地望族充当说客，劝谕造反者归顺，兵不血刃就夺回17座城，相当快速而有效地化解了反隋风潮。

他不像父亲那样，任命关陇士人镇压江南士人。他比较注重江南人自治。在他的扬州大总管府中，聚集了一批江南才学之士，比如王胄、诸葛颖、虞世基虞世南兄弟等。他们都是梁、陈旧朝的官员，又是江南大族的代表人物。他们聚集在杨广周围，影响着杨广的行为方式和思维模式，希望杨广能够成为江南地区利益的代言人。

而杨广同样需要培植新的政治势力。

史载，杨广在江南专擅王朝东南一方，势力见长。他想要夺太子之位，成为天下共主的欲望被激发出来。他曾与亲信谋划夺嫡之事，郭衍说："若所谋事果，自可以为皇太子；如其不谐，亦须据淮海，复梁、陈之旧。"意思是，夺嫡成功最好，不成功也不怕，以江淮为依托，建立一个割据政权还不是分分钟的事情。杨广深以为然。

开皇二十年（600），在废立太子的问题上，关陇集团主要成员分裂成两派。一派以高颎为首，拥护太子杨勇；另一派是杨素、宇文述等人，支持另立晋王杨广为太子。后者最终获胜，高颎随即被罢免，关陇集团中的许多元勋遭到杀戮。不过，杨广对帮助自己的关陇势力，也时时加以限制和防范。他很重视利用江南士族对关陇势力形成牵制。

登上帝位以后，杨广开凿大运河、建设江都宫、三幸扬州，这些作为都是为了巩固他在江南乃至整个王朝的势力，促进南北的统一融合，并不是传统史家一句"游乐无度、荒淫无道"所能概括的。

3

中国从有历史叙事开始，就假定了一个历史事实：亡国之君没有一个好东西。在儒家的君主养成课中，一个好君主如果亡了国，那它教君主为善的整个理论基础就站不住了。所以，亡了国的君主，只能是、必须是坏君主。这就造成顾颉刚所说的"层累制造出来的伪史"，为了达到说教、资治的目的，一个亡国之君在后来一代代史学家的记述中，坏事越做越多，人品越来越坏。

但是，这种道德先行的评价体系，常常陷入罔顾史实的泥淖。

北宋初年陆续灭掉十国政权，与军事进攻同步进行的，是北宋官方的政治宣传与历史书写，将这些政权的末代君主都塑造成无道之君。但事实上，后蜀末帝孟昶、南唐后主李煜、吴越国主钱俶等人，虽为亡国之君，却备受当地人民感念，当他们被送往北宋国都时，百姓可以几十里哭送之。

因为他们是亡国之君，他们的功绩会被弱化，被逐渐抹去。因为他们是亡国之君，他们的污点会被放大，被上纲上线。

实际上，有很多原因可以导致亡国，君主坏不坏只是其中一个选项。比如有些国家穷兵黩武发展武力，有些国家与民休息发展经济，当它们相遇时，后者可能为前者所灭，但我们不能机械地认定后者有一个荒淫之君，前者有一个英明之君。

隋炀帝杨广的亡国，则更加复杂。

他继位后，在挑选新年号时，圈定了史上最大气磅礴的两个字——大业，毫不掩饰自己意欲造就伟大功业的野心。他的确是一个自信乃至自负的人，曾对人说："天下人都认为我是因为生在皇家，才能继承皇位坐拥四海，但如果让我和天下的士大夫进行一次文治武功的竞选，我也是当仁不让的天子。"

这还真不是吹牛。连向来鄙视杨广的清初史学家王夫之都不得不说，逆广（他对杨广的称呼）少年带兵，颇有才干，屡战屡胜，"使与群雄角逐于中原，未必其劣于群雄也"。

你想啊，他爹已经是历史上相当有作为的皇帝，作为继承者，他要么坐享其成，乐得个轻松，要么超越父辈，但那会累成狗。杨广选择了后一条路。难得的是，他真的不是瞎折腾，而是确确实实干出了许多彪炳千秋的大事业。

根据当代历史学者的不完全总结，杨广总共创造了这么多个"史上第一"：第一次开凿了利在千秋的世界上最长的大运河；第一次建起了被誉为"土木工程里程碑"的世界现存最古老的石拱桥；第一次创建了有防御体系的活动宫殿城市和报警器；开创了世界上最早的医校"太医署"和古代最精美的图书馆；第一次进行了空前的文化建设，整理了数千部文化典籍；第一次在中国修筑了25000多里的交通干路，建起全国空前的水陆交通网络和水利灌溉系统；第一次在法律上废除"十恶"之条；第一次取消商品入市税；第一次免除妇女的课税，揭开了取消妇女人头税的序幕；第一次在京都设立专管少数民族的"四方馆"，提出"混一戎夏"、诸族一家的思想政策，把郡县制推广到西域；第一次在"无隔华夷"的开放政策下，隆重接待数十国使团、商人及留学生，进行了空前的中外经济文化交流……

这些"史上第一"，均是在杨广在位的14年间发生，有些是他直接推动的，有些则不早不晚恰好发生在他的时代。这不是一个蝇营狗苟、荒淫纵乐的亡国之君做得出来的。只有追求开创性事业、具有原创性视野的帝王，才有魄力、有能力造就这么多突破性的纪录。

传统史家在写隋炀帝历史的时候，囿于以隋为鉴的主旨，无法解释这些具有开创性、原创性的作为，因而只能在动机上进行诋毁。比如，杨广营建东都洛阳，本意是为了加强对关东和江南广大地区的控制，维持一统，而司马光的《资治通鉴》却认为，是杨广听信了江湖术士的谶语，说"修治洛阳还晋家"，才启动了这项巨大的土木工程。把建东都的原因，归结为隋炀帝的迷信和昏庸。

还有，开凿大运河，沟通中国五大水系，打造了南北交通运输的大动脉，对于中国此后1300多年的王朝历史，居功甚伟。但传统史书一概将之说成是，隋炀帝为了巡游玩乐才干的，甚至具体到说他就是为了去扬州看琼花嘛。

本质上还是那句话，因为他是亡国之君，他干的任何事情，不管结果如何，在动机上都是十恶不赦的。

4

不是说隋炀帝没有错，而是说，历史评价的客观性存在偏差。就像历史学者胡戟所说："我们差不多可以说，秦始皇做过的事，隋炀帝多半也做了，但是他没有焚书坑儒；我们还可以说，隋炀帝做过的事，唐太宗多半也做了，但是唐太宗没有开运河。然而，秦始皇、唐太宗都有'千古一帝'的美誉，隋炀帝却落了个万世唾骂的恶名。"这恐怕就是历史的势利了。

隋炀帝错就错在，太急功近利，急于求成，在短期内连续兴办大役，已经超越了民力的负担。大业元年（605）一年内，他就掘长堑、营东都、开运河、造龙舟、游江都，役使了几百万子民。

他干的事情，每一件都是好的，但加在一起，限期完成，就形成苛政，乃至暴政。史学家胡如雷曾做过一个估算，从仁寿四年（604）隋炀帝即位，到大业八年（612）第一次东征高句丽，8年时间里，隋王朝一共上马了22项大工程，总共动用的人力有3000多万人次。

隋炀帝时期，全国人口4600万，8年时间就动用了3000多万人次，平均每年征用400万左右的劳动力，将近总人口的1/10，几乎是全国男丁的总数。民力透支，已达极限。

接下来，大业八年（612）至十年（614），连续3年，三征高句丽，终于把隋王朝逐步拖垮了。

杨广继承乃父的功业，基本已降伏了东西突厥，打通西域，征服西南，四方来朝，建立起以隋王朝为中心的国际关系秩序。举目四顾，只有高句丽不是真心臣服。

从杨坚开始，就有过征高句丽的先例。杨广同样希望拿下高句丽，但对付这么个蕞尔小国，杨广的做法却让人不解——他竟然出动了113万征讨大军，分为24军，每日发一军，向辽东进发。如果加上200万负责后勤的民夫，这支东征队伍，竟达300万人，是高句丽全国总兵力的10倍还不止。历史学者韩昇认为，隋炀帝这么大阵仗远征高句丽，其实不是真想打下高句丽，而是一场军事形式的政治威慑行动。

但是，杨广没有料到，高句丽并未慑于军威而投降，而是誓死抵抗。备战不足的隋朝大军，把第一次远征当成了军事大游行，最终惨败。

越是失败拂了面子，杨广就越要争回来。到第三次远征，高句丽遣使请降，杨广终于"大悦"。

但国内的情形，很快就让他高兴不起来了。

5

隋朝盛衰的分野，恰好在大业十年（614）。此时，杨广搞定了他所要的国际秩序，但国内秩序却乱成一锅粥。

前一年，杨素的儿子杨玄感，趁杨广二次远征高句丽时起兵，以"为天下解倒悬之急，救黎民之命""废昏立明"等口号相号召，一时"公卿达官子弟奔者如流"。吓得杨广看着唾手可得的高句丽都不敢留恋，赶紧命令回师。虽然杨玄感的反抗很快被镇压下去，但反隋的潘多拉盒子一打开，就再也合不上了。

对杨广而言，在这些反隋的势力中，农民起义的威胁并不可怕，他最怕的是关陇贵族集团的集体造反。前面说了，隋朝的建立仰赖关陇贵族集团，杨广即位后，有意引入江南士族力量，对关陇贵族集团进行抑制。

现在关于科举制的创立时间，仍有不同说法。但可以肯定的是，杨广在位期间，创立了进士科，以此取代九品中正制，让中下层地主甚至贫寒子弟，都能通过读书应考，走上仕途，从而打破豪族垄断政治的局面。这一做法，影响了中国1300多年，直到清末废科举为止，科举制一直是最重要的取士通道。但在当时，科举制却激起了关陇贵族集团的普遍不满。因为这相当于剥夺了他们的世袭特权，对他们的地位和利益构成挑战。杨玄感、李密、李渊，隋末几股大的起义，领导者都是关陇贵族集团出身，这就很能说明问题。

顺便说一下，杨广的两大功业——大运河和科举制，均对中国历史产生了无可估量的影响，但它们都是"照远不照近"的千秋功业。他因此而亡国，后来的朝代却因此而兴盛。从这个意义上看，杨广也算是中国历史的殉道者吧。

天下大乱之时，杨广却离开中原，来到扬州。劝谏的大臣说："陛下若遂幸江都，天下非陛下所有。"杨广不听。他曾说过，我性不喜人谏，谁要是上谏言，我决不让他活在地平面上。

能力强大的人，往往刚愎自用。杨广不能幸免，这导致了他失去最终翻盘的机会，也给了后来的魏徵不断劝谏李世民一个最好的理由。

大业十四年（618），隋炀帝在世的最后一年。据说他有时会摸着自己的头，照镜子对萧皇后说："好头颈，谁当斫之？"

随驾南下的 10 多万骁果将士，大多是关中人，"见帝无西意，谋欲叛归"。最终举火起事，内外呼应，攻入宫中。面对叛军历数十大罪状，杨广不得不说："我实负百姓！"他不希望受锋刃之辱，解下白绫，被缢杀而死。弑杀者，正是当年帮他谋取帝位的宇文述之子宇文化及。

得到杨广的死讯后，他那已经起兵称帝的表兄弟李渊"哭之恸"，说："吾北面事人，失道不能救，敢忘哀乎！"然而，仅仅 4 年后，唐高祖武德五年（622），李渊坐稳了江山，将杨广改葬于江都雷塘，并把他的谥号从"明帝"改成了"炀帝"。

唐朝诗人罗隐说："君王忍把平陈业，只换雷塘数亩田。"一个死后落寞的亡国之君，从此定格为历史的反面典型，成为臣子调教君王的教案。所有人都知道他的荒淫故事，但很少人知道，他虽然不是一代明君，至少不是庸君，不是昏君。

历史翻过一页又一页，他的名字摆在正确的位置上了吗？

1033年，史上第二个武则天被扼杀了

读历史有个问题值得探讨：为什么有武则天的先例，中国历史上却再也出不了女皇帝？

常见的解释是，女人窃权，就像牝鸡司晨，必定乱政，武则天之后，整个社会已经不能容忍女皇帝的出现。没有女皇帝，是王朝之幸，天下之幸。

这种解释，在历朝历代都很盛行，构成我们认识历史的"常识"的一部分。但是，背后的逻辑，"细思恐极"——

这是否只是传统男权社会强加给我们的历史的"偏见"呢？

1

历史上，宋真宗的第二任皇后刘娥（969或970—1033）是一个传奇人物。她以自己一生的经历和身后之名，生动地诠释了传统男权社会士大夫对女性政治的提防，以及持续不断的污名化。

刘娥，四川人，自幼父母双亡，被寄养在外婆家。十来岁便嫁给银匠龚美，跟着龚美来到当时的京城开封。史书说，刘娥"善播鼗"，鼗鼓现在俗称拨浪鼓，说明她是开封城内一个底层的取悦市民的艺人，生活艰难。

宋真宗赵恒继位前为襄王时，听说四川女人漂亮聪慧，一心想娶个川妹子。碰巧底下有个叫张耆的人，打听到龚美家贫，想让刘娥改嫁。刘娥由此以卑微的出身和再嫁之妇的身份，进入了襄王府邸，并得到赵恒的宠爱。但是，她那卑微的身份，必将如影随形，时刻打击、摧残着她。

在作为皇族的女人这条道路上，她的出身一直是周遭攻击她的主要原因。先是赵恒的乳母向宋太宗告状，说太子竟然娶了个"野女子"，您得管管呀。吓得赵恒赶

紧把刘娥转移出去，藏到张耆家里。张耆为了避嫌，连家都不敢回，夜夜在单位打地铺。

就这样熬了许多年，熬到宋太宗去世，赵恒继位为止。难得赵恒贵为新皇帝（宋真宗），却未对刘娥产生嫌弃，而是欢天喜地地把她迎进宫里，封为美人。

景德四年（1007），出身名门的郭皇后去世后，宋真宗开始运作刘娥当皇后。然而，这一动议立即招致了群臣的抗议。不是因为刘娥人品有问题，而是出身有问题："章献（指刘娥）起于寒微，不可母天下。"宋真宗安排翰林学士杨亿起草封后诏书，并许以荣华富贵，杨亿公然拒绝，说这是对自己祖上的羞辱。

群臣一致推荐沈才人当新皇后，推荐理由依然无关人品，无关是否贤良淑德，而是关乎血统。参知政事赵安仁说："刘德妃（指刘娥）家世寒微，不如沈才人出于相门。"

在这场风波中，后人读史，当然无法苛求宋人的阶层偏见，但是，设身处地想一想，处于舆论中心的刘娥，究竟背负了多少莫名的原罪，蒙受了多少无端的攻击和冤屈呢？

宋真宗力挺刘娥成为自己的皇后，然而备受阻挠，不能如愿，只好搁置下来，中宫虚位多年。真宗的意图，或许是在等待他宠爱的刘娥，为自己生下第一个儿子，这样就可"母以子贵"，冲破阶层的禁锢而正位中宫。

可是，为皇帝生男娃，对于年届四十的刘娥来说，概率有点小。刘娥采用的应对办法是借腹生子。她安排庄重寡言的侍儿李氏担任真宗司寝。大中祥符三年（1010），李氏生下一子，即后来的宋仁宗赵祯。刘娥将这个男娃据为己有，由杨淑妃抚养。这个事，当时知道的人极少，连赵祯在刘娥生前都一直误以为刘娥是自己的亲生母亲。李氏自己不敢吭声，刘娥则通过宋真宗不断提升李氏的地位来弥补她的愧疚。

但宋真宗肯定是知道内情的，而且默许了刘娥借腹生子的做法，这样才有了一个相对正当的理由来册封自己心爱的女人为皇后。尽管朝中主要大臣仍然反对刘娥为后，不过这次宋真宗不管不顾，终于在1012年，赵祯2岁的时候，册封刘娥为皇后。

这一年，刘娥已经接近43岁。

即便贵为皇后了，但她敏感的内心仍然为自己的出身感到苦恼。朝堂之上对于出身阶层的傲慢与偏见，让她心生惧怕。她专门找了朝中的刘姓官员，主动去攀亲戚，说我知道你出身名门，能否借你们家的家谱一阅，说不定我们是同宗哩。结果，人家只回了她两个字："不敢。"表面是"不敢"，内心是"不屑"。

然而，讽刺的是，这样一个出身卑微的女子，事实上已经成了大宋的皇后，而且此后还成为实际上执掌最高权力的皇太后，这可让当朝的士大夫难以接受。于是他们反过来，在史书中替刘娥粉饰家世，说她其实出身名门望族，她的祖父是五代的大将军，父亲是刺史，等等，只是后来家道中落了。

士大夫们始终认为，一个来自底层的刘娥，竟然成了大宋的女主，这是大宋之耻，士人之耻。所以他们在现实中阻挠无效之后，便只能在史书中将她塑造成名门之后，只有高贵的血统才配得起他们的大宋，配得起他们的臣服。这就是传统男性士大夫的精神胜利法。

2

打破出身的偏见，已经这么难；打破性别的偏见，则几乎不可能。

刘娥是一个聪明人，《宋史》记载："后（指刘娥）性警悟，晓书史，闻朝廷事，能记其本末。真宗退朝，阅天下封奏，多至中夜，后皆预闻。宫闱事有问，辄博引故实以对。"意思是说，刘娥这个人悟性高，记性好，善于触类旁通，举一反三。宋真宗每天批阅奏折，都会跟她交流，她往往能把以前的同类案例告诉宋真宗。

不仅如此，刘娥办事果断，考虑问题周密，因而逐渐赢得宋真宗的依赖。特别是在宋真宗后期，这个皇帝执着于在历史上刷存在感，把大部分精力放在制造天书、东封西祀和修庙建观等迷信活动上，对于朝政，要么不管，要么瞎搞。这时候，刘娥的存在对宋真宗就显得很重要，她从旁协助处理政务，并随着政治才干的增强而逐步切入政事核心。

到天禧四年（1020），宋真宗生病以后，更是将朝政直接交由刘娥处理。史书说，"事多决于后"。

刘娥介入朝政的路径，跟武则天挺像的，都是个人有能力，皇帝又有病，顺理成章就从内朝走向了外朝。

在这个过程中，反对力量来势汹汹。宰相寇准等人力劝宋真宗以太子监国，将统治大权从刘娥手中夺回。宋真宗原本同意这个计划，但由于寇准酒后失言，大嘴巴泄密，让支持刘娥的丁谓等人抓住把柄。计划失败，寇准被贬。

乾兴元年（1022），宋真宗驾崩，年仅12岁的太子即位，是为宋仁宗。宋真宗遗诏尊刘娥为皇太后，"军国事兼权取皇太后处分"。刘娥名正言顺地成为摄政太后，开始了长达11年的垂帘听政生涯。垂帘之初，她欲擒故纵，纵容丁谓势力膨胀，以激起众怒，又利用王曾等人对丁谓擅权的不满情绪，借故将丁谓远谪海南，从而摆脱了丁谓位高难制、尾大不掉之势。

可以看出，在斗寇准、斗丁谓这两场政治斗争中，刘娥实际上充当了朝中两股政治势力的操纵者。不论后世如何以寇准为忠臣，以丁谓为奸臣，但这两人的个人权欲是一致的，只是前者希望通过控制太子、后者希望通过控制太后来达到他们各自专权的目的。而刘娥的高明之处在于，利用这两股对立的势力，借力打力，披荆斩棘，一步步稳固了自己作为大宋实际统治者的地位。

在这之后，她又不失时机地提拔王曾、鲁宗道、吕夷简等能臣，重组内阁，为自己行使权力、推行政令构建了新班子。当她意识到其中有人对她作为女主的身份形成障碍时，她又会时不时地提拔新人进入朝廷中枢，在动态调整中巩固自己的决策地位。

正如前面所说，当时整个王朝对出身、性别都构筑了坚固的傲慢与偏见，刘娥的上位之路，注定是一条崎岖艰险之路，一条与整个世界为敌之路。但即便如此，她仍能通过自己的努力和能力，以不流血的方式基本实现自己的权力欲望与施政理想，这不能不说是她的厉害之处与魅力所在。连最有"直男癌"的司马光，后来也不得不承认："章献明肃皇太后（即刘娥）保护圣躬，纲纪四方，进贤退奸，镇抚中外，于赵氏实有大功。"

3

在当摄政太后的11年间，刘娥有没有做武则天第二的念头或野心？

从现存的史料记载来看，她肯定有。特别是在她摄政的后期，她享受的礼仪规格已经跟皇帝接近或没有区别。她甚至曾试探性地询问大臣："武则天这个人究竟怎么样？"著名谏臣鲁宗道回答说："唐之罪人也，几危社稷。"一句话就把刘娥噎住了。唐朝的历史，对于宋初的人来说，就是他们的近代史。唐鉴不远啊！女人干政，甚至改朝称帝，都仅是300多年前的事情。

对比武则天和刘娥各自的时代，武则天的运气显然要好得多。唐代的自由开放之风，尤其是在男女平权方面，达到了帝制时代的巅峰，被称为中国自由婚的第二次高潮。即便是这样，武则天要打破男权社会的成见，想自己上位做皇帝，仍必须使出让她后来都追悔的酷烈手段。

刘娥所处的北宋，是宋明理学的孕育期，虽不像南宋以后对女性有那么多变态的约束，但比起唐朝，女性的地位已经明显被看低了。从武则天在宋代以后不断地被妖魔化，也能看出男性士大夫对女人参与政治的极端不满。

刘娥不像武则天那么下得了狠心，"虽千万人，吾往矣"。她本质上是内心纯良的穷苦出身，在上位过程中步步惊心才企及今日的身份。即便身在高位，她仍不忘穷苦的记忆，具有深切的同情心。有一次，在去南御庄的路上，她遇见一名贫穷的织布妇人，当场就命随从给予赏赐，然后她说，一个勤劳的农妇仍不免于贫穷，国家难道不应该体恤一下吗？此后，她多次下令有关部门废除各种无名杂税，减轻百姓负担。

北宋的政治斗争，不像武则天时代那么酷烈，基本都能守住底线，仅到贬官为止。很难想象，像范仲淹这样屡次抮老虎须的直臣，屡次被贬，又能屡次回到朝廷。这种让政治立场与个体生命相分离的文明法则，刘娥不是开创者，但她是一个很好的坚守者。这就决定了她不可能更改北宋的"祖宗家法"，去做出武则天那样消灭异己的事情。

权力之梯是用血铺就的。时代对女性从政的阻力在加大，个人又对政治斗争抱有最后的良善之心，因此，刘娥只能在柔性的政治斗争中，一步步巩固自己现有的地位，把摄政太后的权力用到极致而已。

无论她的执政能力有多高，她始终无法摆脱身边人基于她的女性身份所进行的指责。

事实上，北宋一共产生过5个垂帘听政的皇太后，刘娥是第一个也是最有作为的一个。她摄政期间，终结了宋真宗极端荒唐的天书政治，让朝廷回归正常状态；她先后6次下令严惩贪官，并掌握朝中高官所有亲戚的名录，严防裙带关系；她顺应商品经济发展趋势，一度改革茶、盐的官榷制度，实现茶、盐暂时局部的通商；她审时度势，独具慧眼地在川峡地区发行流通交子，印制了世界上最早的纸币；作为女性，她还强调夫妇齐体，提高妇女的地位和财产继承权……

最重要的是，她摄政期间，没有让少年的宋仁宗脱离政治，而是让他临朝听政，参与决策，学习执政手段。在她的指导下，宋仁宗积累了大量经验，后来，仁宗曾对臣下说，以前"太后临朝，群臣邪正，朕皆默然识之"。宋仁宗成长为有宋一代口碑最好的皇帝，应该说跟刘太后的培养和调教是分不开的。

然而，历史的不公恰恰体现在这里：与男性相反，作为女性，她越有作为，越想作为，她所受到的掣肘就越大，所得到的评价就越低。

北宋5个摄政皇太后，总体评价算不错，用史书来说，叫"累朝母后之贤，非汉唐可拟议"。因为在强大的男性士大夫压制下，最后没人迈出武则天那一步，但比较而言，刘娥可能是5人中评价最低的一个。反而是最没作为、完全沦为旧党打击王安石变法派工具的神宗朝高太后高滔滔，竟然被史书捧为"女中尧舜"，原因无他，仅仅是因为高太后迎合了司马光一党的守旧主张，而司马光恰好是个杰出的史学家，如此而已。用高滔滔的姨妈、英宗朝摄政曹太后的话来说，这就叫"教做也由相公，不教做也由相公"。摄政皇太后越无权，越听话，她们在男性士大夫写就的史书中，评价就越高。

而一生饱受争议的真政治家刘娥，最常被人记起的历史评价，却是这听起来十分暧昧的10个字："有吕、武之才，无吕、武之恶。"表面是在夸刘娥有政治才干，实际上是在说，好险啊，这个女人要是再往前一步，那就是另一个吕雉，第二个武则天。

4

在男性士大夫看来，刘娥确实差一点成为那个"十恶不赦"的武则天。

明道二年（1033），刘娥生命中的最后一年。史载，刘娥穿衮衣，戴仪天冠，去参谒太庙。朝廷士大夫都炸了。衮衣，是天子举行国家大典时穿的衣服。太庙，相当于赵宋家族的家庙，是男性皇权的象征，历来只能由皇帝祭祀。刘娥的做法，在士大夫看来，不但侵犯了皇权，而且严重扰乱了男性社会的权力秩序。

此次参谒太庙，被认为是刘娥有心效法武则天的证据。连清初大儒王夫之在论著中，都对刘娥大加鞭挞："刘后以小有才而垂帘听政，乃至服衮冕以庙见，乱男女之别而辱宗庙。"你看，男性士大夫最气愤的，正是"乱男女之别"。一切的根源，仅在于这是个男权社会，而刘娥偏偏是个女的。

有一次，刘娥与宋仁宗一同出行。她让自己的车驾先仁宗而行，参知政事鲁宗道赶紧制止道："妇人有三从，在家从父，嫁从夫，夫殁从子。"用女性的三从四德，而不是用皇权不可僭越那套理论给刘娥施加压力，刘娥很无奈，只得命令车驾跟着仁宗走。

没有一种史书会记录下这个颇有"女权意识"的女主的痛苦和悲哀，毕其一生，周遭都是男人的反对声，一开始反对她的出身，后来反对她的性别。没有人在乎国家统治者的本质，是能否让天下太平；所有人只在乎这个国家的统治者，不能是一个女人。

她没有像武则天一样发动流血政变，来达到自己的目的。她把手段看得跟目的一样崇高，希望以温和的方式提高女性的政治地位，不光是为了自己，还为了后来的女性。在她摄政后期，她命人编制了《新编皇太后仪制》，记录她垂帘听政期间的各种制度，以后的后妃可以据此在礼制上继续分享男性皇权。美国汉学家贾志扬说，《新编皇太后仪制》在刘太后摄政10年后才推出，不是因为她想最终更有效地运用自己的权力，而是因为她想建立一份历史遗产。

但是，男性士大夫认为，这些制度太超前了，在刘娥死后，便将这部文献毁掉。

直到弥留之际，64岁的刘娥仍然坚信自己可以像男性皇帝一样，有效地统治国家，她仍然希望这个男权社会，可以给她最终的认可。史载，刘娥死后，宋仁宗跑出来对辅臣说："太后疾不能言，而犹数引其衣，若有所属，何也？"参知政事薛奎心领神会，回答道："其在衮冕也！然服之，何以见先帝乎？"刘娥临死已经不能说话了，仍在撕扯身上的衣服，宋仁宗不知道这是什么意思，薛奎一听就明白过来，刘太后是想穿上龙袍，享受皇帝的葬礼啊。但薛奎紧接着说，"然服之，何以见先帝乎"，如果给刘太后换上龙袍安葬，她又有何面目去见宋真宗呢？

宋仁宗听从薛奎的建议，以后服下葬刘太后。用一场正常的葬礼，将这个生前走得有点远的太后，重新拉回了男权社会的秩序里。

还有一个细节，可以说明刘娥对男女平权有很深的执念：她在遗诰里，要求尊杨太妃（即宋真宗朝杨淑妃）为皇太后，与皇帝共同决策军国大事。她想创立一种女性参与政治的传统，但在强大的士大夫政治的历史惯性面前，她的努力显得十分孤单。她失败了。在她死后，御史中丞蔡齐立马提出来，说皇帝早已成年，这才开始亲政，怎么能让女后相继称制呢？宋仁宗于是把刘娥遗诰里"皇帝与皇太后裁处军国大事"的表述删掉。

刘娥所追求的"历史遗产"，至此完全被扼杀了。

5

但是，针对刘娥的非议，并未到死为止。

宋仁宗亲政后，进行了一场大刀阔斧的政治变革，对刘太后生前的内外势力实施打压。这几乎是所有在强权母后干预下成长起来的皇帝通用的做法，展现了被长期压抑的人性爆发。最典型的一点体现在人事安排上：凡是刘太后信任的官员，都远贬他处；凡是被刘太后贬谪的官员，都召回朝廷。通过这些发泄式的政治操作，宋仁宗既表达了对刘太后的不满，也树立了自己的威信。

看到此情景，有人开始进一步离间宋仁宗对刘太后的感情，向宋仁宗奏明："陛下乃李宸妃所生，妃死于非命。"宋仁宗从此怀疑自己一直生活在一个惊天大骗局里面，直到亲自开棺验尸，看到李宸妃"玉色如生，冠服如皇太后，以水银养之，故不坏"，这才相信李宸妃不是为刘太后所害而毙命。宋仁宗反过来责备离间的人多事，说："人言其可信哉？"

在冲动过后，宋仁宗回想起刘太后摄政的十几年间，自己的人身安全从未受到威胁，国家也被治理得有条不紊，不禁对刘太后产生了感激之情。

然而，宋仁宗"放过"了刘太后，天下人却没有放过刘太后。

在民间流传的"狸猫换太子"故事中，刘娥被刻画成一个权力欲膨胀、心狠手辣的毒妇。这个形象也成了刘娥在历史中的刻板印象，不读历史的人，轻易就上了虚构戏曲的当。

刘娥因为是女性，在传统的男性权力架构中，是不允许接触权柄的。历史上所有干政的女性，甚至包括那些特别有个性的、诗词写得好的、舞蹈跳得好的、长得极其漂亮的，无一不在传统历史记述中被妖魔化，被丑化，被鞭挞。几乎没有人替她们说一句公道话，或者替她们说话的人，本身就很边缘。

鲁迅曾在他的杂文中，批判过男权社会的这种"甩锅"心理："（我）也不信妲己亡殷，西施沼吴，杨贵妃乱唐的那些古老话。我以为在男权社会里，女性是决不会有这种大力量的，兴亡的责任，都应该男的负。但向来的男性的作者，大抵将败亡的大罪，推在女性身上，这真是一钱不值的没有出息的男人。"

刘娥没有大恶，都会被后世虚构出"狸猫换太子"的戏码，以丑恶的形象代代传唱下去。吕雉、武则天这些做过残忍之事的女主，就更招黑了。我们当然可以批判吕雉、武则天在宫廷权斗中的手段太过于残忍，但她们作为政治家的身份能不能因此就一并抹杀掉呢？

刘娥的政治才干，前面已经讲过了。同样地，吕雉在其摄政时，举国休养生息，三次"大赦天下"，连司马迁都说，吕后主政期间"政不出户，天下晏然。刑罚罕用，罪人是希。民务稼穑，衣食滋殖"。武则天也是如此，在位期间推行一系列开创性的改革，一举奠定了后来开元盛世的根基。

宫廷权斗中的残忍，到底是政治的问题，还是女性的问题？难道没有女性参与的政治斗争，就很斯文、很绅士吗？李世民、朱棣对自己家族成员的凶残，十倍于吕、武，但他们的历史功绩尚且能够得到公正评价，而吕、武仅仅因为是女性，后人心中就只剩下女性的残忍，而忘却了她们作为政治家的能力和功绩。

反过来，一个占据权力核心的女性，如果能力不行，祸国殃民，大家抨击她的理由也只有一条：女人祸国。依然是在用女性的标签，来为一个失败的掌权者背锅。什么时候我们才能认识到，政治中的成败输赢，跟性别没有关系？我们可以骂她是个失败的权力玩家，但不能骂她是个女人啊。

因为她们是女人，做得好要骂，做得不好更要骂。这样的语言暴力，在历史上太常见了，可悲的是，在现实中，也仍未消失，而且大有市场。

刘娥生前曾问一直反对她当女主的北宋名臣李迪："你看我把仁宗皇帝教养成这样，你觉得如何呢？你一直反对我参与政事，是不是有点过分了呢？"李迪回答说："今日见皇帝圣明，臣不知皇太后盛德，乃至于此！"

可惜，在男权社会里，像李迪这么顽固而又能改变对女性成见的男人，真的不多。但我希望，一个真实的刘娥，能够让大家记住，记住她冲破阶层与性别的桎梏，记住她在历史上留下的欲望、挣扎和痛苦。

海瑞：一个被严重低估的改革派

最后一次在官场复出的时候，海瑞已经72岁了。这个年纪，在时人看来，大半截身子都入土为安了，能整出什么名堂？但是，海瑞用实际行动诠释了：人生不折腾，还活来干吗？

皇帝一召唤，他毫不犹豫，立马北上。这是万历十二年（1584）年末。此前，他在家闲居了16年，比谁都渴望重返官场，想在工作岗位上发光发热。

海瑞的新职务是南京吏部右侍郎。由于尚书未到任，事实上他掌管了南京吏部，妥妥的二品大员。

岁月催白了头，却依然没有磨平心中的棱角。海瑞还是眼里容不下一粒沙子，他对南京官场弥漫的歪风邪气极度不满，颁布了《禁革积弊告示》。但由于多方掣肘，执行效果并不好。

海瑞使出看家本领，直接给万历皇帝上疏，痛骂"诸臣皆是贪风俗中人"。他祭出了明朝的根本大法《大明律》，说这部法律被荒置太久了，做官的有好处尽管捞，人人都在捞，捞得心安理得还风险全无。他说，贪风太盛，不是一味甘草、两句乡愿能遏制得住的，要下猛药。又说，本朝开国皇帝已有法律摆在那里，贪污80贯以上，处绞刑没商量，还要剥皮实草，这样才能触及灵魂。

据说，有个官员家里搞堂会，请了戏班来演出，海瑞要对其施以杖责。大小官员们不淡定了。他们排着队上疏弹劾、攻击海瑞，务必要把他搞倒为止。这场"倒海运动"声势很大，惊动了万历皇帝。

万历皇帝亲自下了两个结论：一，关于要不要革海瑞的职。他说，海瑞的言论虽然"有乖政体""词多迂戆"，但作为老同志，还是可以原谅的。二，关于要不要调离现任岗位。他同意吏部的建议，海瑞节操是好的，但做事方法不对头，不能得到广大官员的拥护，不宜出任要职，还是做回都御史这样的虚职比较合适。万历皇帝的原话是："虽当局任事，恐非所长，而用以镇雅俗、励颓风，未为无补。"

如今史学界最为流行的评价海瑞的观点，其实都是从万历皇帝这里来的：海瑞迂腐可笑，是清官但不是能臣，做事水平有限，给他加一个道德模范的荣誉供着就得了。

然而，海瑞真的只是中国版的堂·吉诃德，勇气可嘉而特别可笑吗？有没有可能是因为，他触动了太多人的利益而被刻意抹黑？

1

海瑞的一生经历过三起三落。

第一"起"，是从福建的县学教谕直接晋升为浙江淳安县令。也就是说，花了 4 年时间，从不入流的小官员，成了七品官。虽然那一年海瑞已经 45 岁，鬓角发白，但对他来说，这个进步还是相当快的。

因为海瑞学历低呀，他只是个小举人出身。在"举人多如狗，进士满街走"的年代，他要不是走了狗屎运，赶上嘉靖帝前期励精图治，不拘一格降人才的新政，恐怕一辈子熬到头也就是基层公务员退休了，虽然他后来把嘉靖皇帝骂得狗血喷头。

很多人说，海瑞的晋升源于"狷介"的名声。"笔架先生"嘛，上级官员到学宫视察工作，海瑞的左右副手叩头拜见，唯有海瑞站在中间，只拱了拱手。还有人说，海瑞的这次晋升，是因为有个福建的高官支持他。正直的人总会得到命运的眷顾嘛。

都算是吧，但还少说了根本的一条——海瑞本人在学谕的位子上，干得确实不赖。他重申学宫要培养学生的"浩然之气"，一口气订了 60 多条教约，整顿校风校纪，狠抓教学质量。对教官与学生相当严厉，被称为"海阎王"。成绩还是很显眼的。

说到底，是能力，也只有能力，才打开了像海瑞这样无背景、无学历、无硬通货的"三无"小官吏在朝廷晋升的通道。

在淳安县令任上，海瑞干的事情更为大快人心。说得最多的事情有两件——

第一件事，总督胡宗宪的儿子公费旅游到淳安境内，作威作福，凌辱招待所所长。海瑞让衙役把他拘了，吊打一顿，没收他随身携带的大量现金充公。完事之后，海瑞给总督写信，先是把胡宗宪平时提到的要清廉奉公，不要搞裙裙带带，不要打胡某人的旗号干枉法之事等讲话精神复述了一遍，然后笔锋一转，说竟然有人假冒胡公子，败坏您清誉，现已缉拿到案，请您亲自发落。

第二件事，左副都御史鄢懋卿受命清理盐法。京官下到地方，免不了吃拿卡要。但这个钦差大臣还要标榜俭朴，沽名钓誉，出发前特意发了通令，说本院"素性简朴，不喜承迎。凡饮食供账俱宜简朴为尚，毋得过为华奢，靡费里甲"。这就给了海瑞公开抵御京官盘剥地方的机会。鄢都院尚未到达淳安，已经接到海瑞的禀帖。禀帖把通令的原文节录于后，再接着说：我打听到了，您南下所过的地方，各处皆有酒席，每席费银三四百两，并有金花金缎在席间连续奉献，其他供账也极为华丽，连小便器都是银打的。最后，海瑞在禀帖中善意提醒鄢大人，要抵挡住这些别有用心的地方官的阿谀恭维，免得被他们坏了名声，巴拉巴拉说了一通。鄢懋卿接到禀帖以后，没敢进入淳安，绕道他去了。

从这两件事，完全可以看出海瑞的办事风格。胡宗宪和鄢懋卿，都是当时权相严嵩的马仔，位高权重，谁都不敢得罪。但海瑞就把他们得罪了，怎么着？把他们得罪了，也不算什么本事，关键是，把他们得罪了，他们还拿你没辙。这才叫真本事。

所以，海瑞真不是一个迂腐的清官。他对抗官场潜规则的斗争手法其实是很高明的，既坚持了原则，又做到了自我保护。

3年知县任满，吏部预备提升海瑞任浙江嘉兴府通判。

2

海瑞的第一"落"，就发生在此时。拟提拔期间，他遭到了反扑。有御史罗织罪名弹劾他，结果，他被调出了浙江，转任江西兴国知县。严格来说，这算平调，不算"落"。但因为原来有升官的预期在那里，再加上兴国比淳安更落后闭塞，所以是明里平调、暗中降职了。

有人搞鬼。各种证据显示，鄢懋卿充当幕后黑手、搞打击报复的嫌疑最大。但如前所述，海瑞的斗争技巧了得，这次受到打击报复的程度，只能算是轻微伤。鄢大人再有权势，也无法将他夺官、充军、流放呀，虽然心里想得很。

对海瑞来说，换个地方做"一把手"而已，这有什么！他不贪污，不受贿，到哪里都是自己种菜，沿海和内地有什么区别？所以，海瑞压根儿没有受迫害感。只要不褫了他的官，他就干得欢。

到了兴国，下车伊始，他就开始动真碰硬。针对当地政商豪门大量隐瞒土地的状况，他下令重新丈量土地，核实赋税。他还推行司法公正，照例拿"大老虎"开刀。退休高官、原兵部尚书张鳌的两个侄子在兴国巧取豪夺，被告发后竟无罪释放。海瑞重审案件，有一堆官员来求情，教他要识相。海瑞顶住巨大的压力，将二人连打带罚，当地百姓无不拍手称快。

随着光辉事迹越来越多，海瑞的名声一路看涨。

3

在兴国干了一年多，海瑞迎来人生的第二"起"。吏部的升迁调令说他工作出色，升为户部主事，级别为正六品。

关于他的这次升迁，有两种说法。一种是，权相严嵩倒台后，明朝官场普遍认为，海瑞当年不怕得罪严嵩的超级马仔，是真正的孤胆英雄，理应升官。另一种是，兴国乃至江西地方上的乡绅，通过权力运作，把海瑞"礼送"出境。你不花钱打通关节，我们凑份子替你花。我们这庙小，经不起你深挖，求你升官到京城吧。不管哪一种原因，海瑞都是"被动"升官。

户部主事这个闲差事，困不住海瑞为国为民操心。仅仅一年后，嘉靖四十五年（1566）二月，屁股才坐暖了，海瑞又开始了大折腾。对，他上了那道留名千载的"骂皇帝疏"，即《直言天下第一事疏》。

从他上了这道疏之后，就存在很多误读。这种误读包括两方面。

第一，后来人的误读。学历史的人都说，海瑞这样做是典型的人到中年，是一个迂腐的老愤青。没错，海瑞上疏诤谏是爆了很多猛料，连同嘉靖皇帝的私生活都指指点点。这样骂皇帝，确实千古未有。不过，绝大多数人都没留意到，如同前面的几次小试牛刀一样，海瑞同志是讲究讲话技巧的。不要只注意到他在疏里骂皇帝，还要看到他的行文都是以质朴忠臣自居，而且一上来就说嘉靖皇帝的天资把汉文帝甩开了几条街，只要皇上稍微"振作"一下，就直追尧舜了，等等。好话坏话轮着说，亦捧亦踩，字里行间都是一曲忠诚的赞歌，这才是嘉靖皇帝最终不忍杀海瑞的原因。嘉靖皇帝一遍遍重读海瑞的奏疏，一会儿气炸了，怒骂海瑞是"畜物"；一会儿理智又回来了，说海瑞自比比干，但我怎能做商纣王啊！海瑞的人情练达程度，绝对远超我们对他的成见。他称得上是"怼"人文本写作的大师。

第二，当时人的误读。海瑞这道疏在当时就很出名，至少在京官的圈子里人人皆知。以他们当官的智商，不至于读不出海瑞这道疏除了"骂皇帝"之外的另一个重点——"骂百官"。但是，读过的大小官员，却都进行了选择性记忆处理，刻意回避海瑞"骂百官"的内容。海瑞在疏中对全体官员的麻木和贪贿之风进行了强烈谴责。他指斥全体官员说，皇帝热衷修醮，你们也跟着怂恿起哄，进献天桃天药，上表祝贺，取香觅宝，坏事没少干。皇帝有迷途的时候，你们不是给他指南针，而是跟在后面制造更大的浓烟，这不是欺君之罪是什么？海瑞还向嘉靖皇帝揭露了所有官员因循苟且、贪赃枉法等种种行为，说严嵩被抄没后，吏治并无改善，反而贪得更厉害，做事更不认真、不尽职，还不如以前呢。皇帝好歹还给了一个"不做商纣王"的表态，朝堂上的高级官僚们却没有一个人认真对照海瑞揭示的问题，反躬自问，深刻检讨。他们用海瑞"骂皇帝"的简单归纳和故意误读，来掩盖官僚体系的集体贪贿和失职，转移目标。明廷官场集体沉沦，到了如此可怕的地步。海瑞被他们塑造成古怪迂阔、能力有限的清官形象。

他一生的悲剧，在这里也埋下了伏笔——当所有人都在装睡的时候，你要叫醒他们，有多难？以一个人对抗整个官僚体系，不是堂·吉诃德是什么？

4

海瑞抬着棺材上疏，最终却保住了性命。没有悬念，他经历了第二"落"，被投进了监狱。嘉靖皇帝杀人从不犹豫，但海瑞在监狱里等了一年，却等来了皇帝的死讯。老皇帝死了，忠臣出狱复官了。不过，都是出任一些位高权轻的虚职。

海瑞心里难受。他生命的意义是干实事，不是做个道德模范供人瞻仰。于是，他等来了宦海沉浮中的第三"起"。

与前两次受不知名力量推动升迁不同，这一次，的的确确是海瑞自己争取来的。隆庆三年（1569）年初的京察，按照惯例，凡属四品以上身服红袍的官员都应当做出自我鉴定。海瑞在奏折中说，陛下既然赦免了我的死罪，又对我破格擢升，在所有的文臣之中，没有一个人会比我更迫切地要求报答陛下的恩典。接着，他谦虚地声称自己才浅识疏。又接着，他表示自己现任的职务只是专管查看呈奏给皇帝的文书，看罢以后原封发送，既无财政责任亦无人事责任，又用不着下左右全局的决心，但是连这样的一个位置还不称职，所以不如干脆把我革退。

海瑞的厉害就在这里。在奏折中，他阳求罢免，阴向管理人事的官员要挟。他给了吏部一个两难的选择：如果我们真的平白无故罢黜一个有声望、以诤谏而名闻天下的忠臣，必然不容于舆论；如果我们不敢罢黜他，那就只能分派给他负责实际工作的官职。

海瑞成功了。当年夏天，他以右佥都御史总理粮储提督军务巡抚应天十府，在江南大刀阔斧推行他的改革举措。

海瑞任职江南期间，抓主要矛盾，试行一条鞭法，整肃官风，勒令豪强退田于民。这些举措，大多随着他短暂的任期结束而废止，但不能不说，海瑞绝对称得上是明朝中后期的改革闯将。有一点必须记一笔，他是当时最早施行一条鞭法的明朝能臣之一，张居正后来是在这个基础上进行推广的。

这期间，海瑞的个人声誉达到顶峰，而政治生涯却自此基本葬送。

5

仅仅8个月，海瑞就被罢官。这是他的第三"落"。

事因很简单。海瑞上任江南，要推行兼抑豪强政策。前首辅徐阶家族势力最大，几乎半个苏州城的田地都被他们家占了，民怨也最深，海瑞不可能假装视而不见，就准备拿他开刀，要他的家族退出一半的田地。

海瑞说得很客气，让你徐阶退田，是要保你百年后家族平安。徐阶不干。但这对海瑞来说，本来也不算什么阻力，他素不讲情面，管你多大的面子，我照常推进工作不误。只是，徐阶背后有人啊，而且还在台上。

阁臣张居正出来为恩师徐阶站台，抚慰恩师不要怕，全是乡人"最无公理"。张居正站在报恩的角度，为阻挠海瑞施政出了大力气。

有张居正撑腰，徐阶不怕海瑞，在海瑞的强力冲击下安然无恙，继续扮演不倒翁的角色。更何况，江南不只有一个徐阶，还有许多"小徐阶"。有钱人不怕能臣，就怕清官，尤其是不讲情面的清官。

此前，海瑞的新职务一公布，江南的富户都打冷战，24人轿子改成4人，朱红大门上了黑漆，各种装低调，求不曝光。现在看到徐阶的状况，立马"同病相怜"，只要能除去海瑞，出多少钱都愿意。

吏科给事中戴凤翔充当了利益集团的代言人，由他出马弹劾海瑞，说海瑞"鱼肉士大夫"，沽名乱政，大乖政体。几顶大帽子，不管合不合适，先扣了再说。

从来就只有官员鱼肉百姓的，现在倒好，出了一个鱼肉士大夫的官员。

明朝中叶以后，官绅勾结，吞并田地，已成社会问题。表面富裕的江南地区，其实基尼系数极大，社会潜藏着很多不稳定因素。张居正后来自己推行改革时就说，照这样下去，恐怕要重演元朝末年的故事啊。

而海瑞打击豪强，维护社会稳定，竟然也被当成了罪名？

其实，什么罪名已不重要，什么人出头弹劾也不重要。重要的是，心存贪念的官僚们已经抱团，向海瑞开火。包括阁臣在内的各种势力自觉或不自觉地勾连在一起，无人想真心治理腐败，都将孤军奋战的海瑞视为异端。在各级官员和地方诸多势力的联合夹击、围堵下，一位真正的清官和改革之臣没有立锥之地，被迫离开政坛。

海瑞罢官时，内阁由李春芳、高拱、陈以勤和张居正组成。他们四人对海瑞离职的态度空前一致。为了驱逐海瑞，兼任吏部尚书的高拱要求隆庆皇帝撤掉海瑞所担任的总督南京粮储都御史的职位，使海瑞难以自容，逼其辞官回家。

此前，海瑞一路打打骂骂都能升迁，哪怕指着全体官僚的鼻子骂，都不碍事。眼下，却不一样。他被罢官的真正原因在于，他触动了既得利益者的实际利益。在回答戴凤翔的指控时，海瑞说，罢官之后，我在江南的兴革"垂成中止"，倍感惆怅。

他说："这等世界，做得成甚事业！从此入山之深，入林之密，又别是一种人物矣。"

6

海瑞走了，一走16年。等到张居正去世以后，万历皇帝才想起他，一个曾经声名显赫的忠臣。然而，72岁的海瑞复出，只能算作万历皇帝和整个王朝官僚标榜廉政的一颗棋子。海瑞垂垂老矣，他未始不能洞穿这一切，只是他还想实现他未竟的事业。他甘愿成为那颗棋子。

于是，他毫无意外，再次成了靶子。这才有了文章开头的一幕。

这一次，已经无关"起落"，而是"终结"。两年后，海瑞逝世，身后连殓葬的钱都是别人给他凑的。南京百姓罢市，十里长街为他送行。

一个迂腐的清官，却从此定格。没有人愿意承认，他是一个坚定的改革派。

权力交锋

大秦王朝最后一年：决战咸阳之巅

秦二世三年（前207），从帷帐外射进来的箭离秦二世胡亥只有几厘米。四分之一炷香之后，他的护卫早已不见踪影，只剩下一个忠诚的宦官紧随左右。胡亥躲在宫中瑟瑟发抖，问那宦官："事情都发展到这地步了，你为何不早告诉我？"

宦官说："臣不敢说，才保住性命。假如臣之前敢说话，早就被杀了，哪还能活到今天。"此前关东叛乱的消息频频传来，大臣们就跟秦二世说，不过是出了几个盗匪而已，交给郡守逮捕即可，成不了什么气候。等到秦二世想听真话时，为时已晚。

下令放箭的，是丞相赵高的女婿——咸阳令阎乐。他带兵杀进宫中，来到胡亥面前，数落其种种罪状，逼迫他自尽。

秦二世问阎乐，我能见丞相吗？阎乐答，不可。

二世又问，让我当个诸侯王，可以吗？阎乐答，不可。

二世又说，愿为万户侯。阎乐还是不肯答应。

秦二世请求道，只愿与妻儿做老百姓。阎乐只好说实话，得了吧您，臣受命于丞相，为天下人诛杀足下。无论足下如何说，臣下也不敢答应。

秦二世无言以对，这就是他临死前最后的记忆。

当时，崤、函以东，复活的"六国"正与苦秦久矣的天下百姓，向秦王朝发起复仇。日后争夺天下的楚将刘邦与项羽，都已剑指关中。洹水南岸，几度为秦王朝力挽狂澜的秦将章邯受赵高谗害，孤立无援，率领秦军最后的一支主力部队向项羽投降。

这一年，是大秦王朝的最后一年。

1

胡亥或许万万没想到，有一天赵高的刀会架到自己脖子上。

在秦二世在位的短短 3 年内，他与赵高在朝中进行了血腥恐怖的屠杀，甚至连皇帝的骨肉至亲，还有两人的同谋李斯也不能幸免。当各地义军逼近关中时，赵高还不顾外患，通过"指鹿为马"的闹剧清洗朝堂。

胡亥是秦始皇的幼子，得位不正。为杜绝诸公子夺位，在逼死为人宽仁的秦始皇长子扶苏后，赵高就捏造罪名，用酷刑处死诸位秦公子、公主。他将胡亥的兄长 12 人戮死于咸阳，并砳死（分裂肢体而死）公主 10 人，逼迫软禁在宫中的公子 3 人自杀，连坐族诛无数。还有一位公子高，自知难逃一死，就上书秦二世，请求让自己为秦始皇殉葬，只想陪葬在骊山脚下。

最是无情帝王家，一统天下的千古一帝嬴政，最终连自己的儿女也无法保护。再说，嬴政本人在沙丘宫驾崩后，尸体也是被赵高等人塞在腐臭的鲍鱼堆里运回去的。生前多风光，死后却如此凄凉。

骊山秦始皇陵西北的一座大墓内，两千多年来埋葬着这些公子、公主的尸骨，有的身首异处，足见死状悲惨。考古学家袁仲一发现，这些墓主死时皆为 20 至 30 岁，正好与秦始皇儿女的年龄和史书记载的死因相符。

诸位公子中，只有一位神秘人逃过一死，还在秦朝最后的岁月留下浓墨重彩的一笔。此人就是末代秦王——子婴。

当秦二世与赵高要杀害忠臣蒙恬、蒙毅兄弟时，满朝大臣唯有子婴站出来劝谏："臣听说，当年赵王冤杀良将李牧，燕王用荆轲之谋而背弃与秦的盟约，齐王杀戮忠臣而信任奸佞，这些国君都酿成国家灭亡之祸。蒙氏三世有功于秦，是国家的栋梁，陛下刚即位就无故诛杀，臣以为不可。臣有所耳闻，轻于思虑的人不可治理国家，一意孤行的人不可辅佐主上。诛杀忠臣而重用毫无品行的人，这是造成内外忧患的事情，请陛下三思。"

子婴一身正气，仗义执言，堪比商代比干死谏。吊诡之处就在于此，在昏君胡亥和权臣赵高的恐怖统治下，这样一位堪称刺头的秦朝宗室竟然躲过了他们的屠刀。

子婴到底是谁？关于其身世，目前比较靠谱的有四种说法：二世兄长的儿子、二世之兄、秦始皇之弟、秦始皇弟之子。这四种说法，各有不同的史料依据，甚至在《史记》中的《秦始皇本纪》《李斯列传》各卷就有不同记载。

马非百、李开元等史学家认为，其中秦始皇侄子一说最为合理。

首先，二世兄之子说与史实存在矛盾。后来，子婴与儿子谋划刺杀赵高，可见其儿子在秦朝末年已成年，而子婴本人也至少 30 岁左右。秦始皇死时 50 岁，其长子扶苏大概 30 余岁，不可能有子婴年龄这么大的孙子。

其次，二世之兄说，也与之前诸公子被屠杀殆尽的事件相矛盾，尤其是在子婴冒死直谏后还能有幸逃过一劫，实在难以置信。

根据史书记载，秦始皇只有三个弟弟，其中他母亲赵姬与男宠嫪毐生下的两个私生子早已死于嬴政夺权时，尚在襁褓就被残忍扑杀。马非百先生推测，子婴应该是嬴政另一个弟弟长安君成蟜的儿子。

嬴政即位之初，秦国政治斗争波谲云诡。成蟜不愿卷入朝中权斗，在秦王政八年（前 239）带兵出征时向赵国投降，当时不过 20 岁左右。一说成蟜投降后客居于赵国，从此再未回到秦国。马非百认为，如果子婴是其在离开秦国前生下的孩子，那么《史记》中"召始皇弟子婴，授之玺"一句，就有另一种合理解读——子婴是始皇弟之子，名为嬴婴。

这一说法暂无史料证实，子婴的来历依旧无定论，有待方家进一步考证。

秦二世三年（前 207）八月，秦二世死后，野心勃勃的赵高拥立子婴即位。天下局势大变，子婴不再称帝，只称秦王。历经沧桑的大秦王朝，从苦难走向辉煌，又从巅峰滑落。自秦孝公时商鞅变法，秦惠文王连横六国，秦昭襄王远交近攻，到秦始皇奋六世之余烈，威震四海。如今，秦朝仅仅存在了 15 年，就将走向毁灭。

子婴，这个神秘的人物，接过大秦王朝最后的旗帜，也将亲眼见证王朝最后的 46 天。

2

子婴不是省油的灯，他即位后做的第一件事是诛灭赵高势力。

按照礼仪，子婴应该斋戒五日，之后前往宗庙祭祀历代祖先，接受传国玉玺。子婴知道，自己不过是赵高的傀儡，不如先下手为强。他召集两个儿子和亲信侍从商议："丞相赵高刺杀二世于宫中，害怕群臣诛杀他，才假意立我为王。我听说赵高与楚国有密约，灭掉大秦后要在关中称王。现在让我斋戒五日后前往宗庙，就是要在庙中杀我。我若称病不去宗庙，赵高必定会亲自来请，到时就在这里诛杀他。"

果不其然，子婴装病数日，赵高多次派人来请，最后只得亲自前来迎驾。赵高以为子婴势单力薄，却不知秦朝宗室早已准备反扑。一到子婴所在的斋宫，赵高趾高气扬地问道:"祭拜宗庙是国家大事,秦王为何不去?"话音刚落,子婴埋伏下的刺客登时杀出,将赵高当场刺死。

之后几日,咸阳再次掀起一场大清洗,不过这次遭殃的是赵高家族及其亲信。

秦王子婴亲政,可天下,早已不是秦皇的天下了。正如子婴所言,赵高早已与楚军密谋。赵高曾经派出使者前往关中的南大门武关之外,与楚军交涉,一说是意欲与楚军将领平分关中。关外的这个楚将,不是别人,正是刘邦。

刘邦其实只比秦始皇小3岁,算是同龄人,两人在同一片天空下生活了47年,命运轨迹却截然不同。刘邦可能从小就知道天下有一个嬴政,而嬴政至死也不知天下有一个刘邦。只因嬴政去世时,40多岁的刘邦不过还是一个寂寂无名的基层官吏、市井无赖。

刘邦本就是流氓,自然不会接受赵高的提议。更何况在楚军西进前,楚怀王熊心就和诸将约定,先入关中者为关中王,谁都不想放过关中这块肥肉。刘邦一路西进时,项羽率领的楚军、司马卬率领的赵军、魏王豹率领的魏军、韩王成率领的韩军等几支大军也在向咸阳方向进军。群雄逐鹿,不知鹿死谁手。

时不我待,此时刘邦与咸阳之间的交通要隘只剩下峣关(今陕西商州西北)。

张良正好在军中,向刘邦献计:"我听说峣关的守将是屠夫之子,这种市侩小人往往见利忘义。沛公可先派遣军队,预备5万人的粮草,并在四周山上增设大军的旗号,虚张声势,作为疑兵震慑秦军,然后再派人带着珍宝财物劝降秦将。"张良也许是位心理学专家,一句话就戳中痛点。

刘邦依张良之计,峣关守将果然投降。张良再次献计:"这不过是为首的将领投降,其部下的士卒尚未服从,恐为后患,不如乘秦军懈怠之机消灭他们。"刘邦的军队实力较弱,确实难以制约秦军。于是,刘邦向群龙无首的秦军发起攻击,乘胜追击,一直打到咸阳郊外的灞上。当刘邦军到达咸阳城下时,好不容易才夺回权力的秦王子婴自从即位后就重新组建政府,晓谕各地安抚百姓,可转眼间已无险可守,无兵可用,看着城下刘邦的军队一筹莫展。

3

曾经百战百胜的秦国虎狼之师,都到哪儿去了呢?

秦朝统一天下后,主力部队分为3支。

一是在北方边境修筑长城、抵御匈奴的北部军。最初由蒙恬统领，兵力30万，蒙恬被逼自杀后，改由王离统领。蒙恬与王离都是"官三代"，祖父分别是名将蒙骜与王翦。

这支军队在巨鹿之战中败于项羽之手。据史书记载，公元前207年，项羽带兵救赵，破釜沉舟，与王离军大战。王离部下的20万（一说10万）秦军将士，除少数被俘，几乎全军覆没，足见项羽军可怕的战斗力和巨鹿之战的残酷。此战，秦军血流成河，尸横遍野，从此元气大伤。

二是远在南越的南部军。这支军队深入蛮荒之地与百越作战，之后戍守岭南，并再没有卷入中原战乱，为首的将领任嚣与赵佗割据一方以自保。

三是关中地区的京师军，由章邯率领，这支军队在平定秦末起义军时多次立功。陈胜、吴广起义后，其部将周文一度率军杀到咸阳附近，正是章邯临危受命，将修建骊山陵的役夫刑徒临时编入军队，带兵击败周文军，之后灭了陈胜的张楚。不然，陈胜离灭秦也不过一步之遥。

巨鹿之战秦军大败后，章邯退守河内。章邯是李斯的人，赵高掌权后，他痛感孤立，唯恐赵高网罗罪名，借机诛杀自己。两军对峙时，章邯派长史司马欣回咸阳请赵高发兵增援，却得不到回应。赵高还把司马欣扣留下来，整整三天不理不睬，还好司马欣机灵，知道大事不妙，赶紧溜回军中报信。前脚刚走，赵高就派人追杀，只是没有追上。

章邯在内被赵高排挤，在外遭项羽猛攻，走投无路之际向项羽投降，被封为雍王。大秦最后的名将，被迫当了降将。

这支军队的下场更是让人感慨。章邯投降后，七国联军一共约60万，在项羽的带领下浩浩荡荡西进关中，项羽本想以章邯军为先导进军。六国的士卒很多都为秦朝做过苦役，受过秦军的鞭打责骂，现在风水轮流转，都反过来欺负秦人。

之后的四个月里，项羽军西进步伐缓慢，一直在河南一带徘徊停留。有学者认为，这是因为新降的秦军与诸侯联军纠纷不断，抵抗十分激烈。有不少秦军士兵更是埋怨章邯等主将投降，担心自己在关中的父母妻子遭到牵连，被秦朝诛杀。军心逐渐动乱，粮草后勤也难以解决，联军西进之路危机四伏。

项羽是一个浪漫的英雄，也是一个无情的军人，知道稳定军心为当务之急。行至新安，项羽与诸将商议，其部下认为，秦军数量庞大，且不服从命令，如此到了关中情况危急，不如将他们尽数消灭，只带章邯等几位将军入秦。项羽同意，当晚楚军秘密行动，连夜坑杀秦军降卒 20 余万。

那一夜，项羽为楚军解决了后顾之忧，却永远失去了关中的民心，而刘邦已先他一步进入关中。照楚怀王的盟约，先入关中者为王，刘邦自然以"关中王"自居，要想办法安定关中，给自己拉拉票，提升一下民意支持率。

4

刘邦比项羽更明白，应该给大秦王朝一个体面的结局，也只有赢得民心，才能赢得天下。

公元前 207 年十月，子婴在位的第 46 天。在希望彻底破灭后，末代秦王乘坐白马牵引的丧车，颈系天子缓带，手捧玺印符节，率领百官开城投降，迎接刘邦入咸阳，也保全了全城军民。受降之后，就有人劝刘邦杀了子婴。刘邦果断拒绝，说："当初楚王派遣我奉约入关，是因为我能宽以待人，现在敌人已经投降，再加以杀害就是不祥。"

刘邦对子婴好生款待，对秦朝的宗室大臣也一律宽赦，让他们各司其职，维持现状。在萧何的支持下，刘邦废除秦朝的严刑峻法，与关中百姓约法三章："杀人者死，伤人及盗抵罪。"刘邦还对秦人说，我之所以来关中，是为父老兄弟除害，绝对不会报复，希望大家不要害怕。

秦人与六国之人有灭国之仇，如今秦王降了，秦军没了，国家亡了，来了个沛公，竟然对关中百姓百般抚慰宽待，不拿老乡一针一线。秦人才知虚惊一场，纷纷牵牛宰羊，呈上酒食慰问刘邦军。刘邦豪爽地说："仓库粮食多，军队不缺粮，不用父老乡亲破费啦！"

刘邦初入咸阳也有小人得志之感，不禁惊叹咸阳宫殿的富丽堂皇，看到金银财宝和漂亮姑娘也是难掩兴奋，垂涎欲滴。进了宫中，腿都快迈不开了。革命尚未成功，就别白日做梦。智囊张良见状，拉上暴脾气的樊哙一起劝谏刘邦，劝他打消留在秦宫的念头。张良说："秦朝多行不义，沛公才有机会至此，秦残暴无道，您就应该布衣素食，以示节俭。如果您沉溺于享乐，就是助桀为虐了。"

忠言逆耳利于行，良药苦口利于病。

刘邦虚心纳谏，下令查封所有的府库财物，率军回到灞上。

5

十二月，项羽率领40万诸侯联军终于到达函谷关下，发现关中已是刘邦的地盘。

项羽与刘邦还真的曾是"兄弟"。项羽之叔项梁战死之前，刘、项曾同在项梁帐下作战，一同领兵破城阳，攻定陶，击败李由军于雍丘，这是两人关系最密切的时期，可谓同生共死的好战友。楚怀王与诸将约定"先入定关中者王之"的时候，秦军的主力还未消灭，军势正盛，这个号召就是一张空头支票，只有项羽积极响应。他是怎么说的？我要和老刘一起去（"独项羽怨秦破项梁军，奋，愿与沛公西入关"）。

后来楚汉相争，项羽俘虏了刘邦的父亲，在对峙时把刘太公抓出来，威胁刘邦道，你不投降，我就把你爹煮了。刘邦却说："我当年和你约为兄弟，我爹就是你爹，你要是想煮了你爹，也分我一杯羹吧。"项羽气得差点儿当场把刘太公杀了。

眼下项羽作为与秦军作战功劳最大的将领，却眼见着最大的胜利果实分给了先入关中的刘邦，心里不是滋味。

项羽大军驻扎的鸿门与刘邦所在的灞上相距不过几十里，恰在此时，刘邦的部下曹无伤派使者跟项羽打小报告："沛公欲王关中，使子婴为相，珍宝尽有之。"项羽大怒，当即决定和刘邦兵刃相向，只待第二天一早大飨士卒，一举消灭刘邦军，于是就有了著名的鸿门宴。

兵力弱小的刘邦不敢与项羽相争，启动"危机公关"，亲自到军中与项羽讲和，表示愿意将关中移交给项羽，最终化险为夷。项羽于军帐中摆下酒席，在这场千古闻名的宴会上，项羽有无数次可以杀死刘邦的机会，可任性的他却无动于衷，任由刘邦从自己眼前逃走。当刘邦有惊无险地回到灞上军营时，死亡的阴影离他远去，却笼罩在咸阳城中。

项羽进入咸阳后，所作所为与刘邦是天壤之别。谋士韩生劝项羽定都关中，身为楚国贵族的项羽却一门心思想回楚地，还说，富贵不归故乡，如锦衣夜行，无人知晓。他不想做关中王，也不想回楚怀王手下当将军，他只想做西楚霸王，维持一个七国复国、王政复兴的天下秩序，却不知这个由英雄主宰的新格局会让天下陷入新的混乱。

韩生认为关中阻山带河，土地肥沃，是建立不世之功、成就霸业的立足之地。他见项羽将自己的战略计划当作耳旁风，气不打一处来，说："人们说楚人脾气暴躁，就像猕猴戴帽子，虚有其表，果然如此。"韩生为后世贡献了一个成语"沐猴而冠"，之后被项羽下令烹杀。

心怀亡国之恨、杀叔之仇的项羽，执意要用秦王的鲜血和秦宫的火焰，来染红暴秦落下的帷幕。他杀死那位身世成谜的末代秦王子婴，大肆诛杀秦朝皇室贵族，放火焚毁咸阳宫室，据说，大火烧了三个月，"所过无不残破，秦人大失望"。下一场战争的胜负，冥冥中早已注定。

这，就是大秦王朝的最后一年。

盛唐毁于权力的游戏

唐朝开元年间，宰相韩休是朝廷出了名的愤青，平时最爱"怼人"，尤其敢于犯颜直谏。

有一次，万年县尉犯了法。万年县由京城直辖，地处天子脚下，唐玄宗下诏将其流放到岭南。韩休跳出来说，一个小小县尉，所犯也不是大罪，况且朝中还有大奸大恶之徒，之前左金吾大将军程伯献依仗恩宠，多次贪赃枉法。臣请先处分将军，再处治县尉。陛下若不惩处程伯献，臣便不奉诏。唐玄宗本来不乐意，见韩休坚定不移，只好同意。

唐玄宗对这位谏臣一向敬重，每次稍有过失，就左顾右盼说："韩休知否？"每次话音刚落，韩休的谏疏就送到眼前。可能是韩休老是刺到他的痛处，皇帝日渐消瘦。左右侍从就问唐玄宗，自从韩休拜相，大家（唐代宫中近臣对皇帝的称呼）时常闷闷不乐，为何不将他罢免呢？

唐玄宗道："吾虽瘠，天下肥矣。"玄宗意思是说，朕瘦了，百姓就胖了，朕用韩休，是为江山社稷考虑。

当时谁又能想到，安史之乱会将唐玄宗的人生割裂为两半。这位开创盛世、从谏如流的一代英主，后来成为诗人笔下"春宵苦短日高起，从此君王不早朝"的昏君。旧史多认为，安史之乱的祸端在于唐玄宗晚年沉溺声色、倦怠国政，如《资治通鉴》写道："上（玄宗）晚年自恃承平，以为天下无复可忧，遂深居禁中，专以声色自娱，悉委政事于林甫……养成天下之乱，而上不之寤也。"

雪崩时，没有一片雪花是无辜的。开元盛世背后，危机的种子其实早已埋下，唐玄宗变了，唐王朝也在悄然发生转变。

1

开元初年，姚崇、宋璟等名相辅佐唐玄宗，大力推行改革，盛世之景如日方升。史称："崇善应变以成天下之务，璟善守文以持天下之正。二人道不同，同归于治，此天所以佐唐使中兴也。"救时宰相姚崇能谋善变，其继任者宋璟老成持重，二人性格迥异，却同心合力，为开创开元盛世铺平道路。

然而，贤相主政的另一面，是接连不断的党争和日益集中的相权。

姚崇初秉大权，原本不敢擅自用事，每次有官员升迁之事，都要请示玄宗。一日，他一如往常，向唐玄宗汇报哪些官吏要升职加薪，皇帝却置若罔闻，不发一语。姚崇很慌，以为自己得罪了玄宗，满怀疑虑回到府中。

宦官高力士也不知玄宗葫芦里卖的什么药，罢朝后问道："陛下刚刚总理天下大事，宰相上奏言事，应当表明您的立场呀，为何对姚崇的建议不闻不问呢？"

唐玄宗淡定地说："朕任命姚崇总理朝政，遇到大事应该当面奏闻，共同商议，像这种小官小吏升迁之事，也要一一来打扰朕吗？"高力士明白其中用意后，到中书省宣旨时顺便告诉了姚崇。姚崇听闻，恍然大悟，从此放心大胆施政，不再有所顾虑。

唐玄宗为姚崇和宋璟大开方便之门，实质上也是赋予宰相特权。唐初，三省六部权力制衡，将中央政令和政策的制定、审核与执行分散到中书、门下和尚书三省，而到唐玄宗时期，姚崇和宋璟先后上台，都是实质上的"首相"。其中一个表现，在于中书、门下两省的长官总有一个职位空缺。姚崇任中书令时，门下省长官侍中空缺，宋璟为侍中时，玄宗特意不任命中书令。用一些学者的说法，这是委员制变成领袖制。

一方面，集权使三省行政更为高效，姚崇和宋璟实际上建立了一个可以问责的政府，另一方面，集体负责制变成个人负责制，容易造成宰相独裁。如此政府，君明臣贤，则开创盛世，反之，则危机重重。

开元十一年（723），姚崇的政敌张说返回朝中，重归相位，被任命为中书令。张说是先天政变的功臣，也是姚崇的死对头。他虽然是开元年间名臣，但另一身份是执掌文坛30年的"当朝师表，一代文宗"，显然不同于姚崇、宋璟等实干派。唐玄宗再次重用文坛领袖张说，有逐渐好大喜功，招揽文人粉饰太平的嫌疑。

张说上台后不久，朝廷设立丽正书院（集贤殿书院），请来徐坚、贺知章等文人雅士著书立说，歌颂君王，称赞盛世。随后又由张说主持，在百官、贵戚及外邦使者的见证下，举行了封禅泰山仪式，以颂扬玄宗的功绩。

张说主政的另一个大胆举措，是在玄宗的同意下，改政事堂为中书门下。政事堂是三省长官会谈协商的办公地点，改为中书门下后，变成了正式的官署，下设吏、枢机、兵、户、刑礼五房，宰相集权由惯例成为制度。

开元年间宰相集权化的最终产物，是在开元二十四年（736）接替张九龄为中书令，把持相位十几年的李林甫，以及在杨贵妃得宠后跻身朝堂，身兼40余职的杨国忠。此二人都与日后的安史之乱脱不了干系。

2

李林甫作为酿成安史祸患的关键人物，在史书中难免被妖魔化，很多人只说他是口蜜腹剑的奸臣。其实李林甫并非庸碌之辈，他之所以能够上位，恰恰是由于玄宗知人善任。正如《剑桥中国隋唐史》评价，李林甫是"一个精明的行政官员和制度专家"。

李林甫为相时，曾奉命修订整理法典，《开元新格》与《唐六典》都是在他主持下完成的。其中，《唐六典》是唐朝最权威的行政法典之一，深刻影响了后世法度。李林甫依法治国卓有成效，在他上台一年后，刑部根据其修订的新法审理案件，当年天下的死刑犯只有58人。一时，各地囚犯锐减，百姓安居乐业，乌鸦在监狱的梁上筑起了巢，朝廷党争渐息，国库日渐充盈，儒家的仁政经由这位"奸相"付诸现实。

安禄山未起事时，对朝中大臣颇为轻视，唯独忌惮李林甫。每次部下从长安回来，安禄山就问："十郎（李林甫）说了些什么？"如果听到好话，就喜不自禁。若是李林甫说了要安禄山好好检讨自己之类的话，安禄山就会拍着床榻，说："唉，我死定了！"

李林甫主政，唐王朝继续安定繁荣，但他独揽大权时排斥异己、阻塞言路，一直为人诟病。

史载，李林甫刚任相时召集谏官训话："现在明君在上，群臣顺应君主才是正道，用不着多说话。诸位看到宫廷仪仗队中的立仗马了吗？平时可是三品待遇，只要乱叫一声，就一无所有了。悔之何及？"

立仗马是宫中做仪仗的马队，皇帝与群臣上朝时它们站立在宫门外，不能嘶叫，否则就会被淘汰。正所谓新官上任三把火，李林甫有意打压敢言直谏之人，以立仗马来吓唬谏官，命他们不准讲真话。

一个叫杜琎的谏官不相信警告，照样上书言事，第二天就被贬到下邽当县令。朝堂之上再无反对的声音，众臣大多害怕李林甫，或投靠其门下，或默不作声，不敢轻易得罪他。

李林甫不仅控制中央官僚集团，还打压功名日显的地方官员，其中就包括威震边疆的名将王忠嗣。

王忠嗣年幼时父亲战死，被收养在宫中，深得玄宗喜爱，与后来的太子李亨交往甚密，成年后被派往北部边疆，屡次击败契丹和奚族军队，从而崭露头角。唐玄宗心怀"吞四夷之志"，在开元、天宝年间频繁进行边境战争。仅据《资治通鉴》统计，从开元元年（713）到天宝十四载（755）就发生了94次大小战争，王忠嗣正是在唐王朝的"开边"政策下得以建功立业。

天宝五载（746），年仅40岁的王忠嗣身兼河西及陇右节度使，"配四将印，控制万里，劲兵重镇，皆归掌握"，是唐朝开国以来掌握兵权最大的将领。按惯例，建立功勋的武将往往会入朝为相，这将直接威胁到李林甫的权位。李林甫一直处心积虑，寻找对付王忠嗣的方法。

当时，唐军正与吐蕃争夺青海地区的石堡城。

唐玄宗曾询问王忠嗣攻占石堡城的策略，为人稳重的王忠嗣却上书说："石堡城地势险固，吐蕃人必倾尽全力守御。现在攻打必定伤亡惨重，不如厉兵秣马，等待良机，再一鼓作气攻占此城。"唐玄宗一听就不高兴了，认为这样太窝囊。

正好另一个将领董延光急欲立功，主动请缨攻打石堡城，玄宗改派他为主将，命王忠嗣派兵支援。结果，唐军果然无功而返，董延光回到长安，心中愤恨，竟然借机跟玄宗说，都是王忠嗣从中阻挠。

唐玄宗大怒，李林甫见机会来了，赶紧送上压死对手的最后一根稻草，指使其党羽诬陷王忠嗣，向玄宗告发说，王忠嗣多次声称与太子李亨是互相信赖的少年朋友，准备率军尊奉太子登极。

愤怒的唐玄宗将王忠嗣投入狱中，命令刑部、大理寺和御史台三司会审，本来要判死罪，幸而王忠嗣的部将哥舒翰求情，竭力诉说其中冤屈，请求以自己的官爵为领导赎罪。玄宗转念一想，自己的儿子居于深宫之中，怎会与外人合谋呢？王忠嗣这才免于一死，被贬为汉阳太守，一年后抑郁而终。

李林甫与王忠嗣之争，是开元、天宝年间宰相与边帅斗争的一场大戏，也是后来杨国忠与安禄山矛盾激化的预演，而唐玄宗并未嗅出其中的火药味，依然沉醉在和平的假象中。

3

王忠嗣一死，最苦的是太子。

当时李亨正当壮年，却已头发斑白，平时不敢使唤宫女，甚至连乐器都不敢碰，只因他怕落下纵情声色的罪名，被李林甫一党弹劾。如此压抑的环境，没病都得憋出病来。

李林甫本想用一石二鸟之计，借王忠嗣扳倒李亨。在王忠嗣死后的几年间，李林甫党羽对朝中涉及东宫的人一一进行排查，因受牵连而遭到流放、贬谪的官员多达数百。只有高力士等为数不多的太子党一直帮李亨说话，这才屡次化解危机。

李林甫如此仇视李亨，只因这位太子并非他所拥戴。

在李亨之前，唐玄宗原本立次子李瑛为太子。李瑛是赵丽妃之子，可当时唐玄宗最宠爱的是武惠妃。武家女子的政治野心不容小觑，武则天的这位侄孙女自从得宠后就觊觎着皇后之位。武惠妃想将自己的亲生儿子寿王李瑁扶上太子之位，于是暗中与李林甫结成政治联盟，为李林甫拜相提供了不少帮助。她还向玄宗哭诉，太子李瑛正在联结党羽，企图加害他们母子。

开元二十五年（737），武惠妃心生毒计，派人召唤太子李瑛和玄宗另外两个儿子鄂王李瑶、光王李琚入宫，并称宫里有盗贼，让他们穿上甲胄，带上兵器。太子李瑛刚一入宫，武惠妃立即向玄宗报告，太子和二王谋反，全副武装进宫，图谋不轨。

自玄武门之变以来，唐朝的宫廷政变都快成日常节目了，唐玄宗受不起惊吓，震怒之下召集群臣商议办法。李林甫说，这是陛下的家务事，不应该由臣下来过问。唐玄宗当机立断，派兵将太子和二王逮捕，废为庶人，并在一天之内将他们赐死，三人妻族亲属受牵连者达数十人之多。时人知三人之冤，将三个皇子称为"三庶人"。

武惠妃和李林甫的如意算盘也没有得逞。李瑛死后不久，武惠妃突然去世，李林甫支持的寿王李瑁失去了依靠的支柱。开元二十六年（738），玄宗第三子李亨在高力士等人的力推下胜出，被立为皇储，也就此卷入宫廷斗争的漩涡之中。

在三个兄弟为父亲所杀的恐惧中当上皇太子，仅仅是李亨一连串苦难的开始，当朝野上下沉醉于盛世的狂欢中，他始终处于死亡阴影的笼罩下。李林甫担忧太子即位对自己不利，不断动摇太子地位，太子党的韦坚、皇甫惟明、李适之、王忠嗣等文臣武将，在李林甫的打击下，或死或贬，全面溃败，皇室孤弱，太子岌岌可危。

唐玄宗并不理解太子的窘境，他以为选几个美女送入太子宫中，就可以弥补自己作为父亲的过失，却不知他们的父子之情早已被政治冲淡。安史之乱后，李亨与唐玄宗分道扬镳，擅自在灵武称帝，不单单是因为形势所迫，更是开元盛世中这场宫廷斗争的延续。

4

李林甫的政治游戏还不仅如此，为了提防更多如王忠嗣一样军功显赫的边将入朝，他向唐玄宗提议"以寒族胡人专大将之任"，由寒族胡人常任边疆各大军区长官。李林甫的理由是，文官贪生怕死，贵族结党营私，唯有胡人骁勇善战，寒族缺乏党援，由他们常任边帅才能让人安心。当然，对李林甫本人最有利的是这些人都不会与他争夺相位。

这一主张，尽管提拔了高仙芝、哥舒翰等威震边关的大将，却为安史之乱的爆发埋下深深的隐患，借此政策上位的就包括野心勃勃的安禄山与史思明。

安禄山凭借唐玄宗的信任，在十几年内逐渐控制河北。他最擅长的是"卖萌"。天宝二年（743），安禄山第一次以平卢节度使（治营州，今辽宁朝阳）的身份入朝拜见皇帝，就将拍马屁的本领发挥到极致。

安禄山对玄宗说，去年营州闹蝗灾，臣焚香对天祷告，我若心术不正，愿蝗虫吃我的心；若体谅臣一片忠心，就让蝗虫散尽。臣刚祷告完，北方就飞来一群鸟，将蝗虫吃光了。这段话明显是在吹牛，可唐玄宗听了大喜，第二年让安禄山兼任范阳节度使（治幽州，今北京）。

天宝六载（747），安禄山再次觐见皇帝，他体形肥硕，大腹便便。玄宗指着他肚子，开玩笑说："你这胡人肚子这么大，都装了些什么啊？"

安禄山答，别无他物，都是赤胆忠心。

唐玄宗十分高兴，又让他拜见太子。安禄山愣着不动，说，太子是什么官？

玄宗说，太子就是储君，朕千秋万岁之后，他就是天下之主。

安禄山再次装傻，跪下来说，臣愚笨，向来只知有陛下一人，不知还有太子。李亨也不知招谁惹谁了，竟被当众戏弄。

玄宗听了，还是大喜，更加中意这个大胖子。

这一举动显然是在表演，安禄山当然不傻，为官多年，岂会不知唐玄宗已立太子？他深知皇帝最怕边将与太子结党，此前王忠嗣的冤案就是证明，因此才这样装疯卖傻，装作不知道太子，不就是为表忠心嘛。

安禄山更绝的一招是请求当杨贵妃的养子，他可比杨贵妃还要大十几岁。唐玄宗同意后，安禄山每次进宫拜见，都是先拜杨贵妃，再拜唐玄宗。

唐玄宗又看不懂了，说，你这是为何啊？安禄山憨态可掬地说："我们胡人都是先拜母亲，再拜父亲。"

这个假装卖萌的胖子，在对付边境的契丹和奚族时，却是另一副恐怖的嘴脸。

安禄山为立功，常引诱契丹和奚族的首领前来聚会，在宴饮时悄悄用毒酒将他们麻醉，之后命手下割下这些酋长的头颅，送到长安献礼。边境的契丹和奚族百姓有的被活埋，有的被送到长安，有的则作为安禄山的战俘。据史书记载，仅天宝九载（750），安禄山就向玄宗献上俘虏8000多人，这些无辜的百姓，沦为他满足玄宗骄奢之心的道具。

安禄山经营地盘时，唐朝的制度危机也为其提供了便利。玄宗时期，在繁荣盛世的表面下，由于均田制日益崩溃，与之紧密联系的府兵制也早已无法实施。作为府兵的农民分配不到土地，也难以承担沉重的兵役，不得不走上流亡他乡、逃避兵役的道路。据统计，开元十年（722）前后，全国的逃亡农民就多达80多万户，占全国户口的十分之一。

随着府兵制废止，取而代之的募兵制，带来了严重的后果：

首先是唐朝的军费急剧增加，天宝末年，每年的军费开支是开元初期的7倍之多，每年用于边防军费的支出，仅绢布一项，就已达到1100万匹之巨。

其次，募兵制下的职业士兵不同于兵农合一的义务兵，没有对土地和家族的眷恋，容易为边将所用，助长地方军事势力。

再加上节度使掌握地方大权，边境地区战事频繁，"猛将精兵，皆聚于西、北"，内外军事力量失衡。安史之乱前夕，安禄山兼任范阳、平卢、河东三个节度使，坐拥唐朝边防兵力总数的五分之二。

安禄山、史思明等地方势力不仅拥有一支大军，还暗地里纠集了一批能人谋士，其幕僚中不乏科举落第和仕途失意的士人。开元、天宝年间，统治集团沉醉在大唐盛世的迷梦中，完全没有意识到社会的深刻变化，一些寒门贫士却求路无门，被时代无情抛弃。

36岁的杜甫赴长安应试时，宰相李林甫以一个"野无遗贤"的骗局，让应考者全部落榜。此后杜甫困居京城10年，"朝扣富儿门，暮随肥马尘。残杯与冷炙，到处潜悲辛"，却无人赏识，不得重用，感叹"朱门酒肉臭，路有冻死骨"。

年过半百的高适仕途受挫后，辞官前往凉州，反而是在河西节度使哥舒翰幕府任掌书记时才飞黄腾达，也代表了当时不少文人投靠边将的境遇。宋代苏轼评价这一情况时曾说，"是时四方豪杰不能以科举自达者皆争为之"。

在这些失意的文人中，就有一个名叫高不危的幽州人，他多次参加科举，最后只求得一个无人问津的小官，对朝廷失望至极，说："高不危宁当举事而死，终不能咬草根以求活耳！"

走投无路之际，高不危改名高尚，被安禄山聘请为掌书记，成为其叛乱期间的主要谋士。

后来，李亨的智囊李泌在分析安史叛军成员时就说，高尚等一批士人是安禄山的羽翼，认为"今独虏将或为之用，中国之人惟高尚等数人，自余皆胁从耳"，却不知这些士人为何甘心辅佐一个不学无术的胡人。

5

唐玄宗并没有意识到这些深重危机，他所见的只是臣民齐心协力建设的繁华盛世："天下大治，河清海晏，物殷俗阜。安西诸国，悉平为郡县。自开远门西行，亘地万余里，入河湟之赋税。左右藏库，财物山积，不可胜较。四方丰稔，百姓殷富，管户一千余万，米一斗三四文。丁壮之人，不识兵器，路不拾遗，行者不囊粮。"

在缔造开元盛世后，逐渐年迈的唐玄宗倦于朝政，想着早点儿退休，红尘做伴，潇潇洒洒。年近花甲的他曾对高力士说："如今国富民安，天下无事，我想高居宫阙，修身养性，把军国大事全交给李林甫处理，你怎么看？"

高力士赶紧劝阻，玄宗就愁眉不展，说你今天的话与我的想法相差甚远。高力士当即跪下磕头谢罪，说，今日臣得了狂疾，胡言乱语，罪该万死。唐玄宗这才打消念头，也宽恕了高力士。

在感情深厚的兄弟们和备受宠爱的武惠妃相继去世后，唐玄宗更感慨生命短促，老境将至。他怀念与诸王"申友于之志，咏《棠棣》之诗"的天伦之爱，又思念"少而婉顺，长而贤明"的武惠妃。

唐玄宗是一个不亚于后世南唐后主和宋徽宗的文艺皇帝，生性浪漫，才艺过人，到了晚年，这种享乐主义的性格更是暴露无遗。但正如柏拉图在《理想国》中所说，只有高度理性的哲人，才适合担任理想的统治者，而浪漫的诗人，应该从理想国中驱逐出去。

开元二十八年（740），绝代佳人杨玉环的到来，填补了唐玄宗晚年情感的空缺，而她善歌舞，通音律，也满足了玄宗对艺术的追求，他根本不在乎杨玉环原本是他儿子寿王李瑁的王妃。

杨贵妃得宠后，唐玄宗更是"视金帛如粪壤，赏赐贵宠之家，无有限极"。杨家姐妹每次出行，所乘坐的牛车"饰以金翠，间以珠玉，一车之费，不下数十万贯"，后来由于车上装饰太重，牛无法牵引，只好改为骑马。她们又竞相购买名马，以黄金为马嚼，锦绣为障泥（垂于马腹两侧，用于遮挡尘土），平时生活挥霍无度。

仅仅是为了满足杨贵妃喜吃荔枝的爱好，唐玄宗就命剑南道每年通过驿路，马不停蹄地递送荔枝，以确保水果送到长安后保持色味不变。驿路本为国家传递文书和官吏往来之用，却成为后宫享受奢侈生活之用，"一骑红尘妃子笑，无人知是荔枝来"，着实讽刺。

天宝八载（749）二月，唐玄宗带领百官参观长安城中的左藏库。这座大唐王朝的中央国库，储藏着来自全国的钱币和绢帛，金银财宝堆积如山，古今罕见。唐玄宗看着多年宵衣旰食取得的丰收成果，洋洋得意之情溢于言表。他要臣子为唐王朝的丰功伟绩交口称誉，也为了满足自己的虚荣心，于是按官吏等级，当场赐予众臣不同数量的绢帛。

遗憾的是，金玉其外的盛世泡沫，终究走向幻灭。

6年后，绚丽夺目的霓裳羽衣舞，湮没在渔阳鼙鼓的喧嚣之中，盛唐从巅峰骤然跌落。

嘉靖帝的棋子：大明王朝内阁权斗 45 年

政治斗争是残酷的。明朝盛产牛人，但牛人大多陨落于内部权斗。

1

1521 年，15 岁的朱厚熜"捡"到了大明王朝的帝位。

当皇帝，有些人靠打赢，有些人纯躺赢。命运眷顾朱厚熜，养成了他的任性。明武宗朱厚照无子，驾崩后，皇位继承成了大问题。奉命拟遗诏的内阁杨廷和等人，从宗法、血缘的角度，选定了明武宗的堂弟朱厚熜作为继承人。杨廷和没有暴露出来的想法是，选一个年仅 15 岁的幼主，符合老臣们的利益。但谁也想不到，躺赢的朱厚熜并不好控制。

这个后来的嘉靖皇帝，一即位，就发生了轰动朝野的"大礼议"。在当代人看来，大礼议是很无谓的一件事。说白了，就是朱厚熜一定要认自己的亲生父母为父母，大臣们非要他认自己的亲生父母为叔叔婶婶。就因为这，皇帝和文官集团杠了好几年。正统性是皇权稳定的根基，所以最高层常常为了莫名其妙的正统问题，争吵不休，我们试着理解一下吧。

在君臣正面杠的过程中，内阁首辅杨廷和四次封还御批，态度强硬到皇帝毫无办法，只能以"朕不当这个皇帝了"相要挟。

渐渐地，天生是权斗高手的朱厚熜，摸到了与臣属斗争的门道：拉拢一派打另一派，在文官集团中培植、分化出不同的集团核心。

张璁（后改名张孚敬）、桂萼等一批新贵，借着支持朱厚熜给自己的亲生父母上尊号，获得皇帝的火箭提拔，进入文官集团的核心。这样，在短短几年之间，围绕着新皇帝亲生父母的尊号问题，文官内部被人为分裂成不同的派别。

虽然大礼议无关国计民生，但它却深刻地影响了明朝的历史进程。这一事件常被史学家形容为明朝历史的转折点，自此以后，原本尚可共进退的文官集团，一步步走入永无止境的分化、撕扯与内耗之中。

可以说，晚明廷臣之间拉帮结派、相互攻讦的风气，在嘉靖初年就逐渐形成，而这最终导致了大明王朝的倾覆。难怪有些史家说，明朝非亡于崇祯，实亡于嘉靖。

从嘉靖元年（1522），到本文的主人公之一夏言登上权力巅峰时，仅10多年时间，内阁首辅如同走马灯，换了七八任。

由于朱元璋废除宰相制度，内阁成为朝廷的中枢，首辅则是阁臣的首揆，堪称一人之下万人之上。首辅的更替如此频繁，说明了政局的颠簸，权斗的激烈，以及结果的残酷。

而这一切，仅仅是接下来两场"硬仗"的引子。

2

每个皇帝都有自己的兴趣点，明朝中晚期几乎所有的首辅，都是通过迎合皇帝的兴趣点得位的。其他皇帝喜欢什么我们先不说，但嘉靖帝，你给他安排几场仪式，绝对正中下怀。他就好这一口，祭祀啊，斋醮啊，扶乩啊……而这些仪式，往往也成为王朝高官升降的机要所在。

夏言（1482—1548）的飞黄腾达，正是揣摩到了嘉靖帝想整肃祭礼，于是上疏迎合皇帝的想法，提出分别祭祀天地。嘉靖帝大悦，将这名吏科都给事中当成自己的代言人。修建祭坛啦，编纂礼仪改革文献啦，宣讲礼仪改革成果啦，全部都由夏言牵头。

嘉靖帝统治中期以后，沉迷于道教仪式。在斋醮仪式上，需要一种专门奉献给上天的四六体骈文，俗称青词。嘉靖帝十分渴望能写一手漂亮青词的人才，夏言的出现，简直十分对胃口。

我们知道，嘉靖时期，会写这一手青词，就出了好几个宰辅。后来大家骂得最多的是严嵩，但这个头，应该说是夏言带坏的。出身监察官员、以正义感著称的夏言，在通往王朝内阁之路上扮演的角色，并不算光彩。大约在1538年，夏言成功晋升为内阁首辅，抵达个人权力的巅峰。

在这之后，他却迅速失去了嘉靖帝的宠信。

根据史学家的分析，夏言"豪迈有俊才，纵横辩博，人莫能屈"，颇有恃才傲物的士人习气。虽然在往上爬的过程中，一味委屈自己顺从皇帝的兴趣点，但在坐稳首辅的位置后，他的个性自然就流露出来了。用现在的话说，夏言有点飘了。对嘉靖帝热衷的仪式不再上心，青词也不好好写了，给皇帝的奏章竟然还出现了错别字。

嘉靖帝也不是吃素的，他常常会通过一些手段来彰显权威，避免首辅专权。在夏言担任首辅期间，嘉靖帝曾因很小的事发脾气，当场就把夏言的首辅之职撸掉。过几天气消了，再把夏言喊回来，官复原职。

就在夏言日渐失宠的时候，嘉靖帝已经物色到了牵制首辅权力的新人选，那就是严嵩。

说起来，严嵩（1480—1567）与夏言是江西老乡。虽然年龄比夏言还大2岁，中进士也比夏言早6年，但在官场的资历却比夏言浅。究其原因，是严嵩这个人比较背。25岁就中进士，名次还很高，二甲第二名，但刚开始做官，母亲去世，本人大病，蹉跎了好些年，混到40多岁，还在南京翰林院任职，感觉一辈子就要在这个虚位上退休了。没想到，人到老年，竟然转运了。先是从南京翰林院调到北京翰林院，接着，夏言出任首辅时，力荐自己这位老乡接任礼部尚书一职，严嵩由此开始显达。

所以，没有一个人物一出场就是大反派。严嵩这大半生，也是够能熬的。

任礼部尚书后，严嵩起初还带有些正义感，跟群臣合议，准备劝阻嘉靖帝瞎改革礼仪。后来，觉察到皇帝不悦，这才学起他的同乡"前辈"，迎合皇帝瞎搞。

这样一来，严嵩很快成为嘉靖帝重点培育的新势力。嘉靖帝看上了翰林院出身的严嵩青词写得比夏言用心而给力，更看上了严嵩小心翼翼掩藏起来的权力欲。

嘉靖帝的用人手段之一，是掺沙子。当内阁出现一人独大或集体抱团的时候，他一定会往里掺沙子。而严嵩迟早会成为他手中的沙子。在这种情况下，夏言和严嵩，这一对江西老乡的内心，已经发生了微妙的变化。

夏言仗着自己对严嵩有恩，一直把他当门客指使，对他爱答不理，甚至当众羞辱。严嵩为人阴柔，城府很深，表面上仍对夏言毕恭毕敬，刻意巴结，暗地里已想着法子要把这位提携自己的老乡排挤掉。

严嵩不愧是个权谋高手。他打击夏言的一系列操作，几乎成为此后明朝高层权斗的范式。

第一步，找自己的马仔（通常是朝中的言官），弹劾并攻击夏言。这波弹劾和攻击，甚至可以凭空捏造，目的在于搞臭对手。只要皇帝点头了，有没有事实并不重要。所以，王朝高层权斗，永远充满着诬陷与诋毁，阴谋与杀机。

第二步，自己出马。先从皇帝身边的人入手。严嵩秘密造访了嘉靖帝最为宠幸的方士陶仲文，扬言要把夏言拉下马。夏言知道严嵩在搞阴谋，也不客气，立马反击，发动言官弹劾严嵩。严嵩顺势跑到嘉靖帝那里哭诉首辅对自己的欺凌，嘉靖帝表态要为他做主。

严嵩摸准了嘉靖帝的态度，于是不失时机大打夏言的小报告，捅刀子。嘉靖帝当即下旨痛骂夏言，问题说得很重："言官为朝廷耳目，专听言（指夏言）主使。朕不早朝，言亦不入阁。军国重事，取裁私家。王言要密，视等戏玩。"意思是，言官本是朝廷的耳目，现在却专听他夏言指使。朕不早朝，他夏言就不入阁办事。军国大事，都在他夏言家里裁决。天子说的机密话，他也敢当作儿戏，随意散播。

嘉靖帝很明显是认定夏言有把持朝政、大肆弄权的嫌疑。很难说是严嵩误导了嘉靖帝，还是嘉靖帝在借力打力，但结果却是嘉靖帝和严嵩都达成了各自的目的。

第三步，等天灾异象。嘉靖帝的申斥，吓得夏言赶紧服软，上疏请求退休。但嘉靖帝还未下定最后的决心，遂把夏言的退休申请书留中不发。这下轮到严嵩紧张了，他担心嘉靖帝反悔，继续留任夏言，那他自己的日子就不好过了。

刚好发生了一次日食。严嵩赶紧买通钦天监，后者跟嘉靖帝解释，日食表明有人要侵犯皇权，这是上天发出的警告。虽然没直说是谁侵犯皇权，但嘉靖帝直接就批准了夏言的退休申请。

成功驱逐了夏言，严嵩顺利进入内阁，两年后就爬上了首辅之位。权力是最好的春药。此时年过六旬的严嵩，精力旺盛如同壮年，连续工作多日都不用回家。

但敏感多疑的嘉靖帝，显然不会让新首辅忘记了手中权力的来源。在严嵩出任首辅一年后，嘉靖帝突然把在老家赋闲了3年的夏言召回来，重新担任首辅，严嵩退而成为次辅。这是嘉靖帝的惯用手段，他总能在必要的时候，引入互为牵制的势力。

重回权力中枢的夏言，二话不说，要拿严嵩之子严世蕃开刀，吓得严嵩瑟瑟发抖。严嵩赶紧拉上儿子，直奔夏府，跪地哀求夏言放过他们。夏言竟然答应放他们父子一马，不向皇帝告发。他不知道，自己的一时心软，最终会要了自己的命。

转危为安的严嵩，非但没有感激夏言，反而对他恨之入骨。一直蛰伏着，在伺机报复。

1547 年，兵部侍郎、总督陕西三边军务曾铣，上疏请求出师收复被蒙古人占据的河套地区。夏言重获起用后，一心想建功立业，遂竭力赞成曾铣的主张。嘉靖帝呢，觉得没有把握，不愿去冒风险。但夏言不死心，再次阐述出兵的理由，嘉靖帝一怒之下，给他扣上了"强君胁众"的帽子。这事僵持的结果是，嘉靖帝在 1548 年年初，免去了夏言的所有职务，再次命令他退休。

严嵩的机会来了。他绝不像他的老乡那样心慈手软，他决定一劳永逸地解决掉夏言。他唆使言官检举夏言曾收受曾铣的贿赂。此事毒辣、阴狠、致命。嘉靖帝最忌讳军国大事成为权臣的交易，闻此大怒，将曾铣打入诏狱，并派人火速追捕夏言。

夏言此时行至通州，获悉曾铣下狱，吓得从车上摔下来，长叹一声："吾死矣。"他做出最后的努力，上疏揭发严嵩父子就是三国时代的司马懿父子，但一切已经无济于事。

1548 年的冬天，夏言在京城闹市中被斩首。

夏言成为嘉靖朝唯一一个被杀的首辅。文人写史，都将这一笔记在严嵩头上，但以嘉靖帝的做派来看，他要是没有杀夏言的想法，严嵩欲加害夏言，绝无成功的可能性。说白了，明朝的皇帝是"奇葩"，但没有一个是"昏聩"的，所谓的错杀忠良，那都是皇帝想杀，找个"奸臣"背锅罢了。

3

夏言被斩首后，严嵩的首辅之位，总算坐稳了。从 1548 年直到 1562 年，严嵩控制内阁长达 15 年，成为嘉靖朝任期最长的首辅。放在整个明朝，他的任期也仅次于明初的杨士奇（19 年），位列第二。

众所周知，嘉靖帝在位的后半段，大约有 20 年时间不上朝，跟严嵩任首辅的时期完全重叠。很多人因此认为，大明王朝的最高权力被"大奸臣"严嵩牢牢攫取了。

真相却是，嘉靖帝表面是一个躲在深宫炼丹、追求长生的皇帝，实际上权力欲比谁都强。在不上朝的 20 年间，他只是把原来的开大会议事规则，改成了开小会。所有的奏折，他几乎都会过目，经常通宵批阅，但他不对外说，简直就是低调版的雍正帝。这个天生的头号玩家，还会随时敲打严嵩，让他感受下皇权的威力，别忘了自己的身份。史书说："帝虽甚亲礼嵩（指严嵩），亦不尽信其言，间一取独断，或故示异同，欲以杀离其势。"就是说，嘉靖帝时不时就会自己下决定，或者故意表达与严嵩不同的意见，杀杀严嵩的势头。

整个嘉靖朝，包括严嵩在内的任何一位"权臣"都无窃弄权柄的可能，几乎都是奉命唯谨，按皇帝旨意办事。

严嵩深知这一点，他只需要把朝堂上的事情处理好，让嘉靖帝少露面、少操心，好好维持前期新政的成果就行了。最关键的一点是，他不能让嘉靖帝发现自己贪恋权柄，一旦被发现，绝对致命。

严嵩的处理技巧是，以贪污来表明自己胸无大志，以四处树敌来表明自己绝对安全。薄情的帝王，最反感官员士大夫养清望，把自己搞成完美化身，你该不会是在吸纳信徒，觊觎皇位吧？后来的雍正帝，就把这些人都定性为"清官巧宦"，一概不待见。历史上，道德完美并且能力出众的人，现实遭遇往往坎坷，比如王阳明。

贪污是朝廷高官落马一个可以说出来的理由，但绝对不是真正的理由。看到满朝言官时不时对严嵩进行大肆弹劾，嘉靖帝放心了。严嵩的政敌越多，皇帝的大权就越稳。嘉靖帝这么想，严嵩也这么想，两人在这一点上达成了高度默契。这就是严嵩能够担任首辅长达15年的真正原因。

1550年，蒙古骑兵进犯古北口，兵临北京城下，史称"庚戌之变"。严嵩暗示兵部尚书丁汝夔，在塞外和蒙古人打，打输了还能掩饰，在皇城脚下和蒙古人打，要是失利了，皇帝马上就会知道，到时谁来担负战败的责任？丁汝夔是聪明人，果断采取坚壁清野策略，任由蒙古人劫掠而去，再象征性地在敌退时派兵尾追。谁知道被蒙古人杀了个回马枪，明军死伤千余人。

嘉靖帝大为恼火，要杀丁汝夔。严嵩怕丁汝夔供出自己，给他打包票说："有我在，不用担心。"可怜丁汝夔死到临头才知道自己被严嵩卖了，临死大呼："严嵩误我！"

以此事为开端，严嵩在位期间，有许多言官前赴后继站出来弹劾严嵩，包括沈炼、杨继盛，等等。但他们搭上自己的性命都不明白，在严嵩与嘉靖帝的微妙关系中，言官御史越弹劾，严嵩就越安全。

直到松江府华亭人徐阶（1503—1583）出场，改变了跟严嵩硬杠的策略。

跟严嵩一样，徐阶也是学霸出身，科举考了个探花。嘉靖早期，张璁（张孚敬）当政的时候，提出要废除孔子的王号，延议时举朝无人反对，只有翰林院编修徐阶坚持认为不可。张璁很生气，指责徐阶背叛自己。徐阶朗声道，背叛的前提是依附，我从未依附于你，又何来的背叛呢？史书载，徐阶说完，"长揖而出"。"长揖"是古时平辈之间的一种礼仪，说明徐阶并未把张璁当领导，气得张璁目瞪口呆。

随后，张璁找了个借口，将徐阶贬到福建，并到嘉靖帝那里打小报告。据野史记载，嘉靖帝听后，对徐阶这个刺头也是相当生气，竟在柱子上刻了8个字：徐阶小人，永不擢用。

然而，徐阶的能力确实没的说，一路干着干着，又升迁回了朝廷。他的正直和不屈，颇为夏言所欣赏。后来，夏言推荐他为国子监祭酒，又升为吏部右侍郎，预埋了对付严嵩的一颗雷。

重返朝廷的徐阶，一改早年的愣头青做派，处理人际关系更加圆滑、乖巧。所以他在夏言倒台后，不仅未受牵连，还进封礼部尚书。但因为徐阶是夏言倒台前提拔的官员，严嵩一直对他怀有戒心。一有机会，严嵩就会在嘉靖帝面前中伤徐阶，说徐阶这个人有才干，只是存有二心。"二心"就是不忠，这是皇权时代最严重的指控。严嵩的阴毒就在这里，他要么不搞你，要搞必定往死里搞。徐阶听说后，吓出一身冷汗。他明白，自己远不是严嵩的对手，从此极力讨好严嵩。史书说，徐阶"置田宅于江西，以示缔交"。徐阶是华亭（今上海松江）人，但他跑到江西去买田建房，附籍于江西，和严嵩攀老乡关系。不仅如此，他还把自己的孙女嫁给严嵩的孙子，希望通过老乡和姻亲的双重关系，打消严嵩对他的戒备。

表面功夫做足，两人心里却都明白得很：这是一场有你没我、有我没你的恶战。

"庚戌之变"后，朝廷采纳咸宁侯仇鸾的建议，与蒙古人签订了互贡协议。但徐阶很快发现，这纸协议形同虚文，蒙古骑兵仍然一次次南下掠夺，来去自如，于是秘密向嘉靖帝揭发仇鸾畏敌不战、粉饰太平。

严嵩也看到了机会。根据他掌握的情报，徐阶和仇鸾一直私交不错，处理掉仇鸾，顺藤摸瓜，就能摸到徐阶这个大瓜。

当严嵩发现，徐阶竟然先发制人，最早向皇帝揭发了仇鸾时，估计他整个人都不好了。这些年来，自己确实低估了对手的谋略。

两个人，谁先出现致命失误，谁就将一败涂地。对他们来说，这是一场输不起的权力游戏。当然，他们也都深深地懂得，胜负并非取决于他们自己，而是取决于唯一的幕后大老板——嘉靖帝。

在漫长的权斗中，年轻作为政治资本的作用日渐凸显。严嵩毕竟比徐阶年长了

23岁，在朝中叱咤多年，已到耄耋之年。除了处理朝政，还要侍奉皇帝修道，对于一个80岁的老人来说，太难了。权力作为春药，久了，效用也消退了。

严嵩的儿子严世蕃，长期代替老父履行公务，人称"第二内阁"。这是年老体衰的严嵩能够长年担任首辅的"秘密"，也是触发严氏家族最终倾覆的地雷。

1561年，嘉靖帝常年居住的永寿宫失火。年老糊涂的严嵩，竟然建议嘉靖帝迁往南宫居住。嘉靖帝一听，脸色大变。南宫曾是明英宗被蒙古人俘虏放还后，被幽禁了七八年的地方。严嵩竟连这个忌讳都忘记了。嘉靖帝历来猜疑心极重，他把严嵩的建议理解为"且欲幽我"。与此同时，徐阶则建议重建永寿宫，深得嘉靖帝欢心。两相对照，严嵩下坡、徐阶上坡的趋势，已经了然。

此后，凡朝廷机务，嘉靖帝都专函密询徐阶，把严嵩晾在一边。

严嵩像当年向夏言服软一样，叫全家人跪拜徐阶，说自己不中用了，以后全家人就拜托给你了。然而，徐阶不是夏言。

时机已到，皇帝抛弃严嵩的趋势很明显了。徐阶安排门生、御史邹应龙上疏检举严氏父子，而且专从严嵩的儿子严世蕃入手。举报信罗列了严世蕃凶横不忠的许多"实锤"，最后，邹应龙保证自己检举的全为事实，但有一言不实，他愿以死谢天下。

1562年，年中，严嵩倒台了。嘉靖帝勒令严嵩回籍休养，严世蕃和他的儿子则被判充军。

事情还没完。严嵩不甘心落败，他在老家还给嘉靖帝写信，制造祥瑞之兆，希望嘉靖帝回心转意。但嘉靖帝已经听说，严世蕃并未到充军戍地报到，而是在中途折回江西。1564年年底，御史举报，严世蕃招募了4000多人图谋不轨。这次举报，真实性已经不重要了，重要的是，有人想要对严嵩斩草除根。

严世蕃被押到北京下狱。审讯过程中，徐阶亲自指点会审人员应该怎么做罪名，才能置严世蕃于死地。在徐阶的过问下，严世蕃的罪名从坑害言官，变成了勾结倭寇图谋叛逆。严世蕃在狱中听到徐阶修改案卷的消息，哀叹说，这下彻底完蛋了。

1565年，严世蕃被斩首。严嵩和他的孙子们被贬为平民，严家被抄家。2年后，无家可归的严嵩，在饥寒交迫中死了。

徐阶则成为嘉靖朝的最后一任内阁首辅。但经过这么多年的权斗纷争，他的心境，其实是悲凉的。

因为他知道，他也不是最后的赢家。

1567 年，长达 45 年的嘉靖朝落幕。徐阶很快就在隆庆朝的权斗中落败返乡。只有皇权，才是真正的赢家。

4

嘉靖朝 45 年的内阁权斗，在整个明朝历史上是最为激烈的，但这远不是内阁争斗的终结。

朱元璋废除宰相制度，确实守住了老朱家的皇权。明朝有过大权臣、大宦官，但前提是必须为皇帝服务，一旦对皇权的施展构成障碍，分分钟就会被碾成渣儿。

在斗争哲学的影响下，嘉靖朝及以后的首辅，几乎没一个有好下场。因为从首辅的产生来看，它就不是一个正常的遴选机制，继任者全是靠搞掉前任才能上位。这是皇帝想要的，一个权力制衡与内耗的内阁。唯有如此，皇帝才能在一片吵吵嚷嚷之中，独揽大权。铁板一块的内阁和文官集团，有利于提高决策和执行力，却容易对皇权独断形成威胁。

当晚明的变局出现时，这套运行机制，以及内斗风气，严重拖垮了整个王朝。

纷扰的内阁，最终与明朝的气数，一起走到历史的尽头。

纠缠的巨龙：明朝内阁三巨头权斗20年

与恶龙缠斗过久，自身亦成为恶龙；凝视深渊过久，深渊将回以凝视。

1

1380年，朱元璋建立大明王朝的第13个年头。左丞相胡惟庸被诛杀，朱元璋亲自给他定的罪名是：谋逆，私通蒙古和日本。但朱元璋没说出来的"罪名"，是丞相这个职位对他的皇权构成了钳制，让他这个皇帝当得不得劲儿。

杀完胡惟庸，朱元璋顺势废了行政中枢机构——中书省。中书省的长官左右丞相，自然也消失了。

朱元璋在《祖训》中明令，以后子孙做皇帝，不许立丞相，如有臣下胆敢奏请立丞相，立即凌迟，全家处死。不仅如此，他还规定，宫中太监不得读书识字。因为，文盲无法干政。

在朱元璋的设想中，天下是朱家的天下，是皇帝一人的天下。历朝历代对皇权威胁最大的，无外乎大权臣和大太监。他想一举把这两种潜在的势力收拾掉，让子孙继位者一劳永逸。

然而，独裁的欲望是无穷的，独裁的精力却是有限的。

废除丞相后，朱元璋被朝廷内外的日常事务彻底淹没。连他这么打鸡血的一个人，都顶不顺了，只好设置四辅官来协助处理政事。他的后代更吃力。朱棣在位时，正式出现了内阁。到仁、宣两朝，"三杨"（杨士奇、杨荣、杨溥）入阁辅政，虽无丞相之名，但权力已经很重。从明英宗到明武宗时期（1435—1521），宦官势力抬头，出现了好几个大权阉。权阉与权臣，始终处在权力天平的两端，此起彼伏。至此，朱元璋的制度设计，完全"破功"。

不过，在皇帝、内阁、太监三种势力中，皇权终归是最后的赢家，也将是最后的输家。

2

经过多年的隐忍，徐阶终于在1562年扳倒了严嵩，成为嘉靖时期最后一任内阁首辅。徐阶继任首辅后，采取了一些柔性措施，标榜"以威福还主上，以政务还诸司，以用舍刑赏还公论"。实际上，这是对夏言、严嵩以来内阁首辅专权独断的自我革命，把首辅摆在一个让皇帝和朝廷百官都放心的位子上。

他还主动召集内阁同事一起拟诏旨。

内阁的权力来源，其实是通过"票拟权"（替皇帝拟定诏旨），获得部分皇权的让渡。徐阶能主动与同僚共享"票拟权"，着实不容易，难怪时人在他任首辅后，都称赞他为"名相"。

这很符合他的个性。徐阶这个人，有江南人的特性，擅长以柔克刚，以柔取胜。他当初与严嵩共事多年，始终隐忍、迎合，朝廷言官骂他与虎谋皮，他都忍着。没有绝对的胜算，绝不出手。嘉靖皇帝晚年向他请教如何分清好人坏人，徐阶毅然答道，大奸似忠，大诈似信。

1566年，嘉靖四十五年，徐阶推荐国子监祭酒高拱、吏部尚书郭朴进入内阁。

在徐阶看来，河南新郑人高拱（1513—1578）为政干练，又是储君朱载垕府上的讲官，入阁是迟早之事，何不做个顺水人情。但事后复盘，高拱对徐阶的笼络并不领情。两人的交锋，反而因此提前了。

嘉靖帝去世时，内阁中仅徐阶一人在场，高拱、郭朴等人都不在场。草拟遗诏时，徐阶竟然绕开了其他内阁成员，而把自己素来看重的门生、翰林学士张居正拉进来秘密参与。皇帝的遗诏发布时，皇帝本人已经升天了。遗诏的内容究竟代表皇帝最后的意志，还是草拟者的意志，也只有天知道了。

嘉靖帝的遗诏对自己统治数十年的弊政进行了深刻的反省，废止了皇宫内一切道教活动，重新起用了一批被罢黜的官员。读过遗诏的人，都不会认为这是一辈子任性的嘉靖皇帝的临终醒悟，而可以百分之百认定这是徐阶借嘉靖帝之口对多年的朝政进行了清算。朝廷百官对这些新政纷纷叫好，一时间，内阁首辅徐阶大得人心。

高拱、郭朴等内阁同僚则对徐阶越发怨恨，草拟遗诏这么大的事，你徐阶竟然绕开同僚，却拉来一个门生参与，这意思还不够明显吗？

1567年，隆庆元年，新皇帝朱载垕继位后，内阁一下子充实到6个人的规模：徐阶、李春芳、高拱、郭朴、陈以勤、张居正。

张居正在参与草拟遗诏后，很快就入阁。史家认为，这是因为张居正跟高拱一样，是朱载垕府邸的讲官，但更关键的是首辅徐阶的举荐。

6人中，徐阶与高拱互相不对付，两人的争斗开始了。

最早是言官、吏科给事中胡应嘉检举，高拱在嘉靖帝病重期间，竟然偷偷溜回家，有失职守。因为胡应嘉与徐阶是同乡，高拱认定，这起针对自己的举报，来自徐阶的指使。高拱随后在另一起事件中，抓住胡应嘉的把柄，要求对胡应嘉革职处理。结果一公布，在京言官认为高拱是挟私报复，把他比作北宋权臣蔡京。

深陷舆论风暴中的高拱，迅速唆使言官弹劾徐阶，转移舆论焦点，罪名是徐阶纵容儿子横行乡里。

很快，言官之间进行了一轮轮的弹劾与反弹劾，朝廷乱成一锅粥。

晚明的言官，作为一个群体是很多重大政治事件的参与者，在高层权斗中，亦是不可或缺的政治打手。从制度设计的角度看，这是以小官钳制大官的一个"机关"。因为言官一旦对某个官员发起弹劾，无论这个官员的职位多高，都必须第一时间提出辞职，至于是否慰留，决定权在皇帝手里。

在这场言官大混战中，高拱、郭朴、徐阶三个阁员先后去职。争斗的双方两败俱伤。

此时的徐阶才意识到，新皇帝没有按照惯例对他的辞职表示挽留，而是顺水推舟批准了他的辞职申请。这表明，新皇帝并不需要他这个前朝首辅再来"倚老卖老"。这一刻，徐阶明白无误地确认，自己的政治生命，彻底终结了。离开京城前，徐阶向张居正做了最后的托付。

张居正后来在给徐阶的信中说此次别离，"泪簌簌而不能止"；又说"大丈夫既以身许国家，许知己，惟鞠躬尽瘁而已，他复何言"。

徐阶确实永远离开了政治中心，但高拱在两年后"卷土重来"。跟徐阶这一仗，赢得着实艰难。

1569年年底，高拱出人意料地重返内阁。据《明史》记载，张居正与司礼监太监李芳联手，策划了高拱的复职，目的是抑制新入阁的赵贞吉。赵贞吉1550年曾被严嵩驱逐出京，此次虽是新入阁，但资格比谁都老，因而举止傲慢。张居正或许自认资历尚浅，无法与之抗衡，故再次引入强势的前同事、恩师徐阶的劲敌高拱，作为对抗赵贞吉的"利器"。

高拱回来后，内阁果然掀起新一轮争斗。

高拱和赵贞吉杠上了，第一个退出内阁的却是中立派陈以勤，谁都得罪不起，只好得罪自己，走人算了。后来，好好先生李春芳，也一走了之。

仿佛当初高拱、徐阶权斗的重演，高拱、赵贞吉再次分别调动自己的言官资源，互相弹劾攻击对方。赵贞吉落败，离京前愤恨不已，说高拱的蛮横，真是谁也比不了。

到 1571 年年底，内阁已走掉四人，仅剩高拱和张居正二人了。

高拱感觉，自己的时代终于来了。他忘了一直蛰伏在身边的危险。

3

当王朝行政中枢剩下二人相对时，张居正（1525—1582）敏感地体会到权力挤压后的窘迫感，而心高气傲的高拱，还在余味悠长地享受胜利的滋味。

史书对高拱的评价是有才干，无肚量。他重掌内阁后，犹记恨当年徐阶对自己的打压，特别是对徐阶不让自己参与嘉靖帝遗诏一事耿耿于怀。所以，在他当权期间，把徐阶的政策全部推翻，甚至宣布嘉靖帝遗诏是"议事之臣假托诏旨"，全然不顾张居正也是嘉靖帝遗诏的参与者。

张居正只能默默忍着。他当下的处境和心境，颇像严嵩当政时，徐阶的处境和心境。

早年的张居正，曾在严嵩与徐阶的权斗中，看不惯恩师徐阶的隐忍退让、无所作为，愤而写信骂徐阶是固位希宠的和事佬。随后，他告病假，回江陵老家，借以表达对朝政的不满。三年后，张居正重返京城，似乎变了一个人。他已经意识到，和徐阶的政治智慧比起来，自己三年前的冲动，简直就是个没头没脑的愣头青。

为了做成大事，首先必须舍弃名声，不怕人言。宋儒朱熹说过，"真正大英雄人，却从战战兢兢、临深履薄处做将出来，若是气血粗豪，却一点使不着也"。张居正有权力欲，但他更想在得到权位后，做救世大英雄。此时，他必须忍受来自高拱的气压，把自己的姿态放得很低很低。尽管他与高拱是渊源颇深的故交。

两人有着几乎相同的政治履历，曾一起在国子监共事多年，后又一起担任裕王府讲官。高拱年长张居正12岁，一直算是张居正的顶头上司。他们曾一起爬山，约定他日入阁拜相，必当同心勠力，扶危济乱。

对高拱，张居正的感情十分复杂。他相当钦佩高拱的能力，所以在高拱去职后，仍然愿意策划其复职。即便后来，他们之间的裂痕清晰可见，但对高拱的政策，张居正也能以大局为重，予以支持。

在高拱的主导下，出现了史称"隆庆新政"的改革局面。张居正在万历初年掌权后推行的改革，大多数均以高拱的政策为蓝本。

权力是一切斗争的本质，也是不能说出来的本质。更何况，内阁权斗始终在皇权的俯视下进行，谁暴露出对权力的觊觎，谁就会死得很难看。所以，内阁权斗都是在看得见摸得着的人事纠纷或政见分歧中进行的。

高拱与张居正的特别之处在于，二人政见一致，理念相同，均是"忠于谋国"的政治家。除此，二人能够摆上台面的分歧，或许就只有对待前首辅徐阶的态度了。

徐阶返乡后，高拱意欲发动清算。后借着海瑞整顿江南富户兼并土地之机，让徐阶的两个儿子充了军。而徐阶本人，在张居正等人的多方回护下，终于免受追责。对此，高拱对张居正颇起疑心。一次，他直接逼问张居正，说外界传言你收了徐阶的儿子3万两银子，到底有无这回事儿？张居正指天赌咒后，高拱才说，这是一个误会。此后，张居正迫于高拱的压力，不敢与徐阶公开来往。

1572年，隆庆皇帝朱载垕突然病逝。临终前，急召内阁大学士高拱、张居正以及入阁不久的高仪入宫，要三人尽心辅佐年仅10岁的皇太子朱翊钧。三大臣互相期许，愿同心辅佐幼主，共渡难关。这里的同心，不仅是告慰先帝的嘱托，也是文官集团对抗宦官集团的惯例。

因为，在新皇帝朱翊钧即位的半个月内，司礼监的人事发生了重大变动。原先一直受到高拱压制的司礼监秉笔太监冯保，突然被宣布升任掌印太监，成为宫中太监的"一把手"。

明朝以往的历史，内阁与太监之间始终维持着一种微妙的对抗关系。内阁强，则太监弱；太监强，则内阁弱。

眼见司礼监的人事超出自己的控制，高拱很自然就把个人的不满上升为整个内阁的意志。他愤怒地指出，内侍的人事变动，是有人欺负新皇帝年纪小、不懂事，乱来。他把自己与冯保的斗争，当作内阁与司礼监的斗争，声称要为内阁扩权而努力。

内阁三人中，高仪明哲保身，不表态；张居正则在接到高拱的通报后，表态支持高拱。

高拱信心满满，发动言官集体攻击冯保。最重要的一条指控是，每次新皇帝视朝时，冯保都站在旁边，文武百官到底是拜皇帝呢，还是拜一个阉人？

风暴来临前，张居正以视察隆庆皇帝的陵寝为由，离开了京城。回到京城后，他仍以生病为由，在家"养病"，不参与轰轰烈烈的"倒冯运动"。

事件到了了断之时，新皇帝召集百官。随之皇帝升驾，众人抬眼望去，小皇帝的身边，依然站着冯保。那一刻，高拱浑身战栗，他知道，自己输了。

冯保当众宣读了皇帝的诏书，厉声呵斥高拱"揽权擅政，威福自专"。高拱当场被褫夺一切官职，勒令即日离京，遣返回籍。《明史》记载，高拱"伏地不能起"，张居正"掖之出"。

随后，张居正与高仪联名，为高拱求情。

而精明的高拱迅速反应过来，他的落败，最终是败在这个搀扶着他，并假装为他求情的人手里。

张居正自始至终都对高拱的离去，表现出无限的惋惜和同情，但他在背后联手冯保搞垮高拱的阴谋，却未能逃过高拱的眼睛。只是他俩在世时，谁也没有捅破这层纸。后来，抵达权力巅峰的张居正，曾顺道到高拱的老家看望过他，两人感慨时光流逝，动情处还互相擦了眼泪。然而，在政治家眼里，情绪的调动与展示，不过是手腕罢了。

张居正早已修炼成为一个典型的马基雅维利主义者，为了达到一个高尚的目的，不惜使用一切卑鄙的手段。高拱去职后，张居正再度联合冯保，想通过制造一起雇凶谋刺皇帝的冤案，置其于死地。后来没成功，贫病中的高拱捡回一条命。

作为一名老政治家，高拱也是老狐狸。在失势的日子里，他深深懂得配合政治表演的必要性。而实际上，他至死未曾原谅张居正。临终前，高拱留了一手，回忆自己参与的政事写成《病榻遗言》，其中对张居正的人品、阴谋多有指摘。这部回忆录在张居正死后，适时地出版了，成了万历皇帝决心清算张居正的导火索。

到1582年去世为止，张居正在万历朝的最初10年，迎来个人权力的巅峰。他担任内阁首辅的10年间，创造了明朝历史上最繁盛的时期。而他这个首辅，也是明朝历史上权势最大的一任首辅。

说到这里，历史上的权臣，无论忠奸善恶，通通没有好下场。张居正的结局，在他死前，已经写好了。

4

张居正死后，已经成年的万历皇帝朱翊钧，发动了针对张居正的总清算。

高拱此时已死去四五年，但他的回忆录，不早不晚，恰在此时出版了，成为皇帝下定决心剥夺张氏家族权势的一剂催化剂。谁也不曾想到，高拱以这种形式，完成了他的复仇。

如同高拱当年被定下的罪名一样，张居正最大的罪名，归结起来也就一条：威权震主。也只有这一条，才能戳到皇权的核心与痛处。

尽管张居正得意之时不忘小心谨慎，但他终未能在生前坚持去位、还政万历帝，以致酿成身后的恶果。权力的迷人处，也正是它的凶险处。

可悲的是，正如黄仁宇所说，"张居正的不在人间，使我们这个庞大的帝国失去重心，步伐不稳，最终失足而坠入深渊"。张居正当国10年的家底，只够万历皇帝及其继任者糟蹋半个世纪。到崇祯十三年（1640），明亡前4年，张居正家族获得全面平反。江河日下，国破家亡，崇祯皇帝无限感慨："得庸相百，不若得救时之相一也。"

从徐阶到高拱，再到张居正，尽管权斗无情，但他们都有一条底线：做官是为了做事。而到了崇祯朝，17年间出现50位阁臣，皇帝多疑的本性未变，内阁辅国的性质却全变了：做官就是为了做官，仅此而已。

首辅周延儒的使命，就是在国乱如麻的时候，忽悠崇祯帝，我们又打胜仗了。当内阁充斥着周延儒一样的人物时，整个明朝早已一败涂地，尽是输家。

雪崩时，没有一片雪花是无辜的。

二

时也命也：
卑鄙是卑鄙者的通行证，高尚是高尚者的墓志铭

文人命运

初唐四杰：王朝在上升，而天才在沉沦

公元 618 年，唐朝开国。一年后，619 年，骆宾王出生。又 10 余年后，卢照邻出生。又 10 多年后，650 年左右，王勃和杨炯同年出生。此四人，是初唐诗坛最亮的四颗星。但他们的命运，却比没有星光的夜，还要黯淡。

闻一多说，"初唐四杰"都年少而才高，官小而名大，行为都相当浪漫，遭遇尤其悲惨——因为行为浪漫，所以受尽了人间的唾骂，因为遭遇悲惨，所以也赢得了不少的同情。

到 693 年左右，当四人中的杨炯最后一个离世的时候，唐朝的国运一直处于上升期，治世、盛世呼声不断。

可是，王朝的狂飙，并未开启个人的幸运之门。那些天纵之才，一个个活成了天妒英才。

1

"初唐四杰"中，命途多舛是"标配"，但仔细一想，卢照邻的人生绝对是最悲苦的。

卢照邻出身范阳卢氏，常为自己是"衣冠之族"而感到自豪，但就像出身弘农杨氏的杨炯一样，他们只是豪门望族里，被遗忘和冷落的支系。出身可以给予他们家风熏陶，却不能给予他们更多东西。

卢照邻凭才华当上了邓王府的典签（掌管文书）。邓王李元裕是唐高祖李渊的第十七子，曾在王府中公开说，西汉梁孝王有司马相如这样的大才子做幕僚，而卢照邻就是我的司马相如。

但纵有邓王的欣赏，满腹才学的卢照邻仍然不满于现状。他有一股建功立业的冲劲，却始终找不到安放的位置。

他眼中的帝都长安，尽是王侯贵戚的骄奢淫逸和权力倾轧。在传世名作《长安古意》中，他对长安的名利场进行了渲染铺陈，末了，他写道：

> 节物风光不相待，桑田碧海须臾改。
> 昔时金阶白玉堂，即今惟见青松在。
> 寂寂寥寥扬子居，年年岁岁一床书。
> 独有南山桂花发，飞来飞去袭人裾。

一切庸俗的任情纵欲，毫无底线的倚仗权势，终究会在时间的碾压下烟消云散，声名俱灭。只有汉代大文豪扬雄的故居，还有终南山的桂花，虽然寂寥，备受冷落，但它们留了下来。

瞬息与永恒的命题，在他这里有了答案。

离开邓王府后，卢照邻命运急转直下。不久，因"横事被拘"，飞来横祸，致其下狱。幸有友人救助，才得以出狱。随后，被贬到益州新都（今四川成都附近），担任县尉（类似于公安局局长）。虽然内心无比郁闷，卢照邻仍旧坚守他认为最重要的东西，比如"天真本性""浩然之气"。

蜀中老人见卢照邻腹有诗书气自华，问他为什么"不怀诗书以邀名"，卢照邻回答说："岂恶荣而好辱哉？盖不失其天真也……虽吾道之穷矣，夫何妨乎浩然？"

在写给益州官员的诗中，卢照邻把自己比作北方来的一只鸟，但这只鸟特立独行，从不同流合污，从不苟同世俗：

> 不息恶木枝，不饮盗泉水。
> 常思稻粱遇，愿栖梧桐树。
> 智者不我邀，愚夫余不顾。
> 所以成独立，耿耿岁云暮。

但是，命运之箭，从未放过这只独立的鸟，这个内心坚定的落魄诗人。

在益州后期，卢照邻患上"风疾"，一种能把人折磨至死的疾病。从卢照邻自己的描述中，我们知道他患病后的身体状况：身体枯瘦，五官变形，掉发，咳嗽，四肢麻痹，肌肉萎缩，一手残废，走路浑身哆嗦，长年卧床导致局部肌肉腐烂，奇痛无比……人生的最后10年，卢照邻拖着这样的病体残躯度过。

他原本有强烈的求生欲，曾五次更换地方，求医问药。还曾拜药王孙思邈为师，后者为他调理疾病，讲解为人之道。然而，就在他为治病四处奔走之时，他的父亲突然去世，卢照邻悲痛万分，连吃下的药物都吐了出来。

父亲去世后，卢照邻的整个家庭几乎陷入破产境地。为了购药治病，这个孤高的才子，不得不向洛阳名士乞求资助。而有限的资助，竟惹来了交朋结党的争议，卢照邻悲愤欲绝，却不得不辩解，说自己抱病多年，不干时事，形同废人，怎么会参与朋党之事？

贫病彻骨，故友疏远，世态炎凉，人生已无可留恋。他不无悲伤地说，上天恩泽虽广，可叹容不下我这一生；大地养育虽多，对我的恩情已断绝在这一世。

他最后写下的文字，锥心刺骨，沉痛至极：

> 岁将暮兮欢不再，时已晚兮忧来多。
>
> 东郊绝此麒麟笔，西山秘此凤凰柯。
>
> 死去死去今如此，生兮生兮奈汝何。
>
> 岁去忧来兮东流水，地久天长兮人共死。

剩下的日子，绝望的卢照邻倾其所有，在河南禹州具茨山下，"买园数十亩"，给自己挖好了坟墓，并请人疏浚颍水。他有时会躺到坟墓中，如同死去。

某日，与亲人诀别后，抱病10年的卢照邻，平静地踏进了滔滔的颍水。

明朝人张燮说："古今文士奇穷，未有如卢升之（卢照邻）之甚者。夫仕宦不达，则亦已耳，沉疴永痼，无复聊赖，至自投鱼腹中，古来膏肓无此死法也。"

马茂元说，卢照邻忽而学道，忽而为仕，忽而仕，忽而隐，终于在无可奈何的矛盾与病魔缠绕的苦痛中，用自杀的方式结束了悲凉的一生。

2

大约在卢照邻蹈水自杀前后，他的朋友骆宾王，经历了从最激昂到最颓丧的人生旅程，最终整个人消失在历史的烟云中。

684年，武则天直接掌管大唐朝政后，唐朝开国功臣李勣之孙李敬业（即徐敬业）在扬州起兵，打出恢复李唐法统的旗号。已经65岁的骆宾王加入义军，写出了名动古今的战斗檄文——《讨武曌檄》。仅仅3个月后，李敬业兵败，骆宾王从此不知所终。

在"初唐四杰"中，骆宾王最具传奇色彩，经历最丰富：辞职、归隐、流放、参军、坐牢、造反……他性格外向，为人热烈，富有激情，一辈子没有安稳过。闻一多评价骆宾王说，他"天生一副侠骨，专喜欢管闲事，打抱不平、杀人报仇、革命、帮痴心女子打负心汉"。

骆宾王是一个有游侠精神、侠义心肠的才子。他在自述诗《畴昔篇》开头，这样写自己：

> 少年重英侠，弱岁贱衣冠。

可见，他从来不是一个内心柔弱、追求做官的诗人。

像"初唐四杰"中的其他人一样，骆宾王也是少年天才，7岁能诗。那首妇孺皆知的咏鹅名诗，就是他7岁时，客人手指鹅群命他作诗，他当场吟出来的作品。当时就被叫作"神童"。长大后，他到长安参加过科举考试，信心满满而去，垂头丧气而回。

但我们不能怪骆宾王能力不足，只能说他生不逢时。唐初的科举，门第观念浓厚，走后门成为风气，有时候出身重于才学。骆宾王恃才傲物，不肯迎合官僚，几乎难以通过科举入仕为官。假如生在平民化的宋代，骆宾王的人生必定全然不同。

33岁那年，骆宾王到豫州担任道王李元庆（唐高祖李渊第十六子）的府属，应该是跟卢照邻在邓王府的工作差不多，从事文职。李元庆对骆宾王的才能颇为赏识，3年后，专门下令要他写自荐书，考察提拔的意思很明显。骆宾王提笔就写道：

> 若乃脂韦其迹，乾没其心，说己之长，言身之善，腼容冒进，贪禄要君，上以紊国家之大猷，下以渎狷介之高节。此凶人以为耻，况吉士之为荣乎？所以令炫其能，斯不奉令。谨状。

如果自卖自夸就能加官晋爵，那么，对上是干扰国家大计，对下则有损君子之风。意思是，我宁可原地打转，也不能写这个自荐书。这就是骆宾王的倔强。

又3年后，骆宾王离开道王府，在山东一带过了将近12年的闲居生活。据分析，这是耿介的骆宾王前半生在官场困顿挣扎，无望后的一种失望回归。但是，隐居乡野是要经济基础的。骆宾王说自己"中年誓心，不期闻达"，蓬庐布衣，农耕养家即可。但过了几年，他发现要养活一家人，越来越困难，只得改变初衷，四处求仕："有道贱贫，耻作归田之赋。"什么叫作理想丰满、现实骨感？这就是。

在生活的逼迫下，骆宾王一反当年狷介的个性，把姿态放得很低，四处托人求官，终于在49岁的时候，获得奉礼郎的小官。

但事实证明，命运往往不会眷顾在底层摸爬滚打的小官们。骆宾王的诗文可以写得很棒，在官场却只能沉沦下僚，郁郁不得志。甚至一度被排挤出长安，追随军队出塞、入蜀。

从历史影响看，这段出塞经历，使骆宾王成为唐初第一代边塞诗人，开启了盛唐边塞诗巅峰的先声；可是，从个人命运看，这段经历，则是骆宾王颠沛流离的人生写照。

人生兜兜转转，当61岁的骆宾王好不容易擢升侍御史的时候，却很快遭到构陷而入狱。一种说法是他频繁上疏讽谏，得罪了武则天而被捕下狱；另一种说法则是，他遭到同僚的诬陷栽赃而下狱。总之，这是老年骆宾王依然一身侠气不合群的代价。

在狱中，他写下了著名的《在狱咏蝉》：

> 西陆蝉声唱，南冠客思侵。
> 那堪玄鬓影，来对白头吟。
> 露重飞难进，风多响易沉。
> 无人信高洁，谁为表予心。

蝉的高洁脱俗，无人理解，正像诗人自己一样。这世上，又有谁能替我鸣冤辩白呢？

入狱一年多，遇到朝廷大赦，骆宾王重获自由，随后被贬为临海丞。史书说，骆宾王"怏怏失志，弃官去"。

684年，65岁的骆宾王加入了李敬业的义军，担任艺文令（类似于秘书长）。为了号召天下，壮大起义队伍，骆宾王代李敬业起草了《讨武曌檄》。檄文传出，朝野震动。段成式《酉阳杂俎》记载，武则天亲自找来这篇咒骂自己的檄文，读到"入门见嫉，蛾眉不肯让人；掩袖工谗，狐媚偏能惑主"时，微笑不已，继续读到"一抔之土未干，六尺之孤安在"，顿时收敛了笑容，指着宰相的鼻子骂：你怎么漏掉了骆宾王这样的人才？

《讨武曌檄》中还有一句流传至今的名言："请看今日之域中，竟是谁家之天下！"

这篇力透纸背的檄文，让武则天对扬州的造反十分重视，派出30万大军前往镇压。3个月后，李敬业兵败被杀，而骆宾王的结局则成了历史的疑案：有的说他和李敬业一起被杀，有的说他投水而亡，有的说他逃遁了，隐姓埋名。总之，684年后，骆宾王不知所终。

骆宾王写过一首诗，叫《于易水送人》：

> 此地别燕丹，壮士发冲冠。
>
> 昔时人已没，今日水犹寒。

诗中侠气十足，但诗名"送人"，送给谁，却无人知道。于是有人推测，骆宾王或许是送给自己，把自己当成了赴死的荆轲。

清人陈熙晋用一句话精准概括了骆宾王悲剧的一生："临海（骆宾王）少年落魄，薄宦沉沦，始以贡疏被愆，继因草檄亡命。"而我们透过这层悲凉的生命底色，却看到当年咏鹅的少年，变成了冲冠的壮士，一次次抗击命运的无情打压。

3

那场让骆宾王亡命的失败的起义，也改变了另一个才子的人生轨迹。

在李敬业的起义队伍里，有一个名叫杨神让的人。杨神让的父亲叫杨德干，而杨德干是杨炯的从伯父。起义被平息后，朝廷开始秋后算账，杨德干父子被杀，杨炯也受到牵连，在事业的上升期遭遇当头棒击，被贬到梓州（今四川三台）担任司法参军。

飞来横祸，让一直在官场悠游的杨炯，一下子感受到了人生无常。他怀着忧惧之心，离开长安：

> 郁郁园中柳，亭亭山上松。
>
> 客心殊不乐，乡泪独无从。

此刻，他认为自己是整个天下最惆怅的人。他虽然出身弘农杨氏世家，他的曾祖、伯祖和从伯父都曾官至刺史，但他自己的祖父和父亲，却是名不见经传、未曾显达的普通人。他很早就意识到这一点，所以在谈到身世时毫不忌讳地说："吾少也贱。"

可是，家族的荣光他没分享到，家族的厄运他却逃不过。受族兄杨神让牵连被贬官之前，杨炯正在经历一生中难得的官运上升期。他10岁应童子举及第，11岁待制弘文馆，就是在弘文馆等待任命。这一等就是16年，朝廷早把这个神童遗忘了。到27岁时，杨炯再次应举，才补了个校书郎的小官。30岁以前，他不满现状，说自己"二十年而一徙官"，说官场倾轧，有志难抒，并发出"宁为百夫长，胜作一书生"的呼喊。但31岁时，他时来运转，被推荐为太子詹事司直，还充任崇文馆学士，开始仕途的一大跃升。仅仅3年后，这个素少往来的族兄，却把他的余生带进了沟里。

在梓州4年任期满后，杨炯去了洛阳。出川途经巫峡，他写诗表达个人的追求和品性：

> 忠信吾所蹈，泛舟亦何伤。
>
> 可以涉砥柱，可以浮吕梁。
>
> 美人今何在，灵芝徒有芳。
>
> 山空夜猿啸，征客泪沾裳。

此时的杨炯是否会感激厄运提升了他的诗风，造就了另一个他呢？我们不得而知，但苦难出诗人，似乎是一个残酷的真理。归来后的杨炯，不再汲汲于官场的得失，而是成了唐朝政坛中的一个毒舌。

他官小位卑，朋友劝他谨言慎行，免得祸从口出，他却毫不在意。他曾当场对那些尔虞我诈、道貌岸然的朝廷官员进行冷嘲热讽，说你们都是"麒麟楦"。别人问他，"麒麟楦"是什么东西？杨炯便给他们解释说，你们在会聚饮宴之时，都看过玩耍麒麟的把戏吧？事先做好一张有头有角的麒麟皮，蒙在毛驴身上，扮成麒麟巡场奔跑。等到揭下那层皮，底下不过是一头蠢笨的毛驴。那头蠢笨的毛驴，就叫"麒麟楦"。官员们恍然大悟，原来杨炯是在用这个词骂我们啊！杨炯接着讽刺说，那些无德无才而身穿朱紫官服的人，跟毛驴披上麒麟皮又有什么区别呢！

尽管一生前途尽废，杨炯却活成了一个率性的诗人，不向权贵屈膝。连人品很一般的宋之问，都不得不感慨杨炯"气凌秋霜，行不苟合"。

马茂元如此评价杨炯的所作所为，他"怀才自负，充满着时代热情和功名事业的意念，但却不苟安于庸俗的官僚生活，或者是俯首帖耳地做个统治阶级倡优同蓄的御用文人"。

任何时代，做一个批判者都要付出代价。果然，没过两三年，杨炯又被贬，贬到盈川当县令。

他是在盈川县令任上去世的，年仅 43 岁。

杨炯终其一生，就是个县令的命。但，这一点卑微的归宿，让他已经算是"初唐四杰"中结局最好的一个了。

4

"初唐四杰"中，杨炯是最后一个谢幕的，而最早谢幕、离开人世的那个，是他的同龄人王勃。

王勃，仅仅活了 27 年，他的光芒却照彻千年。他是真正映照王朝荣耀的天才，是当之无愧的"初唐四杰"之首。

史书记载，王勃 6 岁时便能作诗，且诗文构思巧妙，词情英迈。10 岁以前，已经通读了历史典籍和儒家经典，并写书专门指摘经典注释的错误。12 岁时，他偷偷离家出走，投拜长安名医兼术士曹元为师，学了 10 个月，"尽得其要"，把曹元的看家本领全学会了，这才返回家中。17 岁左右，王勃通过科举，授朝散郎，成为大唐最年轻的官员。后经史部推荐，到沛王府担任修撰。但，一个天才的好运，至此已经用光了。王勃的最后 10 年，将是命运的三连击。

唐王室盛行斗鸡，恃才逞能的王勃写了一篇《檄英王鸡》，声讨英王的斗鸡，为沛王拍马助兴。文章传到唐高宗那里，皇帝龙颜大怒，认定王勃蓄意挑拨皇子之间的关系，于是下令将王勃革除官职，赶出沛王府。这是命运的第一击，它彻底改变了王勃的人生轨迹。

王勃的忧愤人生，开始了。他曾如此抒发心头之痛：

> 天地不仁，造化无力。授仆以幽忧孤愤之性，禀仆以耿介不平之气。顿忘山岳，坎坷于唐尧之朝；傲想烟霞，憔悴于圣明之代。

时代是个好时代，可是人生的路，怎么就越走越窄呢？

他告别长安，四处远游。有意思的是，"初唐四杰"都曾一次或数次去了巴蜀，要么做官，要么出使，要么游历，四人之间相互结识的地方，最大的可能是长安，其次就是四川了。

整整漂泊了3年，王勃返回长安。他的诗赋越写越好，名气越来越大，杨炯后来给王勃的文集写序说，王勃"每有一文，海内惊瞻"。只要他有文章出来，绝对洛阳纸贵。

但是，还有更大的暴击在等着他。

王勃和一个叫曹达的官奴关系不错。曹达犯了罪，跑到王勃那里避祸，王勃收留了他。但风声一紧，王勃怕被揭发后自身难保，竟然把曹达杀了。东窗事发后，王勃按律当诛，恰逢朝廷大赦而免死，但被革除公职。他的父亲也受牵连而远贬为交趾（今属越南）令。王勃从此弃官沉迹，避居乡下老家。这是命运的第二击，一代天才陷入了穷途末路。

以前，他写送别诗是这样的：

> 城阙辅三秦，风烟望五津。
> 与君离别意，同是宦游人。
> 海内存知己，天涯若比邻。
> 无为在歧路，儿女共沾巾。

如今，他写起送别诗，变成了这样：

> 送送多穷路，遑遑独问津。

> 悲凉千里道，凄断百年身。
>
> 心事同漂泊，生涯共苦辛。
>
> 无论去与住，俱是梦中人。

从豁达到悲凉，中间只隔着一次人生劫难，让人无限唏嘘。

675年秋天，王勃最后一次远行。他要去交趾探望父亲。途经南昌，正赶上洪州（今江西南昌）都督阎伯屿在重修落成的滕王阁大宴宾客，王勃获邀参加。席间，阎都督邀宾客为这座新楼阁赋诗作文。宾客们都知道，阎都督只是为了当众夸耀自己女婿孟学士的才学，所以纷纷推辞不写，好让孟学士当众发挥。

王勃忽然接过纸笔，说："我来。"

据唐人笔记记载，阎都督顿时老大不高兴，起身离去，但又忍不住好奇名动天下的大才子王勃到底能写出什么。一会儿，手下报告："开头写了'豫章故郡，洪都新府'。"阎都督说："这不过是老生常谈。"接着手下又报告："他写了'星分翼轸，地接衡庐'。"阎都督不作声了。等听到手下报告说"落霞与孤鹜齐飞，秋水共长天一色"时，阎都督大惊，叹服不已："真是天才，这篇文章将永垂不朽！"

一篇光照文学史千年的《滕王阁序》，由此诞生。

在这之后，命运给了王勃第三击，也是致命的最后一击。从交趾探望父亲后，归途中，南海风急浪高，王勃失足掉进海中，惊悸而死。

676年，春夏之交，一颗巨星，悄然陨落。

同年，冬天，《滕王阁序》传到帝都，文人士大夫交口称赞。唐高宗命人取来一阅，读到"落霞与孤鹜齐飞，秋水共长天一色"时，不禁连拍大腿："千古绝唱，此乃天才！"越读越过瘾，接着问道："现在，王勃在何处？朕要召他入朝！"底下人吞吞吐吐："王勃，已落水而亡。"

上自帝王，下至布衣，对所有爱好文学的人来说，这或许是初唐最大的一个噩耗。

5

"初唐四杰"的人生，诠释了什么叫天妒英才。在网上，"初唐四杰"，有时候被谐音成"初唐四劫"，也很贴切。

他们的"劫"，有个人的因素，也有时代的因素。但放眼唐朝289年，如果是晚唐的衰落期，身处其中的杜牧、李商隐，命运不佳，尚可理解，因为王朝的沉沦必然裹挟着个体的悲剧；但是"初唐四杰"生活的时代，整个王朝都处在上升期，他们却走向了反向的悲剧，王朝的机遇之门，并未能向有才之人打开，这恰是王杨卢骆四人更让人同情和悲悯的原因。

人生实苦，一个人要才、时、命三者同时兼具，才能活得出彩。但这又谈何容易？历史往往是，个体的悲哀造就了时代的伟大。"初唐四杰"是悲剧的，但当他们在遍布荆棘的山路上奋力前行时，唐诗却是幸运的。

四杰出名之前，唐朝诗人的代表是上官仪，他写的诗深得唐太宗喜爱，整个文坛纷纷效仿，当时人称"上官体"。但正如闻一多所说："宫体诗在唐初，依然是简文帝时那没筋骨、没心肝的宫体诗。不同的只是现在词藻来得更细致，声调更流利，整个外表显得更乖巧、更酥软罢了。此真所谓萎靡不振。"

直到"初唐四杰"的横空出世，为唐诗注入了一股新鲜活力。他们将诗的主题扩大，突破宫廷的局限，贴近百姓，转向现实，不仅描绘市井生活，更延伸至边塞苦寒。诗风清新刚健，一洗朝中俗气。他们四人的努力，为唐诗日后的繁荣气象埋下了伏笔。明朝人胡应麟说，"唐三百年风雅之盛，以四人者为之前导也"。

文学的攀登，都是踏着前人留下的屐痕前行的。没有"初唐四杰"，就不会有后来的李杜、王孟、高岑、元白等名垂青史的组合。

可是，很多人不懂这个朴素的道理。他们在前行之后，反过来嘲笑前人的落后与过时，调侃前人的失败与悲哀。杜甫很看不惯这些哂笑的人。他为"初唐四杰"正名，作诗说：

> 王杨卢骆当时体，轻薄为文哂未休。
> 尔曹身与名俱灭，不废江河万古流。

你们这些自以为是、不识珠玉的哂笑者，很快便会身名俱灭了，而王杨卢骆，四杰的光华将会传之久远，如同大江大河，万古长流。

我记得电影《王勃之死》有一个情节，虽然是虚构的，却颇有深意——王勃与知己杜镜对话。杜镜说："大唐需要你的词章。"王勃答："你错了，是我们需要大唐。"

时代，个人，国家，宿命，到底谁造就了谁？这是一个值得思考的问题。

大唐最幸福的诗人，为什么是他？

1

天宝元年（742），李白与贺知章在长安相遇。两人都是狂放豪迈的诗人，也是疏宕不拘的酒徒，虽相差 42 岁，却一见如故。

初到长安的李白向老前辈呈上一首《乌栖曲》，年过八旬的贺老一边痛饮一边吟诵，赞叹道："此诗可以泣鬼神矣！"李白大受鼓舞，又从诗袋中取出自己的得意之作《蜀道难》。

"噫吁嚱，危乎高哉！蜀道之难，难于上青天！蚕丛及鱼凫，开国何茫然！尔来四万八千岁，不与秦塞通人烟……"

贺知章读完前几句，酒杯就快拿不稳了。全诗读罢，贺知章激动不已，给李白疯狂点赞："公非世间凡人，一定是天上的太白金星遇谪下凡！""谪仙人"这个流传千古的名号，正是老贺送给小李的。

酒逢知己千杯少，贺、李这对忘年交在长安酒肆纵酒高歌，一时竟花光了酒钱。贺知章二话不说，手一挥，解下腰间所佩的金龟，将这一宝物拿来抵押，换酒钱。金龟可不是寻常之物，只有朝中高官才能佩戴。

孔子曰："不得中行而与之，必也狂狷乎！狂者进取，狷者有所不为也。"后人解释说，狂者，进取于善道。若说"狂"，自号四明狂客的贺知章绝对不逊于后辈李白。

不同的是，李白的狂，站在另一个角度看，多少有些硌硬人。如果你是领导，肯定不希望下属在工作时醉眼蒙眬，"天子呼来不上船，自称臣是酒中仙"，估计也看不惯他调戏秘书和老婆，使力士脱靴、贵妃捧砚。而贺知章的狂，既是他人生最好的注脚，也成就了他一生平顺、福寿双全，怎么看，都是一个可爱的老顽童。

贺知章是浙江有史可稽的第一位状元。他 36 岁科举入仕，在中央任职 50 载，从未被贬外地，如此经历在唐代高官中绝对是屈指可数。晚年还乡后，他自己也写诗道："少小离家老大回，乡音无改鬓毛衰。"

贺知章还是唐代最长寿的诗人之一，86 岁辞官回乡，寿终正寝。他与唐朝著名的愤青陈子昂同龄，生于初唐，不同的是，他的一生几乎横贯盛唐，既是开元盛世的建设者，也是见证者。后世诗人中，南宋的陆游也以高寿著称，但其人生幸福指数，显然远不如贺知章。

如果有记者采访贺知章，问一句你幸福吗，贺知章肯定会笑着答，他姓贺，之后再向大家分享他的幸福秘诀。

2

贺知章考中状元后，拜受的第一个职务是国子四门博士，用现在的话说就是国立长安大学教授。古人追求的是学而优则仕，可贺知章对仕途却淡然处之。他"少以文词知名，性旷夷，善谈论笑谑"，有一种魏晋名士的风范，整日乐乐呵呵，没事就和同僚、学生们侃大山，从来不担心自己哪天升迁，什么时候涨工资。当了几年国子学、四门学的教授后，贺知章才在姑表兄弟、宰相陆象先的帮助下去了太常寺当礼官，正式踏上仕途。

这是贺知章人生中的第一个机遇。

要知道，陆象先可是当时出了名的直臣。他当年由太平公主举荐当上宰相，却只知道在工作岗位上埋头苦干，没有卷入太平公主的权力斗争。唐玄宗李隆基发动先天政变扳倒太平公主后，因陆象先刚正不阿，才没有对他进行清算。

陆象先有句名言，天下本自无事，只是庸人扰之。这么一个不与世俗同流合污的人物，却特别欣赏贺知章。陆象先说："贺兄倜傥多才，是真正的风流之士。我跟其他兄弟离别日久，从来不会想念他们。可要是一天没和老贺聊天，我就觉得胸中顿生鄙吝之气了。"贺知章这种乐天派的性格天生就有感染力，连陆象先这种老学究式的人物，也对他有一种亲近感。

3

"落花真好些，一醉一回颠。"（贺知章《断句》）豪放的四明狂客，自然离不开美酒。

在贺知章告老还乡后才姗姗来迟、困守长安的杜甫，一直十分仰慕这位文坛前辈的风采。《饮中八仙歌》中，杜甫写的第一位酒仙正是贺知章。他取魏晋"阮咸尝醉，骑马倾欹"的典故，写道："知章骑马似乘船，眼花落井水底眠。"

在杜甫的想象中，贺知章和李白、李适之等七人执酒共酌，喝醉后骑马似乘船般摇晃，醉眼昏花的他不慎跌落井里，竟然在浅水中坦然酣睡。

醉后的老顽童更是乘兴而发，他与"饮中八仙"之一的"草圣"张旭常走街串巷，在路上一遇到雪白的墙壁，二人就索笔挥洒，在上面写书法。温庭筠曾评价贺知章的书法："知章草书，笔力遒健，风尚高远。"其率性留下的笔迹，被民间奉为墨宝，老百姓都舍不得毁坏。贺知章逝世80多年后，诗人刘禹锡还曾在洛阳发现他当年的题壁，并在《洛中寺北楼见贺监草书题诗》中写道："高楼贺监昔曾登，壁上笔踪龙虎腾。"

普通人乱涂乱画是破坏公物，贺知章在墙上写书法可就是文物了。

4

贺知章的题壁如今已难寻，甚至连他的诗现存也只有20余首。这对于一位长寿诗人而言极为反常，毕竟后来有一个同样活了80多岁的兼职诗人乾隆皇帝，一生留下了4万首诗。有学者认为，贺知章的诗文或许大部分已在漫长的时间中散佚，又或许是他为人随性，生前所作的诗随作随弃，从来没有妥善保存，导致去世后也没能结集。

贺知章的诗湮没在历史长河中，他所作的文章却在1000多年后逐渐重见天日。近代以来，先后出土贺知章所作墓志有8篇之多，其中最早一篇写于开元二年（714），志主为前朝官员戴令言，出土于河南洛阳。

贺知章，一个放荡不羁的诗人，为何会为素未谋面的权贵创作这么多墓志？有学者推测，贺知章写墓志，"在一定程度上不能说与接受请托、收取润笔没有关系"，说白了，就是缺钱。

贺知章终生嗜酒，率性生活，自然需要大量花费，可位高权重的他宁愿给人写墓志，也不投机取巧。在长安，贺知章和李白惺惺相惜，一块儿喝酒，喝到腰包空空如也。他既不仗势欺人，也不借机赊账，直接把腰间的金龟一解，拿去跟店家换酒钱。

在纸醉金迷的大唐盛世，贺知章始终保持着本真的生活态度。正所谓："主人不相识，偶坐为林泉。莫谩愁沽酒，囊中自有钱。"（贺知章《题袁氏别业》）

5

在明争暗斗的朝廷中，别人巴不得多在皇帝面前争取表现机会。生性率真的贺知章并不适应官场规则，他踏实工作，升迁速度缓慢，尽管誉满天下，可年近六旬依旧是个无名小官。如果活在现代，可能就会有些人以他为例子写几篇贩卖焦虑的毒鸡汤文章，说世道变坏，是从状元没钱买酒开始的。

在中央工作30年后，年过花甲的贺知章终于在开元十三年（725）升为礼部侍郎、集贤院学士，之后又改任太子宾客、秘书监（世人因此尊称其为"贺监"）。那时，与他同期的官僚早已出尽风头，甚至已经不在人世了。熬了大半辈子才熬出头，别人都在替他着急，贺知章可能也只会从容笑一笑，别急，让老夫再喝杯酒。

有人说，贺知章没有出类拔萃的政绩，算不上好官。然而开创盛世的并非只是姚崇、宋璟这样的良相，也需要千千万万如贺知章这样默默奉献的官吏。他们不是最出众的一个，却如你我，化作汇成巨流的涓涓溪水。

6

在朝中，有些北方人带着地域歧视，嘲笑浙江人贺知章是"南金复生中土"，意思是贺知章是南方的乡巴佬，到了京城才得以焕发光彩。贺知章在京生活50年，但他浙江口音一向比较重。杜甫的诗就说过，"贺公雅吴语，在位常清狂"，一口唐朝版的"塑料普通话"难免和别人产生隔阂。

贺知章知道别人对他有偏见，不怒也不恼，写了首通俗易懂的诗送给这些同僚，嘲讽道："鈒镂银盘盛蛤蜊，镜湖莼菜乱如丝。乡曲近来佳此味，遮渠不道是吴儿。"（贺知章《答朝士》）

你们这帮老家伙，只会当"键盘侠"，吃南方出产的蛤蜊和莼菜等美食，就不管它们是不是南方产的，对南方人干吗这么挑剔呢？

对同为南方人的政敌，贺知章也是一副嬉皮笑脸的样子。

韶州曲江（今广东韶关）人张九龄是开元年间的贤相，可为相时一向看不惯贺知章的为人，对他处处打压，让他累年不迁，一直得不到提拔。

后来，张九龄罢相，怕贺知章趁机报复，主动向贺知章道歉："昔日九龄多管闲事，让公多年不得升迁，为此感到遗憾。"贺知章应声答道："知章蒙相公庇荫不少。"

张九龄就纳闷了："我什么时候庇护过你呀？"

贺知章一如往常诙谐幽默，说："因为之前您在朝为相，都没人敢骂我为'獠'（獠，北方人对南方人的蔑称），您走后，这朝中就只剩我一人了。"从此，一语化解恩仇。

在权力游戏中，贺知章只是一个配角，但在他的生命里，他已是最好的主角。岁月静好，只有贺知章在尽情享受人生，所以他活得久，过得也最轻松。

7

天宝三载（744），大唐盛世正在悄无声息中走向腐朽衰亡。唐玄宗怠政，专宠杨玉环，李林甫大权独揽，排除异己，安禄山上下经营，羽翼丰满。盛世浮华的表面背后，竟是危机重重。

贺知章的生活一如既往的平静。那一年，他回家了。86岁高龄的贺知章生了一场病，一度精神恍惚，大病初愈后，便以出家当道士为由，向唐玄宗告老还乡，归隐镜湖。

贺知章为官50年，将快乐带给身边的每个人。唐玄宗对这个可爱的老头由衷感到亲切，为他举办了大唐文坛最盛大的一场饯别宴会，如同送别一位多年知交。唐玄宗下诏，在京城东门设宴，并与到场的百官写诗为贺知章送行。之后，这些送别诗整理成册，由唐玄宗亲自赐序。

城门外，长安城最有权势、最富才华的人物悉数到场，祝贺老贺光荣退休，盛况空前。在大唐，从来没有一个文人享受过如此高的待遇。贺知章身披唐玄宗御赐的羽衣，与前来相送的客人一一道别，这其中有宰相、宗室、好友，还有他的学生太子李亨。

时任翰林供奉的李白为老友写作一首《送贺宾客归越》："镜湖流水漾清波，狂客归舟逸兴多。山阴道士如相见，应写黄庭换白鹅。"

久客异乡的游子，沿着梦中的足迹回到故乡江南。历经50多个年头的沧桑，日子明明是一天天地过，可在那一刻，贺知章却像穿越时空的烂柯人，在家乡找不到一丝熟悉的痕迹，只有同乡的孩子好奇地问："老爷子，您从哪儿来？"

"儿童相见不相识，笑问客从何处来。"老人淡淡的悲伤后，藏着几分童趣，一如当年红尘中几许轻狂。

很多人生平第一次读贺知章的诗，应该是那首《咏柳》：

> 碧玉妆成一树高，万条垂下绿丝绦。
>
> 不知细叶谁裁出，二月春风似剪刀。

儿歌般的天真烂漫，出自官居高位的贺知章之手似乎有些许违和感，可与他老顽童般的性格又格外契合。庙堂之上，多少文人怀着封侯拜相的豪情壮志，即便潇洒如李白，也未能彻底放下功名，在安史之乱中入了永王的军营。

贺知章却始终在做自己，做一个潇洒的狂客，就像那句话，出走半生，归来仍是少年。我们不妨学学老贺。平心静气，快意人生，方能福寿绵长。只有安然度过漫长岁月，才有机会去亲眼看一看，那锦绣繁华的盛世长安。

辛弃疾：剑在匣中生锈，人在江湖放逐

1

南方的冬天，无比湿冷。两个年近半百的准老年人，内心却都烧着一团火。

温酒，举杯，对饮。

大醉之时，天已黑。朦胧中盯着案上尘封的宝剑，两人聊起，军营中大口吃肉、大口喝酒，号角响起，沙场点兵。但如此激扬慷慨的场景，整个国家已经多年未见到了。

醉了。恍惚间，战马飞奔，弓箭离弦，一场恶战，打响了。

你一句，我一句。到激动处，连拍大腿叫绝。

冷风吹醒醉酒人。彼此头上白发清晰可见，才知道，一切不过是酒精在起作用。

这一幕，发生在南宋淳熙十五年（1188）的冬天。49 岁的辛弃疾和 46 岁的陈亮（字同甫），在时隔 10 年后再次见面。两个朝廷的边缘人，聚在一起，却都在操心国家怎么收复中原失地。

此前一年，南宋投降派总代表、太上皇赵构死了。一直痛骂投降派、主张对金国强硬的布衣狂儒陈亮，认为抗金事业将迎来好时机，于是早早就张罗着去面见赋闲在江西上饶乡下的另一名主战派代表人物——辛弃疾。

辛弃疾居住的地方，要经过一条河。据说，因为水太冷，陈亮骑的马不敢过河，他催了三次，马儿仍不下水。陈亮直接跳下马，拔刀，手起刀落，把马头砍了下来。辛弃疾正在楼上等待陈亮，远远望见了这一幕。这位曾经出入金兵大营如入无人之地的硬汉，竟然也被陈亮的豪气镇住了，直呼："此乃大丈夫也！"

陈亮和辛弃疾本来还邀请了朱熹。但朱熹此时对北伐抗金，态度已经相当消极，说他一个年近六旬的闲汉，只想留在山里咬菜根。

放眼整个国家，主战派就没几人。辛弃疾和陈亮，愈加惺惺相惜。两人同吃同睡，同游鹅湖，一起探讨抗金大业。借着酒兴，时而热血澎湃，时而清醒并痛苦着。陈亮一共住了10天，然后分别，骑马离去。陈亮离去后，辛弃疾怅然若失。实在舍不得，自己又策马去追赶陈亮。因为天寒地冻，最终没追上，心中留下了无尽的遗憾。

回去后，两人唱和往来，把友情和激情都写进了词里。

醉里挑灯看剑，梦回吹角连营。八百里分麾下炙，五十弦翻塞外声，沙场秋点兵。马作的卢飞快，弓如霹雳弦惊。了却君王天下事，赢得生前身后名。可怜白发生！

——辛弃疾《破阵子·为陈同甫赋壮词以寄之》

现实太残酷，一句"可怜白发生"，让功名事业都成了迫不及待的想象。

英雄老矣，而剑在匣中生锈，人在江湖放逐。

2

英雄老矣。

辛弃疾一生最辉煌的事迹，在23岁时已经完成了。不是因为成名早，此生，他就可以躺在功劳簿上炫耀，而是因为，余生，他始终得不到走上抗金前线的机会。

惆怅，郁闷，锥心之痛。他只能一次次回想年轻时候的壮举。

辛弃疾出生那年，1140年，宋金激战正酣。但南宋名将岳飞接连收到朝廷班师回朝的诏令，只能忍痛放弃北伐收复的河南诸地，一路南撤。

辛弃疾生在金人占领的山东，但自幼时起，祖父辛赞就一直跟他强调：故乡现在是沦陷区，南宋才是我们的祖国。靖康之变发生时，辛赞因为家累未能脱身南奔，被迫接受金朝的伪职，为此心中常常自责，始终在寻求机会为故国出力。辛赞因此把毕生夙愿，都寄托在孙子身上。

辛弃疾2岁时，岳飞被冤杀。没有人会想到，他日后极有可能成为岳飞式的战场英雄，可惜最终被政治蹉跎了岁月。

辛弃疾从小文武兼习，不仅诵读经典，还熟读兵书。他的成长环境和训练，决定了他长大后不是传统意义上的文人，而是健硕有力、目光犀利的壮士。

据辛弃疾后来回忆，在金国，汉人就是二等公民："民有不平，讼之于官，则胡人胜，而华民则饮气以茹屈；田畴相邻，胡人则强而夺之；孳畜相杂，胡人则盗而有之。"想要公平？没有。横征暴敛，倒是年年有，天天有。

抗金起义，风起云涌。22 岁时，辛弃疾已经在山东拉起了一支 2000 人的抗金队伍。随后，率众投奔济南义军规模最大的领袖耿京。耿京对辛弃疾很是青睐，直接任命为掌书记。当时，一个叫义端的僧人，也拉起了千余人的队伍抗金。辛弃疾力劝义端投靠了耿京。没想到，义端是个投机分子，没多久就窃取了辛弃疾掌管的军印潜逃。根据《宋史》记载，耿京知道后，大怒，威胁要杀辛弃疾。辛弃疾却不慌，当场立下军令状，说给我三天时间，抓不到义端，再来受死不迟。辛弃疾断定义端是想叛逃到金兵军营，以机密和军印邀赏。于是一路顺着金营方向紧追，果然追上了义端。义端十分诧异，只得求饶说，我知道你前世是青兕（犀牛），力大能杀人，希望你别杀我。辛弃疾二话不说，手起刀落，斩下义端的首级，拿回了军印。

随着金世宗上位，对义军采取"在山者为盗贼，下山者为良民"的攻心瓦解策略，各地抗金义军人心涣散，纷纷解甲归田。辛弃疾随即向耿京献策，与其坐以待毙，不如率部投奔南宋。耿京欣然接受，遂委派辛弃疾等 11 人作为代表，到南宋与朝廷接洽。

辛弃疾等人到了建康（今江苏南京），受到宋高宗赵构的接见，并接受了朝廷的任命。当他们往回赶路，想把好消息带给耿京时，半路却传来了噩耗：他们的主帅耿京，被裨将张安国杀害了！张安国害主求荣，投降了金人。

23 岁的辛弃疾惊闻事变，迅速制定应对措施。史载，他与众人说，我受主帅耿京之托归附南宋朝廷，谁知发生事变，这下如何复命？于是，约统制王世隆及忠义人马全福等"径趋金营"，去捉拿张安国。

如今，辛弃疾的成名壮举，仅剩下零星的历史记载，我们很难还原当时的具体部署。仅知道，辛弃疾等人以 50 人的规模，潜入有 5 万之众的金兵大营。当时张安国正与金兵将领畅饮，辛弃疾突然出现在酒席前，将张安国绑起来，像拎着一只兔子，拎上马背，然后飞奔出营。同行的骑兵在外接应，一同绝尘而去。辛弃疾束马衔枚，昼夜不停，直到渡过淮河，把张安国送至建康，交给南宋朝廷正法。这次有胆有谋的壮举，让 23 岁的辛弃疾一夜天下知。他的好友洪迈形容说："壮声英概，儒士为之兴起，圣天子一见三叹息。"意思是，天下的懦夫都跃跃欲试，想学辛弃疾的英雄行径，连皇帝见了辛弃疾本人，都赞赏不已。

但谁知道呢，人的命运悲喜相依，英雄更是顺逆境难料！

3

英雄的命运，总是被历史的进程裹挟。岳飞死于宋金和议，辛弃疾同样埋没于宋金和议。

平心而论，辛弃疾南归之时，是受到朝廷重视的。宋孝宗刚继位，血气方刚，起用老将张浚发动北伐，志在收复中原。作为一介毫无功名的"归正人"，辛弃疾因为生擒张安国的爆炸性新闻，获得了宋孝宗的亲自接见。皇帝听他纵论南北形势。但是召见之后，宋孝宗给了他一个司农寺主簿的职位，主管粮食。这跟辛弃疾意欲带兵抗金的期待，相去甚远。史书给出的理由是，辛弃疾"持论劲直，不为迎合"。大概是说话太直，不善迎合上意，宋孝宗觉得没意思吧。

此时，张浚北伐失利，朝廷中"北伐误国"论盛行。宋孝宗彻底被裹挟了，不仅下了罪己诏，罢黜张浚，还起用妥协派，遣使与金朝议和。这就是历史上著名的"隆兴和议"。隆兴和议，维系了宋金两国40年的和平，换来了南宋高度的物质与文化繁荣。但这背后，是辛弃疾、陆游、陈亮等主战人士热血煮沸，又渐渐变冷，苦苦煎熬，处处颠簸的40年。

有理想的人是痛苦的。理想与现实格格不入的人，苦上加苦。理想与现实格格不入，而又不改初衷的人，或许只有辛弃疾明白个中滋味了。

在宋孝宗召见之后，不久的元宵夜，郁闷的辛弃疾写下了一首词：

东风夜放花千树。更吹落、星如雨。宝马雕车香满路。凤箫声动，玉壶光转，一夜鱼龙舞。

蛾儿雪柳黄金缕。笑语盈盈暗香去。众里寻他千百度。蓦然回首，那人却在，灯火阑珊处。

——辛弃疾《青玉案·元夕》

这么热闹、美好的场景，佳人独自躲在灯火阑珊的地方。美人不见知，如同英雄无用武之地。老实说，只有在深入了解辛弃疾的人生经历之后，才能读懂这首词：一片明丽的色彩背后，藏着一个怎样孤独的灵魂！

在辛弃疾的大好年华里，整个南宋，主和是主流，主战是非主流。难怪他只能在词里感慨，"知我者，二三子"，难怪他要骑马去追陈亮，实在是知音太少啊。

最难得的是，辛弃疾不是一般的愤青或嘴炮，他实实在在是公认的帅才。同时人，要么说他"青史英豪可雄跨"（陆游语），要么说他是"卓荦奇才"（朱熹语），连皇帝都说他是"文武备足之材"。在后辈刘宰心中，辛弃疾更是"卷怀盖世之气，如圯下子房；剂量济时之策，若隆中诸葛"。意思是，辛弃疾之才，堪比张良和诸葛亮。友人洪迈也曾无比惋惜地感慨，如果有机会，辛弃疾完全可以建立三国周瑜、东晋谢安那样的勋业。

可惜，一代英雄，终其一生，等不到被重用的机会。

辛弃疾曾越级向皇帝上呈《美芹十论》，数年后，又向宰相虞允文上呈《九议》。在这两篇雄才大略的主战政论中，他提出了许多远见卓识的战略，以及具体可行的战术。比如，他主张南宋应虚张声势，大力宣扬重夺关中、洛阳和汴京的重要性，诱导金人重兵防守，实际上则将主攻方向定在兵力薄弱的山东。这些建议，让人眼前一亮，说明辛弃疾是深谙谋略的军事家。但他的奏议如石沉大海。

和平是这个时代的主旋律，主战就是破坏社会安定。辛弃疾纵有大才，也只是被派去镇压内乱，几回小试牛刀，仅此而已。

作为"北归人"，他在南宋生活了40多年。其间，有20余年的为官经历，都是在地方之间频繁流转，调动达30多次；另外的近20年时间，则被闲置，在江西上饶铅山乡下赋闲隐居。国家有难时，任用几天，朝廷有谤言，随即弃置。这就是辛弃疾的人生常态。

岳飞是悲剧英雄，相比之下，辛弃疾更悲剧。岳飞好歹曾经叱咤战场，满腔热血，化作金戈铁马，而辛弃疾空有一身命世之才，却生不逢时，只能铁马金戈入梦来。

时代，注定了辛弃疾只能是悲剧英雄中的悲剧。

4

曾经，入敌军大营如入无人之境；如今，在和平的大后方却处处碰壁。英雄末路，孤独悲凉。

历史上有一些英雄，在无奈的现实处境中，日渐消磨了斗志，颓废感伤。他们心中有火，却慢慢熄灭了。

辛弃疾是一个顽强的异类。无论处境如何不堪，他都能以坚定的意志力，抵制负面情绪的侵蚀。有人说，南归后的辛弃疾虽未能重上战场，但他依然在战斗，只不过那是一场内心之战，是意志与情绪的交战。无法报国杀敌，仍显英雄本色。

我们现在更多的是从文学的角度认识辛弃疾，他留下的经典词作数不胜数，是宋词豪放派的一代宗师，与苏轼平分秋色。但苏轼写豪放词，倾注的是意境，而辛弃疾倾注的是心境。苏轼写英雄，是在写历史，辛弃疾写英雄，是在写现实，写人生。

英雄狂放时，他写：

叹少年胸襟，忒煞英雄。把黄英红萼，甚物堪同。除非腰佩黄金印，座中拥、红粉娇容。此时方称情怀，尽拚一饮千钟。

——辛弃疾《金菊对芙蓉·重阳》

英雄失意了，他写：

把吴钩看了，栏杆拍遍，无人会，登临意……倩何人唤取，红巾翠袖，揾英雄泪？

——辛弃疾《水龙吟·登建康赏心亭》

英雄老了，他写：

倦客新丰，貂裘敝、征尘满目。弹短铗、青蛇三尺，浩歌谁续。不念英雄江左老，用之可以尊中国。

——辛弃疾《满江红·倦客新丰》

正如辛弃疾的门生范开所言："公（指辛弃疾）一世之豪，以气节自负，以功业自许。方将敛藏其用以事清旷，果何意于歌词哉？直陶写之具耳。"意思是，杀敌才应该是辛弃疾的主业，写词只是他的副业，是英雄感怆时消解忧愁的工具。

学者葛晓音有段话评价辛弃疾的词作，说得很好："辛弃疾个人的英雄气质、战斗精神渗透到了词的创作中。他传奇般的人生经历丰富了词的题材，并直接反映到词创作里，故辛词充满了金石之音、阳刚之气，而这也正是辛词被称为'英雄之词'的重要原因。"

明明是国之大侠，偏偏成了"词中之龙"。

唉，怎么说呢，这是中国文学史的大幸，却是辛弃疾个人的大不幸。

真的，中国文学史上，除了辛弃疾，还真找不出第二人能写他那样的"英雄之词"。你想，他连送别词——传统最感伤、最寄寓离愁别恨的情境，都能写得雄迈万丈。

送别张坚去做知府，他写：

汉中开汉业，问此地、是耶非。想剑指三秦，君王得意，一战东归。追亡事、今不见，但山川满目泪沾衣。落日胡尘未断，西风塞马空肥。

——辛弃疾《木兰花慢·席上送张仲固帅兴元》

送别堂弟，他写：

将军百战身名裂，向河梁、回头万里，故人长绝。易水萧萧西风冷，满座衣冠似雪。正壮士、悲歌未彻。啼鸟还知如许恨，料不啼清泪长啼血。谁共我，醉明月。

——辛弃疾《贺新郎·别茂嘉十二弟》

送别陈亮，他写：

神州毕竟，几番离合？汗血盐车无人顾，千里空收骏骨。正目断关河路绝。我最怜君中宵舞，道男儿到死心如铁。看试手，补天裂。

——辛弃疾《贺新郎·同父见和再用韵答之》

辛弃疾很推崇陶渊明，但他对陶渊明的理解，相当独特。他说："看渊明，风流酷似，卧龙诸葛。"在他眼里，隐居乡间的陶渊明跟建功立业的诸葛亮，是一样的风流人物，只是人生境遇不同罢了。这怎么看都是常年赋闲乡下的辛弃疾的自况。借他人境遇，浇心中块垒。

从 1181 年冬天，他 42 岁时遭到弹劾罢官起，直到去世的 20 多年时间里，除了偶有两三年被起用为福建、浙东等地的安抚使之外，其余时间，他基本都在江西上饶带湖边的家中栖居。他把这个后半生的家，命名为"稼轩"。

拿起他的词集，翻看这一时期的作品，扑面而来都是这样的意境：愁——酒——剑——白发。

他的词浓缩了他的悲痛、愤懑与愁苦，像这些词句："欲上高楼去避愁，愁还随我上高楼。""而今识尽愁滋味，欲说还休，欲说还休，却道天凉好个秋。"

他为此极度嗜酒，几乎无日不饮酒。醉酒成为他的日常，寄寓他的心绪："身世酒杯中，万事皆空。古来三五个英雄。雨打风吹何处是，汉殿秦宫。""总把平生入醉乡，大都三万六千场。今古悠悠多少事，莫思量。"

醉里，他可以望见那个曾经书剑合璧、文武双全的年轻人，似乎并未远去，借此保持内心的热血与激情。所以他的词里有剑胆琴心："举头西北浮云，倚天万里须长剑。""唤起一天明月，照我满怀冰雪，浩荡百川流。鲸饮未吞海，剑气已横秋。"

只有在酒精消退后，偶然瞥见镜中人的白发，才恍然惊觉，英雄已老。像他自己所写的词句："镜中已觉星星误，人不负春春自负。梦回人远许多愁，只在梨花风雨处。""说剑论诗余事，醉舞狂歌欲倒，老子颇堪哀。白发宁有种，一一醒时栽。"

看到没，辛弃疾的诗词意境，每一句，都对应着一个老英雄没有出路的人生：现实（愁）——致幻剂（酒）——往事 / 梦境（剑）——现实（白发）。

唯一的安慰是，辛弃疾有很强的幽默感，不然早就被政治的苦水淹没了。这也是他内心强大的表现。

昨夜松边醉倒，问松我醉何如。只疑松动要来扶。以手推松曰去。

——辛弃疾《西江月·遣兴》

杯汝来前，老子今朝，点检形骸。甚长年抱渴，咽如焦釜，于今喜睡，气似奔雷。汝说刘伶，古今达者，醉后何妨死便埋。浑如此，叹汝于知己，真少恩哉。

——辛弃疾《沁园春·将止酒、戒酒杯使勿近》

白发空垂三千丈，一笑人间万事。问何物、能令公喜？我见青山多妩媚，料青山见我应如是……不恨古人吾不见，恨古人、不见吾狂耳。知我者，二三子。

——辛弃疾《贺新郎·甚矣吾衰矣》

5

时代呼唤英雄，英雄早已老去。南归整整 40 年后，辛弃疾终于等到了上前线的机会。此时，南宋的实权派人物韩侂胄，大量起用主战派人士，试图发起对金国的北伐。

这是 1203 年，韩侂胄征召 64 岁的辛弃疾出山，出任浙东安抚使。辛弃疾并未因年老而推辞，而是慨然赴任，愿以英雄暮年报效家国。

尽管年纪大了，尽管蛰伏半生，但辛弃疾仍是整个国家最清醒、最冷静的主战派。他未被周遭叫嚣北伐的氛围冲昏头脑，而是上疏建言，北伐应进行精密的筹备，从士兵的训练、粮草的供应，到军官的选拔，都要力求完善，不能草率，否则将功亏一篑。

他的冷静与韩侂胄的草率，形成了鲜明的对比。

开禧元年（1205），66 岁的辛弃疾出任镇江知府，戍守江防要塞京口。在抗金前线，他积极备战，定制军服，招募壮丁，训练士兵，一刻都不敢懈怠。在此期间，他登上北固亭，写下著名的《永遇乐·京口北固亭怀古》：

千古江山，英雄无觅孙仲谋处。舞榭歌台，风流总被雨打风吹去。斜阳草树，寻常巷陌，人道寄奴曾住。想当年，金戈铁马，气吞万里如虎。

元嘉草草，封狼居胥，赢得仓皇北顾。四十三年，望中犹记，烽火扬州路。可堪回首，佛狸祠下，一片神鸦社鼓。凭谁问：廉颇老矣，尚能饭否？

在这首词中，辛弃疾流露出深深的纠结：一方面，他以廉颇自喻，说自己虽老矣，仍有建功立业的雄心壮志；但另一方面，他对韩侂胄轻敌冒进的做法相当不满，提醒千万别像南朝刘宋刘义隆的北伐一样，草率出兵，以致遭遇重创。

任何年代，无论主战主和，整个国家从不缺邀功自赏的人，缺的是清醒自守之人。虽然主战派难得占据上风，但他们的草率冒进、沽名钓誉，置国家利益于个人功名之下的做法，在辛弃疾看来，可能比主和派的一味苟安还要可恶。

权欲膨胀的韩侂胄，显然听不进辛弃疾的劝告。于是，在主战派当权的岁月里，辛弃疾仍然遭到了弹劾。开禧北伐如期进行，辛弃疾却已辞官在家。战争的结果恰如辛弃疾所料，南宋因为军事准备严重不足，先胜后败。

为了制造大战声势，韩侂胄想再把辛弃疾请出来，作为抗金的一面旗帜。这次授予辛弃疾的职务是枢密院都承旨，一个相当重要的军事职位。

当皇帝的任命诏书到达江西乡下时，辛弃疾已经病重。

他没有赴任。

他知道，自己只是当权者需要扛出来的一个符号而已。

开禧三年（1207），68 岁的辛弃疾病逝。临终之际，他还在大喊杀贼！

同年，权相韩侂胄在朝中遭暗害而死，开禧北伐彻底失败。

可怜辛弃疾，一代英雄至死，他的故乡，仍在金人统治下，仍是沦陷区。收复中原，魂牵梦萦，无期更无望。他越是不曾认命，生命的悲剧色彩就越浓烈。凡人无力，我们能报以同情；但英雄无力，我们又当如何看待呢？一个最需要英雄的时代，偏偏也是扼杀英雄最残酷的时代。历史何时才能走出这个死结呢？

怅望千秋一洒泪，萧条异代不同时。一叹！

结局揭晓：最笨的那个人，最牛

1

明代的苏州，有四户人家。这四户人家后来在历史上出名，都因为家里的小孩。四个小孩，自小是这样的——

甲：5 岁能写大字，读书过目成诵，9 岁能作诗，被称为"神童"。

乙：性极聪颖，才锋无前，16 岁参加秀才考试，中了第一名。

丙：2 岁还不会说话，不会走路，6 岁仍站立不稳，8 岁尚口齿不清。

丁：天性聪颖，少长文理，家里连一本藏书都没有，却自幼无所不通。

很明显，这是三个神童和一个笨小孩的故事。

若干年后。

甲：书法一绝，人称"明朝狂草第一人"。

乙：乡试（省考）第一名，随后卷入科场案，从此游荡江湖，成了一代名画家。

丙：一生 9 次参加乡试，均落榜而归，苦熬终成一代宗师，诗、文、书、画俱佳，人称"四绝全才"。

丁：26 岁中进士，因貌丑不得入翰林，33 岁病逝，诗写得极好，被誉为"吴中诗冠"。

时间终究抹平了童年的差距。四人皆各有所成，青史留名。出人意料的是，自小最笨的那一个，成就最大。

甲：祝枝山（1461—1527）。

乙：唐伯虎（1470—1524）。

丙：文徵明（1470—1559）。

丁：徐祯卿（1479—1511）。

他们正是传说中的"江南四大才子"。按正史的叫法，是"吴中四才子"。

1511 年，"四大才子"中最年轻的徐祯卿，最早离开人世。到了 1524 年，唐伯虎在悲苦中死去。1527 年，祝枝山在不服中离世。只剩下文徵明，开窍最晚的那个人，孤独地多活了三分之一个世纪。

到 90 岁那年，文徵明安然离世时，"江南四大才子"的时代才彻底落幕。而当时许多人家中两三代人都听着文徵明的名声长大，一直以为他是作古已久的历史人物，没想到他活了那么久。

俗话说，熬得住出众，熬不住出局。

时间对每个人，都是公平的。

2

人生有些交集很诡异。

文徵明与唐伯虎同年出生，两人从 16 岁结交为友，友情保持了一辈子。不过，两人性情迥异：唐伯虎风流旷达，才气逼人；文徵明老实本分，为人严肃。

野史记载，有一次，"江南四大才子"在苏州城外的一条船上饮酒聚会，唐伯虎事先为文徵明安排了一个苏州名妓伺候。然而，名妓的突然出场让文徵明六神无主，谎称有事，就要告辞。名妓笑盈盈上前牵住文徵明的衣袖，文徵明赶紧拢起衣襟，作势要跳湖：别逼我，我真跳了。唐伯虎觉得无趣，先送文徵明上了岸。

那个时代的风气，文人雅士总是和青楼雅事撕扯在一起，大家都习以为常，不仅不排斥，反而以风流韵事来抬升才子的身价。只有文徵明是个例外。大家都觉得他笨得可以。

他确实够笨。

1498 年，文徵明和唐伯虎一起到南京参加乡试。

两年前，文徵明已经单独来考过一次，名落孙山了，自我安慰说，江南天才极多，失败也算正常。

唐伯虎则是第一次赴考，此前就是听了老大哥祝枝山的话，稍稍复习了一下子。

结果，放榜的时候，唐伯虎的名字闪闪发光，高中解元。文徵明拨开人群，凑到榜单前，找了两遍，还是没有找到自己的名字。

被挫败感击中的文徵明，再也无法淡定。当晚，落寞地写了一首《客夜》，感叹说："功名无据频占梦，风土难便苦忆归。"

归去，也无风雨也无晴，只有父亲文林一如既往地看好文徵明，给宝贝儿子灌鸡汤。当年，文徵明2岁不会说话，6岁站立不稳，8岁口齿不清，文林一直抚慰家人："这个孩子，面貌清奇，骨骼不俗，将来不会痴傻一生的，他的福气别人比不上。"

这次，文林照样宽慰儿子说，伯虎虽然有才，高中解元，但他为人轻浮，做事不稳，恐怕人生的路会越走越窄呀；而我的孩子，你将来的成就，绝对不是伯虎所能及的。相信老爸一次。

3

仅仅一年后，1499年，两人的命运再次翻转。

春风得意的唐伯虎，进京参加会试，谁料被人举报与富家子弟徐经买通考官、科场舞弊。不待发榜，人已入了监狱。

这事最终因无证据，成了莫须有的指控，但牵涉其中的唐伯虎，后半生命运已被改写。

同年，预言唐伯虎人生不顺的文林，因病死在温州知府任上。文林看不到儿子文徵明一生所取得的成就，但在自己的身后事上，他若能感知儿子的处理方式，一定会含笑九泉的。

按照官场惯例，死在任上的官员，地方会负责丧葬费用，当地官绅也会送来赙仪，加起来达数千两银子。这笔合情合理的收入，对于缓解父亲一生清廉造成的家境窘迫，以及顺利办理丧事，均十分必要。但是，文徵明断然谢绝了这笔收入。他专门写了一封答谢书，解释说，我父亲在贵地做知府，从未贪过公家一分钱，他走得堂堂正正，今天我若收下大家的贡献，就是辜负了父亲一生为官的清白。利用死去的父亲之名，为自己谋利，我不忍为。就算自己再没出息，我也不会让父亲在名声上蒙受污点……温州人见到文徵明如此坚持，觉得他很愚笨，但又很佩服。最终大家用这笔钱在当地修了座亭子，叫"却金亭"，以表彰这对父子。

1500年，唐伯虎出狱还乡，整个江南为之哗然。文人士大夫认为，唐伯虎丢尽了江南举子的脸面，恨不得直接将其开除原籍。唐伯虎的妻子也跟他闹离婚，分家产。走投无路的唐伯虎给文徵明写信，吐槽说，人一倒霉，连家里的老狗都看他不顺眼，一顿狂吠。他告诉文徵明，他想去远游，唯一放心不下的是自己的弟弟，想把弟弟托付给文徵明。

文徵明虽然日子过得紧巴巴的，但二话没说，立马应承下来，并多次写信劝唐伯虎不要自暴自弃。

唐伯虎十分感动，回信说："我心惟君知。"

4

1514年，宁王朱宸濠派人到苏州广招人才。唐伯虎应聘，去了南昌。文徵明劝他别去，唐伯虎不听。

来人也请文徵明一起去，说宁王尊重人才，求贤若渴，待遇极其好。

文徵明再次发挥他那股"傻劲儿"，不管别人怎么吹嘘，他就是态度坚定，称病不往。他写了一首《病中遣怀》，表明心迹：

> 潦倒儒冠二十年，业缘仍在利名间。
>
> 敢言冀北无良马，深愧淮南赋小山。
>
> 病起秋风吹白发，雨深黄叶暗松关。
>
> 不妨穷巷频回辙，消受炉香一味闲。

意思是，他宁愿淡泊自守，决不趋炎附势。

而唐伯虎到了南昌宁王府，每日写诗作画，待遇确实优渥。

不到半年，宁王不时暴露出造反的倾向，唐伯虎这才觉察出自己进了贼窝。他想走，又走不了。于是，装疯卖傻，日日纵酒，做些违规逾矩之事，正史的记载叫"佯狂使酒，露其丑秽"。这牺牲也蛮大的，把下半身都暴露出来了。连宁王都受不了，最终把他打发走了。

数年后，宁王果然起兵谋反，被王阳明一举擒获。唐伯虎逃过一劫。

事后，人们评价文徵明，说他有远见。

经历了风风雨雨之后，唐伯虎也自愧不如，郑重地给文徵明写下一封信，说他愿意拜文徵明为师。唐伯虎在信中称赞文徵明，说他对待有身份地位的人，对待声色犬马之事，看似淡泊无心，其实很有自己的立场，而且意志坚定，从不动摇。唐伯虎说，虽然自己在诗画创作方面，可以和你一比高下，但在学问品行方面，我简直无地自容。我虽比你早出生 10 多个月，但愿意拜你为老师。

文徵明对唐伯虎拜师的举动，态度如何，没有史料留下来。但我们可以推测，以他的性格，一定是坚辞不受。

命运，最终将这对多年老友彻底分开。

1524 年，唐伯虎悲苦离世之时，文徵明已离开苏州，在京任职，无法参加唐伯虎的葬礼。

余生，只能在记忆中祭奠这段深厚的友情。

5

文徵明出任的职务是翰林院待诏。

这一年，他已经 54 岁。

这个职务是翰林院里最低的事务官，从九品。即便如此，文徵明获任此职，还是工部尚书李充嗣爱慕其才，特别举荐的结果。

按照正常的通道，文徵明不可能进入翰林院供职。他从 20 多岁参加科举，考到 50 多岁，一共考了 9 次，每次都铩羽而归。

中国的传统文人，都有追求功名的情结，历经坎坷得到后，方才意识到官场并非自己的理想所在，随之幻灭，超然物外。

"江南四大才子"中，徐祯卿科举最顺，26 岁就中进士，但竟因貌丑而进不了翰林院，郁闷不已。

祝枝山的科举之路跟文徵明一样坎坷，但比文徵明好一些，考了 5 次才中举人，又考了 7 次仍与进士无缘。后来到广东做了个知县，等到人家要给他升官，他说自己不善于做官，辞职不干了。

唐伯虎在科举路上遭遇牢狱之灾，余生悲哀，不过即便他顺利考中进士，步入仕途，以他的个性，肯定也会甩手走人的。

文徵明在翰林院待到新鲜期一过，就萌生了辞职南归之意。

同僚中一些人欺负他没有学历，当众发难说："我衙门中不是画院，乃容画匠处此耶？"视文徵明为画匠，故意贬低他，让他难堪。这样的龌龊事，加上官场中许多无意义的争论，让原本不善钻营和交际的文徵明十分苦恼，急欲摆脱。

他不停地辞职，但吏部始终不放人。

在干了3年半后，他终于得到批准退休还乡。离开京城那天，他写了一首诗，兴奋地宣告自己又可以在青山绿水间过闲适的生活了：

独骑羸马出枫宸，回首长安万斛尘。

白发岂堪供世事？青山自古有闲人。

回首这段短暂的为官生涯，他自己说是"小试闲官便乞身，素衣曾不染缁尘"。这说明他的内心，从未融入官场。

当文徵明决然还乡之时，祝枝山已经去世。

至此，"江南四大才子"仅余文徵明一人。而文徵明一生所能赢得的名声和成就，才姗姗到来。

6

从帝都归来的文徵明，自此绝意仕途，力避与权贵交往，全身心致力于诗文书画达30余年。

时人说他的诗文书画，无一不精，堪称"四绝全才"。

文林当年预见的儿子的人生画卷，此时终于徐徐展开：文徵明晚年名满天下，声望极高，是苏州乃至整个江南文坛的盟主。

苏州文氏家族，也因为文徵明这样一位文化巨人的出现，而成功跻身世家大族。

然而，尽管他已是彪炳千秋的一代宗师，大家最感念的，依然是他的人品。

晚明江南，商品经济发达，物欲横流，纸醉金迷。文人卖文、卖画，甚至卖科举指南，都能赚得盆满钵满。但文徵明一生坚守清贫，做出了迥异于时代的举动。

在他晚年，声名如日中天，向他求取诗文书画的王公贵族络绎不绝。有明朝藩王直接给他送去古董宝玩，他看都不看，原封退回。他始终坚持自定的底线：不给藩王、权贵、外国使者写字作画。但要是有邻里亲友求画，无论带来多不值钱的土特产，他一概来者不拒，欣然磨墨运笔。

有学者统计，文徵明替人写字作画所收受的礼物，基本都是普通的食品、日用品和文化用品。这些"收入"仅能作为他的家庭日常开支的补充。实际上，他常年生活在温饱线上下，有时候不得已，还要向富有的朋友借米度日。

有个御史听闻文徵明借米的事，有意接济他，就把他请到家中畅谈。临走，御史说："听说你生活贫寒……"不等说完，文徵明打断："我并不贫寒。"御史很诧异，指着他一身褴褛的衣服说："不贫寒为什么还穿这么破的衣服？"文徵明淡定地回答："这是因为下雨，才穿破衣服出门。"自始至终，御史都开不了口提借钱给文徵明的事。

明明可以靠才艺致富，他却不愿多取一分一毫。

由于文徵明的书画太有名了，他在世时，市场上已经出现了大量的赝品伪作。按时人王世贞的说法，市场上文徵明的真迹只占五分之一。

有朋友当场揪住文徵明书画的作伪者，告到文徵明那里。文徵明把作伪者的作品拿过来一看，然后说，此人的才艺不在我之下，只是没人知道，我不过比他名气大一点而已。全然不放在心上，也不予以追究。这名作伪者后来甚至拿着伪作，要文徵明帮忙签名盖章。文徵明欣然应允。

别人冒他的名，他也从不打假。有人拿着书画上门求鉴定，他一概说是真迹。他的弟子们很不解，问他为什么要这样做。文徵明解释说，凡是有能力收购字画的，必然是家里有余财的富贵人家，而出卖字画的，一定是因为家境困难，急需用钱。如果因为我一句话而导致双方无法成交，卖字画的人家不是更要陷入困境了吗？

在他看来，拥有一副菩萨心肠，比起维护自己的名声重要得多。难怪清人朱彝尊无限感慨地说，文徵明"人品第一，书画诗次之"。

7

文徵明的一生，没有唐伯虎的诗酒风流，大喜大悲，没有祝枝山的愤世嫉俗，恣意张扬，也没有徐祯卿的年少轻狂，诗才逼人。

他不像"江南四大才子"中的其他人，全然没有天才属性，仅靠着自己的勤奋、专注、模仿，以及上天眷顾的长寿，虽然走得慢些，最后却取得了最大的成就。

他少时读书，字写得太丑，被老师列为三等。一气之下，每天坚持练习写《千字文》，一天写10遍，一段时间后，书法大进，让大家刮目相看。

他的苦守和坚毅，非一般人所能做到。直到80多岁时，他还能写出一手工工整整的蝇头小楷。

终其一生，他把小楷写到了登峰造极的境界，被称为"明朝第一"。

他的画，师从吴门画派创始人沈周，并青出于蓝而胜于蓝。在沈周去世后，撑起整个画派达四五十年。他培养的艺术才俊，影响波及明清两代。

他的诗，写得极有韵味，像他的个性一样平静淡然，却又余韵悠长。比如这首《对酒》，写出了他归隐后的心态：

> 晚得酒中趣，三杯时畅然。
>
> 难忘是花下，何物胜樽前。
>
> 世事有千变，人生无百年。
>
> 还应骑马客，输我北窗眠。

清人沈德潜编选明诗，四才子中，仅收录了徐祯卿和文徵明的诗。

我们可以通过文徵明的头衔，来厘定他的历史地位：诗文方面，他与唐伯虎、祝枝山、徐祯卿并称"吴中四才子"；书法方面，他与祝枝山、王宠并称"三大家"；绘画方面，他与唐伯虎、沈周、仇英并称"明四家"……

晚明文坛领袖王世贞，后来给文徵明写传记，特别感慨道："吴中人于诗述徐祯卿，书述祝允明，画则唐寅伯虎。彼自以专技精诣哉，则皆文先生友也，而皆用前死，故不能当文先生。人不可以无年，信乎！"意思是，"江南四大才子"中，诗、书、画各有专攻，唯有文徵明样样精通，为什么？因为其他三人都没有文徵明活得长，所以他们都成不了文徵明。这就是命。

牛津大学艺术史教授柯律格说，16—18世纪的300年间，文徵明在中国的影响力，相当于欧洲文艺复兴时期的米开朗琪罗。

史载，1559年，文徵明90岁，在替别人写完一篇墓志铭后，把笔搁在一边，端坐着，静静结束了他的一生。

世间再无文徵明。

被低估的将臣

从山西农民到大唐战神：30岁，一切皆有可能

30岁的你，过得好吗？很多年近而立却事业无成的青年，曾经在迷茫困惑中度日。作家刘慈欣在《三体》英文版后记里写道："每个时代都给生活于此的人戴上了无形的枷锁，我唯一能做的就是戴着镣铐起舞。"

然而，现实的桎梏，是可以打破的。

公元7世纪，将星闪耀大唐，有一位将军，白袍血染辽东，三箭威震天山，他前半生寂寂无名，后半生彪炳史册。那一年，30岁的薛仁贵躬耕于河东。如果那时的他为半辈子一事无成而自怨自艾、甘于平庸，大唐将会少一位名将，而天下不过是多了一个碌碌无为的山野村夫。

1

贞观十八年（644），唐太宗李世民任命大将张亮、李勣率领水陆十万大军出征高句丽。隋炀帝曾经三征高句丽，最终失败，留下惨痛教训。在平定东突厥后，唐太宗也将目光投向了高句丽，为此昭告天下：

"辽东本中国之地，隋氏四出师而不能得，朕今东征，欲为中国报子弟之仇，高丽雪君父之耻耳。且方隅大定，惟此未平，故及朕之未老，用士大夫余力以取之。"

老将张士贵为了辽东战事在河东道的绛州（在今山西）招兵，30岁的山西农民薛仁贵却正在为先人坟墓迁葬而犯愁。薛仁贵出生于隋大业末年，也就是各方起义军起兵瓜分隋朝家产的年代，亦是唐朝开国时期。薛仁贵本名薛礼，以字显名于世，取个时髦一点儿的名字，或许也可以叫"薛建国"。

薛仁贵的父亲在隋朝当过小官，可是小薛不走运，由于父亲在隋末动乱中英年早逝，家道中落，只能以种田为业。孝顺的薛仁贵，时常为其父未能归葬故土感到遗憾。

30 岁的年纪，各种家庭琐事接踵而至，最怕身边人不解。薛仁贵的妻子柳氏见丈夫为这一小事苦恼时，却没有无端责备，而是语重心长地说："夫有高世之材，要须遇时乃发。今天子自征辽东，求猛将，此难得之时，君盍图功名以自显，富贵还乡，葬未晚。"柳氏见识深远，为郁郁不得志的丈夫指了一条明路。她认为，薛仁贵应该抓住时机，当今皇帝出征高句丽，正需要人才，夫君为什么不去取功名？等到衣锦还乡，再改葬先人也不迟。

薛仁贵出身河东薛氏，这一家族习武之风颇盛，隋朝末年出过薛世雄、薛万彻等名将。薛仁贵的六世祖还是南北朝猛将薛安都。薛安都当年随宋军参加元嘉北伐，曾只身着一件两当衫，摘下头盔，单骑闯入万马军中，怒目横矛冲杀四次，北魏军无人能挡。薛仁贵少时贫贱，在耕田之余并没有遗忘祖辈习文练武的祖训，为日后扬名战场做好了充足准备。

民间传说薛仁贵乃白虎星转世，曾经吃下"九牛二虎"，才有万夫不当之勇。这个故事在神化薛仁贵的同时，忽视了其为理想付出的努力。机会，始终留给有准备的人。

薛仁贵听其贤内助之言，弃农从军，携带兵器、马匹投入张士贵帐下，得到这位伯乐赏识，奔向辽东前线。薛仁贵参加的是唐初府兵制之外的"兵募"。唐前期府兵难以满足大规模征伐行动的需求，朝廷会在地方临时征发兵员作为补充。他将会成为此次唐军招募兵员中最重要的一员。

值得一提的是，这位张士贵本来是李世民的老部下，镇守边疆功勋卓著，还擅长赋诗咏歌，可说是个偶像派的名将。他在评书、小说中被歪曲成嫉贤妒能的奸邪小人，处处打压薛仁贵，着实有些冤枉。如此改编只是为了衬托薛仁贵的正面形象，让戏更好看，后来在杨家将故事中被小说家丑化的宋代名将潘美与他有着相似的命运，也是被迫背了黑锅。

2

贞观十九年（645），李世民亲赴高句丽战场。辽东前线如火如荼，薛仁贵正在战争中崭露头角。

一日，张士贵所部在安地与高句丽大军相遇，唐军郎将刘君邛被敌军围困，情况危急，无人敢救。千钧一发之际，只有"新兵蛋子"薛仁贵单枪匹马赶到，大喝一声，跃马向前，将高句丽将领斩于马下，并将其首级系于马鞍上。史载，"贼皆慑伏，由是知名"。薛仁贵的征途取得了梦幻般的开局。

有时候，一个人的成功，就只需要鼓起勇气重新做一次选择，薛仁贵正是如此。薛仁贵的表演还不止于此，他不仅有真才实学，还懂得自我包装。

古语云，"将军不敢骑白马，盖惧其易识也"。这是说为将者不能太标新立异，要低调一些，不然在行军打仗时会被对方当成靶子。

一块金子，总会自己发光。薛仁贵在战场上特意穿了一身霸气的白色战袍。白袍小将的形象在文艺作品中特别帅气，极具浪漫主义，在真实环境下却是奇装异服，危险万分。薛仁贵身边的战友可能要吓出一身冷汗。

在之后的安市城包围战中，面对高句丽从平壤派出的十几万大军，身穿白袍的薛仁贵果然成功引起了交战双方注意，这其中还有一个大人物——唐太宗李世民。此战，薛仁贵一马当先，手持长戟，腰挎双弓，左冲右突，宛如天神下凡。薛仁贵所到之处，高句丽将士望风披靡，唐军看到敌军溃退，也紧跟薛仁贵身后，在高句丽军中撕开一条裂缝。史书记载，"大军乘之，高丽兵大溃，斩首二万余级"。

李世民身经百战，什么大场面没见过，看到这一幕也不禁惊呆了，赶紧问众将："先锋白衣者为谁？"将士们回报，此人乃薛仁贵。

大战一结束，李世民立刻召见并厚赏薛仁贵，提拔为将。回师途中，李世民对薛仁贵说："朕旧将并老，不堪受阃外之寄，每欲抽擢骁雄，莫如卿者。朕不喜得辽东，喜得卿也。"俗话说，三军易得，一将难求。当年跟着李世民打天下的旧将都老了，正感慨岁月无情，人才凋零，如今竟然杀出一个白袍小将，拿下辽东之地都不如得一薛仁贵可喜啊！

薛仁贵成名于辽东，最终也为结束隋朝以来的辽东战事助了一臂之力。乾封元年（666），高句丽发生内乱，唐高宗再次出兵，打算一鼓作气消灭高句丽。当初由李世民钦点的"菜鸟"薛仁贵，这时已经成长为独当一面的猛将。

薛仁贵身先士卒，率军攻占南苏、木底、苍岩、扶余等城，或"斩首五万余级，拔三城"，或"遇贼辄破，杀万余人"。薛仁贵的军队，堪称唐军头号大规模杀伤性武器。两年后，薛仁贵与李勣在平壤城胜利会师，高句丽至此灭亡，几代帝王平定辽东的梦想终于在高宗一朝实现。时人惊呼："昔高丽盛时，士三十万，抗唐为敌，可谓雄强。唐兵一临，扫地尽矣！"

唐朝在当地设置州县，并于平壤设安东都护府，其第一任都护正是薛仁贵。他在任期间抚恤孤老，惩治盗贼，擢拔贤良，政绩出色，可谓文武双全。相传薛仁贵还精通《周易》，著有《周易新注本义》。

唐高宗李治曾问大臣们，辽东诸将孰贤？大臣们点评诸将战功，并说："薛仁贵勇冠三军，威名远震。"在时人看来，薛仁贵就一个字"勇"，一个大写的猛人。

3

好员工更需要好老板，猛将只有在战争年代才更有价值，已过而立之年的李治正好是一个有着强烈扩张欲望的皇帝。很多人想起唐高宗，都会纳闷李世民怎么选了一个懦弱的儿子当接班人。李治要是知道了，心里不知得多委屈，就因为他老爸和老婆太强势，自己反倒成了背景板。

唐高宗与薛仁贵缘分匪浅，甚至有过命的交情。当年小将薛仁贵在辽东战场得到唐太宗赏识后，受命值守玄武门。唐高宗刚即位时，有一次到万年宫避暑，突遇山洪暴发，眼看就要直冲宫殿。薛仁贵察觉到危机，不顾个人安危，爬到城楼的横木上大声呼喊，叫皇帝到高处避难。唐高宗听到后赶紧撤离寝宫，前脚刚走，附近就被山洪吞没。之后，唐高宗对薛仁贵说："多亏卿呼喊，朕才避免被淹没。朕这才知道有忠臣啊！"

唐高宗在位期间，大唐雄师威震四方，平辽东，征突厥，灭铁勒，战吐蕃，且杀伐决断，一点儿都不拖泥带水。唐军大破百济，杀溺死者万余人；灭高句丽，斩首十几万；平定九姓铁勒，坑杀战俘十余万……这是鲜血与征服的时代，对薛仁贵而言，也是最好的时代。

唐高宗龙朔元年（661），天山下，朔风猎猎，旌旗蔽空，薛仁贵立于阵前，目光如炬，手中长戟静寂地闪着寒光。在参与征讨西突厥、契丹与奚族的战争后，战功赫赫的他率领唐朝大军奔向天山一带，讨伐九姓铁勒。

此战之前还有一段插曲，当时薛仁贵已年近半百，唐高宗担心老干部太过劳累，特意在宫宴上请薛仁贵表演射箭，说："古之善射者，能射穿七层甲，卿且射五重。"言外之意是，老薛你要觉得不行就先别上前线了。

往事历历在目，薛仁贵却听到老领导如此不相信自己，二话不说，张弓搭箭，毫不费力地将前方五层坚甲瞬间射穿。唐高宗见薛仁贵一如当年勇猛，大为惊喜，取来上好的盔甲赠予他，并派其前往平定九姓铁勒。

两军相遇于天山脚下，九姓铁勒拥众10余万，欲凭借地利与大唐军队一争高下，还派数十骑骁勇冲到阵前叫嚣。几十个小将在面前耀武扬威，薛仁贵拿起弓箭，连发三箭，弓如霹雳弦惊。刹那间，三名铁勒小将应弦而倒，刚才还在呐喊助威的铁勒大军，如同被扼住命运的咽喉，只剩下死亡般的寂静，之后纷纷下马请降。薛仁贵恐留下后患，下令将降卒坑杀。九姓铁勒自此衰弱，不复为边患。

军中将士唱道："将军三箭定天山，战士长歌入汉关。"这就是"三箭定天山"的典故。

薛仁贵的难得之处，不只是骁勇善战，更在于他清楚自己的位置。一个武将追求的是战功和荣耀，正如当初投身行伍不过是为了富贵还乡。薛仁贵在辽东战场上动辄斩首几万，又在此战中坑杀铁勒降卒10余万，纳铁勒美女为妾，只因他能够直视自己的欲望，从不沽名钓誉，更不愿身陷政治游戏。从神到人，这样的薛仁贵更为真实，也更为明智。

与其同样威震边关的名将苏定方，就因为卷入政治斗争而被抹杀功绩。苏定方戎马一生，征突厥，平百济，可其人生最辉煌的10年在史书中却只剩下只言片语。史官都只能无奈地感慨一句"盖阙如也"。

苏定方病逝前线时，唐高宗起初都不知晓，等到从别处得知时才为之扼腕叹息，责备众臣道："苏定方对国家有功，理应褒奖封赠，卿等不说，这是为何？"

于庚哲教授认为，苏定方是在有意无意中卷入了朝中的派系斗争，尤其与武后一派的许敬宗关系密切。苏定方去世后，反对武后的朝中大臣自然很淡定地把消息压下来，后来编纂史书时也特意大量删除苏定方的事迹，以至于这位传奇英雄长期被湮没在历史之中，名声甚至远不如薛仁贵。

4

薛仁贵不去搅和政治，不代表政治不会玩弄他。薛仁贵一生最大的一次战败，就是拜政治所赐。

唐高宗在位时，唐朝与吐蕃关系微妙。唐太宗去世一年后，吐蕃赞普松赞干布也撒手人寰，随着文成公主入藏而结成的亲戚关系，转眼间就被战火取代。吐蕃权臣噶尔·东赞是一个狂热的鹰派，他掌权后，辅佐幼主推行对外扩张政策。西域狼烟四起，其中以吐蕃与唐朝争夺吐谷浑的战争最为激烈。

咸亨元年（670），吐蕃咄咄逼人，攻陷西域十八州，唐高宗决定出兵救援吐谷浑，以薛仁贵为逻娑道行军大总管，率军10万征讨吐蕃。逻娑，即拉萨，可见唐高宗这次军事行动，是以彻底平定吐蕃为最终目标的。学者王小甫评价道："以逻娑为出师之名，或许有胜利后直捣黄龙之意。"

朝廷却给薛仁贵塞了一个不靠谱的副将郭待封。这个郭待封，此前曾经担任李勣的副将，还是开国名将郭孝恪之子，典型的"官二代"，才能平平，只是靠着他老爹和一帮开国功臣的关系混资历。他轻视贫民出身的薛仁贵，甚至自我感觉良好，认为这次作战就该自己担任总司令，一路上任性妄为，"耻在仁贵之下，多违节度"。

唐军一开始进展顺利，在大非川（在今青海中部）分兵后，薛仁贵率领的前锋部队一路奔袭，多有杀掠，获得牛、羊万余头，但薛仁贵久经沙场，知道唐军在高原环境下作战疲惫不堪。他原定计划是郭待封率领的辎重部队在大非岭（今鄂拉山口）设栅固守，自己在前方疾进，互相照应。

薛仁贵将战术布置得井井有条，还特意嘱咐郭待封："乌海险远，车行艰涩，若引辎重，将失事机，破贼即回，又烦转运。彼多瘴气，无宜久留。大非岭上足堪置栅，可留二万人作两栅，辎重等并留栅内，吾等轻锐倍道，掩其未整，即扑灭之矣。"

郭待封这个愣头青就是看不起薛仁贵，偏要带兵领辎重继续前进，结果吐蕃20万大军来袭，唐军大败，粮草军械损失殆尽，薛仁贵只好撤退。此战败后，唐朝就此失去了吐谷浑的管辖权，西域顿失屏障。

大非川之战，是薛仁贵一生最惨痛的失败，他甚至因此一度被降为庶人，之后又流放象州（在今广西）。他感慨道："邓艾所以死于蜀，吾知所以败也。"一代名将，到头来还是败给了自己人。

5

30岁那年，薛仁贵在人生的岔道口做出选择，改变了自己的命运，转眼间已是花甲之年。唐高宗的身体也一日不如一日，他更加思念这位骁悍壮勇的战将，决定再次起用薛仁贵镇守边疆。

疾病缠身的唐高宗特意召见薛仁贵，念起旧来："当年宫中遭遇洪水，若非卿救驾，朕就成鱼儿了。卿又为大唐北伐九姓、东击高句丽，漠北、辽东如今遵从朝廷的声威教化，都有卿的功劳。卿虽有过错，朕岂可相忘？"这是君臣二人最后一次见面。

开耀元年（681），老将薛仁贵受命镇守瓜州（今甘肃酒泉），踏上人生最后一段征程。

一日，突厥人寇边，进入薛仁贵管辖区域。突厥人对着唐军大声喝道："唐将为谁？"

唐军为首的将领冷冷道："薛仁贵。"这个名字，在过去的30多年间，曾经踏过万里边关，威震四方，令无数人闻风丧胆。此一人，足以代表千千万万大唐雄师。

突厥人还半信半疑地问道："吾闻薛将军流象州死矣，安得复生？"

薛仁贵摘下头盔，露出饱经沧桑的面容，往日豪情丝毫未减。突厥人一见，大惊失色，有的下马跪拜，有的仓皇逃窜。薛仁贵握紧手中戟，弯弓如满月，率军向突厥军发起进攻，这是最后一次冲锋，也是史诗般的谢幕。此战，唐军大获全胜，斩首万余级，获驼马牛羊3万余头。

这一年，年逾古稀的薛仁贵病逝于大唐边疆。这位纯粹的军人，以最纯粹的方式在军中安然离世。

他的前半生，只是一个默默无闻的村夫，可从30岁那年起，他就牢牢抓住了自己命运的方向。

生在大唐，与大唐风雨同行，共沐荣耀。

生在大唐，就为大唐而战。

正当而立之年，人生，不过才刚刚开始。

彭玉麟：不要钱，不要官，不要命

1

1861 年，45 岁的彭玉麟语气轻松地做出了一个重要决定。

当时，他正率领湘军水师在武汉与太平军作战。一道升官谕旨急速送到前线，皇帝要他出任安徽巡抚。这是天大的好事，无数官僚苦熬一生，均远未抵达这个位置。要知道，整个晚清 70 年，封疆大吏（含总督、巡抚）才 370 多人。更不易的是，彭玉麟仅读过县学，没有科举功名。以如此低微的"学历"获任一省之长，按老辈人的说法，叫祖坟冒青烟了。

但彭玉麟竟然毫不心动。人家还来不及跟他道贺，他却决定要辞官。曾国藩劝他不要辞，劝他为家族着想，为君王着想。彭玉麟根本不听，连连摆手：干不了，谢谢。

他真的上疏辞官，一次不行，再辞一次。根本不像官场惯例所做的那样，客套一下，做做样子，显示谦虚的美德，然后就可以美滋滋地赴任了。

他极其认真地陈述了自己辞官的理由。主要有三点：一，自己只读了县学就从军打仗，不懂刑名（法律）与钱谷（经济），缺乏做巡抚的文才，唯恐误国误民；二，从军以来，一直率水师作战，这是自己的长处，当此国家用兵之际，舍水师而做巡抚，将是国家的损失；三，自己的性格比较生硬偏激，不懂圆融变通，出任巡抚恐怕无法做到精深稳健。

两道辞官的奏折递上去后，清廷深受感动，认为彭玉麟所奏确实"真实不欺"。不过，人才难得，清廷并不想轻易"放过"他，于是给曾国藩寄了道谕旨，说彭玉麟随同你作战这么多年，你对他最了解，你说说他到底能不能胜任安徽巡抚一职。

明眼人都看得出，这表面上是询问，实际上是要曾国藩再做彭玉麟的思想工作。

但任凭曾国藩费尽口舌,彭玉麟就是油盐不进。最后曾国藩也没办法,只能以水师离不开彭玉麟为由,上奏替他辞官。

彭玉麟自己则"趁热打铁",又上疏辞了一次。

这样,彭玉麟三辞,曾国藩替他一辞,总共辞官四次,清廷这才允准,暂时断了要他做封疆大吏的念想。

2

辞去安徽巡抚,仅是彭玉麟在王朝层面"辞官生涯"的开端。

终其一生,他都在辞官。

关于他辞官的次数,历来说法不一。历史学者李志茗经过统计认为,彭玉麟实际辞官8次,请求开缺回籍9次,请求开除差使职务6次,一共达23次。

我们知道,彭玉麟辞官的起点就是巡抚,这相当于现在的官员放着省长不干,接下来辞官的品级绝对不可能低于省部级。

一起来看看他主要辞过哪些官职吧。

1864年,辞任漕运总督。

当年,湘军打败太平军,清廷对湘军将领论功行赏,封官加爵。彭玉麟的水师与曾国荃的陆军,并称湘军的左膀右臂,居功甚伟。彭玉麟因此获任漕运总督,一个大肥缺。别人看着眼红,他却闭着眼睛就把官辞了。清廷不同意,催促他赴任。他急了,索性上疏要求把自己那个兵部侍郎的虚衔也免掉,说自己当年投军是为国效命,现在太平军已灭,是时候解甲归田了,如果还想着好官我自为之,那就是贪位恋权。朝廷没办法,只好准许他回籍休养,而后仍然负责巡视长江水师。

1881年,辞任两江总督兼南洋通商大臣。

当年,两江总督刘坤一被召入京,朝廷第一个想到的顶替人选就是彭玉麟。两江总督在清朝封疆大吏中的地位之显赫,仅次于直隶总督。彭玉麟深知朝廷对自己的看重,但他依然心静如水,上奏推辞。理由写了很多,包括说自己是一介武夫,不善理财、不善洋务等。辞了两次,最后说自己"愿以寒士始,愿以寒士终"。朝廷拗不过这个倔强的官场另类,准了,改由左宗棠充任。左宗棠毫不客气,走马上任。

1883年,辞任兵部尚书。

这一年,彭玉麟已经67岁了。朝廷面对这样一位功勋卓著而又无欲无求的宿将，总觉得对他不住，他所任的职务全是虚职，实在是委屈了。就算要退休，火箭提拔一下，好歹留个退休待遇，怎么也不为过。于是朝廷又主动给年迈的彭玉麟授官，提拔他为兵部尚书。但彭玉麟还是不领情，仍像前几次一样上疏力辞，强调自己年事已高，希望能够辞官返乡养老。

就在此时，清朝南疆传来战事消息，彭玉麟突然态度完全转变，说不辞了，兵部尚书给我吧。

原来，中法战争爆发了，老将又要上场了。

3

战事紧急，朝廷本来命李鸿章率军赴广东督战，但李鸿章不愿意去，连上几道奏折拒绝赴任，还跟人抱怨说，朝廷竟然要他"白头戍边"，甚为寒心。清廷无奈，改派他暂驻上海，统筹全局。

外人挑衅，而偌大的王朝竟无人可用吗？朝廷最后还是想到了彭玉麟，要他以兵部尚书的身份前往广东督战，并要求他迅速启程。

彭玉麟一边在辞官，一边接到赴粤督师的任命，他当即动身，毫不推辞："今广东防务吃紧，时事艰难，朝廷宵旰忧勤。臣一息尚存，断不敢因病推诿，遵即力疾遄征，以身报国，毕臣素志。"

比彭玉麟年轻了六七岁的李鸿章，不愿"白头戍边"，而彭玉麟一听边疆危急，奉诏即行，以身报国，全然不顾自己年老一身病。王朝末世，那个时代最一流的人才，每一个都干得很不容易。只是，做决定的时候，有的人考虑自己多一些，有的人考虑国家多一些。

彭玉麟的决定，让王朝有良知的官员均深受感动。

以前，他屡辞高官的时候，官场中人难免飞短流长，什么样的风评都有：有的说他自命清高，沽名钓誉，因而弹劾他辞官不到任是"抗诏"，是自居功臣，骄矜狂妄；有的说他自保意识很强，看似憨直，实则情商颇高，时刻懂得急流勇退，保命要紧；有的说他以退为进，是想捞取更大的政治资本，他越辞官，朝廷就越信任他，越给他更高的官职，你看他得逞了吧……

官场之中，人与人最大的差距是什么？最大的差距是，有的人一生追着官位跑，有的人一生被官位追着跑。而这两种人的数量并不对等，前者多如牛毛，后者凤毛麟角。彭玉麟生性不喜追逐名利与官位，这样的思想境界，放在任何时代都是高山流水，曲高和寡。真正懂他的人，太少太少。大家更热衷以己之心度人之腹，只是，乌鸦永远见不得白鸟。即便是同时代第一流的人物，也未必能达到彭玉麟的思想高度。张之洞就曾批评彭玉麟辞官的做法，说他"孤行己意，坚不任职"，"有识之士，不无遗议"。

直到彭玉麟勇任中法战争前线钦差大臣，朝廷官员们才相信，这名特立独行的老将，真的是以身许国，无惧无畏，真的是烈士暮年，壮心未已，真的是如他所标悬的那样——不要钱，不要官，不要命。

张之洞也改变了对彭玉麟的看法，从批评到赞赏，从赞赏到敬服。听到彭玉麟奔赴广东，张之洞说，"加官不拜，久骑湖上之驴；奉诏即行，誓鬻海中之鳄"，彭玉麟不愧是这样一个矍铄的老头。

很快，清廷任命张之洞为两广总督。张之洞二话不说，走马上任，与彭玉麟共事一方。

后世史家公认，中法战争中，中国在战场上不落下风，尤其是老将冯子材取得镇南关大捷，离不开彭玉麟与张之洞二人同仇敌忾，和衷共济，竭力抗战。

战争结束后，彭玉麟要离开广东，张之洞十分不舍，提出要拜彭玉麟为师。彭玉麟大为震惊，连忙回绝。尽管这段师生关系终未成立，但晚辈张之洞对彭玉麟人品与能力的景仰，可见一斑。

4

彭玉麟一生经历的两大战争，于他而言，均取得胜利。但这一次，他却心情沉郁，难掩痛苦。

中法战争的结局，以清廷接受和议的屈辱方式收场，后来被评论为"中国不败而败，法国不胜而胜"。彭玉麟无法接受这一胜负颠倒的战果，时任帝师翁同龢在日记中说："彭（玉麟）电请勿撤兵，先向法索兵费一千万。"清廷不听，和议完成。

本已年老体衰的彭玉麟，经此刺激，身体几乎垮掉了。

他又开始上疏辞官。

但清廷始终不让他辞去一个虚职，那就是巡阅长江五省水师差使。彭玉麟是长江水师的创建者之一，也愿与水师相终始，遂表示"谨遵上谕，照旧巡阅长江……断不敢借病推诿"。他被认为是清朝海军的奠基人，每年都要巡视水师，哪怕抱病，亦不例外。

最后一次出巡，当他抵达安庆时，安徽巡抚陈彝前往迎接。陈彝看到彭玉麟步履蹒跚，老病缠身，请他务必到城里休息。彭玉麟拒绝了，像以前率领水师训练一样，他坚持与将士一道住在船上。陈彝特别难过，他上奏朝廷，说彭玉麟确实病得厉害，希望朝廷准许其回乡养病。朝廷这才批准了。

在残烛之年，彭玉麟终于回到老家衡阳，回到他最后的归宿——那座四周种满梅花的退省庵。

回首往事，在他37岁那年，他经不住曾国藩的一再邀约，出山加入湘军水师，独率一营。在太平军的炮火如雨中，他独立船头，只说一句："今日，我死日也。吾不令将士独死，亦不令怯者独生。"遂一战成名。日后成长为湘军水师的标志性人物、中国近代海军的奠基人，全凭当年"不要命"。

在他出山后第二年，因为率水师攻陷太平军要地，朝廷奖励他4000两白银。他转手就全部用于救济家乡，在给叔父的信中，他说："想家乡多苦百姓、苦亲戚，正好将此银子行些方便，亦一乐也。"他要求叔父从中拿出一些银两办所学堂，期望为家乡"造就几个人才"。

他不曾为子孙留钱，说"钱愈多则患愈大"，如果留钱给了不肖子孙，狂嫖滥赌，挥霍无度，反而害了他们一生。他儿子装修三间老屋，不过是土墙瓦屋，费银无多，他知道后，写信把儿子大骂一通。他一生崇俭，不要钱，不愧是晚清政坛的一股清流。加上一生都在辞官，他被称为"三不要"的官场另类：不要钱，不要官，不要命。

人无欲则刚。他曾一语骂尽追名逐利的士大夫群体，说："天下之乱，不徒在盗贼之未平，而在士大夫之进无礼，退无义。"他曾觉察出曾国荃为人不正，建议曾国藩"大义灭亲"，曾国荃为此对他忌恨不已，曾国藩却只能劝弟弟要反躬自省。

回首往事，这名硬汉俯仰无愧，无愧家国，无愧时代，无愧天下。

5

难得的是，在时代的腥风血雨中，这名猛将亦有铁血柔情时。

人们说他"百战归来，一心画梅"，大半生只要有闲暇，就静下来画梅花图，配上梅花诗，据说画了上万幅。所画之梅，亦入化境，被称为"兵家梅花"。

而他最爱的梅花，或许深藏着他一生的愧憾。

据史学家考证，彭玉麟的外婆有个养女，仅比彭玉麟大几岁，两人从小一起长大，感情极深。彭玉麟叫她"梅姑"。因为辈分问题，两人未能结合。后来，彭玉麟听说舅舅去世后，外婆和梅姑在安徽孤苦无依，遂派人把她们接到衡阳一起生活。不久，彭玉麟母亲做主，把梅姑嫁了出去。4年后，梅姑死于难产。彭玉麟听闻噩耗，伤心欲绝，开始画梅写诗，以作纪念：

> 自从一别衡阳后，无限相思寄雪香。
>
> 羌笛年年吹塞上，滞人旧梦到潇湘。

他曾用过一枚印章，自称"古今第一痴人"，对这段感情的创伤与痴绝，表露无遗。他在诗画中无数次表达同一个意思，说"一腔心事托梅花"，说"一生知己是梅花"。他屡屡把梅花当作相依相伴的爱人，说"生平最薄封侯愿，愿与梅花过一生"。

在中国的文化传统中，梅是"四君子"之首，寄寓士人高尚的道德追求。画到后来，以梅怀人与以梅言志，在彭玉麟笔下已融为一体，难解难分：

> 英雄气概美人风，铁骨冰心有孰同。
>
> 守素耐寒知己少，一生惟与雪交融。

1890年，光绪十六年。彭玉麟病逝于衡阳退省庵——四周种满梅花的住所，享年74岁，谥号"刚直"。

他死后，上自缙绅高官，下至贩夫走卒，都难掩涕泣："彭公逝矣！"

他的去世，被史学家称为"大清帝国最后一抹斜阳的消逝"。

两年来，我写过许多历史人物，尤其是那些个时代的悲情英雄，每一个我都能勉力去写完他，算是迟到的致敬。但这次写彭玉麟，写到这里，仍觉得不应该结束，只是心中有话怎么都写不出来。

以我一个俗世的读史者，真的不配评论彭玉麟。

烈士肝肠名士胆，杀人手段活人心。

——曾国藩评彭玉麟

曾国藩识彭玉麟于微时，他看人确实看得准，看到了彭的一生刚直与半世多情，救世担当与隐世情怀。

于要官、要钱、要命中，斩断葛藤，千年试问几人比；从文正、文襄、文忠后，开先壁垒，三老相逢一笑云。

——黄体芳挽彭玉麟

黄体芳是晚清"翰林四谏"之一，这副挽联让人读后无限怅惘：彭玉麟之死，标志着"同治中兴四大名臣"全部告别历史舞台。彭玉麟将与此前先行一步的曾国藩（文正）、左宗棠（文襄）、胡林翼（文忠），相聚于另一个世界。

咸丰、同治以来诸勋臣中，始终餍服人心，无贤不肖交口称之而无毫发遗憾者，公一人而已。

——俞樾评彭玉麟

俞樾是晚清的大学问家，他对彭玉麟的评价最高，说彭是同时代中最完美的人。

不要钱，不要官，不要命，是公生平得力语，万古气节功名，都从此出；癖于诗，癖于画，癖于游，他日苍茫堕泪处，绝好湖山亭榭，更待谁来。

——陈宝箴挽彭玉麟

陈宝箴这副挽联，是我最喜欢的，寥寥数十字，写出了我心目中那个彭玉麟。谨以一瓣心香，致敬彭刚直公！

张之洞：清朝最后一位名臣

1911 年，武昌起义后，一群革命元勋谈笑风生，聊起对反清革命事业作出突出贡献的人物。大家不约而同地想起两年前的一个"死人"，说冥冥之中得到他的庇护。

有人回忆说，起义当晚，新军毫无胜算，差点就黄了。危急时刻，打开了一个军械库，发现里面的武器应有尽有：步枪、山炮、快炮……顿时士气大振，携枪带炮，连夜狂轰湖广总督署，把总督瑞澂吓跑了。革命，成功了。

此前，职业革命家孙中山搞了 10 次起义，通通失败。谁都没想到一次计划外的起义，却给旧时代画上了句号。这是什么道理？

革命元勋们复盘这次起义，觉得并没有什么道理可讲。如果一定要讲出胜利的必然性，那只是因为：这里是武汉，是前任湖广总督张之洞苦心经营了十几年的地方！冥冥之中，张之洞给起义者留下了丰厚的"遗产"——财库里大量的现钱、军库里大量的器械、中国近代规模最大的军工企业，以及一支高素质、高觉悟的新军队伍。这些，成为革命成功的资本。

张之洞，晚清最后一位名臣，在他死后两年，却充当了清王朝的"掘墓人"。人生最吊诡的事，莫过于此。

1

张之洞的仕途分野以 44 岁为界。这一年，他升任山西巡抚，从京城的清流言官，一下子成为封疆大吏。

44 岁以前，他是大清最著名的嘴炮之一，"怼"天"怼"地，"怼"卖国贼，"怼"贪官污吏。

同治、光绪年间，政坛以品性不同分为"清流""浊流"两派。清流是一群翰林和御史，标榜气节，喜参劾贪劣官员，对外多主战。缺点是不谙形势，放言高论，不切实际。张之洞是其中一员健将，与张佩纶号称"青牛角"（清流谐音"青牛"），专门顶人。浊流则是一些颇具才干、喜学洋务的官员，对外常主和。缺点是这些人大多为官贪诈。李鸿章、袁世凯是学洋务最有成绩的两位，因此常常成为清流攻击的目标。

作为一名清流，张之洞这一时期的得意之作是狂批崇厚卖国。

1878 年，清政府派崇厚出使沙俄，负责谈判要回被沙俄霸占的伊犁地区。崇厚这家伙没有外交常识，对新疆的边境形势也一窍不通。结果，伊犁是要回来了，中国却付出了更大的代价——不仅要割让伊犁周围的大片领土，还要赔给俄国人 500 万卢布。消息传出，举国哗然，都骂崇厚丧权辱国。只有李鸿章还在袒护崇厚，认为应该承认既定事实，不要把沙俄惹火了，不然后果很严重。

张之洞早就看不惯李鸿章一味妥协的外交政策，这下一定要"怼"死这帮卖国贼不可。他发挥了死磕精神，在一年多时间里，死死揪住这件事，前后上疏 20 余次，反复强调三点中心思想：一，请求诛杀崇厚，不杀无以谢天下；二，主张进入战备状态，随时与俄国人开战；三，骂李鸿章泄泄沓沓，无所作为，丢不丢脸？

他有一段话说得极为在理："西洋挠我权政，东洋思启封疆，今俄人又故挑衅端，若更忍之让之，从此各国相逼而来，至于忍无可忍，让无可让，又将奈何？"

事件最终以崇厚被投入监狱，曾纪泽重新出使沙俄谈判，挽回部分权益而告终。但离张之洞想要的结果，还是差得太远。

2

在当时，人们认为张之洞是理想主义者，李鸿章是实用主义者。两人时常隔空挥拳，却分不出胜负。

但是，自 1881 年外放成为山西巡抚开始，张之洞逐渐跳出清流派，而向洋务派靠拢。

看到张之洞的转变，李鸿章很得意，曾说了一段话，暗讽张之洞："天下事为之而后难，行之而后知。从前有许多言官，遇事弹纠，放言高论，盛名鼎鼎；后来放了外任，负到实在事责，从前芒角，立时收敛，一言不敢妄发；迨至升任封疆，则痛恨言官更甚于人。尝有极力攻讦我之人，而俯首下心，向我求教者。"意思是，以前打嘴炮很厉害、攻击我最猛烈的那个人，坐到封疆大吏的位子上，才知道干实事是最难的，现在这个人向我求教，虚心得像个小学生。

李鸿章以洋务前辈自居，以为自己吃定了张之洞。事实却并非如此。

1884年，张之洞出任两广总督。任内的作为，奠定了他一生事业的根基。

其间，中法大战。张之洞极力主战，全然不像李鸿章那样畏首畏尾。他派使者携带急信和5万两饷银，去请老将冯子材出山。而李鸿章却强烈反对起用冯子材，说他年老力衰，不堪大用。结果，冯子材不负众望，取得镇南关—谅山大捷。

主和派这时想见好就收。李鸿章责令张之洞停战撤兵，"倘有违误，致生他变，唯该督是问"。这使张之洞很恼火，但又拿他没办法。自己的洋务实力远不如李鸿章，因而无力左右朝局。张之洞暗下决心，一定要大办洋务，迎头赶上。

此时，清流派日渐凋零。曾与张之洞齐名的张佩纶，打嘴炮可以，实干却不行，在中法战争中以福建水师的覆灭祭奠了他的名声。

只有张之洞，完成了从清流健将向洋务后起之秀的转型。

3

张之洞憋着一口气，要与李鸿章一争高低。你李鸿章办洋务办得好，但办成了投降派；我张之洞办洋务，不仅要办得比你好，还要守住主战者的底线。张之洞的内心，大概就铆着这股劲儿。

他的口号是"洋务为今日要政"，并雄心勃勃地在广东筹建起枪炮厂、炼铁厂、纺织厂等大型洋务企业。机器都订好了，不料却接到调令，要他转任湖广总督。

接替张之洞任两广总督的是李瀚章——李鸿章的大哥。有意思的是，李瀚章跟他弟弟全然不同，他讨厌新事物，怕费钱费事，于是，张之洞只好将工厂搬到湖北。

晚清封疆督抚大员有数百人，像张之洞这样肯做事、自讨苦吃的，真心不多。张之洞的伟大在于，无论身处清流还是洋务，都保留了一股死磕的劲头。

最终，他办成的事业都很大：汉阳铁厂是当时亚洲最大的钢铁厂，比日本的八幡制铁所整整早了7年；汉阳兵工厂（湖北枪炮厂）步枪产量占全国的45%，直到抗战时期"汉阳造"步枪还在发挥杀敌作用；历时7年，在武昌沿江一带布局布、纱、丝、麻四局，成为华中最大的纺织中心；武汉在他手上超越天津、广州、南京等，成为全国仅次于上海的近代大都市……毛泽东后来对张之洞有过一个评价，说"提起中国民族工业，重工业不能忘记张之洞"。

经过这番努力死磕，张之洞已有资本去呛李鸿章。

1903 年，他曾短暂调任两江总督，在此期间，他狠批江南制造局"费工多而出枪少"，对国家的武器装备大局没有什么帮助。众所周知，江南制造局是李鸿章办洋务的得意之作，而此时，张之洞凭借湖北枪炮厂的崛起，毫不客气地把李鸿章踩在了脚下。

李鸿章作为洋务前辈，自然也看张之洞不顺眼。

八国联军侵华之后，二人常因政见不合而互相谩骂。当时，李鸿章在北京主持和议，与东西洋十一国代表商议和约，张之洞总是提出不同意见。李鸿章于是对别人说："香涛（张之洞字）做官数十年，犹是书生之见也。"张之洞闻言，勃然反击："少荃（李鸿章字）议和两三次，乃以前辈自居乎？"这两句话，在晚清政坛流传一时。

不仅是对李鸿章，张之洞对曾国藩、左宗棠这些前辈，意念中也是铆着劲儿。

结果就是，晚清四大名臣中的这名晚辈，把自己练成了全能选手：在学问上媲美曾国藩，在洋务上堪比李鸿章，在爱国主战上不亚左宗棠。有意思的是，四大名臣中，曾、左、李均以枪杆子发迹，只有张之洞是以笔杆子发家。

4

1900 年后，直隶总督袁世凯、湖广总督张之洞、两广总督岑春煊权势最重，并称为"清末三大总督"，又并称"三屠"。

其中，袁以剿杀义和团，故称"屠民"；张以好大喜功、挥金如土，故称"屠财"；而岑则以喜参劾官吏，被称"屠官"。其他"二屠"先不说，但说张之洞"屠财"，实在是同时代人对他的诋毁。

办大事就要斥巨资，这是朝廷官员都心知肚明的道理。张之洞是个办大事的官员，《清史稿》说他"莅官所至，必有兴作，务宏大，不问费多寡"。在一个官员集体不作为的年代，做大事的人反会被扣上"好大喜功"的帽子，多花钱就会被诋毁为"挥金如土"，这就是所谓"屠财"的由来。

事实上，张之洞所办的事业，包括轻工业、重工业、教育、铁路，等等，每一样都要花费巨款，然而从中央得到的拨款却极其有限，基本都靠地方自筹。这让他很发愁，也逼他想出了许多法子。他在经济并不是很发达、税源不甚充裕的湖北苦心经营十几年，筹款之巨，堪称地方督抚中超一流的理财能手。

举个例子，他在湖北曾搞过彩票发售。因为营销策略得当，湖北的签捐大票发行了两期就超过江南义赈彩票，从此畅行南方各省，在清末彩票市场一枝独秀，前后发行10年，共117期，政府赢利最多时每年可获"七八十万金"。

晚清地方疆吏更调很频繁，张之洞在湖广总督任上却干了十几年，是什么原因呢？不是因为张之洞在两湖地区盘踞成了地方军阀，而是当时修芦汉铁路（即京汉铁路）费了太多年。路没修好，他不能走，因为大家都担心他一走，这条路十有八九就黄了。这么费心费力费钱的事，他人不愿为，也不能为，非张之洞不可。

都知道张之洞是直隶南皮人，但他出生在贵州兴义府。他父亲张锳是兴义知府，克己奉公，两袖清风。从小，父亲就这样教育他："贫，吾家风，汝等当力学。"张之洞牢牢地记住了父亲的这句话，记了一辈子。

26岁中探花之后，张之洞曾有近10年的时间在各省做学官。这是个好差事，曾国藩早年在京就曾眼巴巴瞅着外放学政的机会，可以光明正大地赚取灰色收入。张之洞不一样，他对这些按潜规则该得的银两全无兴趣。他做完四川学政，按例可得参费银2万两，但他辞而不受，搞得连行装路费都成问题，只好卖书筹钱。若拿他跟李鸿章相比，其个人操守更远在后者之上。

40岁生日时，张之洞还是一名京官，手头拮据，连做生日都是典当了妻子的陪嫁首饰，才有钱办酒席。50岁生日时，他已是呼风唤雨的两广总督，但生日当天，他关起门来，不接受人家贺寿。广州的士绅为表彰他兴学育才之功，写祝寿文，送爆竹，到了总督府，却尴尬地发现连门都进不去。

有时年关实在挺不过去，张之洞就派人典当家中衣服。当年，武昌一些大当铺都有一条规矩：凡是总督衙门拿皮箱来当，每口箱子给200两银子，无需开箱验看，只照箱数付给银两。开春后，张之洞手头松动一点，必会派人用银两赎回箱子。

张之洞的嫡孙女张厚粲说，家族以耿直清廉为训，"祖父老家在河北南皮，当时祖父主张兴修铁路，就是不同意把铁路修在老家。掌管铁路修建的官员纷纷把路线往自己老家'引'，而张公却偏偏避开自己的家乡，以明其廉"。

临终前，张之洞给子孙留下遗嘱说："为官40多年，勤奋做事，不谋私利，到死房不增一间、地不加一亩，可以无愧祖宗。望你们无忘国恩，勿坠家风，必明君子小人之辨，勿争财产，勿入下流。"

晚清在汉口传教的英国人杨格非曾写道："张之洞在中国官吏中是一个少有的人

才。他不爱财，在这个帝国中他本可以是个大富翁，但事实上他却是个穷人。财富进了他的衙门，都用在公共事业和公共福利上。"

5

到了清末，随着李鸿章、刘坤一、荣禄先后去世，张之洞与小他近两轮的晚辈袁世凯成为清朝唯二的扛把子。他俩的关系好坏，事关王朝走向。

1907 年 9 月，七十高龄的张之洞与袁世凯一道被朝廷正式任命为军机大臣。此次张之洞进入中央核心权力机关，是深谙平衡之术的慈禧想用他来制衡日渐坐大的袁世凯。袁世凯继承的是李鸿章的衣钵，其与张之洞的明争暗斗，尽人皆知。

不过，与张、李当年的互"怼"互掐相比，张、袁的矛盾与政见的关系倒不算大。两人的龃龉更像是前辈的傲慢导致了晚辈的不爽。按版面分，属于娱乐新闻，而不是时政新闻。

袁世凯初任直隶总督，曾南下汉口，拜会张之洞，并对张之洞的属下说："当今唯吾与南皮两人，差能担当大事。"在宴会上，张、袁交谈甚欢。宴后，屏退仆从，两人密谈两小时之久，后张之洞因精力不济，昏昏沉沉，倚着桌子竟要睡着了。袁世凯悄然退出，吩咐下人勿惊动香帅。

因为袁世凯是总督身份，按制度出入辕门必须鸣炮，张之洞这才被炮声惊醒，急忙追出去，追到袁世凯，两人各致歉意，约定后会有期。

次年，张之洞上京路过保定，回访袁世凯。结果，在宴席中间，张之洞又"故案重犯"，昏昏入眠，隐约还有鼾声。

可能是，张之洞因为起居无节，时常在公务活动中打瞌睡。也可能是，正规科举出身的他，打心底里瞧不起行伍出身的袁世凯。总之，两番见面之后，张、袁两人不仅没有增进好感，反而无端生出许多不快。

好在两人都是欲成大事之人，所以在政见一致时还能保持共同进退。最典型的是废科举。当时军机大臣三人，张之洞、袁世凯两人表示赞同，王文韶表示反对，两票对一票，把影响了中国 1000 多年的科举制度给废了。

慈禧死后，载沣为摄政王，决定为兄（光绪皇帝载湉）报仇，想诛杀袁世凯。张之洞硬着头皮，警告载沣说，袁世凯身负练兵重任，羽翼已丰，死党有力，京师在其掌控之中，倘若处置不慎，则社稷宗庙危矣。载沣接受了张之洞的意见，这才改变主意，仅让袁世凯回老家养病去了。可见，张之洞还成了袁世凯的救命恩人。

6

袁世凯开缺后，张之洞也未能展开拳脚。载沣在一系列重大问题上，与张之洞产生重大分歧，二人关系迅速恶化。

张之洞主张消解满汉矛盾，维护局势稳定。但载沣越来越偏重任用满族亲贵，在清除袁世凯势力时，乘机剥夺、削弱一些汉族官员的权力，同时任命自己24岁的弟弟载洵为筹办海军大臣、22岁的弟弟载涛管理军咨处事务。

作为大清的忠臣，张之洞预感到，载沣如此乱来，江山社稷难保。但与载沣力争无效，他郁狂气发，直到呕血。

在处理一桩铁路弊案时，张之洞认为载洵、载涛推荐的人选不妥，苦口婆心向载沣说此事"舆情不属，必激变乱"。谁料，载沣说："有兵在！"张之洞大出意外，对人感叹："不意闻此亡国之言！"随后，病情更加严重。

在立宪方面，张之洞感到，如不尽快开国会很可能会丧失民心，爆发革命，因此一直力主速开国会。这同样被载沣拒绝。

这一年，载沣25岁，张之洞逾70岁。可以看出，载沣未老而顽固不化，张之洞却越老越开明。

1909年10月4日，载沣去看望张之洞。载沣走后，陈宝琛进房打探摄政王刚才谈了什么，张之洞只是叹息："国运尽矣！"

就在这一天，张之洞溘然长逝，享年72岁。

张之洞死后两年，1911年10月10日，在他苦心经营了十几年的武汉，爆发了武昌起义，推翻了他生前效忠的清王朝。

他的门生张继煦解释辛亥革命为何在武汉取得成功，说："（武汉）有官钱局、铸币厂，控制全省之金融，则起事不虞军用之缺乏。有枪炮厂可供战事之源源供给。成立新军，多富于知识思想，能了解革命之旨趣。而领导革命者，又多素所培植之学生也。精神上、物质上皆比较彼时他省为优。以是之故，能成大功。虽为公（张之洞）所不及料，而事机凑巧，种豆得瓜。"辜鸿铭也说："民国成立，系孙中山与张香涛的合作。"孙中山则更直接，说张之洞是"不言革命的革命家"。

历史，最终跟这位清朝最后的名臣，开了一个意味悠长的玩笑。

悲情英雄

熊廷弼：一个中国式悲情英雄之死

大明天启五年（1625），八月的一天，56岁的囚徒熊廷弼，被押往刑场。

提牢主事张时雍看到熊廷弼的胸前挂着一个小布袋，问他：袋子里装着什么东西？

熊廷弼答：我的无罪申辩书。

张时雍又问：你没读过《李斯传》吗？里面怎么说的，"囚安得上书"（囚徒不能上书）！

熊廷弼驳斥他说：是你没读过《李斯传》。这句话是大奸臣赵高说的。

熊廷弼说完，将申辩书交给张时雍，请他转呈天启皇帝朱由校。

熊廷弼引颈就刑。

一代守辽名将，悲情收场。

朱由校没有替他平反。随后继位的崇祯皇帝朱由检，也没有替他平反。

大约100年后，明朝敌人的后代、早已坐稳了清朝江山的乾隆帝，读到熊廷弼的事迹，一针见血地指出："明之晓军事者，当以熊廷弼为巨擘。读其《陛辞》一疏，几欲落泪！而以此尽忠为国之人，首被刑典，彼其自坏长城，弃祖宗基业而不顾者，尚得谓之有人心、具天良者乎？"

明朝自坏长城，该死。

1

熊廷弼第一次被派往辽东，是万历三十六年（1608）。其任务是调查镇守辽东的老将李成梁。

那一年，熊廷弼40岁不到，李成梁82岁。

万历朝的边疆危机一度得到缓解，两员大将居功甚伟：东南戚继光，东北李成梁。李成梁前后镇守辽东近 30 年，拓疆千里，战绩卓著。清人写《明史》，评价他说："边帅武功之盛，（明）两百年来所未有。"

早在万历十九年（1591），李成梁已遭弹劾去职。到万历二十九年（1601），整整 10 年，没有李成梁的辽东，屡易总兵，都无所作为。朝廷没办法，只得返聘李成梁，老将再出马。重新出山 5 年后，出事了。辽东总兵李成梁与辽东巡抚赵楫，擅自弃地 800 里，将万历初年开拓的宽甸六堡（今属辽宁丹东）让给努尔哈赤。当地居民 6 万户被迫回迁内地，流离失所。

事情闹得动静很大，朝廷明令彻查。李成梁解释，弃地是一项奇谋，作为诱饵，诱降努尔哈赤。熊廷弼则认为，李成梁与赵楫之罪，"献地不止弃地""通虏不止啖虏"，根本就是献地私通女真人，罪可至死。

熊廷弼是科举出身，不是职业军人，但他性格刚烈耿直，具有大无畏精神。万历皇帝派他巡按辽东，调查李成梁，估计正是看中他这一点。

传说，熊廷弼巡行到金州，是年大旱。他到城隍庙祈祷，约定七日内要带来雨水，不然就毁掉其庙。随后他离开金州到了广宁，超出约定期限三天了，天仍不下雨，于是他派人持剑赶回金州毁庙。派去的人还没赶到，风雷大作，暴雨如注。他的大无畏精神，由此可见一斑。

随着调查的深入，熊廷弼发现了李成梁更多的问题。

李成梁是辽东本地人，以前作战神勇，全赖他的一帮家丁。这帮家丁与李成梁结成了利益共同体。早年，李氏集团为了自身发展，想要建功立业，与国家想要御虏靖边的意志一致。因此，虽然不时出现冒领战功、掩败为胜的事，但总体上，李氏集团破敌立功，战绩还是辉煌的。不过，朝廷第二次起用李成梁后，李氏集团的利益已经板结，无论对内对外，他们都宣称并由衷地认为，辽东一块土，没有李氏是镇不住的。这时的辽东，针插不进，水泼不进。整个官员系统都出自李氏门下，其他人一去，待不了几天就会被轰走。

万历皇帝选中熊廷弼进驻辽东巡视，目的很明显。明朝皇帝最怕的事，不是外族寇边，而是内部形成地方山头，尾大不掉。所以任命文官武将，一定要形成牵制，防止一人独大。当时，多少名将的悲剧，均是肇始于这种政治平衡术。

但熊廷弼忠心耿耿，似乎没有觉察到自己成了皇帝的枪手，更没有预料到李成梁的命运，将来会在自己身上重演。

他认真做事，详细调查，欲置李成梁于死地。在他眼里，李成梁的所作所为，根本不是为了国家边境安全，不是为了辽东的安定，而是为了个人及集团的私利。

老到的万历皇帝觉得可以收网了，于是下了一道诏书，称赞李成梁"镇辽年久有功"，应予以恤典。让李成梁体面地退休，逐渐让出了山头。

不让任何势力占据绝对优势，这是皇帝们深信不疑的领导艺术。

2

熊廷弼第二次被派往辽东，是万历四十七年（1619）。准确地说，是该年六月，萨尔浒之战后约3个月。其任务是作为辽东经略收拾残局。

他当年巡按辽东，3年时间，兴屯田，筑堡垒，严厉整军，从不姑息养奸，使辽东风纪为之大振。朝廷上的官员有目共睹，不管愿不愿意，都必须承认：熊廷弼不仅是摧毁地方山头的"枪手"，或许还是能够救时弊、挽颓局的大才。

但熊廷弼多少有些郁闷。此前，他在南直隶（今江苏南京）学台任上，主持科举考试，秉公录取，淘汰了一批不学无术却企图走关系的官绅要人子弟，而这些子弟大多是东林党后人。熊廷弼因此得罪了东林党，从此陷入无尽的党争之中。

这时候，因为打死了违规学生事件，熊廷弼遭到弹劾，停职审查。他返回江夏（今湖北武汉）老家，避见官府，不问政事，只是终日游山饮酒。表面优哉游哉，其实内心十分痛苦。国事不堪，正是用人时，而他却被"废置"居家。他在一首诗中抒发了满腹忧愁：

> 归来无事乐无休，手倦抛出卧小楼。
>
> 百啭鹍鹒惊午梦，数声燕语破春愁。

数年后，萨尔浒之战爆发。这次战败，是明朝与后金战争态势的一个标志性的转变。明军在辽东形势急转直下，由攻势变成了守势，由优势变成了劣势。如何收拾辽东残局成为一块烫手山芋，此时，蛰居老家多年的熊廷弼才被人想起来。

熊廷弼救国心切，带病每天昼夜兼驰200余里，奔赴辽东。当他抵达辽阳，展现在面前的是一副战败后的惨状：弱兵羸马，朽甲钝戈。检查军中武器，竟然发现

"刀不能刑鸡，棍不堪击犬"。更可悲的是，辽东民心涣散，"家家抱怨，在在思逃"。

面对困局，熊廷弼采取了持久的防御方针，招抚流民还乡生产，同时整肃军纪，处死了一批临阵逃脱和贪赃枉法的将领。他上疏弹劾罢免了李成梁的儿子、总兵李如桢，说他"徒知拼死，而不能灭贼"。有勇无谋，会坏了大局。

经过一年的整顿和治理，熊廷弼在辽沈要地构建起一条依托军堡、积极防御的战线。

万历四十八年（1620），努尔哈赤曾率重兵来攻，结果被明军打得狼狈而逃。熊廷弼守御的辽东，一时固若金汤。

然而，这一年，在明王朝的核心，一场前所未有的权力重组正在进行。

这年七月，万历皇帝死去，泰昌皇帝即位，仅仅一个月后，又死于红丸案。紧接着，天启皇帝朱由校上位。朝中党争激烈，你死我活，远在关外的熊廷弼未能幸免。

当初，熊廷弼接手辽东残局时，最怕的不是敌强，也不是兵弱，而是御史言官的牵制。现在，他的担忧终于成真。天启皇帝上位后，朝廷中主张速战的一拨人，看不惯熊廷弼的防御方针，指责为龟缩战略。他们要的是战争的结果，而不是为战争做准备。

杨涟，后来的"东林六君子"之一，上奏弹劾熊廷弼，说他镇守有功，但也难辞其咎："功在支撑辛苦，得二载之幸安；咎在积衰难振，怅万全之无策。"随后，大批奏疏告熊廷弼"无谋"和"欺君"。曾经被认为可堪大用的救时英雄，如今被说得一无是处。

熊廷弼自我辩解说，这些人啊，身居庙堂，只懂议论，却不谙军事。前年就极力怂恿辽东作战，等到战败，一个个闭口不敢再提战字。现在我才收拾好残局，这些人又急着催促开战。这些人啊，都是"矮人观场，有何真见"？

熊廷弼或许没想到，弹劾他的人，没有真见，却有利益。

说白了，是东林党人看见辽东局势好转，想扶自己人上去。

天启皇帝派了一个叫朱童蒙的人，赴辽东调查熊廷弼。朱童蒙与熊廷弼没有私交，但他调查后力挺熊廷弼，说："臣入辽时，士民垂泣而道，谓数十万生灵，皆廷弼一人所留，其罪何可轻议！"

有才干，力挽颓局，又有口碑，爱国爱民。这样的雄才大将，怎能轻易定他的罪呢？

但是没用，熊廷弼还是从辽东经略的位子上被撸了下来，郁闷还乡。

3

熊廷弼第三次被派往辽东，是天启元年（1621）。其任务仍然是收拾残局。

此前，他被弹劾下台后，袁应泰接替他出任辽东经略。袁应泰不懂军事，一意迎合朝廷中速战速决的叫嚣，盲目进攻后金。同时，为了标榜仁德，大肆收容关外饥民，让努尔哈赤的奸细轻松混了进来。

而努尔哈赤知道他向来畏惧的"熊蛮子"被调走了，也喜不自胜。

袁应泰上任仅三四个月后，辽沈之战开打，奸细们轻松打开了沈阳城门。被熊廷弼称为"神京左臂"的沈阳，很快沦陷。紧接着，辽东首府辽阳也被努尔哈赤攻占。明军一路向西，退守到了辽河以西。袁应泰见大势已去，举家自杀。

朝廷上下一片悲观、恐怖的氛围。

他们又想起熊廷弼了。

天启皇帝召其入京，亲自召见，并对他说，朕之前听信流言，错怪你了，现在后悔了，你回来吧。又对朝臣说，熊廷弼守辽一载，未有大失，换过袁应泰，一败涂地。为了表示对熊廷弼的信任，皇帝把先前攻讦熊廷弼的言官都罢免了。

上任后，熊廷弼继续坚持他原来的防御战略，以时间换取空间。但矛盾随之而来。

他在京师时，就向朝廷求兵、求饷，结果到出发时，仍无一着落。这让他的计划实施陷入被动，用他的话来说，"持空拳而与贼搏"，我没有这个本事，相信也没有哪一个大臣有这个本事。

明朝的财政困境此时暴露无遗。加上四川发生奢崇明叛乱，朝廷分身不暇。首辅叶向高正好趁此哭穷，说这些年来为了辽事不断加饷，民力早已困竭，再拖下去，内乱恐怕要比边事更棘手了。

与熊廷弼搭档出任辽东巡抚的王化贞，不仅积极主战，还向朝廷传递了一个信号：让我来，不给钱也能打胜仗。

好了伤疤忘了疼，袁应泰的教训不远，但朝中大佬一听到经济廉价的方案，就很来劲。而且，王化贞是首辅叶向高的旧日门生，又得到兵部尚书张鹤鸣的赞助。

这样，熊廷弼虽为辽东经略，却陷入手中无兵、徒有其名的境地。王化贞则独率大军，驻守广宁，被朝廷寄予厚望。二人观点对立，酿成明朝史上有名的经抚矛盾。

天启二年（1622），五月。正当兵部尚书张鹤鸣奏请撤掉熊廷弼，而王化贞则高喊秋天即可听捷报的时候，努尔哈赤亲率5万大军，渡过辽河，轻松拿下辽西重镇广宁。王化贞仓皇往山海关方向逃窜，途中，遇到率兵前来救援的熊廷弼，痛哭流涕。熊廷弼讥笑他说，说好的6万大军一举荡平辽阳呢？说罢，熊廷弼带兵殿后，护送溃散的军民撤到山海关。

广宁之战溃败，结果是熊廷弼和王化贞都被下狱。

虽有少数正直官员为熊廷弼喊冤，说他处处受掣肘，不得施展，不应为战败负责，但此前力撑王化贞的叶向高、张鹤鸣等东林党人，为了摆脱罪责，不断将脏水泼向熊廷弼。

更可悲的是，一代名将熊廷弼，在狱中竟然成了政治斗争的牺牲品。

熊廷弼下狱3年后，本来有希望活下来，但此时，他却被告发行贿东林党人。

原来，东林党人在天启四年（1624）发起了大规模的弹劾魏忠贤及其阉党的运动。魏忠贤决定先发制人，对东林党实行反扑。阉党中有个姓冯的人，早年与熊廷弼有嫌隙，为泄私愤，就向魏忠贤献了一条毒计——捏造熊廷弼向东林党人杨涟、左光斗行贿的罪名。

在当时的党争中，涉及辽东事务，基本可定死罪。正如东林党人此前在广宁之战的责任承担中极力要甩锅给熊廷弼一样，魏忠贤要置东林党人于死地，就想让东林党人与熊廷弼沾上关系。

结果，一生与东林党人合不来的熊廷弼，变成了魏忠贤对付东林党人的牺牲品。

天启五年（1625），八月。熊廷弼含冤而被处死，死后"传首九边"。

相比之下，对广宁溃败负有首要责任的王化贞，后来从东林党投靠了魏忠贤，受到庇护，直到崇祯五年（1632）才被处死。

性格决定命运，站队决定生死。明朝末年，政局黑暗若此，亡了也不意外。

4

熊廷弼死时，坚信自己是无辜的，要为自己上疏辩冤。但直到明朝灭亡，他都未能得到平反。

崇祯帝当政后，魏忠贤伏诛，有正直官员接连上疏为熊廷弼讼冤。最终，崇祯帝允许熊廷弼的儿子为父亲收葬。仅此而已，没有抚恤其家室，也没有恢复其官爵名誉。

从崇祯帝的角度考虑，他当时面临辽东更加焦头烂额的局面，袁崇焕许诺他5年复辽，结果却来了个己巳之变。诛杀袁崇焕，也不能解恨。在这种情况下，崇祯帝怎么可能去为原任辽东经略平反？

在他眼里，要为熊廷弼平反，等真的有人实现复辽希望，也不迟。然而，终其在位17年，只等来了亡国悲剧，对于熊廷弼的平反，也就不了了之了。

熊廷弼未能平反，还有一个重要原因。东林党在崇祯朝得势，向来非我同志的熊廷弼，自然不会被他们奉为榜样。他们宁愿尽快把他忘记。

熊廷弼生前死后的遭遇，在中国历史上很有典型意义。在他之前，无党无私的岳飞、于谦，命运如斯；在他之后，辽东经略位子上的孙承宗、袁崇焕，亦面临其命运重演。

是非不清，功罪颠倒。在党争内斗盛行、价值取向错乱的年代，即便面临亡国危机，国家利益也被各派置于集团利益之下，难怪连乾隆帝都要骂明朝是"自毁长城"。

极少数像熊廷弼这样的磊落之人，站了出来。有胆识、有谋略、有本事，将个人安危置之度外，但论是非，不计利害。最终，却敌不过悠悠众口，孤胆英雄难免悲剧收场。

假如，熊廷弼、孙承宗、袁崇焕等英雄人物，是因为伟大，而不是因为悲情而被历史铭记，那么，"明亡清兴"的历史是否会被改写呢？这是肯定的，但这也肯定只是一种幻想。

明朝末年的坏，是深入骨髓的坏，是台上的派系和台下的派系，都坏。

熊廷弼说过，大丈夫生为孝子，死为忠臣，何惭于圣贤，何愧于天地哉？

但是，明末政局是该惭愧的，它配不上这样俯仰无愧的英雄。

最后的英雄：国家无人可用，而名将在牢里

当李自成率领农民军风卷残云般袭来时，扼守潼关的大明督师孙传庭，知道出关与李自成的农民军作战，必死无疑。崇祯皇帝不听他的解释，一再催促他出兵，不得片刻延迟。

孙传庭原本可以抗命，他的秦兵，是明朝最后三支军队之一。但他没有抗命。他迫不得已率军出关，挥师东向。出关时，他顿足叹息："奈何乎！吾固知往而不返也。"

不久，孙传庭惨败，部分残兵退回潼关。李自成一路追击，破关而入。

孙传庭原本可以逃命，像历史上无数战败的将领一样。但他跃马挥刀，冲入战场，死得惨烈。

这一年是崇祯十六年（1643），距离大明王朝的覆灭，不到半年时间。

史书说，"传庭死，而明亡矣"。

1

有人造就时代，有人被时代毁灭。不知道孙传庭属于哪一种。

我读孙传庭的传记，一个很明显的感觉，他是二者皆有之。在与时代的撕扯中，他曾有意远离之，亦曾主动拥抱之，最终选择与整个时代"同归于尽"。此生悲壮，唯余浩叹。

孙传庭出生于万历二十一年（1593），此时离大明王朝覆灭，不过51年。而孙传庭最终活了50年，一生堪称与王朝命运相始终。

他是代州振武卫（今山西代县）人。尽管出身军籍家庭，但他自小聪明绝伦，13岁以第一名的成绩通过童子试。不知道史书有没有夸张，据说孙传庭在随后大小数十次考试中，通通都是头名。26岁那年，即万历四十七年（1619），他顺理成章地考中

进士，不过名次不算高，是三甲第41名。

之所以要把他的名次写出来，是因为有一个很有意思的细节：这次进士考试排名，比孙传庭高一个名次，即三甲第40名的那个人，叫袁崇焕。日后，这两个名次互相挨着的进士，一个是明朝在辽东的猛将，一个是明朝在陕西的王牌。

历史在冥冥之中，已经为后来的崇祯帝预设了两个时代英雄，但后来的崇祯帝一个都没有珍惜。

2

考中进士就开始当官，孙传庭的仕途起点是知县。他先后在河南永城、商丘做过知县，口碑颇好。当地人评价说，孙知县文武全才，绝非一般俗吏能比。用现在的话说，他是一个好干部，关心民生疾苦，敢于动真碰硬。

在地方做了五六年知县，天启五年（1625），孙传庭入朝述职，得到提拔，成为吏部官员。

但不久之后，他突然辞职了，回老家乡居，而且一去就是10年。从32岁到42岁，那是一个人生命中拼事业最关键的10年啊。孙传庭就这样轻掷掉了，多么可惜。

很多人对此表示不解。其实，没那么难解。孙传庭后来虽以武将闻名，但他是一个十足的文人士大夫。他入朝廷时，正是魏忠贤专宠、权势最盛之时，从理念上，他同情东林党人，而对阉党不甚感冒。朝局因为党争而污浊不堪，这名儒家的忠实信徒，遂决定以奉母尽孝为名，辞职回乡。

孔子曾说，天下有道则见，无道则隐。孙传庭以归隐的方式，远离朝廷是非，同时对朝廷进行了含蓄的批判。

在一个稍微正常点儿的时代，归去来兮，也很正常。但孙传庭生活的时代，却不时与他的内心诉求产生剧烈的冲突。最典型的是，在他乡居期间，从崇祯三年（1630）起，农民起义军冲入山西。他的家乡成为官军与义军对抗的前线。最终，现实的战乱让孙传庭无法超然世外。他写诗说：

湖海怜多病，乾坤苦用兵。

彷徨清不寐，倚剑看欃枪。

人是闲散人，心却揪着王朝战局。

到了崇祯七年（1634），后金的军队竟然从大同、张家口突入塞内，并攻克了孙传庭的家乡代州。

大明王朝的最后十几年，诚为多事之秋。内忧外患，内有"流寇"起义，外有后金寇边，最后，这个老大王朝，不是死于内，就是死于外。

孙传庭真的坐不住了。他给崇祯帝上了一道疏，叫《有敌情必有虚怯之处疏》。看名字就知道，这是批评内政的。

他在等待机会复出。

时局变得越来越坏，他变得越来越焦灼。他早已不在局中，完全可以置之不顾，乘桴浮于海，但这就是传统士大夫的可贵之处——国难当头，舍我其谁！

有人跟他说，先生想复出，但天下事恐怕不可为啊。孙传庭很生气，说，这是什么话！要自己做过才知道可不可为。现在就从我开始做起，有没有用，那是命的事，我不管。

儒家的出世与入世理想，在一个人身上统一得如此完美。

3

时代是这样一个时代，崇祯八年（1635），孙传庭复出那一年，许多人已经一眼望见了明朝的尽头。好在有一些人在救时救世，不然这个尽头会来得更快。

那一年，崇祯帝家族在凤阳的祖坟，被起义军烧毁。崇祯帝下了罪己诏，反思明朝进入内外交困的处境，是因为所任非人，导致"虏猖寇起"，"虏乃三入（三次入关），寇则七年（作乱七年）"。

次年，1636年，孙传庭被推荐任陕西巡抚。推荐者或许不怀好意，因为陕西当时是所谓"贼窝"，叫"贼乱关中"，从1626年至1636年，陕西巡抚连换了7人。没想到，孙传庭欣然接受，表示"亦愿一当也"。

临行前，崇祯帝接见他。孙传庭委婉地表示，臣恐怕不能徒手扑强贼。意思是要皇帝提供士兵和军饷。崇祯帝紧皱眉头说，给兵难，给饷更难啊。犹豫了半天，最后给了孙传庭6万两军饷，后面的缺口，让孙自己想办法筹措。

靠这笔启动资金，孙传庭从无到有，征募了一支3000人的军队，进入潼关，开始了叱咤风云的个人传奇。

崇祯时期，大明进入了一个被后人命名为"崇祯死局"的困境中。简单说，大明由于天灾人祸导致财政短缺，财政短缺反过来加剧了天灾人祸。

由于财政短缺，政府为解决辽东战场与后金战争的经费，遂加征"辽饷"；由于辽东战场开支形同无底洞，政府开始人员收缩，对官办驿站进行裁撤，导致被裁员的驿站工作人员加入"流寇"队伍，故朝廷不得不在"辽饷"之外，加征"剿饷"，剿除"匪寇"专用；由于征收"剿饷"加重人民负担，民怨达到顶点，把更多人推向起义军的队伍，"匪寇"越来越多，"剿匪"随之需要越来越多的士兵，于是朝廷开征"练饷"，专门用于练兵……如此，偌大的王朝左支右绌，头痛医头，脚痛医脚，根本无力走出死循环。

4

到了陕西以后，孙传庭显然已看出"崇祯死局"是个死结，如果继续加饷—养兵—"剿匪"的套路，只会死得更快。他采取的是另一套做法：挑战潜规则。尽量不加重百姓负担，而寻求向富户豪门下手。

按照制度，明朝的卫所均实行军屯制，但到了明末，屯田已被权贵侵蚀殆尽，而士兵则只是花名册上吃空饷的一个个名字而已。

孙传庭不是第一个发现问题所在的人，但他是第一个发现问题而不装睡的人。他贴出告示，要求豪强权贵交出多占的屯田，"地不容失一亩，粮不容遗一粒"，拒不执行，则直接枭首示众。

据说，占屯田、吃空饷已从潜规则，变成了明规则，人人皆知，而人人见怪不怪。当地权贵面对孙传庭的来势汹汹，自信人性自有弱点：只要他是个人，不是机器人，就能花钱搞定，10万不够就100万，100万不够就1000万。他们此前或许已经搞定了无数巡抚，但没想到孙传庭真的是特殊材料制成的。权贵富户被孙传庭收拾得很惨，他们对孙传庭恨之入骨，以后则反扑过来加速了孙传庭悲剧的诞生。

孙传庭依靠清屯，最终养成了一支精锐的秦军。

他对自己的经验颇为自得，给崇祯帝上疏说，以后陕西"剿匪"、练兵，不必仰求国家财政部接济了。他是想让皇帝明白，打破潜规则，从权贵手中清屯，才能解开王朝沉沦的死循环。

但崇祯帝对比了加征"剿饷"和清屯的效率，还是倾向于来钱更快、更简单的加征"剿饷"。所以只是下旨奖赏了孙传庭，而未采纳他的做法。

5

孙传庭还来不及叹息，战争已经让他一战成名。

当时，朝廷任洪承畴为三边总督，专剿潼关内的义军；任卢象升为五省总理，专攻潼关外的义军。孙传庭的任务，是协助这两人作战。

洪承畴和卢象升，都是明朝最有名的武将。洪承畴手中的秦军，卢象升创立的天雄军，与正在抵抗后金的关宁铁骑齐名，均是明朝的主力部队。即便如此，洪、卢两人都承认，并未能重创"闯王"高迎祥的义军。

孙传庭的秦军练成后，设计引诱高迎祥深入关中，在著名的黑水峪（今陕西周至黑河水库）之战中，活捉了高迎祥等义军主要将领。高迎祥等人被押往北京，凌迟处死。孙传庭一战成名。

随后，他连续剿灭了几股重要的义军势力。一时间，他的威名几乎盖过洪承畴了。

义军在陕西遭到强力阻击，遂大部转移到河南发展。崇祯十一年（1638），孙传庭奉命出征，过天星、混天星、大天王等几股义军势力兵败投降。

此时，遭到洪承畴追堵的李自成部，势孤失援。传说，洪承畴与孙传庭合力，打得李自成仅剩十八骑突围而走，几乎全军覆灭。

十八骑的说法可能有些夸张，但李自成部被打得七零八落，则是事实。加上此时张献忠、罗汝才等义军首领都投降了朝廷，明末农民起义走到了最低潮的时期。

于是，朝廷中枢认为内乱已经平定，朝中要员纷纷庆贺"天下无贼"。这为崇祯帝误判形势营造了氛围。

长期以来，明朝都在攘外和安内孰先孰后的问题上摇摆。后来，崇祯帝听从了兵部尚书杨嗣昌的建议，"攘外必先安内"，向清军释放缓和气氛，全力对付内乱。听到李自成大败、张献忠投降的消息，崇祯帝断定内乱已平。加上清军放言将要南下，崇祯帝决定由"安内"转向"攘外"，下令洪承畴、孙传庭入卫京师。在此之前，卢象升也已从"剿寇"主战场退出，被任命为宣大总督，抵御女真铁骑。

崇祯朝最后一次重大国策调整，悄然完成。但这次调整，埋下了四五年后明朝"亡于内，而非亡于外"的伏笔。

明末清初史学家吴修龄说："京城有警，洪公（洪承畴）、孙公（孙传庭）一去一留，乃为正计，而齐撤之以开贼生路。"这个判断无疑是正确的，如果调洪承畴入卫，而留孙传庭继续"剿寇"，明朝的历史极有可能被彻底改写。但现实却是，崇祯帝把大明最猛的将领和部队，通通投入"攘外"，使得中原出现了"剿寇"的兵力空虚地带，义军很快"春风吹又生"，卷土重来。

《明史》记载，洪承畴、孙传庭离去后，李自成"稍得安"。李自成获得喘息机会，借用河南大饥荒的机遇，以"迎闯王，不纳粮"相号召，在河南重新聚拢起庞大的队伍。这次，明朝没有机会了。

更可悲的是，入卫不久，孙传庭蒙冤，竟被投入监狱。

国家无人可用，而名将在牢里。

6

关于孙传庭入狱的原因，已很难清晰呈现，但离不开这几个基本因素：陕西权贵的诬告，朝廷高层的内斗，以及崇祯帝的刚愎自用。

孙传庭曾说："臣以痴忠，取忌当路者甚众。"因为真心为国尽忠，他得罪了太多人，隐约有不祥的预感。

孙传庭为人直率，他对当时的国策和朝政很不满，所以一直在上疏请求面见崇祯帝。在奏疏中，他直言："今日之事，臣不能，谁为能者？臣不任，谁肯任者？……独是向来悠悠忽玩，夸张诞妄，虚廿余年岁月，糜几万万金钱，而秋毫罔绩，遗忧君父者何人？"已经入阁的兵部尚书杨嗣昌看到这些语句，认为孙传庭是在批评自己，加上当时京城盛传孙传庭将要取代杨嗣昌，于是他扣下孙传庭的奏疏，阻止陛见。

受此刺激，加上常年征伐劳累，孙传庭突然发病，病情一度严重到让他不能正常办公。

痛苦煎熬中的孙传庭，却不能获得朝廷体恤。朝中大员因为权斗，互相攻击，还把他拉下水。内心骄傲的孙传庭难以接受被人诬告，再次上疏自求罢免。崇祯帝这次接到他的奏疏，不仅不同情，还怀疑孙传庭装病。

崇祯帝随后命令兵部派人去核查孙传庭到底是真病假病。兵部核查后，回报孙传庭确实发病了。他还不放心，继续派出御史杨一儁，去复查孙传庭的病情。

恰在此时，又有人诬告孙传庭。杨一儁查明孙传庭病情属实后回报，却未将孙传庭被告之事上报。崇祯帝因此十分恼怒，上纲上线，下旨申斥孙传庭"托疾规避，显属欺罔"，还说孙传庭面对诬告的辩解之词是"泄愤"，是孙传庭与杨一儁合谋欺骗他。一个皇帝的无情而多疑，到了此等地步！

就这样，孙传庭以类似莫须有的罪名，被关进监狱，长达3年。

明末翰林院编修吴伟业慨叹，孙传庭入狱，明朝"危亡之局，实决于此"。即便他日后获释并被重新委以重任，但为时已晚，大厦已倾，谁也救不了明朝危局了。

崇祯帝亲手把明朝最后的长城，毁掉了。

7

王朝名将正在凋零。孙承宗、卢象升均在孙传庭下狱前后死去，洪承畴、祖大寿则"晚节不保"，投降了清军。

崇祯十四年（1641），李自成攻破洛阳，福王朱常洵被剥光洗净，宰了，与鹿肉同煮，义军称之为"福禄宴"。接着，李自成兵围开封。开封告急。

崇祯帝环顾四周，无人可用，这才想起了义军的"克星"、身处牢狱之中的孙传庭。

释放，重用。

史载，崇祯帝以5000人和一个月的粮食，命孙传庭出击李自成的百万之众。孙传庭临危受命，明知是以卵击石，却毫不推脱。他知道，这是自己的最后一战了。

孙传庭大集诸将于关中，先诛杀了数次临阵逃脱的贺人龙，重整军纪，再厉兵秣马，打造火器，准备出征。然而，孙传庭备战的时间无多，崇祯帝一再降旨，催促他出战。孙传庭无奈回复："兵新募，不堪用。"崇祯帝不听。兵部侍郎张凤翔劝谏说："传庭所部皆良将精兵，此陛下之家业也，须留以待缓急用。"崇祯帝仍不听。

陕西的权贵富户，恨透了不搞潜规则的孙传庭，也以陕西百姓的名义，逼迫孙传庭出关。他们甚至制造舆论，诬陷孙传庭不听朝廷节制，是想割据关中。孙传庭捶胸顿足，悲叹一声："大丈夫岂能复对狱吏乎？"崇祯帝的多疑猜忌，他是领教过的。他宁可战死，也不想蒙冤二次入狱了。

后来，吴伟业在纪念孙传庭的一首长诗中，描写了时为兵部尚书、总督七省军务的孙传庭出关前的心态，悲凉而又豪迈：

尚书得诏初沉吟，蹶起横刀忽长叹。

我今不死非英雄，古来得失谁由算？

作战过程，不忍细说。总之，经过柿园之战、郏县之战，孙传庭两战皆惨败于李自成。李自成乘胜追击，破了潼关。

最后一战，是50岁的孙传庭个人的战斗。

战死沙场，在污浊的时代，无疑是英雄最体面的死法。他与监军副使乔迁高两人，跃马挥刀，冲入乱军中，力战至死。死后，连尸体都找不到。

崇祯帝因为找不到孙传庭的尸体，竟然怀疑孙传庭逃命去了，所以不下表彰和赠荫。

可惜，孙传庭至死，都未能得到一个公正的待遇。

但在历史的长河中，孙传庭死后有无皇帝的褒奖一点儿也不重要了。史书载："（孙传庭）值国家多难，一意以拨乱为己任，毁誉祸福勿顾也……自十六年（1643）十月丙寅贼破潼关，传庭死，越五日遂陷西安，明年（1644）三月陷京师，传庭一身实系天下存亡。"

孙传庭死后不到半年，大明亡于李自成。

所有人都对明末败局看得清清楚楚，只有崇祯帝临上吊前还在责怪别人，不曾反省自己，真是一个可悲可恨的亡国之君。

8

乱世出英雄。读史的人，最痛惜以至痛恨的两个时代，一个是晚清，另一个是晚明。这两个时代，诞生了多少能人、多少英雄，但他们都无法阻挡历史的大势，唯有一个个化成悲剧，让人扼腕叹息。

晚明从戚继光起，到李如松、孙承宗、熊廷弼、袁崇焕，再到孙传庭、李定国、张煌言，明朝在战场上涌现出来的著名文臣武将，一茬接一茬，任何一个都能够独当一面。但他们无一例外，均以悲剧收场。要么死于政治，要么殁于战场，要么殉于气节。

每一个都是时代的大悲剧，个人在其间毫无回转的余地。

能人无法挽救明末颓局，说明高居在这些能人之上的权力和制度，已经腐朽不堪。忠义如孙传庭者，无能为力，唯以死殉葬。

历史从来都是旁观者清，当局者迷。后人可以跳脱时代，看清明末清初的大势，但那些个英雄身陷历史的棋局，只能以道德和勇气相互砥砺，明知不可为而为之。前路分明写着一个大大的死字，他们仍然前赴后继，以身许国。这是晚明悲剧中，最让人动容的地方。

我读晚明史，恨崇祯帝，恨言官，恨内斗，恨党争，恨两面派的文臣武将，唯独对坚毅赴死的战场败将，对屡遭政治构陷的悲情英雄，心生敬意。

孙传庭悲剧，在历史中无数次重演。但历史给人的唯一教训，就是当局者从未在历史中吸取任何教训。

卑鄙是小人的通行证，悲情是英雄的墓志铭。

仅此而已。

名将悲歌：大明亡了，他仍在战斗

1662 年，李定国所部只剩五六千兵马，驻扎在九龙江一带（澜沧江流经西双版纳河段）。恶劣的气候、低迷的士气让这支以陕西人为主的残兵迷失在人烟稀少的边境，粮食、药物供给不足，更是雪上加霜，将近一半将士病死。

绝境之下，李定国仍然鼓舞各地抗清势力奋起抵抗，同时派使者前往暹罗求援，并向缅甸打探南明最后一个皇帝永历帝朱由榔的下落。直到永历帝被清军杀害的噩耗传来，李定国自知回天乏术，不禁捶胸大哭，悲痛欲绝，数日之后就染上重病。

临终前，李定国撰写表文，焚告上天："如果大数已尽，乞赐定国一人早死，无害此军民。"并对儿子和部下们说："宁死荒外，勿降也！"一代名将，历经 30 余年的戎马生涯，徒留一曲壮志未酬的悲歌。

1

清军曾经两次让李定国一心守护的理想破灭。

第一次是在 1647 年，张献忠的大西军与豪格所率领的清军在西充凤凰山对垒。两军交战时，张献忠为清军暗箭所伤，殒命阵前。

张献忠是李定国的老领导，也是他的义父。李定国本没有家，从 10 岁那年起，张献忠的军营就是他的"家"。崇祯三年（1630），陕西一带饿殍遍野，饥馑相望，各地农民起义渐成燎原之势，敲响了大明的丧钟。年仅 10 岁的李定国，在这片遍布天灾人祸的土地上挣扎求生。出生于贫苦农家的他无依无靠，唯有吃草根树皮充饥，正在那时，张献忠率军路过。张献忠见李定国相貌不凡，聪明伶俐，便将他带到军营，抚养其长大。

和李定国同吃一锅饭的还有孙可望、刘文秀和艾能奇三人，他们都被张献忠收为养子，日后成长为大西军的"四将军"，为张献忠征战四方。其中，李定国有勇有谋，战功卓著，被誉为"万人敌"，威名远扬，用现在的话说就是大西军中的"顶级流量"。李定国确实也有几分偶像气质，史书记载，他"长八尺，眉目修阔，躯干洪伟，举动有仪度"，且在军中以宽容慈爱著称，喜欢与文人打交道，精通兵法、星象，像是一位性情温和的谦谦君子，而非莽莽撞撞的一介武夫。

清军兵临川蜀时，张献忠召集四名养子，说："明朝三百年正统，未必遽绝，亦天意也。我死，尔急归明，毋为不义。"危急关头，张献忠放下 10 多年来对明朝的仇恨，命养子们以大局为重，联合南明抗清。之后 15 年，李定国一直奔波在抗清前线。杀父之仇、民族之恨，不共戴天。

张献忠战死后，大西军形势急转直下。四将军以大哥孙可望为首，率领大西军残部且战且走，一方面摆脱穷追不舍的清军，另一方面打开向南的通道，确立由黔入滇并与南明朝廷合作的战略。

2

大西军残部选择向云南进军，一是因为张献忠生前曾经得到过云南土司的接济，与云南兵将过从甚密。张献忠曾经通过石屏土司龙在田得到过大批马匹、兵器，李定国兄弟几人也与龙在田是老相识。二是他们在贵州休整军队时得知了沙定州叛乱的消息。

云南本是明朝黔国公沐天波的地盘。明朝灭亡后，蒙自土司沙定州发动叛乱，攻陷昆明。沐天波的妻子和老母都死于战乱中，自己逃了出来，躲在角落瑟瑟发抖。看到大西军兵强马壮，家破人亡的沐天波只好抱大腿，与四将军达成合作协议，请大西军平定云南叛乱。

大西军占领云贵两省后，孙可望、李定国等人用两年多的时间苦心经营，并废除了大西国号，确立"共扶明后，恢复江山"的政治方针。昔日的起义军举起了反清复明的大旗。与此同时，天下大势风云突变，清军因鞭长莫及，无暇进攻西南，而万历帝的孙子桂王朱由榔在瞿式耜、张同敞等忠臣的扶持下建立了永历政权，孤守于广东肇庆与清军苦苦相持。

1650 年，尚可喜率清军攻陷广州，孔有德率军攻陷桂林。一天之间，两广失陷，永历朝廷兵败如山倒，永历帝也与沐天波一样成了无家可归的光杆司令，一路向西逃亡到南宁。

彼时的永历帝正需要一个肩膀来依靠，走投无路之下只好向贵州的孙可望求助。孙可望乐意效劳，又不想让他待在自己眼皮底下，整天朝见称臣，就把永历帝迎奉到贵州安隆千户所城安置，为表示尊重，特意把"安隆"改名为"安龙"。据史书载，"王自入黔，无尺土一民"。永历帝自打依附孙可望后，就彻底沦为吉祥物，在后方竖起抗清的大旗，靠孙可望输送的钱粮为生。除了李定国，没几个将军真正把他放在心上，他们醉心于拥兵自固，打各自的小算盘。

不过，孙可望也不单单是喊口号。这支以原大西军为主的抗清武装在站稳脚跟后，挥师北上，开始了对清军的绝地反击，而其中打头阵的正是李定国。

3

1652 年，清廷还想着两路夹击南明残部，李定国却主动出击，与其他几支军队由黔入湘，一举攻陷了靖州、武冈等地。湖南的清军以为永历政权早已日薄西山，不知从哪儿杀出来这么一支雄师，彻底慌了阵脚。情急之下，剿抚湖南将军沈永忠向广西的定南王孔有德求救。

孔有德是明朝旧将，早在辽东时就已经剃发投降，为八旗军带去了红夷大炮和大批匠人。他为清朝带兵攻打南明时，又在一年之间占领广西全境。孔有德仗着自己资格老，脾气有点儿大，之前向湖南借钱遭拒，于是跟沈永忠翻脸了。

李定国攻打湖南，孔有德不仅没有出兵相救，反而幸灾乐祸，以为明军与广西相距甚远，不成气候。接到沈永忠的求援信后，孔有德说："我旧年借支衡、永钱粮，沈公出疏参我。今日地方有事，向我告援，我三镇分驻各府，如何借发？设警逼我境，自有区处。"平时他就在府中和部下吹牛，吹嘘自己在粤西用兵如神，聊聊诗和远方。

沈永忠孤立无援，只好带着手下将士向北逃窜。随着李定国一路高奏凯歌，除常德、岳州、辰州等少数孤零零的州县还在清军控制下，湖南全境几乎被南明军收复。

灾祸立马落到了孔有德自己头上，由于清军大量后撤，广西陷入南明军队的包围中。

当年六月，攻无不克的李定国率领精锐部队出湘，直取广西全州（今广西全州）。全州距离桂林不过咫尺之遥，可孔有德实在不思进取，整天宅在城中，一直没有调兵回防桂林。直到全州清军被歼灭，孔有德这才大惊失色。

孔有德亲自率领军队前往迎战，本打算在兴安县的严关据险固守。严关是广西交通要道，明末历经多次维修，两旁城垣连山，易守难攻。可让孔有德万万没想到的是，李定国很快就以摧枯拉朽之势攻破这一险关，守军溃败，"浮尸蔽江下"。

几次战败后，孔有德只好狼狈逃回桂林。城外，李定国的大军赶到，将桂林围得水泄不通，只用四天就攻破城门，一拥而入。一度被称为崇祯叛臣"首恶"的孔有德此时也只能仰天长叹："已矣！"

城破之际，孔有德将多年来掠夺的珍宝和自己所居住的后殿付之一炬，随后举家自尽。

其妻白氏自缢前将幼子托付给府中侍卫，并嘱咐道："如果能够成功逃走，让他剃度为沙弥，不要学他父亲做贼，落得今日下场。"这个孩子没能逃出城去，而是被明军关押，几年后被处死，孔有德因此子嗣无存。李定国打败孔有德后，南明军队士气大振。

之后几个月，李定国派兵收复广西全省。

孔有德手下的残兵败将一路逃到和广东接境的梧州，远在广州的尚可喜和耿继茂惊呆了，命前线各军不要和李定国正面交锋，并撤到肇庆一带观望。

4

此时，若李定国坐镇桂林，假以时日必能收复两广，可惜孙可望目光短浅。得知清朝派敬谨亲王尼堪率领八旗精兵入湘，急功近利的孙可望命李定国率大军北上，因此错过了乘胜拿下广东的机会。

尼堪是努尔哈赤的孙子，参与过清军和大顺、南明弘光政权的作战，功勋卓著，丝毫不把南明军放在眼里。而且，他还曾跟随豪格进军四川，击败张献忠的主力部队，可说是李定国的仇人。仇人相见，分外眼红。

1652年十一月，尼堪率精兵进军衡州府，和李定国军狭路相逢。李定国先派出一支1800人的部队佯装和尼堪交战，旋即后撤，诱敌深入。尼堪以为南明军不堪一击，李定国不过徒有虚名，顿时飘飘然，带着手下将士就往前冲。李定国看出尼堪轻敌，便心生一计，命沿途的将士都装作不敌，遇到清军掉头就跑，并事先在20里外的密林埋伏重兵。

尼堪沉迷在砍瓜切菜的快感中追击了20余里，直到进入李定国的埋伏范围内。

李定国见尼堪中计，下令全军出击，一时杀声震天，万箭齐发。清军猝不及防，被南明军打得找不着北，四处溃散。混战之中，尼堪本人从马上摔下来，由于一身华丽的亲王装扮实在太抢眼，立马被南明将士捅成马蜂窝，当场毙命。战后，尼堪首级被士兵割下，拿去献功。正所谓"东珠璀璨嵌兜鍪，千金竞购大王头"。清军不敢再战，躲在长沙闭门不出，让李定国给打自闭了。

一年之间连续打败两个清朝王爷，这是南明政权此前从未取得的大胜，李定国名声大噪。身在江南，被清朝多次通缉的大儒黄宗羲赞叹："李定国桂林、衡州之战，两蹶名王，天下震动，此自万历戊午（1618）以来所未有也。"

自明末以后，明朝文武官员谈及清军大多为之惊骇，而李定国在湘、桂战场上的大捷，对这些有复明思想的遗老而言很是提气。苦心经营复明事业的顾炎武为此赋诗云："廿载吴桥贼（指孔有德），于今伏斧砧。国威方一震，兵势已遥临。张楚三军令，尊周四海心。书生筹往略，不觉泪痕深。"不仅顾炎武悲喜交加，很多退入山林的南明残兵和隐居民间的官绅也为之欣喜若狂，甚至前往军中谒见李定国，集结在他的抗清大旗下。

5

在桂林、衡州大捷后，李定国带兵东进，提出联合福建厦门一带的郑成功军以及广东各地抗清势力攻打广东的计划。此时的南明军分散各地，实力并不弱，只是被长期的内讧削弱，也没能建立一个统一的联盟，才让清军各个击破。

李定国认为，夺取广东可以一改南明颓势。明末，广东一省的财政收入几乎是广西的10倍，有着丰富的财赋收入和物资补给，可以支援南明军作战。此外，收复广东后，孙可望、李定国控制的云贵、广西，夔东十三家控制的川鄂交界地区，郑成功、张煌言控制的闽浙沿海地区等将连成一片，一改往日呼应不灵、各自为战的局面。

理想很丰满，现实却很骨感。

李定国呕心沥血策划的战略方针并没有得到响应。初次攻打肇庆，李定国孤军奋战，遭到清军顽抗，原本寄希望的福建郑成功军和潮州郝尚久军迟迟没有消息，不得已只能撤回广西。

1654年三月，李定国再次出兵广东，率领数万大军，配备大象、铳炮，于当年六月来到新会城下。新会水道纵横，是广州西南面的门户。明清两军都知道，此役关乎广东全局。

新会之战一打就是半年。李定国选择长期围城的方法，先后采取挖地道、大炮轰城、伐木填壕等战术攻城，但都遭到清军的抵抗，城外的明军因长期作战而瘟疫横行，城中的清军因围困日久，粮草耗尽。

战役进行几个月后，新会城中军民只能掘鼠捕雀为食，或以浮萍草履充饥。到了腊月，清军仍不愿投降，反而下令屠杀百姓为食，"略人为餔食，残骸委地，不啻万余"。新会一战后，城中"饥死者半，杀食者半，子女被掠者半"，犹如人间地狱。

南明的其他军队始终没来支援，而清朝的援军已陆续攻占李定国此前收复的两广州县。李定国进退失据，只好再次退兵。从此，李定国再无力东进。

6

随着收复广东，联合东西各军的计划功亏一篑，李定国知道，南明各军根本无法团结一致，共同抗敌，但更让他心寒的是兄弟阋墙。大西军四将军中，艾能奇早在1647 年进攻云南，就为当地土司的毒箭所杀。占据云贵后，刘文秀与李定国常年带兵在外，在各地与清军作战。

孙可望一向嫉贤妒能。刘文秀在四川方面的作战不如李定国顺利，取得几次胜利后反被吴三桂击败，只好率残军退回贵州。孙可望趁机解除刘文秀的兵权，送他到昆明软禁。刘文秀打了败仗，本就郁闷，只想一个人静静，没想到大哥如此绝情，竟然直接把他撤职了。

孙可望更忌惮的是李定国，他对这位能征善战的二弟一向很不友好。1648 年，大西军还在向云贵进军时，孙可望就亲手策划了演武场事件。

孙可望命各营于四月一日到演武场集合检阅。当天，旗鼓官在升帅旗时按先例操作，并无不当之处。孙可望却趁机大发雷霆，借此责备李定国。一旁的刘文秀赶紧出面为二哥解围："此西府一时之误，望大哥姑容。"

李定国起初还蒙在鼓里，得知是孙可望故意刁难，反问他："我和你还是不是兄弟？"孙可望无理取闹，偏说升帅旗有误，就是要杖责李定国。

李定国当众发怒道："谁敢打我？"大西军的其他将领只好出来做和事佬，请李定国勉强受责，说："不然，从此一决裂，则我辈必至各散，皆为人所乘也。"李定国为顾全大局，只好忍辱挨了孙可望 50 杖。

之后，孙可望又假惺惺地抱着李定国哭，诡辩这是为了让大西军有统一号令，只好委屈二弟了。当李定国、刘文秀率军抗清之际，身居贵阳的孙可望又有了将永历帝取而代之的野心。

孙可望一手炮制了"十八先生狱"，将永历帝身边的十八名忠臣处死。永历朝廷彻底沦为附庸，名存实亡。情急之下，永历帝向李定国求助。

当初歼灭孔有德所部时，李定国曾对部下说："曹操、司马懿有戡乱之才，身经百战，摧强敌，扶弱主，如果他们想要流芳百世，不过如探囊取物。可他们因一念之差，图谋篡位，实在是有如持黄金换死铁，落得后世唾骂，太不值得了。"永历帝知道，这是个忠臣。

1656年，从前线回师的李定国亲率军队到安龙谒见永历帝，君臣初次相见。

永历帝感动不已，对李定国说："久知卿忠义，恨相见之晚。"之后，李定国请永历帝移驾云南昆明。

孙可望很生气，后果很严重，兄弟终于反目成仇。1657年，孙可望从贵阳发兵，合兵14万，进攻云南，要李定国、刘文秀交出永历帝。昆明城中，李定国、刘文秀只有抗清剩下的残兵，兵力不到3万。张献忠的养子们在曲靖（位于云南省东部）30里外的交水再度相逢。而这一次，他们已是对手。

孙可望多年来骄横跋扈，不得人心，手下的原大西军将士自然都不愿为他效力，纷纷阵前倒戈。李定国本来还为寡不敌众而一筹莫展，却奇迹般取胜。众叛亲离之际，孙可望竟和手下仅剩的10余人来到武冈清军大营，向多年的对手、杀父仇人清廷投降。这里正是李定国入湘抗清时最先取得胜利的地方。

7

孙可望投降后，将西南三省虚实全部禀告清廷，这使刚刚经历一番内讧的永历朝廷岌岌可危。

1657年二月，清朝派出三路大军南下。吴三桂一路从陕西汉中出发，经蜀地入黔；卓布泰一路向湖南进军，经广西进攻贵州；罗托和洪承畴一路，从湖南直扑贵州，其中，洪承畴还从孙可望的降官中选出熟悉云贵地理的汉人作为向导。历经两次攻打广东无果，又与孙可望所部内战，李定国早已心力交瘁。

西南三省的残兵已经无力抵抗清军的攻势。清军南路在当地土司的指引下，取道进攻安龙。李定国闻讯，亲率 3 万将士救援。原本李定国指挥若定，已有机会取胜，却遇山火突发，战场上刮起强劲的北风，火势扑向南明军。

天不佑南明。李定国只好连连后撤，焚桥断路而走。这一次撤退后，李定国最后的精锐几乎损失殆尽，仅剩残兵败将，后方军民家属二三十万全部为清军所杀。李定国仍不气馁，叹息道："事既如此，夫复何言，惟本此孤忠，死而后已！"

三路清军最终在曲靖会师，直取昆明，永历帝再度踏上流亡之路，一路逃到缅甸避难。

永历帝逃难时，李定国仍在拼死抵抗。1659 年，李定国带兵渡过潞江（今怒江），在磨盘山重整旗鼓。他原本打算凭借此地幽深的地势，埋伏奇兵，遍布地雷，趁清军轻敌之机，歼灭步步逼近的吴三桂所部。可惜李定国手下参军叛变，将实情告知吴三桂。吴三桂吓出一身冷汗，下令全军停止前进，下马搜寻南明伏兵。

李定国计谋未成，原有部署全部被打乱，两军很快混战在一起。纵使南明军作战勇猛，也完全处于劣势。漫山草木尽被鲜血染红，此战，南明军死伤过半，李定国竭蹶救亡，难于登天。

为了不泄露永历帝行踪，李定国带领残兵败将，特意选择另一条路撤离，并不时与清军周旋，在孤立无援的情况下坚持打了整整 3 年的游击战。在此期间，李定国连续上疏永历帝都杳无音信。

他不知道，永历帝已被缅王挟持，沦为客囚，随时有性命之危。当吴三桂大军来到缅甸边境时，声称要过江屠城，缅王惶恐，将永历帝献上。那时，这个流浪皇帝的身边只有二三宫女，和一个跛脚的侍卫。

1662 年，吴三桂上疏清廷，请求在云南就地处决永历帝。吴三桂为向清廷献媚，甚至要将永历帝和他 12 岁的太子斩首。反倒是和吴三桂一同出征的两个满族将领于心不忍，劝说道，永历帝也曾为君，给他留个全尸吧。四月十五日，南明最后一个皇帝朱由榔被吴三桂用弓弦绞杀，结束了近 20 年的逃亡生涯。

抗清的最后一面旗帜轰然倒塌。数日后，李定国得知此噩耗，带着未报的国仇家恨，追随大明而去。历史学家顾诚认为，李定国之死标志着大西军余部抗清斗争的结束。李定国病逝后，他的部下们群龙无首，大难临头各自飞，很多走上了降清的道路，就连李定国的儿子李嗣兴也接受了清朝授予的都统品级，忘记了父亲的遗言。

一个时代，在江山风雨之中彻底走向终局。

三

中观历史：
国家以下，个体以上，时间长河中的稳定结构

荣耀家族

两汉第一豪门：13 人封侯，兴衰 300 年

西汉初年，皇宫"裁员"，吕后将一些宫女派遣出宫，赏赐给各地诸侯。这其中有一个姑娘，名叫窦猗房。

窦姑娘听说自己在出宫名册中，渴望回到家乡赵国，就托关系找到负责此事的宦官，请他帮忙，一定要把她列入去赵国的名单。宦官一口答应下来，做事却不靠谱，愣是把人家的名字写到去代国的名单上。名册一公布，窦猗房得知自己无法还乡，一路哭得梨花带雨，无奈地前往代国。

塞翁失马，焉知非福。到了代国，才貌出众的窦猗房幸运地得到代王宠爱，为其生下一女二子，上演了一出"麻雀变凤凰"的好戏。代王刘恒正是后来的汉文帝，窦姑娘也就成了窦皇后。

此时，这个偶然事件引发的裂变才刚刚开始。窦猗房由宫女一跃成为皇后，其家族备受荣宠，封侯受赏，显赫一时。窦氏家族历经两汉，四起四落，其成败荣辱与大汉王朝相伴相生。这一切的起源，竟然只是一个宦官的小小失误。

1

窦猗房的运气实在逆天，用现在的话说，可能是上辈子拯救了世界。她一生历经三朝，享尽荣华，在汉景帝时为皇太后，到武帝一朝又荣升为太皇太后，可谓富贵长寿。

公元前 141 年，16 岁的汉武帝刘彻即位时，朝中大事还得向窦太后请示，他因为这位祖母可是苦恼不已。

窦太后是道家黄老之学的忠实粉丝，推崇"无为而治"，对儒学嗤之以鼻，认为儒生不过都是华而不实的骗子。有一次，汉景帝请儒士辕固生入宫参加"汤武革命"

专题研讨会。窦太后听说后，就把辕固生请来，问他如何看待《老子》这本书。

辕固生一点儿面子都不给，不屑地说，《老子》是"家人言"。就是说道家不过是普通人的言论，小家子气。窦太后一听急了，你怎么能侮辱我的偶像老子？她气得命人把辕固生扔到猪圈里，让他赤手空拳与野猪搏斗，一场学术辩论顿时变成政治迫害。幸亏汉景帝及时赶到，赐辕固生一把兵器，用来刺死野猪，才没让他白白送命。

汉武帝即位，小伙子年轻气盛，一心想推行改革，一展抱负，便任用了一批精通儒学的大臣，儒生赵绾、王臧因此得到重用，被提拔为公卿。汉武帝又给一些因循守旧的前朝老臣安排提前下岗，任命自己的舅舅田蚡为太尉，魏其侯窦婴为丞相，在平衡新旧两大外戚势力的同时，也请他们协助自己推行新政。

窦婴是平定七国之乱的功臣，也是窦太后的侄子，本应该站在他姑姑那边，可这人偏偏性情耿直。汉景帝在位时，窦太后一直希望他将来把皇位传给弟弟，即她的小儿子梁王刘武，为此经常在大儿子汉景帝面前唠叨。窦婴就为汉景帝解围，进谏道："汉朝天下是高祖打下来的，皇位父子相传也是我大汉的规矩，怎么能传给兄弟呢？"

窦婴这么一说，老太太肯定不高兴，姑侄俩由此生隙。汉武帝大刀阔斧闹改革时，窦太后坐不住了。尤其是在听到赵绾、王臧向汉武帝进言，请他以后不要再向太皇太后报告朝政之事后，窦太后勃然大怒。

晚年的窦太后虽双目失明，但行动迅速，立马与支持黄老学派的朝中大臣、诸侯王串通一气，发动政变，罢免了赵绾、王臧、窦婴与田蚡等尊儒官员，扼杀汉武帝的新政。之后，赵绾、王臧二人下狱处死。窦婴和田蚡都是关系户，免于一死，只能以侯爵的身份赋闲在家。

此后5年，朝纲大权仍掌握在以窦太后为首的旧势力手中。直到建元六年（前135），窦太后去世，汉武帝才摆脱桎梏。

2

在中央集权的皇帝制度下，外戚不过是皇权的衍生物。一旦皇帝夺回权力，威胁皇权的外戚自然危在旦夕。窦太后死后，汉武帝与窦氏家族逐渐疏远，即便是之前支持过他的窦婴也受到冷落。为打压窦氏，汉武帝任命舅舅田蚡为丞相，扶植新的外戚势力。

原本对窦婴阿谀奉承的小人纷纷转身投靠田蚡，只有当年同样平叛有功的将军灌夫，不愿巴结新贵，一如往日常来拜访窦婴。灌夫与窦婴一样为人耿直，因此多次与田蚡结怨。

在元光四年（前131），田蚡与燕王之女的婚宴上，灌夫的怒气终于彻底爆发。

当时，汉武帝的母亲王太后下令命王公大臣都去赴宴，给自己弟弟道贺。灌夫这倔脾气，本想推辞不去，窦婴偏要拉着他同去，说你和丞相的事情已经和解了。酒席上，新郎官田蚡为宾客敬酒，众人纷纷避席（离开座席，伏于地上），表示尊敬。等到前任丞相窦婴起身向众人敬酒，只有他的老朋友行避席之礼，其余人知他已经失势，一点儿面子都不给，照常坐着，只是微微欠身，足见人情冷暖。灌夫见状怒不可遏，也起身一一敬酒，并借机当众斥责对窦婴无礼的宾客，闹得众人不欢而散，还死活不肯向田蚡赔礼道歉。

田蚡当时已贵为丞相，当然咽不下这口气，就向汉武帝上奏，说灌夫在酒席上犯了大不敬之罪，又清算其以往犯下的罪过，直接给判了个死刑。

消息传来，窦婴感到万分愧疚，正是他邀请灌夫与自己同去赴宴，才有今日之祸，便下定决心救出灌夫。窦婴的妻子忧心忡忡，劝说道："灌夫得罪的是丞相和王太后一家，如何能救？"窦婴还是不听劝，说："侯爵是我用军功换来的，就算丢了，也没什么可惜。但我不能让灌夫一人去死，而我自己独活。"

窦婴瞒着家人偷偷上书，汉武帝就让他与田蚡到王太后那里辩论，让众臣评评理。这一辩论，倒是把窦婴自己推到火坑里。他为救灌夫，给这位"老铁"说了不少好话，还当面揭露田蚡骄奢淫逸的过失。

田蚡一边为自己辩解，一边攻击窦婴："我喜爱的都是声色犬马、田地房舍而已，但魏其侯和灌夫却喜欢召集天下豪杰，暗地里希望天下大乱，好让他们建功立业。我不明白他意欲何为。"

这番话可不得了，汉武帝问大臣们，谁说得对？

众臣畏惧太后一党，唯唯诺诺，不敢表态。于是汉武帝命人彻查，发现窦婴为灌夫所做辩解不符实情，有欺君的嫌疑，就把窦婴也投入大牢。危急关头，窦婴告诉汉武帝，当年景帝曾留下遗诏，说如果遇到不便之处，可以凭此诏直接向皇帝发表意见。这份诏书或许可免窦婴之罪。但据史书记载，汉武帝派人搜查，在宫廷档案和窦婴家中，都没有发现这份所谓的遗诏。窦婴又多了一项罪名——伪造先帝诏书，这是死罪。此后，各种流言蜚语非常"巧合"地传到汉武帝耳中，一个个罪名被扣到窦婴头上。

这一年十二月的最后一日，寒风萧萧，飞雪飘零，汉武帝下令将窦婴处死于渭城。

至高无上的皇权在这一刻露出锋利的獠牙。窦婴是否真的有罪，对汉武帝而言，似乎并不重要。窦婴之死，对窦氏家族造成沉重打击，窦氏家族从此盛极而衰。此后，窦氏家族虽"世为二千石"，但在西汉的政治舞台上，其权势早已无法与窦太后在世时同日而语。

3

时间往回拨几十年，回到窦猗房还是宫女小窦的时候。

窦猗房有两个兄弟，哥哥叫窦长君，弟弟叫窦少君。窦家的孩子小时候日子过得相当坎坷，他们的父亲在钓鱼时不幸坠河丧生，由于家境贫寒，窦少君从小就被拐卖到外地为奴，生死未卜。

后来，窦猗房成为皇后。有一天，一个衣衫褴褛的奴仆辗转来到长安，自称是皇后的弟弟，请求召见。此人就是窦少君。

窦皇后见到失散多年的亲弟弟，顿时泣不成声。汉文帝为之感动，赏赐给窦少君大量钱财，汉景帝在位时，又封他这位舅舅为章武侯。

窦少君认了个亲，就从一介奴仆跻身为当朝权贵，堪称大汉头号锦鲤。更巧的是，两汉之际，窦少君这一支出了一个重振窦氏家族的关键人物——窦融。

窦融是窦少君的七世孙，在西汉末年可说是一个精明的政治投机者。起初，窦融的一个妹妹嫁给大司空王邑为妾。窦融因此在王莽掌权时得到重用，后来拜为波水将军，随新莽大军东征，讨伐更始军。王莽败亡后，窦融带着手下的军队改投更始政权的大司马赵萌，出任巨鹿太守。

天下形势未明，窦融为了振兴家族四处奔走，他深知更始帝刘玄难成大事，只好另谋出路，果断辞掉巨鹿太守之职，请求出镇河西。汉代河西，指今甘肃、青海两省黄河以西，包括河西走廊及其以北直至居延的广大地区。汉武帝击败匈奴，夺得河西后，先后在此设立武威、酒泉、张掖、敦煌四郡，史称河西四郡。

窦融请求前往河西，与其家族累世在河西为官不无关系。窦少君的封地本在河北，到了窦融高祖父那一代，举家西迁，仕宦于河西，被任命为张掖太守、武威太守、护羌校尉等职。西部大开发是件苦差事，可在乱世之中，河西地区远离中原纷争，正适合扩充实力。窦融带领一家老小到河西后，因家族世代在河西为官，深得人心，被一致推举为河西政治集团领袖，执掌河西诸郡。

窦融在河西发展经济，加强边塞防御，将河西各郡建设成一个独立的武装割据势力，但他始终没有建立政权，而是暗中观察天下大势。

从已出土居延汉简的纪年简中，不难看出窦融的小心思。

初到河西时，他用的是"更始"年号。更始军失败后，他又以赤眉军刘盆子的"建世"为年号。

建世二年（26），赤眉军败走长安后，窦融一时不知该奉谁为正朔，就沿用西汉平帝的年号"元始"，将当年记为"汉元始廿六年"。

所谓元始二十六年，其实是汉光武帝建武二年。窦融凭借敏锐的政治嗅觉，感觉到汉光武帝刘秀是当时最有希望实现统一的人物。将经营多年的河西献给新主，正是他的目的。建武五年（29），窦融派人到洛阳奉书献马，向刘秀表示归顺。刘秀封窦融为凉州牧，至此，河西归汉。

窦融归汉后，在河西为汉军的统一战争提供支援，对匈奴、诸羌形成牵制，助刘秀平定陇西隗嚣、巴蜀公孙述。陇、蜀割据政权还在做无谓的抵抗，直到破产，其地尽归东汉。窦融却主动接受兼并，让出股权，送上给力"助攻"，由此青云直上。

刘秀在给窦融的诏书中，还跟他拉关系："汉景帝是窦太后所生，我的先祖定王刘发是汉景帝之子。你将河西之地献给我，又助我平定陇、蜀，这是窦太后在天之灵保佑我大汉江山啊！"

建武十二年（36），陇、蜀皆平，窦融进京献上河西各郡印绶，从此安居洛阳，因归汉有功，被刘秀拜为大司空。光武帝以和平的方式解除窦氏在河西的势力，而窦氏家族再次与汉室联姻，重返中枢。窦融在世时，窦氏家族备受荣宠，据史书记载："窦氏一公，两侯，三公主，四二千石，相与并时。自祖及孙，官府邸第相望京邑，奴婢以千数，于亲戚、功臣中莫与为比。"

4

浮华转瞬即逝，这些短暂的欢愉，终将以残暴结束。汉朝皇帝没有忘记当年被窦太后支配的恐惧。汉明帝刘庄即位后，很快察觉到窦氏家族的威胁，皇权再一次对窦氏家族露出獠牙。皇帝给你的，随时可以要回来。

永平二年（59），羌人部落烧当羌的豪强滇岸，对护羌校尉窦林声称将率部来降。窦林被下属欺瞒，一拍脑门就将这一喜讯上报朝廷，请汉明帝封滇岸为归义侯。窦林，是窦融的侄子，任职期间政绩出色，为诸羌所信任，算不上是绣花枕头。

可是，第二年，滇岸的哥哥滇吾来降，原来他才是烧当羌的首领。窦林只得把好消息再次上报朝廷。如此一来，烧当羌一年内投降了两次，汉明帝就问窦林，你逗我玩呢？窦林一时语塞，就上奏称："滇岸即滇吾，陇西语不正耳。"这哥俩是同一个人，我没骗陛下，看看我真诚的眼神。

汉明帝立马将窦林罢免，之后有人弹劾窦林贪赃枉法，就直接将他下狱处死。汉明帝下诏责备窦融对后辈约束不力，吓得年迈的窦融上交印绶，提前退休回家。

窦林案之后，窦融之子窦穆也摊上大事。

窦融的封地在安丰，与之相邻的是六安国。窦穆贪图六安国的封地，想靠姻亲关系将六安国据为己有，竟然伪造汉明帝母亲阴太后的诏书，命令六安侯离婚，改娶窦氏家族的女儿。汉明帝正愁逮不着机会，得知此事后大怒，将窦穆等在朝为官的窦氏亲属全部罢免，命他们返回故郡。

眼见家族命运急转直下，窦融在恐惧中病逝。窦氏家族第二次盛极而衰。

5

这一回，权势与荣耀，并没有让窦氏家族苦等太久，他们凭借着与皇族错综复杂的关系，在朝廷的斗争中始终有一席之地。窦氏家族卷入政治危机时，有少数成员幸免于难，如窦融的侄子窦固。他娶的是汉光武帝与阴丽华的掌上明珠涅阳公主，算起来是汉明帝的妹夫。

东汉初年，北匈奴频频南下侵扰，成为朝廷心腹大患，河西一带边患尤为严重。窦固抓住机遇，在对匈奴战争中屡建奇功。

永平十六年（73），汉明帝分兵四路出师西域，反击北匈奴，其中窦固与耿忠一路从酒泉出发。当年卫青成名之战的神奇经历再度上演。四路军队中，只有窦固一路杀到天山，将北匈奴呼衍王所部痛打一顿，斩首千余级，追击至蒲类海（今新疆巴里坤湖），其他三路大军全部无功而返。

窦固的表演还没结束。

第二年，窦固与耿秉合兵一处，出玉门关平定西域，"破白山，降车师"，两战两捷，还使汉朝时隔多年再次恢复对西域的控制，可谓意义重大。

窦固军功显赫，连连升迁，无疑为窦氏家族重返政坛积累了重要的资本。而让窦氏家族彻底走出低谷，登上权力之巅的却是一个女人。

汉明帝之子汉章帝刘炟在位时，章德皇后窦氏才貌超群，得宠一时。窦皇后的父亲是窦融的孙子窦勋，母亲是刘秀的孙女沘阳公主。她入主后宫，宣告窦氏家族历经200多年的轮回，由功臣家族再一次成为外戚家族。历史告诉我们，姓窦的皇后都不简单。

6

章和二年（88），汉章帝英年早逝，年幼的汉和帝即位，窦太后临朝听政。窦太后的哥哥窦宪成为最大赢家，以侍中一职辅政，风头一时无二。

窦宪是一位矛盾的人物，旧史因他开东汉外戚专权之先河，常忽视其功绩，贬斥其为祸首。不管后世评价如何，窦宪在其位，尽其责，至少是一个有魄力的政治家。他执政时，因东汉崇经重儒，起用了不少治经学的儒者，在当时颇有声望。

窦宪另一项惊人举措，是废除了汉武帝以来实行的盐铁专卖。在盐铁专卖政策下，国家通过经营盐铁，填补财政亏空。这是皇权高度集中的必然产物，也是对富商大贾乃至豪强地主的打击，可使之无利可图。由于官吏腐败，这项政策未能达到理想的效果，到东汉时，"吏多不良，动失其便，以违上意"。

窦宪正是豪强势力的代表，早已不满皇室瓜分他们的蛋糕，上台后看皇权削弱，直接就把盐铁专卖给废了，完成了一次划时代的改革。在窦宪掌权时期，东汉朝廷允许私人售卖盐铁，而由政府征税，所谓"罢盐铁之禁，纵民煮铸，入税县官"，这一举措成功为窦宪拉拢了地方豪族。

窦宪执政雷厉风行，还性急如火，史书称其"性果急，睚眦之怨莫不报复"。当时，窦太后年轻守寡，难免空虚寂寞冷，勾搭小帅哥，竟在国丧期间与都乡侯刘畅私通，做一些不可描述之事。窦宪知道后，不满妹妹瞒着自己有外遇，更担心刘畅"得幸太后"，会借机插手政治，威胁自己的地位，当即派出刺客将刘畅刺杀。

窦太后一气之下把窦宪关了起来，要他偿命。

窦宪想起不久前南匈奴单于上书，请求与朝廷共同出兵讨伐北匈奴，灵机一动，自请出击北匈奴，以赎死罪。汉明帝时窦固两次大胜北匈奴，汉朝得以在西域重置西域都护与戊己校尉，可到和帝时期，北匈奴虽元气大伤，仍不时侵扰边境。

窦太后正在气头上，巴不得她哥离远点儿，就拜窦宪为车骑将军，窦固的老搭档耿秉为副将，发动大军北击匈奴。

7

窦氏家族有两项过人天赋：一是窦家女子天生的皇后命；二是窦家的男儿特别能打仗。

永元元年（89）秋，窦宪率大军出塞。汉匈大战中，汉军追击3000多里，北匈奴诸部溃逃，直至山穷水尽。稽落山（今蒙古国古尔班察汗山）一战，汉军大破北单于主力部队，纵横漠北多年的北匈奴几乎土崩瓦解。

战后，窦宪志得意满，与部下登上燕然山（今蒙古国杭爱山），命时任中护军的班固撰文，刻石纪功："惟永元元年秋七月，有汉元舅日车骑将军窦宪，寅亮圣明，登翼王室，纳于大麓，维清缉熙……陵高阙，下鸡鹿，经碛卤，绝大漠……上以摭高、文之宿愤，光祖宗之玄灵；下以安固后嗣，恢拓境宇，振大汉之天声……"

窦宪一战功成的英雄壮举，成为后世文臣武将心中抹不去的浪漫情怀。尤其是在唐诗宋词的边塞吟咏中，"燕然勒功"更是不少风云人物一生的理想。

两年后，窦宪派大军出居延塞，决意就此歼灭北匈奴。此战，汉军出塞5000余里，在金微山（今阿尔泰山）彻底击溃北匈奴，斩首5000余级。这是汉军作战行程最远的一次，也是汉匈三百年边境战争的最后一战。北匈奴残部迫于汉朝军事压力，再也不敢南下，有一种说法认为，匈奴人向欧洲方向一路西迁，最终兵临罗马城下。窦宪与大汉雄师，间接推动了整个欧洲的历史进程。

在击败匈奴后，窦宪以赫赫战功拜为大将军，封冠军侯，食邑两万户，地位如日中天，无人可以撼动。正所谓"处颠者危，势丰者亏"，危机正悄悄逼近功高震主的窦氏家族。

永元四年（92），汉和帝正当束发之年，已知朝中之事，对横行朝野的窦宪尤为不满，决定先下手为强，铲除窦氏一党。

窦宪回朝前，汉和帝以窦氏家族图谋不轨为由，与亲信钩盾令郑众等人谋划诛杀窦宪之计。钩盾令，实际上就是皇家花园管理员，这个郑众，是个宦官。成也宦官，败也宦官。两汉窦氏家族的第三次衰败，正是因为这个宦官的计谋。东汉外戚与宦官的斗争，就此揭开序幕。

窦宪回洛阳后，郑众立马率禁军镇守皇宫，同时紧闭城门。窦宪无法与军队取得联系，就算有兵权也无可奈何。郑众率军搜捕城中窦氏一党，将窦宪及其兄弟一一缴械，遣送回封国。之后，汉和帝迫令窦宪自杀。一代名将，一时权臣，最终死于非命。

窦宪死后，章德窦太后遭到软禁，日子也不好过。汉和帝刘肇不是窦太后的亲生儿子，而是汉章帝的梁贵人所生。当年正是因为受窦太后诬陷，梁贵人才忧愤而死。窦太后既是汉和帝的养母，也是他的杀母仇人。窦太后去世后，梁贵人的家人上书诉说冤屈，请汉和帝废黜窦太后尊号，不让她与汉章帝合葬。

汉和帝虽痛恨窦氏，却不忘窦太后养育之恩，亲自下诏说："论礼，臣子没有贬斥尊上的道理，有恩德便不忍离析，有仁义就不该亏待。"汉和帝仍然将窦太后当作亲生母亲，敬爱有加，让她与汉章帝合葬，魂归敬陵。

在窦氏家族第三次盛极而衰的悲剧中，多少留下一点儿人性的温存。

8

窦氏家族并未就此退出东汉历史，而是在外戚与宦官斗争愈演愈烈的时代，又一次卷入权力纷争。

窦宪死后又过了60多年，到了延熹八年（165），汉桓帝废邓皇后，在选立新后时本想立其宠爱的田贵人为皇后。以豪强地主为主的士大夫纷纷抗议，认为田贵人出身卑微，不宜为后。太尉陈蕃进言，"窦族良家"，建议汉桓帝立贵人窦妙为皇后。文人那支笔比亲娘还厉害，汉桓帝迫于舆论压力，也无法按个人意愿选择皇后，只好放弃爱情，以"娶先大族"的原则册立窦妙为皇后，但从此很少宠幸窦皇后。

桓思皇后窦妙，出自窦氏家族，她的父亲窦武是窦融的玄孙。

窦武精通儒术，疾恶如仇，是当时出了名的清流，对宦官弄权深恶痛绝。尤其是在延熹九年（166）第一次"党锢之祸"后，桓帝听信宦官谗言，逮捕"党人"200多人，打压反对宦官的士大夫和太学生，窦武对时局更加忧虑。"党锢之祸"后，窦武多次上书力争，为"党人"鸣冤，恳请汉桓帝释放李膺等清流士大夫。官僚士大夫看在眼里，都把这个外戚当作盟友，将他与刘淑、陈蕃合称"三君"。

窦武与宦官斗争，既是出于士大夫的政治立场，也是窦氏家族夺回权力的必要手段。当年，宦官正是通过帮皇帝消灭外戚势力，才登上政治舞台。这场战争，不是你死，就是我亡。

永康元年（167），汉桓帝死后无子继位，窦武与太后窦妙做主，迎立宗室刘宏为帝，是为汉灵帝。窦武以大将军身份辅政，征召天下名士，打响对宦官的复仇之战，一时间"天下雄俊，知其风旨，莫不延颈企踵，思奋其智力"。

汉灵帝刚一即位，窦武就奏请窦太后，以贪污之罪诛杀宦官管霸、苏康。窦太后为父亲提供火力支援，将两个大宦官下狱处死。宦官势力为之震惊，这才知道窦武要向他们动刀。

窦氏家族很有想法，却在诛除宦官时犯了优柔寡断的致命失误。朝堂之上，两党相争，一念之差，就将功亏一篑。

管、苏二宦官伏诛后，窦武立即再请窦太后杀宦官曹节。窦妙担心窦武把事情做得太绝，以致宫廷生变，断然拒绝。窦太后的仁慈，给了宦官喘息之机。

同年，窦武弹劾宦官集团手下的长乐尚书郑飒。郑飒为人贪婪狡诈，陈蕃劝窦武将郑飒就地正法。窦武不同意，偏要走司法程序，将郑飒送到北寺狱审问，收集证据后再将供词一并上交，好将宦官一网打尽。狗急了也跳墙，宦官人人自危，趁着窦武犹豫不决，赶紧先发制人。

正当窦武准备向太后上奏清算宦官罪行时，宦官曹节、王甫等发动政变，挟持汉灵帝，夺取窦太后玺书，矫诏诛杀窦武、陈蕃。

窦武比窦宪当初的处境好一点儿，手下还有数千将士，可与宦官殊死搏斗。

陈蕃已经70多岁，也率领属官和学生80人，拔刀冲向宫门，大声呵斥王甫。王甫手下士兵将这位老臣团团围住，不敢近前。陈蕃怒目而视，振臂高呼："大将军忠心为国，宦官造反谋逆，为何反而诬陷窦氏！"

陈蕃寡不敌众，被逮捕入狱，王甫手下狠狠地踢踹眼前这位手无缚鸡之力的老人，骂道："老东西，你还能消灭我们，还想断我们的财路吗？"当天，陈蕃不幸遇害。

窦武逐渐陷入绝境。宦官矫诏，以皇帝名义命车骑将军周靖等率领军队陆续进京，镇压窦氏一党。窦武的军队一天内就被歼灭殆尽，他在绝望之下悲愤自杀，尸体被枭首示众。政变之后，窦武、陈蕃灭族，窦太后被幽禁。

这是汉代窦氏家族的最后一次衰败，也是最为悲惨的一次。窦氏亲属、宾客、相关官员均被株连，除窦武2岁的孙子窦辅之外无一幸免。窦氏家族在大汉王朝的夕阳余晖中彻底走向败落。

　　窦氏家族的兴盛，始于吕后时期一个宦官的无心之失，最终亡于宦官，也亡于皇权。有汉一代，窦氏一门十三侯，近一半不得善终，更少有能维持几世者。他们的每一次盛衰，都有一双看不见的手在操纵。这个豪门大族，纵横两汉朝堂三百年，四起四落，出过权臣，也出过英雄，有女中豪杰，也有热血男儿。

　　壮哉，窦氏家族！

琅邪王氏：中古第一豪族传奇

朱雀桥边野草花，乌衣巷口夕阳斜。

旧时王谢堂前燕，飞入寻常百姓家。

出生在安史之乱后的唐朝诗豪刘禹锡，写下这首诗的时候，诗中提及的世家豪门——琅邪王氏家族，已经兴盛了 600 多年。

虽然在刘禹锡的年代，琅邪王氏已今非昔比，但要到唐朝灭亡之后，这个被誉为"华夏首望""中古第一豪族"的家族，才算真正"飞入寻常百姓家"。

在这个意义上，刘禹锡这首诗，其实是一首悲怆的预言诗。

秦始皇建立帝制以后，中国的王朝兴替，基本都走不出"国祚难超 300 年"的魔咒。相应地，随着最高权力的易手，中国的历代皇族，再厉害也无法续写超过 300 年的家族辉煌。在残酷的政治斗争中，有些皇族在交出权力的那一刻，已经遭遇了灭顶之灾。然而，一些未曾登上权力巅峰的家族，反倒能够维系数百乃至上千年的风光。这在普遍信奉"君子之泽，五世而斩"的国人心目中，简直是可遇不可求的家族传奇。

在这些长盛不衰、绵延六七百年以上的家族中，琅邪王氏公认是排在第一位的。历史学家周振鹤经过统计发现，中古时期（两晋到唐末）一直维持强盛势头的家族，一共有 30 个，这 30 个家族中，琅邪王氏总共出了五品以上官员 199 人，高居首位。

1

琅邪王氏的发迹，是从他们后来追认的"一世祖"王吉开始的。

汉武帝时期独尊儒术，士子通一经就可以入仕，王吉精通五经，学问和人品都相当出众，因此被推举为孝廉。后来，他又获任昌邑国中尉，这是他人生的重要转折。昌邑国，在今山东菏泽巨野县。从王吉出生的琅邪国（今山东临沂），到昌邑国，现在看不算远，在当时已经是跨郡国了。王国中尉，掌管国中军队，是郡国中非常重要的武官。王吉以文官身份出任这么重要的职位，可见朝廷对他的信任。

在昌邑国，王吉辅佐的昌邑王在历史上赫赫有名，那就是后来的汉废帝、海昏侯刘贺。史载，刘贺游猎无度，王吉苦苦劝谏，没用。但刘贺为了感谢王吉的忠心，曾派人赠送王吉 500 斤牛肉。

公元前 74 年，汉昭帝驾崩，因其无子，大将军霍光便召刘贺入朝，立为皇太子。谁都知道，西汉的朝政当时已被霍光牢牢握在手中，王吉赶紧提醒刘贺说："臣愿大王事之敬之，政事一听之，大王垂拱南面而已。"意思是要刘贺韬光养晦，向霍光示弱，待时机成熟再夺回国家统治权。

后来的结果证明，刘贺又没听王吉的劝谏。仅仅当了 27 天皇帝，刘贺就被霍光废掉，成为中国历史上第一个被废的皇帝。霍光还黑他，说他在位 27 天，干了 1127 件荒唐事。

王吉因此受到牵连。他曾告诫子孙"毋为王国吏"，就包含了他自身的惨痛教训。

王吉的儿子王骏、孙子王崇，谨守王吉的训导，做官不仅恪守臣道，而且在复杂的政治斗争中韬光养晦，趋利避害。两人最后官都做得很大，位居三公。

经过这三代人的努力，琅邪王氏的家族地位开始上升。史学家普遍认为，到西汉晚期，琅邪王氏已经成为上层世族。

2

王崇之后，琅邪王氏大约传了六代人，到王祥（184—268）这一代，开始真正地爆发。

读过"二十四孝"故事的人，应该都知道王祥。他正是其中"卧冰求鲤"的主人公，被后世称为"孝圣"。王祥的生母早逝，继母和父亲对其非打即骂，他反而更加恭谨地孝敬父母。面对继母的中伤、迫害，他仍能"笃孝至纯"。父母生病，王祥衣不解带，日夜照顾，汤药必亲自尝过后，再给父母服用。天寒地冻，继母想吃鲜鱼，他脱衣卧于河冰之上，冰被暖化，孝感天地，从冰下跃出两尾鲤鱼。

经过民间演绎，故事有些夸张，但历史上，王祥确实是因为孝行而受到地方政府的关注。州郡多次请他做官，他都拒绝了，直到继母去世，他才在同父异母弟弟王览的劝说下出仕为官。

此时，正好是魏文帝曹丕当政时期，用人政策一改其父曹操"唯才是举"的做法，首推品行，再看才能。王祥以孝行闻名天下，自然受到朝廷器重，其后为官30余年，步步高升，位列三公。西晋代魏之后，王祥仍为三公，并进封睢陵公。

王祥临终前，给子孙留下48字遗训，此后成为琅邪王氏族人遵循的家训。遗训这样说："言行可覆，信之至也；推美引过，德之至也；扬名显亲，孝之至也；兄弟怡怡，宗族欣欣，悌之至也；临财莫过乎让。此五者，立身之本。"

简单翻译一下：为人表里如一，有始有终，信守诺言，不圆滑世故，这是诚信；把荣誉和成绩让给他人，勇于担当过失和责任，谦逊低调，任劳任怨，此为"推美引过"；孝有大小，孝敬父母只是小孝，而提高修养，建立功业，让家族扬名、父母有光，才是大孝；兄弟团结，家族和睦，此为悌；面对利益懂得谦让，生活保持清廉俭朴。

这五条，便是王祥所坚守的"立身之本"。临死前，他希望他的子孙后代都能谨记敦行。史书记载，琅邪王氏"子孙皆奉而行之"，王祥也因此成为琅邪王氏家风的奠定者。

大家可能感到奇怪，王祥的遗训中，提到了信、德、孝、悌、让，但唯独没有提到"忠"。这里面其实暗含了历史的大背景。

东汉末年以来，改朝换代频繁上演，成为当时政治生活的主线。两汉时期不断被提倡的忠君思想，逐渐被孝亲观念所取代。试想，曹家、司马家以及后来的刘家、萧家等，他们的江山都是通过所谓"禅让"得来的，统治者最怕的就是臣下的"忠"，臣下都忠君，忠于前朝，那统治者算什么？他们想到了"忠君"背后的伦理困境，因此决定以"孝"来代替"忠"。在这种背景下，世家大族的家族观念日渐加强，当"报国"与"保家"发生冲突时，往往会选择后者。可以说，整个魏晋南北朝时期，不忠没人去管他，不孝则不被容于世族。

王祥因为孝名而受到重用，在改朝换代中屡次化险为夷，不断升迁，位居极品，本身就是时代"孝大于忠"的受益者。他临终前特别标榜的孝与悌，亦成为此后世族主要的社会价值标准。

一个朝代灭亡了，首当其冲的是皇族。而善于应变的世族，则好好地迎接下一个朝代、下一个皇族。琅邪王氏能够历数百年、数个朝代而长盛不衰，正是这种社会风气的得益者。

3

从王祥这一代起，琅邪王氏逐渐进入家族历史长河中最灿烂的一段。具体来说，琅邪王氏此后有三个支系人才辈出，影响两晋南北朝300多年历史。

一支起自王祥。前面讲了，他死时备极哀荣，政治地位与社会地位，当时很少人比得上。他有5个儿子，3个早亡，剩下两个均官至太守，第三代、第四代也都是五品官。东晋南迁后，王祥这一支留在洛阳，后来慢慢衰落。

一支起自王祥的同父异母弟王览。王览以"悌"出名，保护哥哥王祥免受继母迫害，后来做到三品官。他有6个儿子，其中三品官2人、六品官4人。到第三代，出了王导、王敦、王旷等牛人，一下子把琅邪王氏推至家族显赫的顶点。第四代则有王羲之、王允之等人才。整个琅邪王氏，王览这一支，人才是最盛的。史书说"奕世多贤才，兴于江左矣"，指的就是王览的后人在东晋建功立业。

还有一支起自王祥、王览的从祖兄弟（同一个曾祖父、不同祖父的兄弟）王雄。王雄有两个儿子，一个做到梁州刺史，一个做到平北将军。第三代出了两个牛人，一个是"竹林七贤"之一的王戎；另一个是王戎的堂弟、清谈大师、玄学领袖王衍，曾统率西晋十几万人马，后被石勒围歼。总之，王雄这一支，在西晋末年的名声，盖过了王祥、王览那两支。

西晋王室衰微之际，琅邪王氏已为家族未雨绸缪。当时，认定"中国已乱"的王衍，分别派弟弟王澄、族弟王敦，出镇荆州和青州，说你们两个在外，我留在洛阳，这样家族就有"三窟"，可以确保无虞了。与此同时，王览的嫡长孙王导则举族奉琅邪王司马睿南下。这成为东晋王朝的起点。至此，琅邪王氏四点两面对朝廷政治的牵制格局已经形成。

司马睿移镇建康（今江苏南京）后，南方的士族并未把这位向来没啥名气的西晋皇室成员放在眼里。很长时间，都没有一个士大夫来拜见他。

王导有意树立司马睿的权威，就和族兄王敦商定，在上巳节当天，让司马睿出游，而他们兄弟俩跟随在后。江南大族一看，琅邪王氏这样的北方望族都对司马睿这么毕恭毕敬，于是纷纷下拜。后来，王导又亲自出面，说服纪、顾这两个江南大族的人出来辅佐司马睿。纪、顾带头后，示范效应就出来了，史书说此后"百姓归心"。

西晋灭亡后，公元317年，司马睿在建康称帝。北方世家大族迫于战乱，纷纷南迁，但当他们看到司马睿后，都大失所望，认为此人不能成功立业。当他们见到王导，并与他深入交流后，这才放下心来："江左有辅佐霸业的管仲，我们可以不必担忧了。"

史学大师陈寅恪称王导为"民族功臣"，说他"笼络江东士族，统一内部，结合南人北人两种实力，以抵抗外侮，民族因得以独立，文化因得以续延"。

在东晋，王导辅政，王敦掌军，朝中军政要员，多为琅邪王氏家族出身。琅邪王氏迎来全盛时期，史称"王与马，共天下"。

后来，王敦想让家族更进一步，两次起兵作乱。史书关于王导的态度，多有争议，有的说他默许族兄起兵，又有的说他大义灭亲。但在做法上，王导在王敦起兵时，每天率领家族子弟20余人到皇帝面前待罪。这样，在王敦失败身亡后，把这次负面事件对琅邪王氏的不利影响降到了最低点。

由于王敦的失败，琅邪王氏从全盛时期进入守成阶段。

整个家族因为王导在关键时刻的立场，而得以保全，未受大的影响。尤其是王导这一支，除早卒的子孙外，基本都能做到有实权的三品官以上，衣冠蝉联直到南朝落幕。

4

南朝大史学家沈约曾说，他研究了晋、宋、齐、梁四代的历史，发现"未有爵位蝉联、文才相继如王氏之盛也"。可见，在当时，琅邪王氏长盛不衰已是公认的事实。这个家族的人不仅多高官，而且多才子。

有人根据"二十四史"中的记载统计，从汉代到明清，琅邪王氏家族共培养出了王导、王抟等92位宰辅，王融、王羲之、王献之等600余位名士，任何一个中古豪族都难以望其项背。

前面说了，王祥死前留下遗训，提孝悌，不提忠君。自始至终，琅邪王氏族人都恪守了这条遗训，在剧烈的改朝换代中始终不死忠一姓，这堪称这个家族绵延六七百年的主要秘诀之一。虽然琅邪王氏的这种做法，后来被一些抽离了历史情境的愤青骂为"只顾保全家世，不顾朝代更替"，但是，放眼整个帝制时代，也不过是王朝兴替的周期律而已。只要顺应历史发展，不为腐朽王朝、作恶君王尽愚忠，维护安定大局，尽可能减少战乱，让百姓少受乱离之苦，就是对历史作出了贡献。

东晋永和四年（348），司马昱、殷浩让王羲之出仕，担任护军将军，目的是想借助他的社会影响力打击权臣桓温。王羲之上任了，但你知道他怎么做的吗？他从东晋大局出发，优先考虑人民的利益，体恤老百姓疾苦，减少赋税，开仓济民。这一立场和担当，赢得了后人的共鸣。元代的赵孟𫖯评价说，王羲之"发粟赈饥，上疏争议，悉不阿党。凡所处分，轻重时宜，当为晋室第一流人品"。不为一家一姓尽忠，而为国为民建立事功，这正是琅邪王氏家风的成功之处。

在乱世中，一个家族要维持兴盛，需要特别留意一点。那就是王衍所说的，要让家族如狡兔一般有"三窟"，无论是政治站队，还是家族精英分布，都不要把整个家族放在一个篮子里。覆巢之下无完卵，但如果这些卵本来就不在一个巢里，就可以保留几颗完卵下来。

王祥这一支留在洛阳，原本是琅邪王氏最显赫的一支，但随着北方沉沦，后来湮灭无闻。不过王览这一支，后人渡江向南，遂成就了琅邪王氏最大的荣光。后来，王敦起兵，王导待罪，截然不同的两种家族态度，也为琅邪王氏确保了退路，分散了风险，不至于举族押在造反上。

事实上，魏晋南北朝时期，一个政权的稳定，全赖几个豪族与皇族之间的势力均衡。一旦权势的均衡被打破，就会发生内乱。琅邪王氏的家族势力如此强盛，有目共睹，常常招致皇族与其他家族的忌恨和制衡。琅邪王氏的应对之策，就是在必要时，主动贬损过盛的家族势力，从而使得各方势力都能放心接纳这样一个谦逊、自制力极强的家族。

史载，齐武帝时期，王导的玄孙王僧虔被任命为开府仪同三司（南北朝时期一种高级官位）。王僧虔突然想到，他的侄子王俭已经担任此职，"一门有二台司，实可畏惧"。于是，他赶紧以"君子所忧无德，不忧无宠"为由，坚决推辞，不让自己的家族看起来使人很"畏惧"。

说起来，这种低调退让的做派，也是当年王祥遗训的内容。琅邪王氏历经长年乱世而不倒，绝非侥幸。

琅邪王氏绵延不绝的奇迹，在历史上早就引起关注。唐代史学家李延寿写南朝历史时，专门提到，琅邪王氏"簪缨不替"，是因为这个家族"无亏文雅之风"。意思是，琅邪王氏累世公卿的地位，与其对家族子弟的文化教育是分不开的。

在时人看来，琅邪王氏之所以称得上"第一豪族"，绝对不在于他们出了多少大官，而在于他们出了多少大师。琅邪王氏首先是以文化世家，而不是以政治世家，得到社会的认同的。

从琅邪王氏的始祖王吉开始，当时经学是正统，这个家族就以经学立世；后来，玄学成为显学，王戎、王衍甚至王导，就都以玄学传家。

此外，王氏子弟在佛学、文学、书法、绘画等领域，均多有建树。王导当年南下之时，曾将钟繇传世的法帖《宣示表》夹在衣带中带到江南，后来传给家族中书法最有出息的王羲之。

在兵连祸结、仓皇南迁的时候，大多数人对于金银财宝尚且无暇顾及，而王导竟然专心于一纸法帖，这大概就是琅邪王氏不忘文化传承的表现。后来，深受王导影响的王羲之，成为中国的"书圣"；王羲之的儿子王献之同样以书法闻名于世，与父亲合称"二王"。

魏晋南北朝很多高门大族，因为子弟靠家荫就能做官，生活太容易了，导致不出几代，家族中就充斥着不学无术之徒。但琅邪王氏绝不允许出现这种情况，对子弟的教育，倾注了大量心血，且不时自我警醒。

王僧虔曾告诫子弟说，族中子弟过去靠门荫，年纪很轻便得到了很好的官位和名声，但失荫之后，这些便都谈不上了，因此应该自己去努力。他还说，一个人是否受到尊敬，名声是好是坏，是否名垂后世，关键不在于门第和仕宦，而在于是否有真才实学和值得人们尊敬的地方。

说到底，文化传家才是琅邪王氏累世不衰、家风不坠最根本的依托。

一直到唐朝时，李唐皇族刻意打击山东旧世族，并以科举取士取代魏晋南北朝的九品中正制，琅邪王氏虽然衰落了，但仍未解体。等到唐朝灭亡，所有世家大族均烟消云散，琅邪王氏才连同着彻底失落。

算起来，这个家族在历史长河中，兴盛了六七百年，诞生了王祥、王导、王羲之、王献之等一大批迄今受人敬仰的一线历史名人，确实对得起"中古第一豪族"的盛名。

传奇虽不再，但传奇已刻进历史！

中古第二豪族，为何盛极而衰？

淝水之战前 30 年，浙江会稽山上。

这是东晋永和九年（353）的暮春时节，出身琅邪王氏的王羲之，领着一众出身名门的亲友和兄弟们，在会稽山阴的兰亭举办了首次兰亭雅集，日后，这一天将因为王羲之的一篇《兰亭序》而闻名天下："是日也，天朗气清，惠风和畅。仰观宇宙之大，俯察品类之盛，所以游目骋怀，足以极视听之娱，信可乐也。"

对于这场"群贤毕至，少长咸集"的历史性聚会，主角在当时无疑是以王羲之为首的琅邪王氏族人。在当时，"王与马，共天下"，一度与司马家族共治天下的琅邪王氏号称天下第一士族，然而历史容易选择性地忽视，大家都没有注意到参加这场聚会的另外几位年轻人。这其中，就有将在 30 年后的淝水之战（383）中，挽救东晋江山和保卫华夏文明的谢安等陈郡谢氏族人。

陈郡谢氏，这个隐藏在《兰亭序》背后的世家大族，即将在这场兰亭雅集之后，冉冉升起于历史的天空。

1

对于陈郡谢氏这个东晋后起的士族，在早期，琅邪王氏是看不起的。

三国曹操时代，谢安的曾祖父、陈郡谢氏的始祖谢缵只是一个小小的五品"典农中郎将"，而谢安的祖父谢衡，则是西晋的一位大儒，然而，在三国两晋崇尚玄学清谈的时代风尚中，随着世家大族的崛起，曾经的儒学一度没落，以致被视为酸臭腐儒："（晋惠帝）元康以来，贱经尚道，以玄虚宏放为夷达，以儒术清俭为鄙俗。"

到了陈郡谢氏的第三代、谢安的父亲谢裒时期，谢裒与自己的哥哥谢衡一度都是琅邪王氏权臣王敦的幕府门客，在王羲之的祖先们看来，陈郡谢氏那时候只是个给他们打工的小马仔而已。

因此，当后来晋升至吏部尚书、太常卿等高级职务的谢裒，想向作为蜀汉名相的诸葛亮族亲、在东吴和曹魏以及西晋都家族显赫的诸葛恢为双方子女求婚联姻时，诸葛恢直接拒绝说，陈郡谢氏是个什么东西，"不能复与谢裒儿婚"。

琅邪王氏更是一度打心眼里鄙视这个后起家族。

《世说新语》记载说，后来也曾经参加王羲之的兰亭集会的谢安的弟弟谢万，有一次想去拜访东晋宰相王导的小儿子、书法家王恬，没想到王恬竟然将谢万完全视为透明人，"了无相酬对意"，其傲慢至此。

当时，从三国曹丕时代确定九品中正制以来，随着西晋的一统天下，曹魏、西晋出身的世家大族纷纷以"冢中枯骨"自傲，对自己的家世骄纵矜持，因此即使到了王羲之兰亭集会时代，琅邪王氏、高平郗氏、颍川庾氏、谯国桓氏等世家大族仍然以身世自傲，而陈郡谢氏不过是一个跟班的小从游，只是因为曾经作为琅邪王氏的幕府，是个"自己人"而已。

2

与后世一样，在曹魏两晋门阀政治时代，一个世家大族的崛起，往往需要积累数代人近百年的时间与集体努力，而成就陈郡谢氏丰功伟业的，当数爆发于公元383年的淝水之战。

陈郡谢氏自从谢安的父亲谢裒开始，沾着琅邪王氏的家族荣光显迹发达。

到了谢安时代，一度长期隐居浙江会稽东山、后来引出成语"东山再起"的谢安，又投奔当时的一号权臣桓温，靠着桓温、琅邪王氏等家族的庇护和自己的聪明才干，谢安最终一步步升任东晋权要，成为东晋的尚书仆射、总领吏部事务，与尚书令王彪之一起执掌朝政。

淝水之战前四年，东晋太元四年（379），已经统一北方的前秦攻破江汉要镇襄阳，对东晋虎视眈眈，在这历史的紧要关头，谢安不畏众人疑难，勇敢提拔自己的侄子谢玄为将，谢玄则不负众望，训练出了此后击溃前秦，并深刻影响了东晋南北朝历史走向的"北府兵"。

作为北府兵的创建者，陈郡谢氏家族的辉煌时刻即将来临。

襄阳沦陷后，面对前秦军队的南下，谢玄先是指挥北府兵击溃前秦军队，随后又在4年后（383）的淝水之战中，以8万北府兵大破前秦的百万大军。

当前线大捷的消息传来时，作为淝水之战的总指挥，谢安当时正与客人下棋，看过战报后，谢安"了无喜色"继续下棋，当客人问起战况如何时，谢安才淡淡说了一句："小儿辈遂已破贼。"

强忍着心中狂喜的谢安，在下完棋回到家中时，由于太过兴奋用力，在迈过门槛的时候竟然将脚下木屐的齿牙折断，他自己却没有任何感觉，"其矫情镇物如此"。

对于陈郡谢氏来说，公元383年的淝水之战，是整个谢氏家族的巅峰时刻，战后，谢玄继续带兵北伐，将自从西晋败亡以后退居淮河以南的汉人江山推进到黄河南岸，东晋国势一度大振，而谢氏家族中则先后有4人因功被封为公爵，分别是谢安被封为庐陵郡公、谢安的弟弟谢石被封为南康公、谢安的侄子谢玄被封为康乐公、谢安的儿子谢琰被封为望蔡公，至此，"一门四公"的陈郡谢氏历经百年艰辛，终于一跃成为与琅邪王氏并肩齐名的世家大族，权势在东晋朝中一时无二。

3

而在淝水之战这个谢氏家族鼎盛巅峰的前后，从东晋到南朝（317—589）的200多年中，谢氏见于史传的人数共有12代100余人之多，史称"子弟皆芝兰，风流满《晋书》"。

经过祖孙四代历时100多年的努力，陈郡谢氏此时终于从一个三国曹操时代的五品官员家族，到王羲之琅邪王氏的出游小弟，最终跃升成为与中古第一豪族琅邪王氏并肩齐名的世家大族。

然而，巅峰之际，也是陨落之时。

在魏晋南北朝各个世家大族起起落落的浪潮中，作为新崛起的名门，陈郡谢氏不仅需要面对当时朝中根基深厚的琅邪王氏，以及控制荆州等长江中游的谯国桓氏家族的虎视对抗，而且还需要与来自司马家族的皇权进行平衡。

早在淝水之战前，长期被琅邪王氏、谯国桓氏等豪强士族把持朝政，司马家族成员作为皇帝甚至被随意废黜的惨痛记忆，一直让司马家族忧虑重重，因此面对淝水之战后崛起的强盛的陈郡谢氏，一直对世家大族怀有戒心的司马家族，也利用会稽王司马道子等人加以制衡。

面对皇权的猜忌，作为谯国桓氏的成员，有一次性格放纵的桓伊在东晋孝武帝面前抚筝，哀怨唱出曹植的诗：

> 为君既不易，为臣良独难。
>
> 忠信事不显，乃有见疑患。
>
> 周公佐成王，金滕功不刊。
>
> 推心辅王室，二叔反流言。

作为同样被猜忌提防的世家大族成员，桓伊故意以西周时期周公旦的典故唱出世家大族当时的艰难处境，当桓伊一曲终了时，座席上的谢安泪流满面，特地走过来跟桓伊说："足下不同于常人！"

淝水之战后两年，东晋太元十年（385），遭遇皇权猜忌和各个世家大族围攻的谢安主动交出权力，自请移镇广陵，当年，66 岁的谢安在被猜忌疑虑中去世。

而作为北府兵创办人的谢玄，也自请离开军事前线，转赴浙江担任"散骑常侍、左将军、会稽内史"的闲职，谢安去世后三年，东晋太元十三年（388），作为淝水之战的实际指挥人，一度将汉人兵锋重新推进到黄河北岸，甚至收复了部分黄河北岸沦陷国土的谢玄，最终也在猜忌和抑郁中去世，年仅 46 岁。

后来，谢玄的孙子和王羲之的外孙，已经进入南朝的谢灵运在《山居赋》中，回忆自己的家族史时写道："余祖车骑（谢玄）建大功淮（河）、淝（水），江左得免横流之祸，后及太傅（谢安）既薨，远图已辍，于是便求解驾东归，以避君侧之乱。废兴隐显，当是贤达之心，故选神丽之所，以申高栖之意。经始山川，实基于此。"

在淝水之战中建立不世伟业、已经"功高震主"的陈郡谢氏，不得已选择了远迁避祸，以保全宗族，这其中，实在是有难以言说的血泪苦衷。

4

尽管家族权势从巅峰陨落，但急流勇退的谢安，也为保全谢氏家族竭尽全力并做出了榜样。

对于琅邪王氏、陈郡谢氏等中古世家为何能绵延兴旺数百年之久，现当代史学家钱穆曾经总结说："一个大门第，决非全赖于外在之权势与财力，而能保泰持盈达于数百年之久；更非清虚与奢汰，所能使闺门雍睦，子弟循谨，维持此门户于不衰。当时极重家教门风，孝弟妇德，皆从两汉儒学传来。"

在三国时代曾经出过儒学家谢衡的陈郡谢氏，对家族子弟教育始终倾尽全力，对此，作为陈郡谢氏崛起的关键人物，谢安对于家族子弟教育就不遗余力，且极费心机，淝水之战的统兵大将谢玄在年少时也喜好奢侈、把玩香囊，叔父谢安看在眼里急在心里，但谢安却不强硬呵斥，而是跟谢玄以游戏打赌，将谢玄的香囊全部赢了过来然后烧掉，以此来警醒家族子弟切勿玩物丧志。

也正是由于谢安等人的勉力教导，因此外表崇尚玄学、内里以儒学为根基，"外玄内儒"的陈郡谢氏，最终得以在历史的横流中延续兴盛达200年之久。

当代史学家田余庆则评价陈郡谢氏的生存之道说："谢氏在东晋，不凭挟主之威，不以外戚苟进，不借强枝压干。"正是这种内敛、冲淡的政治和处世风格，最终使得陈郡谢氏名传千古。

在两晋南北朝的世家大族中，琅邪王氏的王敦、谯国桓氏的桓温等人都曾经功高震主，并且一度图谋自立，而外戚出身的颍川庾氏的庾亮兄弟则没有能力却硬在其位，以致最终败落遗恨，只有取得不世功名的谢安急流勇退，为陈郡谢氏开了个好头，也因此，陈郡谢氏最终在淝水之战后，盖过谯国桓氏、高平郗氏、颍川庾氏等传统世家大族，成为与琅邪王氏比肩齐名的名门望族。

对此，唐代史学家李延寿评价说："谢氏自晋以降，雅道相传。"意思是说，陈郡谢氏的人物，既有率性风流的一面，也有专心世务、拘于礼法的一面，由此才得以成为世家大族、历经200多年兴盛时光，否则早就像谯国桓氏、高平郗氏、颍川庾氏等家族一样沦于败落。

5

但自古贵族世家生存不易，陈郡谢氏不仅面临着来自高层的压力，也面临着来自底层的反抗，如果说在政治斗争中谢安还可以保全宗族，但是在底层民众的叛乱起义中，作为世家大族的代表，陈郡谢氏也遭遇了惨痛的屠戮。

东晋安帝隆安三年（399），浙江爆发了有五斗米教背景的孙恩卢循之乱，与东汉末年的黄巾起义相似，叛乱民军也将贵族世家作为推翻东晋统治的重点攻击对象。

叛乱爆发后，东晋朝廷派出谢安的儿子谢琰，以及谢琰的两个儿子谢肇和谢峻前往镇压义军，不料父子三人反被义军杀害，在这场历时12年之久的孙恩卢循之乱中，吴兴太守谢邈、南康公谢明慧、黄门侍郎谢冲等谢氏子弟也前后遇害，于是，在当家人谢安、谢玄去世之后，谢氏家族在这场民乱中被底层民众当作重点攻击清除对象，家族势力遭到严重削弱。

孙恩卢循之乱后，东晋内部政局更加不稳，就在叛乱还没完全平定时，东晋大亨元年（403），权臣桓温的儿子桓玄直接威逼晋安帝禅位，在建康（南京）建立桓楚政权，在这场变乱中，北府兵出身的刘裕势力逐渐壮大，走上了历史的舞台。

在刘裕崛起的过程中，谢氏家族部分成员则错误站队，在刘裕与另一位将领刘毅的争斗中投靠刘毅，以致最终当到尚书左仆射的谢混等陈郡谢氏族人，纷纷被刘裕以"党同刘毅"的罪名处死。

当时，砍柴、种地、打鱼和卖草鞋出身的刘裕，象征着南北朝时期庶族的崛起，但部分世家大族却没有认清形势，例如太原王氏就因为自恃门第被刘裕诛杀，反抗北府兵集团的渤海刁氏除刁雍一人北逃外，也全部被杀，在终于看清形势后，陈郡谢氏与琅邪王氏一起，在改朝换代中，选择了投靠新崛起的寒门皇帝、建立刘宋政权的刘裕。

刘裕在公元402年代晋自立、建立刘宋后，为了拉拢北府兵的创建者陈郡谢氏，一度重用谢氏家族的谢晦等人，刘裕临死时，谢晦还与徐羡之、傅亮等人一起成为受命托孤的顾命大臣。

鉴于自己家族在与皇权斗争中的惨痛经历，谢晦的哥哥谢瞻一直明哲保身，他一再规劝自己的弟弟谢晦："吾家以素退为业，汝遂势倾朝野，此岂门户福邪？""若处贵而能遗权，斯则非不得而生，倾危无因而至。君子以明哲保身，其在此乎！"

当时的统治者刘裕父子一方面要利用作为世家大族代表的谢氏家族，另一方面又始终担心作为北府兵创建者的谢氏家族，会利用自己的家族影响力干涉政局，对此隔岸观火的谢瞻，心里很是明白陈郡谢氏的危险处境，就在自己临死前，谢瞻还特别给谢晦写信说，要学习宗族的先祖谢安、谢玄等人急流勇退："吾得归骨山足，亦何所多恨。弟思自勉，为国为家。"

此外，当看到自己的族弟、著名诗人谢灵运太过狂妄放纵时，谢瞻还经常劝诫他一定要明哲保身。

但作为名震天下的陈郡谢氏子孙，谢晦始终汲汲于振显家族的功名，到了元嘉三年（426）刘宋孝文帝时期，手握重兵的谢晦最终被杀，年仅37岁。就在临死前，谢晦想起了哥哥谢瞻多年前的苦劝，特地赋诗一首说：

> 功遂侔昔人，保退无智力。
> 既涉太行险，斯路信难陟。

在谢晦事件中，谢氏家族损失惨重，谢世休、谢曜、谢世平、谢绍、谢遁、谢世基、谢世猷等谢氏族人也惨遭屠戮，对此，谢晦的侄子谢世基在临刑时写诗说：

> 伟哉横海鳞，壮矣垂天翼。
> 一旦失风水，翻为蝼蚁食。

在诗中，谢世基以"横海鳞""垂天翼"自比谢氏家族往日的辉煌，但随着东晋末期开始到南朝时皇权的日益强大，世家大族已难再一手遮天，在"失风水"，反为寒门出身的刘裕子孙所屠戮之际，谢世基不禁感慨万分。

由此可以清楚看到，面对寒门庶族的崛起，曹魏两晋时期的世家大族势力，已经无力对抗、渐趋没落。

6

谢晦被杀后7年，元嘉十年（433），高傲放纵、自谓"才高八斗"、中国山水田园诗开创者之一的谢灵运，也被宋文帝刘义隆以"叛逆"罪名，下令杀害于流放地广州，死时年仅47岁。

而与谢晦一样，谢灵运临死前，不知道是否也曾想起族兄谢瞻的苦心劝诫。作为陈郡谢氏子弟，不甘平凡、渴望出人头地的谢灵运不明白的是，属于世家大族的时代正在没落，他们不明白的是，对于日益崛起的庶族统治者来说，无法认清形势的世家大族子弟，往往只有死路一条。

此后，与谢灵运一起被称为"大小谢"的诗人谢朓，也于南齐东昏侯永元元年（499）遭始安王萧遥光诬陷，最终死于狱中，年仅36岁。

此后到了南朝末期的梁朝、陈朝时，家族名人辈出、闪烁《晋书》的陈郡谢氏，基本毫无建树，仅仅是守成而已，而在从公元548年至552年历时4年的侯景之乱中，陈郡谢氏更是死的死、散的散，家族最后的血脉和元气几乎消亡殆尽，到了南朝最后一个朝代陈朝时，陈郡谢氏入选《陈书》的更是只有 3 人而已，已经接近完全衰落。

到了陈朝时，陈朝皇族始兴王陈叔陵为了给母亲找个风水墓穴，竟然直接将作为陈郡谢氏代表人物的谢安的墓地铲除，面对这种亵渎先祖的暴行，当时，陈郡谢氏的子孙甚至衰弱到没有任何人敢发声抗诉。

作为曾经与琅邪王氏并称的陈郡谢氏，历经从东晋至南朝末年的 200 多年风雨，至此彻底走向了陨落。到了中唐时期，诗人刘禹锡（772—842）特地写了《乌衣巷》一诗，缅怀已经或即将陨落的王谢两大世家。

世家大族，百年风流，最终归于黄尘。

沐王府：统治云南300年的传奇家族

元朝末年，兵荒马乱。

一个8岁孩子的家，毁于无情的战火之中，他唯一可以依靠的母亲也在逃难时病故。无家可归的他，只能流浪在濠州城中，靠乞讨为生。战乱和饥荒，随时会夺走孤儿的生命。

朱元璋难以忘记，第一眼见到那孩子的情景。那一年，25岁的朱元璋还是一个打工仔，刚加入郭子兴的红巾军，做了郭家的上门女婿，尚无儿女，也没有自己的军队。朱元璋和妻子马氏决定，将这个孩子收为养子。朱元璋是苦孩子出身，曾在淮西一带孤苦流浪，在乱世之中九死一生，自己好歹还有个小名重八，可这孩子连姓名都没有。

从那一天起，他就叫朱文英。朱元璋对这个养子视如己出。多年以后，定鼎中原的他回忆往事，仍饱含深情地说："朕怜其孤且幼，特抚育如儿，夜卧同榻，数番鼾睡于朕怀。"朱元璋将人生的第一份父爱，给予了这个孑然无依的孤儿。

1

朱文英在养父的抚养教导下，渐渐成长为军中一员大将，18岁便随军出征。在开创大明王朝的战争中，朱元璋的养子朱文英、李文忠等冲锋陷阵，屡立战功，堪称其心腹大将。洪武初年，朱文英被任命为大都督府金事。年纪轻轻就在全国最高军事机构担任要职，可见他深得朱元璋信任。

可在平定天下后，朱元璋已经儿女成群，自然要将江山传给血缘维系的后世子孙，皇室家族将不再有养子们的席位。

洪武元年（1368），朱元璋向朱文英摊牌，他问，朱文英，你到底是谁的儿子？

朱文英早已忘记亲生父母的姓名和容貌，只好说，自己就是陛下的儿子，沐陛下、母后圣恩如天地。朱元璋反复地问，朱文英就一个劲地磕头，重复这句话。

毕竟是自己一手带大的孩子，朱元璋听了也很感动，可养子身上流的不是自己的血，一定要他恢复原姓，就从这句话中取一个"沐"字，赐为沐姓。

从那一天起，他就叫沐英。

比起一些曾经同甘共苦的开国功臣，沐英无疑是幸运的。朱元璋不仅没有对他心存猜忌、赶尽杀绝，还让沐英家族成为明代唯一世守封疆的公侯，守护大明王朝3个世纪。

2

洪武十四年（1381），朱元璋派傅友德、蓝玉和沐英三员大将率领30万精兵，平定云南的残元势力。当时统治云南的是元朝梁王，名字特拗口，叫作把匝剌瓦尔密。

元梁王自恃云南山高地险，且手下有十几万军队屯驻于军事重镇曲靖，明军不敢轻易进攻，以为自己还能享几年清福。不承想，明军仅用了100多天的时间，就从湖南、四川等地打到了昆明，之后又乘胜追击，征讨大理，各地关隘接连失守，云南土著居民望风而降。

曲靖之战时，正是沐英向主帅傅友德献计："元军以为我军疲于长途奔袭，尚未严阵以待，此时我军若突击前进，攻其不备，必定可以将其击破。这正是陛下所说的'出奇取胜'战术。"傅友德听从沐英的建议，对元军阵地展开猛烈攻势。元军果然迅速溃败，仅曲靖一战就被俘2万多人。

元军大败，元梁王万念俱灰之际，带着妻儿老小乘舟逃入滇池。这位名字难念的梁王做人却很简单粗暴，在缢死其爱妃后，对随从们说："我宗室，无降理。"之后，他饮鸩自杀，为元朝尽忠。

在进攻大理时，沐英身先士卒，策马渡河，水没马腹也毫不退缩，将士们深深折服，紧跟其后，没有一个士卒敢落后。

洪武十五年（1382），云南全境平定。明朝在云南设置都指挥使司、布政使司，分云南为五十二府、六十三州、五十四县，置卫、所，建立了完整的行政系统。朱元璋还迁移了一批中原大姓到云南，当时，江南巨族富民一有犯法的就被他遣戍云南，以此充实云南人口。据明代《三迤随笔》记载，明军初平云南时，当地人口只有7万多户，此后从江南、中原等地迁来的商贾士民多达20万户。

如此一来，朱元璋有了新的烦恼。

在给沐英等三将的敕谕中，朱元璋既为他们的工作业绩感到满意，又道出自己内心的担忧："自将军南征，大军所至，势如破竹，蛮獠之地，次第底平。朕观自古云南诸夷，叛服不常，盖以其地险而远，其民富而狠也。驯服之道，以宽猛适宜。"朱元璋并非杞人忧天，云南远在千里之遥，地盘打下来，总要派人管理。

此时，明朝迫切需要选派一个"名臣重望者"镇守云南，执行中央的政策。这个人选，与朱家有着特殊关系的沐英再合适不过了。明军班师时，朱元璋特命沐英留下，镇守云南，这一特殊的任命将改变一个家族的命运。

平滇后的第二年，沐英入京。朱元璋关切地问："官云南苦否？"

沐英从容答道："云南不苦，四季如春，冬不穿袄，夏至温和。那里溪水清凉可口，喝多了也不会肚子痛。不过，臣还记得，打大理那天早上，将士心切，置生死于不顾，有百余将士打完仗后拉了一裤的稀。"朱元璋大笑，果然还是"儿子"靠得住。

云南，就交给你了。

从洪武十六年（1383），西平侯沐英镇守云南，到顺治四年（1647），孙可望、李定国等率大西军余部入滇的200多年间，沐氏家族12世16人，袭封黔国公、云南总兵官，掌握着云南的军政大权，几乎与明朝相始终。

《剑桥中国史》曾如此概括明朝对云南的特殊治理方式："像西南其他省份一样，云南采用通常的省、府和州县的民政机构与世袭的土司和宣慰司相结合的治理办法。与这两种体制相平行的，是沐家的军事体制和广大的庄园……这个家族的声望一直很高，它的权势是没有争议的，历代黔国公是明朝唯一持续掌握实际领土权力的勋臣。"

3

沐英初入滇时，各地土司豪酋时常发动叛乱。沐英一手要进行建设，办学校、课农桑、疏浚水道，另一手还要带兵平叛，在云南各族人民中建立威信。

在征讨当地土司时，沐英曾面对上百头大象的围攻，由于火药装填太慢，明军先进的火器一时难以御敌。

身经百战的沐英便发明了著名的"三段击"战术，将擅长火器和弓箭的士卒进行混编，分成前后三队，下令："今日之事，有进无退。"大象逼近时，第一队的士兵集中射击，之后退到队伍后装填弹药，第二队、第三队相继跟上。火炮劲弩齐发，土司的象兵损失惨重，连连败退。沐英在这一战中生擒了37头大象，都够开几家动物园了。几番征战，云南土司被沐英管得服服帖帖。

随着云南人口增多，吃饭成了问题。沐英为此在云南大力发展屯田，他曾上疏朱元璋："云南地广，宜置屯田，令军士开耕，以备储蓄。"沐英命军士一边戍守，一边屯田，从江南、中原等地迁来的大批人口也加入其中，此后10年间，在云南屯田总数达百万余亩。到宣德年间，云南官员上奏，云南的粮食已经完全满足军需，还有大量盈余。

史书记载，沐英为人宽宏沉毅，居贵不骄，没有什么不良爱好，唯独喜欢养马，将马称为"昵友"，爱宠物之心丝毫不逊色于当代"猫奴"。沐英主政云南期间，多设马场，大力推行马政。有明一代，云南马场的战马储备充足，还大量输送到省外，为明朝的军备作出了很大贡献。

除此之外，沐英还组织云南军民疏浚河道、兴修水利，招揽商人入滇，发展商业，选拔儒生，增设府、州、县学达几十所。这也难怪朱元璋在听到养子在云南的政绩后，夸赞道："使我高枕无南顾之忧者，沐英也。"

沐英将人生最后的10年献给了这片土地，直至耗尽生命。洪武二十五年（1392），与沐英感情深厚的太子朱标突然去世，沐英伤心欲绝，哭到呕血，最终在云南病逝。消息传来，朱元璋悲恸不已，命沐英长子沐春奉枢至京师，追封沐英为黔宁王。一路上，当地"官僚、士庶、胥吏、卒伍、缁黄、髫白，莫不奔号其门、泣语于路"，"云南父老、蛮夷酋长，莫不流涕请立庙"，为沐英号泣送葬的人多达数万。

沐英死后，其子沐春、沐晟先后接任镇守之职。沐春上任前，朝中群臣提出，应该先"试职"，以观察其是否称职。朱元璋立马翻脸，说："儿，我家人，勿试也。"随后命沐春走马上任。

沐英骤然离世，朱元璋唯恐西南生变，好几次当着朝臣的面叹息。可是，沐英的儿子们继承父志，在上任后依旧将云南打理得井井有条，政绩不亚于其父。朱元璋看了云南来的奏疏后，心情顿时舒畅，说："西南得人，朕无忧矣！"

4

天高皇帝远，沐英家族作为封镇一方的诸侯，手握一个世袭的"肥差"，日子过得美滋滋，鼎盛时期"珍宝金贝充物库藏，几敌天府"。最终摧毁沐家的，正是这样一个富足安逸的环境。

自沐英次子沐晟受封黔国公后，随着岁月流逝，沐家逐渐走下坡路，沐英后人耽于享乐，腐败堕落，不思进取。沐王府害民敛财、骚扰地方、奸淫亲嫂、谋兄财产之类的丑闻屡见不鲜，放在今天也许可以经常上《今日说法》。

隆庆五年（1571），朝廷处分了为非作歹的沐英八世孙沐朝弼不久后，派邹应龙出任云南巡抚，整治勋旧违法乱纪的现象。邹应龙因弹劾严嵩、严世蕃父子而天下闻名，这位能臣刚上任就接到一桩陈年旧案。云南府城近郊两个小村庄的村民共 92人，控告沐氏勋贵霸占水源，勒索村民，而且这一情况已经持续 40 多年。

40 多年来，云南布政司官员不敢得罪沐家，以至于此案积压多年，村民反复告状都无人审理。邹应龙雷厉风行，马上展开调查，发现村民所控属实。于是做出公正裁决，按沐家田庄和民田的实际用水量，开出宽窄两道水沟，立下界石，不准沐家多占。

为了防止沐家耍赖，邹应龙还特意命知县撰文刻于碑上。一旦再起争端，村民可以"印碑赴告"，不用害怕沐家的权势。邹应龙这么秉公执法的地方官实属少见，大部分官员对沐家的不法行为只能睁一只眼，闭一只眼，毕竟沐家手里可还掌握着军权。

崇祯年间，徐霞客游历到云南，曾记载一桩沐家家奴肆意欺凌百姓，激起公愤的案件。

案发后，巡按余瑊公正无私，迅速将这名家奴逮捕。可还没等审案，怒不可遏的沐英十世孙、黔国公沐启元就带着一支军队包围了巡按公署，还调集火炮进行威胁，并抓来数十个官吏进行毒打。

余瑊慌了，又不敢反抗，只好上奏朝廷，请求调停。蛮横无理的沐启元根本不把朝廷旨意放在眼里，更加无法无天，几乎要把官署炸了。沐启元的母亲宋夫人担心儿子惹祸连累全族，哭了三天三夜后，狠心将沐启元毒死，由他年幼的儿子沐天波袭爵，事件才没有进一步恶化。

崇祯元年（1628），年仅 10 岁的沐英十一世孙沐天波因家庭变故，被扶上黔国公之位。这个髫年无知的末代黔国公，接过的是祖祖辈辈留下的烂摊子，要面对的，是沐王府即将走向灭亡的命运。

5

崇祯十七年（1644），大明王朝迎来末日，又是一个乱世。张献忠的大西军在四川声势浩大，引发云南、贵州两省官民恐慌，也让沐天波心急火燎。为抵御大西军，沐天波派遣武定参将李大赟到前线布防。

这个李大赟，胸无大志，还有勇无谋，经常跟隔壁的元谋土司吾必奎闹矛盾。此次出兵，就顺便侵袭吾必奎的领地。吾必奎不是好惹的，一怒之下竟然起兵叛乱，说皇帝都没了，哪还有什么黔国公，于是引发了一系列连锁反应。吾必奎叛乱后，沐天波和云南巡抚传檄各土司讨伐吾必奎，却没想到，参与围剿的土司中有一个图谋不轨的野心家——沙定洲。

蒙自土司沙定洲一直垂涎沐王府的财富，每次沐天波的门客跟他夸耀沐家金银财宝之多，他哈喇子都快流一地了。

沐家到底多有钱？据统计，到万历三十九年（1611），经过多年的巧取豪夺，沐府庄田已经有 8000 余顷，约占当时云南田地的三分之一。沐府中的珍宝更是让人眼花缭乱："石青、朱砂、珍珠、名宝、落红、琥珀、马蹄、紫金，装以细筏箧。每箧五十斤，藏于高板库。每库五十箧，共二百五十库，他物称是。八宝黄龙伞一百四十执。"

当沙定洲的军队到达昆明城外时，吾必奎的叛军已被消灭。可沙定洲非但不肯撤兵，反而里应外合，趁着城防空虚攻入城中，率部对家资富厚的沐王府进行劫掠。

沐天波这才知道自己引狼入室，但为时已晚，只好听信属下谗言，一个劲往城外跑。沐天波的母亲陈氏和妻子焦氏来不及逃跑，决心赴死，说："吾辈皆命妇，不可为贱污。"说罢，与其余未能逃走的家人举火自焚而死。

沐府的军队本来还在跟沙定洲所部展开巷战，一听说沐天波已经逃走了，纷纷作鸟兽散。不得民心的沐家，早已不复昔日威名。沙定洲轻而易举地占据昆明，以及沐府的所有财宝。

6

之前，一同被派往围剿吾必奎的土司，还有石屏土司龙在田。龙在田和张献忠的养子孙可望素有交情。张献忠死后，大西军余部由孙可望、李定国等人率领，已进军贵州。龙在田便派人抄小路去见孙可望，请大西军为沐家报仇，说："借大义来讨伐贼寇，全省可定也。"

孙可望就诈称沐天波的小舅子请兵复仇，派李定国带领大西军攻入云南。沙定洲本来就只有三脚猫功夫，遇上李定国这级别的名将，只能被按在地上摩擦，没过多久就被抓回昆明处死。史书记载，"定洲据省城逐黔国，流毒两迤，先后死难者三十余万人"。沙定洲的叛乱历时近3年，在他盘踞昆明期间，云南死于战乱的百姓达30多万人，无数生民被卷入战乱的漩涡中。

叛乱平定后，云南巡抚吴兆云亲自迎接大西军进城，昆明老百姓还在门外设香案，表示热烈欢迎。孙可望写信给沐天波，让他放心回城，仍以勋贵之礼优待。当然，云南的军政大权，从此就不再属于沐家了。

顺治六年（1649）的元宵节，昆明城中张灯结彩，一如往年，呈现出一片和平的假象，似乎没有人记得大明亡了，也没有人在乎统治云南的到底是谁。

这座城，多了一个伤心的人。

不久之后，另一个伤心的人也来到云南。

顺治十三年（1656），李定国与老大哥孙可望决裂，擅自从安龙迎接南明永历帝入滇。沐天波因世代功勋，成了名义上的百官之首，表面上很风光，实际上不过是一个光杆司令。此时，清朝大军正向云南浩浩荡荡涌来，云南的残兵无力抵抗清军的攻势，心力交瘁的李定国也不复当年之勇。

败局已定，沐天波与永历帝再度踏上逃亡之路，一路南下到缅甸，请求避难。进入缅甸后，素来敬重沐王府的声望的缅甸人，一听说威震一方的黔国公来了，纷纷前来参拜。沐天波感受到沐英家族的最后一丝荣耀，紧接着的是缅甸王室对他的羞辱。

永历帝一行人在缅甸漂泊期间，夜郎自大的缅甸王态度越来越恶劣。最后，南明君臣竟沦为客囚，受尽屈辱。

缅甸有个风俗，每年八月十五要求属国前去朝贺。缅甸王逼迫沐天波到场，命他以臣属的身份朝贺，以此在其他小国面前炫耀。按照惯例，沐氏除了镇守云南外，还要负责与周边藩属国打交道，可谓地位尊贵。小国见了历代黔国公还得点头哈腰，不敢轻易得罪。如今，缅甸王狂妄自大地显摆，看，当年镇守云南的黔国公也只能跪在我的脚下。

顺治十八年（1661）七月，当吴三桂大军向缅甸索要永历帝，并声称要过江屠城时，欺软怕硬的缅甸王不敢违抗，只好把永历帝出卖了。缅甸王就跟南明君臣撒了个谎，请永历帝渡河，同饮咒水盟誓。这是表达双方友好的一个仪式。

永历帝知道其中有诈，可客随主便，无奈之下让沐天波等官员作为代表前去赴约。沐天波等人一到场，缅甸埋伏的士兵一齐杀出，将南明官员团团包围。善使流星锤的沐天波还殊死抵抗，击杀了 10 余个缅甸兵后才遇害。周围的南明官员见状，也纷纷拿起木棒，或夺士兵之刀反击。最终，在场的南明官员全部遇难。

畏惧清军的缅甸王将孤立无援的永历帝献上，送往云南。永历帝最终成为吴三桂向清朝献媚的"工具"，死于这个明朝叛臣之手。攻入云南的吴三桂为巩固统治，疯狂地追杀沐氏家族的其余成员。

一个统治了云南 3 个世纪，曾经煊赫一时的传奇家族，就此烟消云散。

传奇商帮

鄱阳湖大战后 500 年：江西商帮的兴衰

1363 年，中世纪世界规模最大的一场水战，发生在江西的鄱阳湖，史称"鄱阳湖大战"。朱元璋以 20 万兵力，迎战陈友谅的 60 万大军，最终以少胜多，创造了战争史上的一个奇迹。此战，朱元璋的胜利对中国历史走向意义重大：不但为接下来统一江南奠定了基础，而且为以后的北伐南征和攻灭元朝、统一全国，创造了极其有利的条件。

而鄱阳湖大战的发生地——江西，从此纳入朱元璋集团势力范围，并成为其核心要地，是朱元璋南征北战的战略大后方。按照军师刘基的建议，朱元璋在打败陈友谅之后，采取了"一心两线"的作战策略，"一心"即以江西、湖广等地为根据地和中心，"两线"则是兵分两路，一路向北沿江苏、山东而上，一路向南顺福建、两广而下。

从 1351 年红巾军起义开始，长江以北地区受频繁的战乱影响，人口锐减，经济凋敝。江西虽然经过鄱阳湖大战，但一战而定，经济条件尚好，为朱元璋南征北战提供了坚实的后勤保障。后来，北伐虽然从南京出发，但军需却仰仗于江西。明朝进军河南、山西和西南，都以江西为基地。

江西，成为明朝设置的第一个行省。随着明朝军队的出战和推进，江西开始了史上第一次大规模对外移民。江西人一方面随军供应军需物资，跟着朱元璋打天下，另一方面为饱受战乱的地区带去了生活必需品，发展成遍布各地的商人。

史学家说，江西商帮应该是明清以来中国的第一个商帮。

1

江西商帮（赣商），在历史上被称为"江右商帮"。尽管关于"中国十大商帮"仍有不同说法，但江右商帮必定榜上有名，最辉煌的时期，江右商帮与晋商、徽商鼎足而立，是天下最具影响力的三大商帮之一。

如今的江西，论经济实力，在中国的版图内没有什么存在感。但历史上，尤其是唐宋以后，江西却一直是中国人文最发达、经济最繁荣的区域之一，是江南地区的核心组成部分。

安史之乱后，中国的文化和经济重心一并开始南移。最先承接并实现崛起的南方区域，就包括江西。北人南渡，江西是非常重要的一站，而且由于历史上江西战乱较少，人口存量和经济成果得到较好的保存。历史的机遇层层叠加，造就了江西的繁华兴盛。

我们今天熟知的"唐宋八大家"中，有 3 个是江西人。江西的人文成就，一直延续到近代。特别是在明朝开国后的前 100 年间，江西是全国出进士最多的省份。整个明朝 276 年，江西籍进士总数则位列全国第二。

而文化与经济总是相互成就，类似一枚硬币的两面。在江西人才辈出、文化璀璨的背面，是其经济的高度发展。

今天的景德镇，在唐宋隶属于浮梁县，当时那里出产的瓷器和茶叶已经非常有名。手工业发展，刺激了商业兴起。南宋人汪肩吾说，浮梁之民，"富则为商，巧则为工……士与工商，皆出四方以就利……其货之大者，摘叶为茗，伐楮为纸，坯土为器，自行就荆湖吴越间，为国家利。其余纺织布帛，负贩往来，盖其小者耳"。

到朱元璋建都南京，战后百废待兴，江西人利用本土丰富的物产和手工业制品，开始了以利益为驱动的促进国家经济复兴的行动，俗称"经商""做生意"。当时，社会上就有"无江（西）不成市"的说法。连一向富饶的江苏，自产的粮食都曾不够本地食用，要从江西调运粮食，"三日不见赣粮船，市上就要闹粮荒"。

在明朝四处征战、统一中国的日子里，江西人随着军队遍布全国，并开启了向外移民的新征程。根据历史学者方志远的研究，1290 年（元至元二十七年），江西人口 1370 万；1391 年（明洪武二十四年），江西人口剩下 810 万。在 100 年里，锐减500 多万人，相当于减少了 40% 的人口。但从全国范围看，这 100 年间的人口基本持平，独独江西人口锐减，为什么？一个主要原因，就是人口外流，大量的江西人流向了湖广、河南、四川和云贵等地。历史上的"江西填湖广"，主要就发生在明初。据估算，明初江西对湖南的移民，占湖南总人口的 1/4 左右。在湖北，明初涌入近百万移民，江西籍移民就占了约 70 万人。

中国历史上的内部移民潮，虽然存在政策引导和强制性问题，背后有无数的苦难和离合，但人地比始终是第一诱因。哪里人多地少，哪里就是人口流出地；哪里地广人稀，哪里就是人口输入地。"江西填湖广"就是一次典型的移民潮，人口从经济发达区域，流向经济落后区域。

这些江西籍移民中，大部分人都是穷苦出身，其中不少人选择了从商。"一个包袱一把伞，跑到湖南当老板"的民间俗语，说的就是江西商人。所以，方志远说，江西商帮的兴起，是流民运动的产物。

2

中国历史上的著名商帮，兴起历程都与政治密切相关：要么像晋商、徽商一样贴近政治，官商联合，获取垄断利益；要么像粤商、闽商一样对抗政治，铤而走险，以走私贸易起家。江西商帮的经营之道，却另有不同。

尽管是伴随明朝立国的整个过程而兴起，但江西商帮在政治上从未与"红顶商帮"沾边。而且，明朝官场上，江西人是一支举足轻重的政治力量，有"朝士半江西"的说法，然而，江西商帮也绝少传出政商勾结的传闻。

江西商帮的人数之多、经营领域之多、分布范围之广，在所有传统商帮中首屈一指。对江西人来说，经商如同种地，是脱贫的一种手段。万历《南昌府志》说，南昌"商贾工技之流，视他邑之多，无论秦蜀齐楚闽粤，视若比邻，浮海居夷，流落忘归者十常四五"。崇祯《清江县志》也说，清江县（今江西樟树）"俗多商贾，或弃妻子徙步数千里，甚有家于外者，粤吴滇黔，无不至焉，其客楚尤多，穷家子自十岁以上即驱之出，虽老不休"。整个晚明，江西人的经商意识相当浓厚，有些地方的风气已经接近今天的全民创业氛围。

由于是穷苦人家打拼的一种方式，江西商帮推崇草根创业，小富即安，很少出大富商。他们对政治始终保持距离，虽然善于利用政策，但绝少涉足勾结政治的特权领域，或者对抗政治的灰色领域。总体来说，江西商人是传统中国最安分守法的商人群体——只在政策允许的范围内做买卖。

明清两朝，有很长的时间实行海禁政策。针对海禁政策，不同地方的人有不同的应对方法：闽、粤等沿海商人以对抗的姿态，崛起为走私海商集团；而江西商人以守法的姿态，利用本省的交通优势，发展到赣商的历史巅峰状态。

明朝朝贡贸易的市舶司仅有宁波、泉州、广州 3 处，而且 3 个市舶司分别对应固定的外贸国家。由于所谓的"倭寇之乱"，实际上最为通畅的通商口岸仅有广州。到乾隆二十二年（1757），清朝实行独口通商政策，以广州为唯一的对外通商口岸。江西省内以鄱阳湖—赣江为中心，形成了四通八达的水路，在海运和铁路崛起之前的五六百年间，始终处于交通核心大省的位置。在北京—大运河—长江—赣江—大庾岭（北江）—广州这条长达 3000 公里的南北黄金水道上，流经江西境内的有 1000 公里左右，占到了总贸易通道的 1/3。通过水路运输，江西商人一方面将本省景德镇的瓷器、长江三角洲的丝绸、闽浙的茶叶等"外贸三大宗"运往广州供出口；另一方面在王朝内部从事大规模的贸易往来，将本省的大米、木材、纸张、药材、夏布等南调北运。

如今看起来交通相对闭塞的江西，在明清时代的人眼里，全省都是"水上高速公路"。以木材为例，江西抚州、赣南出大木，砍伐后运入赣江，溯流而下，就能一路漂浮到鄱阳湖，经九江，入长江，一路东下转销江南，或入大运河运往华北。

明朝中后期至清代前期，江西商业繁荣，沿着水路形成樟树、景德、吴城、河口四大著名商镇。樟树药商与京帮、川帮，并称全国三大药帮。

江西商帮的影响力持续扩大。除了堪称半个江西主场的湖广，西南也是江西商人活动的主要地区，当时的云贵，人称"非江右商贾侨居之，则不成其地"。东南沿海的闽、粤两省，江西商人也是一支重要力量，尤其是福建武夷茶的加工贸易，几乎清一色的江西人。在北方，河南官员曾经因为江西商帮势力太大，出于地方保护主义，要求朝廷驱逐江西商人。都城北京，按照明嘉靖时人张瀚的说法，"今天下财货聚于京师，而半产于东南，故百工技艺之人亦多出于东南，江右为夥，浙（江）、（南）直次之，闽粤又次之"。可见，江西商帮是人数最多的。

重读江西商帮的发展史，对比中国十大商帮的其他商帮，很容易发现江西商人独特的气质。在其他商帮通过垄断贸易、特权贸易、违法贸易造就巨商富贾的时候，只有江西人依靠合法合规的小生意，打下了一片天地。

19 世纪末，德国地质学家李希霍芬到中国游历，他后来在书中写到对江西人的观感："江西人与邻省的湖南人明显不同，几乎没有军事倾向，在小商业方面有很高的天分和偏爱，掌握长江中下游地区的大部分小商业。湖南人没有商人，而军事思想十分突出。江西则缺乏军事精神，取而代之的是对计算的兴趣和追求利益的念头发达……"这个观感是准确的，通过与湖南人的对比，更加彰显了江西人的商业头脑和商业模式。有人用"蚂蚁精神"形容江西商人，也很贴切。

因为都是非垄断行业的小本生意，江西商帮几乎没有出过具备全国性影响力的商业领袖。偶尔有一两个商业巨头，也不是在江西人最擅长的商业领域冒出头。比如清初的李宜民、清末民初的周扶九，其实都是大盐商，在徽商擅长的领域驰骋。

明万历时人谢肇淛说，天下商帮，新安（徽州）与江右（江西）是两大帮，"然新安多富，而江右多贫者"。意思是，徽商资本雄厚，多富商大贾，而江西商人都是小本买卖，以贫困起家，资本微薄。

可以说，在前现代，江西商帮已把小商业做到了极致，但也为后来的衰落埋下了伏笔。

3

传统的皇权体制，是自由商业活动的敌人，这决定了所有商帮的宿命都是走向衰亡，只是有的早一些，有的晚一些。缺乏大资本支撑和垄断特权加持的江西商帮，在时代的碾压下，最早走上了下坡路。

明朝中后期，晋商、徽商等特权商帮强势崛起后，就开始了对江西商帮商业地盘的争夺。后者很快在一些商业领域"缴械投降"，比如在茶叶市场。江西本地产茶，明代主要由江西商人经销，而到了清初，江西传统产茶区的浮梁茶已由徽商垄断。福建武夷茶最早都是江西商人在主导加工和贸易，到清朝后期，武夷茶已操纵在晋商手里。茶叶这一大宗买卖，此后几乎不见江西商帮的身影。

但最致命的，不是国内商帮的竞争，而是时运的流逝。

鸦片战争以后，中国的政治、经济格局发生了千年未有的巨变。对江西商帮最直接的影响，是国内外贸易商道的转换。原来的一口通商，变成五口通商，对外开放城市口岸此后还陆续增加。江西商帮赖以崛起的南北黄金水道，变成了以长江流域为主体的东西水道。上海则取代广州，成为中国最重要的贸易口岸，南北货运必须取道江西的历史，一去不复返。紧接着赣江水土流失严重，京杭大运河部分河段淤塞，大庾岭商道陷入沉寂，种种不利因素叠加，使江西从全国性的交通枢纽，沦为平平无奇的内陆腹地。

水路优势尽失之后，江西又错失了铁路时代。清朝最后 35 年，中国修了近 1 万公里铁路，奠定了中国铁路交通网络的基本框架。然而，江西在这一轮铁路兴建潮中，被彻底甩掉了。特别是京汉、粤汉铁路开通后，南北运输主干线"完美"绕开江西，改走两湖，江西在近代的交通格局中彻底被边缘化。尽管后来修建了浙赣线，但仅从赣北穿境而过，整个赣中、赣南远离交通线，过境贸易稀少。

至此，江西成了中国陆运（铁路）和水运（海运）的双重盲区。

近代以来 150 年，江西从全国前列的经济发达省份，彻底衰落了。与省份的衰落同步进行的，正是江西商帮的消亡。

有时候，你不得不相信区域发展存在一定的气运。气运来了，天时地利人和，各种崛起要素叠加，但气运一消失，也不是一两种利好消失的问题，而是所有的利好都被抽走，所有的厄运都接踵而至。江西就是气运盛衰十分明显的一个省份，唐宋以来气运上升，连战争都极少在江西打，但近代之后，气运衰微，就遭遇了一场致命战争。

持续了十几年的太平天国战争，给了江西，也给了江西商帮重重的一击。自 1853 年 2 月，太平军从武汉沿江东下，占领九江、湖口、彭泽开始，到 1865 年 10 月，其余部最后退入广东为止，在接近 13 年的时间里，太平军多次进出江西。江西成为主要战区之一。

战争双方，轮番对江西进行破坏。清军方面，江忠源为了抵抗太平军，曾在南昌城外实施焦土作战策略，把城外民居烧个精光，连滕王阁都未能幸免。根据历史学家曹树基的测算，1851 年，太平天国战争刚爆发，尚未波及江西，江西人口达到 2400 多万；1865 年，太平天国战争结束，江西人口锐减为 1200 多万。10 余年间，江西人口损失了一半。

在这场战争中，江西不幸从商家必争之地，变成了兵家必争之地。整个太平天国战争时期，江西商人成为湘军的提款机。湘军在江西的军费募款（实际上是摊派）高达 1.3 亿两白银，排在全国前列。

不仅如此，没有特权庇护的江西商人此后屡屡被当成肥猪"宰掉"。国内哪个省有战事，他们首先想到的，就是到江西弄点钱，最高峰时甚至出现了几省同时在江西设局劝捐的局面。时任江西巡抚刘坤一实在看不过眼，多次向朝廷上书，说江西历经太平天国战争，已经全省糜烂，民力难支，浙江、安徽刚来刮过一轮了，陕甘云贵四省又来，"凡属殷实之家，早已精疲力竭，目下可捐之户，殊觉无多"。再这样捐下去，地主家也没有余粮了。大约在清末，遭受重重打击的江西商帮，从此寂寂无闻。

　　1920年，以盐商起家的非典型江西商人、民国初年江南首富周扶九，以90岁高龄在上海逝世。出殡的队伍，在南京路上足足走了3个小时，上海人争相拥到现场，以观看这场史上最大规模的葬礼为荣。

　　而这，在江西人看来，更像是明清江西商帮的一个隐喻，一曲挽歌，或者一节意味悠长的尾声罢了。

明清第一商帮：徽商是如何没落的？

在不知道收了多少"捐献"的银子后，乾隆二十七年二月，公元 1762 年 3 月，第三次下江南、下驻在扬州天宁寺行宫的乾隆皇帝，给 14 名来自徽州的盐商各自颁赐了官爵。

对此，乾隆皇帝满意地说："朕此次南巡，所有两淮商众，承办差务，皆能踊跃急公，宜沛特恩。"

为了此次加官晋爵，14 名盐商具体"捐纳"了多少银子"效忠"，史书没有明确记载，但对于扬州徽商之富，乾隆皇帝早有耳闻，当时，扬州徽商总资本至少有 5000 万两银子之巨，而清朝经济在乾隆时期号称盛世，国库最多存银不过也就 7000 万两，以至于乾隆皇帝感叹道："富哉商乎，朕不及也。"

而让乾隆皇帝感慨万千的"富商"，主要指的就是来自徽州地区的徽商，作为一个商帮，徽商会赚钱，也敢于"捐纳"：以乾隆朝的著名盐商鲍志道（1743—1801）为例，仅他个人在世期间，就先后向清朝政府"捐纳"了 2000 万两白银和 12 万石（约合 1440 万斤）粮食。

此一时期，徽商，是大清王朝毫无疑问的第一商帮。

1

徽商，崛起于明朝中叶。

对于管辖一府六县，即歙县、黟县、休宁、祁门、绩溪、婺源六地的徽州府来说，这里向来有"七山半水半分田，两分道路和庄园"的谚语，由于可用耕地奇缺，人口急剧增长的徽州一直处于难以自足的状态。

晋代时，徽州（新安郡）当地人口仅有 5000 户，然而随着晋室南迁和南北朝时期的持续动荡，北方士民开始不断南迁，此后，在唐朝安史之乱、北宋靖康之变后，南迁的中原人民不断补充着徽州的人口，到南宋初年，徽州人口已经增长到12万多户，到明代时，徽州人口进一步飙升至56万户，到清嘉庆二十五年（1820），徽州人口更是达到了247万人，由于人多地少，谋生艰难的徽州人被迫沿着新安江等水道大规模走出深山，去外界打拼一片天地。

在明清两代的徽州，普遍流传着这样一句话："前世不修，生在徽州；十三四岁，往外一丢；包袱雨伞，夹着就走。"尽管谋生艰难，但作为中原世家大族移民的后代，重视教育的徽州人普遍会将子女送往私塾就学，然后到十三四岁时再让孩子外出闯荡，在这片面积仅有1万多平方公里的狭小府地上，却是"十家之村，不废诵读"。

由于大规模的人口外出经商谋生，到了明代时，明朝人王世贞就曾经感慨地说："徽俗十三在邑，十七在天下。"意思是说徽州人十分之三在家，十分之七在外经商，"贾居十（分之）九""徽人十（分之）九为商"。

在这种庞大的外出经商人口的扩散下，到明代时，徽州人出现了以长三角为基地的"一大块"、以长江和大运河"两条线"为辐射通道、"星星点点遍全国"的分布生态，到明朝中叶，随着以盐商为代表的商人群体的崛起，徽商，开始作为一个王朝商帮，在中华大地上冉冉升起。

2

作为徽商的代表，盐商是徽商中最势大财雄的群体。

明朝初期，为了与北方蒙古人对抗，明朝政府在北方漫长边境上设置了9个边镇驻军布防，为了吸引商人向驻军运送军粮，当时明朝政府规定，商人只有向北方边境运送粮食贩卖，才能换取到盐引（一种贩卖食盐的官方凭证），然后到指定地点倒卖食盐谋利。

由于古代食盐的稀缺性和倒手买卖存在的暴利，尽管路途遥远，徽商仍然坚定地踏上了北上的路途，但由于地理距离等因素，在明朝中叶以前，徽商的盐业生意总是做不过相对离北方较近的山西商人和陕西商人。

随着白银成为通用货币，明弘治五年（1492），户部尚书叶淇改革盐法，规定商人不再需要向边境运输粮食，只要向政府盐运司缴纳银子，就可以换取到盐引贩盐，这一变革，史称"开中折色法"，随着变革的推行，原来的塞外商屯逐渐解体，边境商贸日趋衰败，于是，原来经营边境贸易的晋商、陕商转而南下位处长江流域要地的扬州从事买卖，而这，也给了徽商以崛起的历史机遇。

由于位处长江与京杭大运河的交汇处，扬州自隋唐以来就一直是中国境内的繁华城市，到了明清时期，扬州成为两淮地区的盐业中心，当时两淮地区每年的赋税更是占到了全国商业税收的50%，其中主要是盐税，可谓"关系国库，最为紧要"，而在淮河流域与晋商、陕商的较量中，作为后起之秀的徽商逐渐后来居上，最终几乎垄断了两淮地区的盐业经营，从而奠定了明清时期徽商在国内各大商帮中的龙头地位。

明朝中叶时，在扬州，徽商原本与晋商、陕商平分天下，当时的扬州以徽州话和陕西话最为时尚，因为当地人认为讲这两种话的人最有钱。但在明朝中叶及晚明的商业竞争中，文化教育水平不高、较为保守的晋商和陕商，逐渐在与具有文化底子的徽商的竞争中败下阵来。

当时，与晋商和陕商大多是目不识丁的大老粗相比，徽商即使是学徒和小弟，也普遍在家乡接受过基础教育，而与发家后仍然穿着破皮袄、嚼大饼的晋商和陕商相比，徽商却敢于修园林、建书院、养戏班，并且对官员贿赂出手大方。

对于科举出身的官员士大夫来说，有钱并且文化素养颇高的徽商，是既舍得给钱，又能共谈诗文的金主和儒商，例如晚明时期累代贩盐的扬州徽商吴彦先（1555—1624），其文史知识甚至连一些当时的大儒都自愧不如，由于他博学多才，因此在官府和商界都享有崇高威信。

由于徽商善于抱团经营，因此到了明朝万历年间，徽州歙县的县志就记载说："今之所谓大贾，莫有甚于吾邑（歙县），虽秦晋（陕商、晋商）间有来贾于淮扬者，亦苦朋比而无多。"

在当时的两淮地区尤其是扬州，"苦朋比无多"的零星经营的陕商、晋商，已经在商业竞争中完全败给了既有文化，又抱团取暖，还舍得给钱的徽商，可以说，无论是玩文、玩钱还是玩人多，徽商在两淮盐业经营中都逐渐进入了垄断时代。

3

作为宋明理学的奠基人程颢、程颐和集大成者朱熹的祖籍地，徽州在明代开始就被称为"程朱阙里""东南邹鲁"，徽州谚语普遍流传说："养儿不读书，不如养口猪。

三代不读书，不如一窝猪。"

正是在"世间数百年旧家无非积德，天下第一件好事还是读书"的理念熏陶下，徽州在古代科举中开始急剧崛起，据统计，从宋代到清末，徽州考中进士的共有2086人，并出产了28位状元，占据中国历史状元总数的二十四分之一，以单一城市而言，徽州的状元人数，仅次于苏州府。

徽商重视读书，政治资源广布明清两代，这也为其在商业上保驾护航，而徽商在发家致富以后，也将子女读书做官作为保障家族累代经营的不二法宝。明代徽州人汪道昆（1525—1593），就将徽商家族的这种特点形容为"贾而好儒""左儒右贾"。

以汪道昆本人为例，他的家族就是累代经营盐业，家业巨富，到了他这一代，父亲刻意经营让他读书做官，汪道昆也不负众望，23岁就考中进士，而后更是官至明朝兵部左侍郎（相当于国防部副部长），与戚继光等人一起成为明朝后期的抗倭名将，而在儒商、部级高官的背景之外，汪道昆还是一名戏剧家，曾经撰写有《高唐梦》《五湖游》《远山戏》《洛水悲》等剧作。

在"左儒右贾"的政治资源支持下，徽商的政治门路也被迅速拓宽，以明朝为例，徽州就出了曾经当过兵部尚书、太子太保和七省总督的胡宗宪，另外还有曾经当过礼部尚书和文渊阁大学士的许国，到了清代时，徽商"以商养文"更是频频结出"硕果"——例如出身盐商巨富家族的曹文埴、曹振镛父子二人就先后考中进士，并且都担任过军机大臣，历经乾隆、嘉庆、道光三朝而不倒，其家族可谓政坛常青树，而曾经当过军机大臣和户部尚书的曹文埴，由于老乡关系，跟扬州徽商更是关系密切，其中乾隆帝六下江南，让徽商等各路商帮"奉献""捐纳"等各种事务，就是曹文埴在一手安排。

而这种徽商累世培植的政治与商业的暗中结合，也让徽商在盐业、典当、茶叶、布匹等各种生意中，都获得了各种关系深厚的政治资源庇护，堪称中国政商结合的至高典范。

也就是在这种善于逢迎和"捐纳"，正如乾隆帝在扬州赏赐徽商官爵时所说"踊跃急公"的背景下，徽商在经历明末清初的战争动荡后再次崛起，并通过政商勾结，逐渐垄断了当时中国最大的盐场——两淮盐场的商业贸易。

对于徽商的善于"奉献"，清廷和地方官员也一直是投桃报李，给予徽商诸多垄断权益，当时，两淮盐务中设有"总商"，乾隆时代更是出现了权力空前的首席总商——"首总"。徽商江春就担任过"首总",这些"总商"乃至"首总",既是两淮地区各路商人的代表,又是官府与盐商之间的联系人,实际上拥有半官半商的身份。

以徽商巨富江春(1720—1789)为例,乾隆帝六次下江南,江春都参与了迎送和接待,其一生共向清廷"捐纳"多达1120万两白银,而乾隆帝则给江春封赏了"内务府奉宸苑卿布政使"、正一品"光禄大夫"等虚衔荣誉,在每次任命新的两淮巡盐御史时,乾隆帝甚至都会嘱咐新官吏说:"广达(江春)人老成,凡事要多与他商量。"江春更是因为"一夜堆盐造白塔,徽菜接驾乾隆帝"等事迹,被称为"以布衣结交天子"的"天下最牛徽商"。

4

但政治的索取是无度的,徽商在乾隆朝迎来巅峰之际,也是其衰落之时。

以乾隆朝第一红顶商人、扬州徽商江春为例,乾隆帝多达六次下江南、清廷没完没了的政治接待,以及不停的政治"捐纳"任务,也让一度富可敌国的江春濒于破产,除了乾隆帝下江南时要接待"奉献"外,在乾隆帝没下江南的日子里,乾隆三十六年(1771),江春就为皇太后八十寿诞捐银20万两;乾隆三十八年(1773),清廷用兵金川,江春又捐银400万两;乾隆四十七年(1782),黄河筑堤,江春捐银200万两;乾隆五十三年(1788),台湾林爽文起义,江春又被迫"捐献"军费200万两,这还只是明面上的政治捐款,私底下的贿赂和政治接待更是几乎耗尽了江春的家底。

到江春晚年,江家日益败落,江春在1789年死后,道光年间,财务日渐亏空的清廷随后以整顿盐务为名,逼令江家必须再交出40万两银子,而家底已经被掏空的江家后代无力支付巨额罚款,最终惨遭抄家清算。

清廷则完全忘了,乾隆朝的第一红顶商人江春,仅仅明面上的"捐纳"就高达千万两白银,而当这些红顶商人被掏空家底后,对于清朝上上下下的各级官员和统治者来说,这些徽商也就不再具有利用价值了。

而江春家族的败落,也掀开了徽商整体衰落的帷幕。

明清两代,徽商通过政商勾结等手段几乎垄断了整个国家的盐务经营,但垄断的代价就是各种明面或私底下的高额贿赂和政治"捐纳",羊毛出在羊身上,为了转移负担，徽商于是将重担又转嫁到盐价上。

以康熙朝为例，当时江南的仪征、通州等地由于距离两淮等产盐区较近，每斤盐只卖二三文钱，但到了江西、湖广等地，每斤盐价则高涨到了20文钱，随着官府盘剥的日益加深，盐商的售价也不断抬高。到了道光年间，湖北汉口的盐价已经达到了每斤四五十文，而有的地方则高涨到了每斤八九十文。更有甚者，部分偏远地区，盐价高达几百文钱一斤。

清朝的盐价不断飙涨，以致到了普通老百姓已经无力承担的地步，在此情况下，百姓只得通过购买价格相对便宜的私盐来解决日常所需，导致私盐大规模泛滥，徽州盐商的官盐买卖因此日渐滞销，但清廷规定的年销售额却是要年年交款的，由于所欠的盐款即盐课越来越多，没办法，徽州盐商只得向清廷请求进行分期付款：或分15年偿还，或分30年偿还。

到了道光年间，以徽商为主的两淮盐商所积欠清廷的盐课，已达到了几千万两白银之巨，由于盐商在政治重压之下根本无法还款，而普通老百姓则因为盐价太贵吃不起盐，为了改变这种困局，道光十二年（1832），两江总督陶澍开始革除淮盐积弊，打破徽商垄断两淮地区盐业经营的局面，下令只要有银子，都可以向官府购买盐票进行贩卖，史称票盐法。

票盐法实施后，逐渐激活了两淮地区的盐业经营，不仅推动了盐价的下降，而且使得两江地区的岁入增加了1000多万两白银，随着徽商盐业垄断特权的消失，徽州盐商也开始急剧衰落，而由于盐商在徽商商帮中的实力最为雄厚，徽州盐商的轰然倒塌，也全面昭示了徽商衰落的未来。

对此，徽商们想出来的办法，就是到处砍桃树泄愤，因为"桃"跟票盐法的推行者陶澍的"陶"同音，于是有人写诗戏说这件事："戏他桃花女，砍却桃花树。盛衰本有自，何必怨陶澍。"

5

就在徽州盐商衰落的同时，1851年，太平天国运动爆发了。

从1851年到1875年，太平军和捻军先后在南北方持续兴起，战火广泛波及清朝18个省的600多座城市，由于战争导致商路断绝，这就使得徽商们的日常经营陷于瘫痪，"自经兵灾，船稀商散"。

迫于动乱，徽商们开始大规模返乡避灾，然而他们万万没想到的是，1854年，太平军先是攻占徽州祁门，随后与清军在徽州展开了长达12年的拉锯战，无论是太平军还是清军，都在徽州民间实施了残酷的劫掠——"曾国藩驻师祁门，纵兵大掠，而全部窖藏一空"，太平军在徽州期间则"掳掠尽家有，不复遗余粒。逢人便搜囊，勒索金银亟"。

在残酷的战争扫荡和接踵而至的瘟疫、灾荒侵袭下，作为徽商大本营的徽州也受到了毁灭性打击，以至于曾国藩都在上奏清廷的奏折中写道："皖南及江宁各属，市人肉以相食，或数十里野无耕种，村无炊烟。"

在20多年的战争扫荡下，徽商商帮从南到北一片哀鸿遍野，继盐业之外，茶业、典当业、木材业等徽商传统主营项目也都受到了致命性的摧残，而在先后平定太平军和捻军之后，徽商们猛然发现，即使战争停歇，他们所面对的外部环境也发生了巨变。

当时，作为中国传统的"出口创汇三宝"（茶叶、陶瓷、丝绸），茶叶贸易随着英国人在印度和斯里兰卡等地的大规模引种茶叶，出口已经日渐衰落；而欧洲人自产的陶瓷质量也越来越优越，逐步取消了对中国瓷器的进口；在生丝和丝绸方面，日本、欧洲的养蚕业和丝绸业也不断崛起，中国的市场份额不断萎缩。

与茶叶、陶瓷、丝绸等出口业务逐渐萎缩乃至消失相反，外国的机器织布等优质商品则不断输入中国，在此情况下，作为徽商除盐业外的第二大主营业务，茶叶贸易也在徽商商帮中逐渐没落，另外，经营布匹生意的徽商也逐渐被淘汰出局，在传统的各项主营业务上，徽商受到了几乎是全面性的致命打击。

而作为最后硕果仅存的徽商大佬，做官商和军商生意起家的胡雪岩，先是倚靠浙江巡抚王有龄，在王有龄对抗太平军失败自杀后，又接着投靠湘军和左宗棠，胡雪岩还成了左宗棠和湘军南征北伐、财政运转的左膀右臂，并通过湘军和左宗棠的庇护经营钱庄、典当、药业、茶叶、生丝等生意。

1882年，胡雪岩因为与外国洋商进行生丝大战失利出现了巨额亏损，在此情况下，向来与湘军派系不和的淮系李鸿章立即指派官商盛宣怀出马，一方面拖延本来要支付给胡雪岩的官银，另一方面则大规模散布消息、挑拨储户到胡雪岩的钱庄进行挤兑，在多重失利和以李鸿章为首的淮系势力强势打压下，胡雪岩历时30多年建立的商业帝国，最终在短短几个月间轰然崩塌。

1884年，胡雪岩最终在贫困潦倒中郁郁而终，临死前，他对子孙们交代说："白老虎（白银子）可怕！"

而胡雪岩的死，也成了纵横明清两代300多年的徽商最后的真实写照，曾经贵为天下第一商帮的徽商，至此彻底陨落人间。

因政治兴，因政治败：晋商悲歌

1

1851 年，当太平军在广西揭竿而起时，已经在中国境内纵横了近 500 年的晋商没有想到，属于他们的黄金时代到来了。

当时，从南方崛起、迅速扫荡大半个中国的太平军，以及在北方差不多同时兴起的捻军，使得作为大清王朝财赋重地的江南地区遭到重创，各省饷银和粮税都无法正常押解到都城北京，这对于当时一年军费耗费达到 2900 多万两白银的清朝来说，无疑是一场事关生死的噩梦。

也就是在这时候，在全国经营票号金融业的晋商一跃而起，帮助大清王朝化解了这场危难。

当时，南方的饷银和粮税无法押解到北京，于是，从山西开始发源的票号业开始为清廷办理汇兑和异地存放款业务，使清廷得以在全国范围内解决了军饷和现银运输的困难，从而在为时 10 多年的与太平军和捻军的战争中，拥有源源不断的财税解决军事和财政危机，延续了大清王朝的性命。

尽管中国历史上的第一家票号——山西日昇昌一直到道光四年（1824）才创立，并且协同众多山西票号鼎力襄助大清王朝，但其实，这并非晋商对清廷的首次助力。

能在全国呼风唤雨、兴盛 500 年，晋商的起家，原本就是因政治而兴。

1368 年明朝建立后，为了对付逃入草原、仍然不时南下侵扰的蒙古人，大明王朝在北部边疆设立了 9 座军事重镇，号称"九边"，由于各座边镇驻军庞大，粮食运输是个严重问题，于是，明朝政府规定商人只要把粮食运送到边境粮仓，便可以向政府换取贩卖食盐的专利执照——盐引，然后到指定的盐场贩盐售卖。

在农业时代，贩盐是一个暴利行业，这就使得各路商人开始纷纷贩运粮食到北方各个边镇，于是在北方，倚靠着各座边镇，开始形成了多个大规模的粮食市场，不仅如此，来自山西等地的商人们，还在做粮食、贩盐买卖的同时，将南方的棉布、草料等各种军需品运到北方，然后再把皮毛等塞北的商品运回关内售卖，如此一举多得。

于是，在繁盛的边境贸易刺激下，一个崭新的商帮——晋商，开始在大明王朝内部冉冉升起。

2

但因为边境贸易而兴的晋商，对政治并不满足。

明朝末期，后金（清朝）逐渐崛起，并不断侵扰明朝边境，在明清拉锯战的过程中，山西商人们也捕捉到了政治的利益气息。

当时，部分山西商人以张家口为基地往返于关内关外之间，并不断为后金政权运输物资和传递情报，在他们看来，只要谁付的价钱足够丰厚，他们就为谁服务，至于什么母国大明的安危，他们已全然不顾。

后金天命三年（1618），当时，努尔哈赤就特别对在辽宁抚顺经商的山西等地16位商人"厚给资费，书七大恨之言，付之遣还"，不仅如此，山西商人王登库、靳良玉、范永斗、王大宁、梁嘉宾、田生兰、翟堂、黄云发共8人还被后金政权封为"八大商人"，开始享受"皇商"的待遇。

1644年清军入关后，当时的都察院参政祖可法、张存仁就向清廷建议说："山东乃粮运之道，山西乃商贾之途，急宜招抚，若二省兵民归我版图，则财赋有出，国用不匮矣。"

领兵入关的多尔衮明白山西商人的威力，于是在清廷的大力招抚下，晋商也开始大规模为清朝征讨南明政权和各路义军出人出力，从而为大清王朝的建立立下了"汗马功劳"，其中，山西富商范永斗还在顺治初年被赐封为内务府皇商，为清廷贸易往来出力甚巨。

到了康雍乾时期，从贩盐起家的晋商，业务已经拓展到了盐、茶等各种境内外业务，并与徽商、粤商一起，成为当时国内的三大商帮。

到清代，山西商人开辟出了一条以山西、河北为枢纽，北越长城，贯穿蒙古戈壁大沙漠，到库伦（今蒙古国乌兰巴托），再至恰克图，进而深入俄国境内的西伯利亚，再通往俄国圣彼得堡、莫斯科和欧洲大陆的国际商路，这也是继中国古代的"丝绸之路"衰落后，由晋商开辟出的又一条陆上国际商路，其影响非同小可，这也成为晋商在清代加速崛起的重要原因。

道光四年（1824），由晋商首创的票号山西日昇昌正式设立，由于异地存取款方便、汇兑自由，大大促进了商品贸易的发展，而在太平天国和捻军战争的助力下，清廷也终于发现了山西票号这个好东西，在与清廷和政治的互动中，山西票号在清朝的危难之中飞速发展，太平军在1864年被平定后，山西票号也开始进入鼎盛时期，在全国30多个城市设立的票号多达400多家，并形成了北京、天津、上海、汉口四大票庄中心，而晋商老板们，则将各家票号的总号设在山西祁县、太谷、平遥等地遥控指挥。

3

但晋商因乱而兴之时，也是中国各路传统商帮的没落之日。

太平军兴起时，同时也是第二次鸦片战争（1856—1860）爆发时期，在第一次鸦片战争的冲击下，中国传统的"出口创汇三宝"茶叶、陶瓷、生丝已经开始没落，当时，欧洲开始自产自销陶瓷，而生丝的贸易中心则转移到了日本等新兴国家，茶叶方面，英国人不仅在印度大量种植茶叶取代中国茶叶，而且联合其他国家洋商直接进入中国各个通商口岸进行买卖。

对于粤商、徽商、闽商、浙商等各路传统商帮来说，以往他们盈利的最大来源，是对进出口贸易的垄断，但1840年鸦片战争后，传统商帮垄断对外贸易的优势已经不复存在，不仅如此，直接进入中国内地的洋商们还享有税费减半等各种优势，而国内商人的税费不仅没有减免，相反随着白莲教起义、太平军、捻军、平定新疆战争、甲午战争、庚子事变等一系列持续不断的动乱，清廷还加重了针对国内商人的逼税和逼捐，因此，与在战争中意外崛起的山西票号不同，1840年之后，粤商、徽商、闽商、浙商等各路传统商帮逐步走上了衰落之路。

而在晋商内部，除了新崛起的金融业——山西票号之外，与徽商、粤商等商帮一样，茶叶等传统生意，也不好做了。

1860年，是晋商传统生意的转折点。

说起来，自从雍正五年（1727），清政府与俄国政府确定将蒙古库伦附近的恰克图作为中俄商人贸易场地后，茶叶就成了中俄贸易最重要的商品，而在中俄茶叶贸易中，又以山西商人实力最强，到 1860 年，设在恰克图的山西商号多达 140 多家，成为中俄贸易的垄断者。

但随着 1860 年第二次鸦片战争的结束，乘虚而入的俄国逼迫清廷签订了《中俄北京条约》，在掠夺中国乌苏里江以东（包括库页岛）约 40 万平方公里的领土之外，俄国人还取得了特权，直接进入了中国境内做生意。在 1860 年以前，俄国商人被规定只有在恰克图等边境口岸才能做买卖，而且做生意还必须通过中国商人来转接。

但第二次鸦片战争之后，中国商人尤其是山西商人的垄断优势，消失了。

1860 年后，俄国商人不仅取得了进入张家口、天津、上海、汉口等口岸的通商权，而且还相继获得了中国海关茶叶免税权，以及在中国境内进行水路运输贸易的特惠权。此后，俄国人避开了晋商等中国商帮的垄断，进入了中国的产茶腹地——长江流域的汉口等地直接购茶、制茶、贩茶。

以天津海关为例，咸丰十一年（1861）以前，湖南、湖北的茶叶贸易一直都由晋商垄断，但是从同治元年（1862）开始，俄国商人开始直接进入两湖地区收购和贩运茶叶。

在税费方面，当时俄国商人享有茶叶半税的特权，但与此相对，晋商等中国商人从湖北汉口贩运茶叶到中俄边境，中途要经过 63 个税收关卡，仅仅税金就要比俄国人高出 10 倍左右。

另外在交通运输上，当时俄国商人先是将从湖南、湖北收购的茶叶，用小船运到汉口装载大船，然后再从汉口沿着长江运到上海，再从上海海运到天津，然后从天津运到蒙古恰克图，然后进入俄国和欧洲大陆贩卖。

与此相对，晋商却只能从汉口北上走到湖北的老河口，到河南赊店（今河南社旗）上岸，再手牵骆驼过河南、上太行山、穿过太原、越过雁门关，然后走出西口，穿过草原，最后才能抵达中俄边境的蒙古恰克图，因此运输成本之高也就不难想象。

由于俄国商人享有特权、税负成本很低，并且茶叶运输选择走水路，运输便捷、运输量大、成本低廉，这也使得在第二次鸦片战争后进入中国市场的俄国商人，迅速抢占了中俄茶叶贸易市场，对此，时任两广总督刘坤一就曾上奏清廷说："自（武汉汉口）江海关通商以后，俄商在汉口开设洋行，将红茶、砖茶装入轮船，自（长）江（天）津，由（天）津运俄（国），运费俭省，遂将山西商人生意占去三分之二。"

面对俄国商人的关税和交通优势，晋商茶帮紧急向清廷提出，希望也能学习俄国人走水路运输，清廷对此的回答是，走水路可以，但厘金等税收一分钱也不能少。

税收成本要高出俄国商人 10 倍，运输又处于劣势，最终，成本高昂的晋商在中俄茶叶贸易上节节败退。以 1865 年为例，当年由俄国商人贩运到俄罗斯的茶叶为 135 万斤，两年后的 1867 年，这个数字飙升到了 710 万斤，至此，在茶叶等中俄传统贸易商品上，已经基本没有晋商什么事儿了。

在传统实业生意上，晋商茶帮与粤商、徽商、闽商、浙商一样，几乎是全线溃退。

4

尽管茶叶等传统生意难以为继，但票号金融业的意外崛起，却让晋商们对传统生意的没落不以为意。

在晋商们看来，赚取汇兑差价、利用存款放高利贷等金融业务如此暴利，钱来得这么轻松，金融业这么好干，那还要干实业做什么呢？

尽管在 1840 年之后，中国的洋务运动等近代工业开始大规模兴起，但在眼里只有金融暴利的晋商们看来，当初跋山涉水的中俄贸易等生意赚钱实在太艰辛，而他们对清廷和李鸿章、左宗棠等人兴办近代工业又看不懂，或者说因为金融行业赚钱太轻松不想去懂，也因此，晋商在两次鸦片战争之后、几千年未有的大变局之中，开始跟不上时代的节奏了。

但倚靠着清廷这棵政治的大树，晋商们还是活得很滋润。

对于清廷来说，晋商们是最好的提款机和保险柜：一旦发生战争动荡，第一时间就可以让经济实力雄厚的晋商们捐钱出银"支援朝廷"，仅仅在太平天国战争期间，晋商们就向清廷"捐纳"白银"数逾千万"。

而官员们赚了钱，第一个想到的也是存在信用卓著的山西票号。例如安徽芜湖道童谣圃，在卸任还乡时，就将自己搜刮得来的 10 万两白银存到了山西票号蔚丰厚，汇回重庆，并约定每年支取 1 万两，分 10 年取完但不计利息。在当时，官员们存款在山西票号普遍是没有利息的，对于官员们来说，政治上得来的很多赃款难以对外言说，因此这些银两只要能找个安全的地方存放、不损失本金就行；而对山西票号来说，有了各种免去利息的政治赃款来做生意、放高利贷，这实在是天大的好事。

在此情况下，除了与清廷官方的汇兑业务往来之外，山西各大票号也成了当时大清王朝上上下下各级官员们心中最为安全的"保险柜"，只要赚了钱，大家都喜欢往票号里存款。

当然，晋商们也非常"识做"。当时，晋商们对于清廷上自中央的各部尚书、郎中，下至各个部委的门房、库房士兵乃至管事的老妈子，不仅在办事的时候有打点，而且每逢年节必有赠款，把各条门路搞得妥妥的。

对此，陈其田《山西票庄考略》介绍说，"票庄与官僚的私下交结，更多趣闻……在京的几个大的票庄，拉拢王公大臣"，其中最著名者，如蔚盛长票号交好庆亲王，百川通票号交好张之洞，协同庆票号交好董福祥，大德通票号交结赵尔巽和庆亲王，三晋源票号交结岑春煊，日昇昌票号交结历任粤海关监督、庆亲王、伦贝子、振贝子和赵舒翘等。

不仅如此，对于一些可能在政治上有所发展的官员，晋商们还不惜一掷千金，在他们还未显达时就"给力投资"：当时，张之洞因为母亲去世守制3年，回京后他想谋取更高官位，为了疏通关节，张之洞亲自拜访了山西协同庆票号，提出借银10万两，对此，协同庆票号的经理随即应承下来。张之洞后来出任两广总督，开始"知恩图报"，将两广地区的财粮国税全部交给协同庆解交汇兑，协同庆票号也因此在三四年间，就盈利上百万两白银。

5

1900年的庚子事变，则让晋商登上了巅峰之路。

1900年，在义和团运动后，八国联军进攻北京，慈禧带着光绪帝仓皇逃窜，在逃入山西境内后，山西祁县乔致庸家族所属的大德通票号在得到密报后，立马设法将"老佛爷"慈禧一行迎入了大德通票号留宿一夜，并且献上了30万两白银作为"孝敬"，随后，山西各家票号又集体进贡了10万两白银作为"奉献"，这让仓皇逃奔的慈禧非常感动，认为晋商们都是大清王朝的"大忠臣"。

庚子事变平定后，返回北京的慈禧立马下令，让各省将京饷改解山西票号，后来，清廷与各国签下《辛丑条约》，慈禧下令将规定的庚子赔款本息共10亿两白银也交给各家山西票号汇兑，此后从1901年开始，各省每年都把应交的庚子赔款先解付给各家山西票号，然后再由各家山西票号汇给汇丰银行。

拥有了慈禧的谕旨保护这把无上的政治尚方宝剑，晋商们从1901年开始一直到

1911 年年初清朝灭亡前，也步入了最后 10 年的"黄金时代"。

但危机，已经步步逼近。

就在山西票号开始进入"巅峰鼎盛"的同时，一种更为先进的金融机构——银行，开始进入中国。

1845 年，英国的丽如银行成为第一家进入中国的外国银行，到 1890 年，仅仅英国人就在中国开办了 30 多家银行；另外，日本、法国、德国、俄国人也纷纷在大清王朝境内设立银行。

外国银行的到来，不仅使在华外国人的钱都被吸走了，而且就连中国人也开始将钱存入外国银行。这就使得山西票号的业务越来越少。

以天津为例，当时天津对上海每年的棉纱款项汇兑 1000 万两白银，以往都是由山西票号汇兑，但外国银行进入天津后，立马抢去了 500 万两业务，新成立的国内银行又抢去了 300 万两业务，最终票号的业务只萎缩剩下 200 万两。

在外国银行的大举入侵下，以往由山西票号垄断的中国金融市场开始迅速分解，这就使得晋商继在茶叶市场失守后，最后一块残留的金融业务也节节败退，市场份额开始急剧缩小。

尽管拥有大清王朝的政治保护，但面对银行这个新生事物在中国的迅速崛起，晋商却由于自身的保守，以致多次失去了将票号转型成为银行的机会。

光绪三十年（1904），大清王朝计划筹备成立中国历史上的第一家官办国家银行"户部银行"，就是后来中国银行的前身。当时，清廷鉴于山西票号实力雄厚，以及 1900 年庚子事变时山西票号对慈禧和清廷的倾力支持，因此特别颁旨由山西票号来筹办"户部银行"。

没想到当清廷时任户部尚书鹿仲霖奉旨邀请各家山西票号入股时，山西票号各家蜗居在山西祁县、太谷、平遥等大本营醉生梦死的财东们却死活都不同意，财东们的意见是，一旦跟清朝政府合作，他们担心资金会被清廷控制，自己无利可图。为此，当时清朝政府经过多番协商，甚至表示如果山西各家票号担心钱的问题，那只出人不出钱也可以，只要用管理技术来入股就行，但山西票号的财东们死活就是不愿意。

万般无奈之下，清廷转而向江浙一带的绸缎商人募资筹办户部银行，而这，也成为清末和民国时期，江浙财团最终后来居上，压倒晋商，成为中国最大财团的根本原因。

因为谁控制了金融，谁就掌握了国家的命脉。

面对历史车轮的滚滚向前，明白一旦失去重组银行机遇，将使晋商陷入万劫不复之地的山西各家票号的职业经理人们，也忧心如焚。

当时，在一线经营的北京票号经理们已经察觉到银行对票号的致命冲击，他们意识到，"现在风气大开，银行林立，各处设立甚多，我帮等隐受其害，若不易弦改辙，将有不堪立足之势，此处时局，非立银行不可"。

在建议参与组建清廷中央的户部银行失败后，山西票号的职业经理人们退而求其次，1908 年，以山西蔚丰厚票号北京分庄经理李宏龄为首的各家山西票号的职业经理人们，决定集体向各家山西票号的财东们建议——成立山西人自己的银行，进而组建晋省汇业银行和三晋银行。

但山西各家票号的财东们意见很一致，就是三个字：不同意。

当时，作为山西票号的龙头老大，蔚丰厚的总经理毛鸿翰不仅不同意，反而还怀疑污蔑李宏龄作为职业经理人另有野心"自谋发财"，最终，此事也是不了了之。

而在连续两次错失转型的绝佳机遇后，在思想上远远落后于时代的山西票号和晋商们，已经注定将被时代抛弃了。

对此，作为票号职业经理人的李宏龄非常痛心，为了促进票号的财东们转变思想，出来学习，看看外面的世界，李宏龄特地给长期蜗居在山西老家的财东们写信，对他们说："现在时局日新月异，从官方到学界，都在争相派人出国考察，但是作为商界的我们却无动于衷，现在你们长期居住在老家，连北京、天津、上海、汉口这些地方也不愿意去看看，现在火车、轮船这么方便，往返也不过就是几天的事，为什么不能出来看看呢？"

但是对于已经累代巨富、作为"富 N 代"、完全丧失了奋斗动力的各家票号的财东们来说，蜗居在山西祁县、太谷、平遥等老家的日子这么舒服，他们只知道收钱，才懒得去外面看看呢。在他们看来，山西就是大清王朝的金融中心，乃至世界和宇宙的金融中心，他们对于外部的世界，早已完全丧失了了解的兴趣，更不要说对自己的商业模式做出任何改变了。

不仅如此，在各家票号的财东们看来，他们不仅不放心自己的职业经理人，而且容不得跟别人合股成立银行，完全不懂得联合做大的道理，"只能我当老大，别人不允许来染指"，就在这种墨守成规、夜郎自大、狭隘保守的自我感觉良好中，山西票号和晋商们，最终逐渐迎来了晋商商帮的末日。

6

就在这种自我感觉良好的坐井观天中，1911 年 10 月，武昌起义的枪声打响了。

随着辛亥革命的爆发，遍及全国的劫乱开始了。当时，以山西日昇昌票号为例，该票号在四川、陕西各省，"总计损失白银 300 万两以上"。而山西天成亨票号在汉口、西安、成都 3 处，即被土匪抢劫现银 100 多万两，待大局稍定，共计损失 200 多万两。

比被抢劫更惨的，是给清廷的借款成了彻底的死账。当时，在庚子事变后，清廷的战争赔款很多都是先向各家山西票号借钱来还的，以宣统三年（1911）为例，仅仅这一年清廷就向山西各家票号前后借款达 1200 万两白银，但是，随着清帝和清廷在 1912 年年初的退位和覆灭，这些借款也都成了泡沫。

因政治而兴的晋商，最终也迎来了政治的末日。

在各地的兵乱、抢劫、清廷的赖账不还等叠加打击下，辛亥革命开始后出现的大规模挤兑风潮，最终将各家山西票号逼入了彻底的绝境。

晚清时，国内的达官贵人都喜欢将钱存放在山西票号，由于政治中心在北方、经济中心在南方，因此就出现了北方存钱比较多、南方贷款比较多的现象，这就是所谓的"北存南放"，但随着武昌起义的爆发，北方的达官贵人担心清廷要倒台，纷纷向山西票号挤兑提现，刚开始，山西票号大多照兑不误，但随着辛亥革命的迅速扩大，挤兑现银赶紧逃命的人越来越多。

由于山西各家票号的放款远多于存款，而放款一时半会儿又收不回来，加上很多人趁着时代动荡故意不还钱，但挤兑提现的人潮又蜂拥而来，最终，晋商彻底走上了末路。

当时各家票号对外的贷款完全没有抵押物品，这就使得一旦发生坏账，根本无法进行平账；另外，与现代银行实行的是有限责任制不同，票号实行的是无限连带责任，因此当面对挤兑风潮无法兑现时，票号股东连家底、老本都得被清算掉。

以山西合盛元票号为例，到 1920 年时，该票号还有放款 1170858 两白银，而需要支付的存款则为 1113731 两，两者相对仍有余款 57127 两，但由于放款收不回来，存款也就支付不了，最终该票号只能歇业倒闭。

而到了 1931 年，前清甘肃提督董福祥的三夫人，甚至亲自从甘肃跑到山西平遥，向当时存钱的协同庆票号讨债 100 多万两，眼看无法兑现存款，协同庆票号的股东和经理人只能连夜潜逃。

在改朝换代和挤兑风潮的巨大打击下，依靠政治而生的山西票号的财东和大小掌柜们，只能纷纷歇业倒闭，并且四处逃匿躲藏。当时，很多经营票号的晋商为此官司、债务缠身，有的被捕入狱，有的仓皇潜逃，有的甚至弄到家破人亡，最终只能沦落成沿街乞讨的乞丐。

到1921年，曾经在中国显赫一时的山西票号只剩下了5家，到1932年，山西票号最终倒闭到只剩下大德通和大德恒两家在勉力维持经营，而当时，这两家最后残存的票号实际上已经改组成了银号之类的信用机构，早已不是原来意义上的票号了。

自此，从道光三年（1823）中国最早的票号平遥日昇昌票号创立，历经百年风雨后，到1932年，曾经显赫于中国达百年之久的山西票号，终于彻底衰落、轰然倒塌。

就在改朝换代的辛亥革命之前，1906年，晋商的杰出代表乔致庸开始对祖传的乔家大院进行翻修扩建，1912年清廷覆灭后，乔家大院的扩建仍在进行，但对于早已经放弃实业经营，又失去金融业支撑的乔家子孙来说，家族的没落已经是不可避免的趋势了。

由于赚钱后的资本不能流入实业经营，因此在失去金融业和清廷的政治支撑后，晋商开始轰然倒塌，但晋商子孙后代们的奢侈并没有因此减弱。

以山西太谷的曹氏家族为例，当时曹家上下光用人就有300多人，并且曹家上下通行吸食鸦片，平时家中光鸦片存储就达万两以上。1912年后，曹氏家族最终在挥霍无度中，亏空了最后的家财。

而赫赫有名的乔致庸在1907年去世后，他的11个孙子中至少有3人也在吸食鸦片中败光了家产，其中乔致庸的孙子乔映南不仅和妻子一起吸，而且乔映南的7个子女中也有5个人吸鸦片。到了1939年，风光一时的乔映南最终在穷困潦倒中去世，至此，乔致庸家族也在吞云吐雾的自甘堕落中，和那个曾经风光无限的晋商群体一起，慢慢被历史的烟云覆没。

至此，那个曾经在明清两代，纵横中国达500多年的晋商商帮，最终悄然陨落。

典型城市

荆州：三国时期争夺最激烈的地区

荆州，在三国时期有着特殊的意义。那里曾是魏、蜀、吴三方争夺最激烈的地区，也是许多著名三国故事的发生地。

与曹操共事多年的荀彧曾向其建议，"先定河北，后修复旧京"，最后"南临荆州"，便可"天下大定"，将夺取荆州作为成就霸业的最后一步棋。

诸葛亮出山时，向一无所有的刘备提出了著名的《隆中对》，其中说道，"荆州北据汉、沔，利尽南海，东连吴会，西通巴蜀，此用武之国"，提出先取荆州，再取益州，待天下有变，以荆州之兵趋宛、洛，益州之兵进关中，进图中原，一统天下。

孙吴的鲁肃也曾向孙权赞扬荆州的险要和富饶："夫荆楚与国邻接，水流顺北，外带江汉，内阻山陵，有金城之固，沃野万里，士民殷富，若据而有之，此帝王之资也。"

三国时期杰出的战略家们都将荆州视为兵家必争之地，甚至提高到了"得荆州者得天下"的地位。荆州，为何会成为群雄逐鹿的大舞台？

1

文学名著《三国演义》中，直接或间接提到"荆州"的章回多达三分之二，这让现代的湖北荆州人自豪不已。但其实汉末三国时荆州的概念，要远比现在的荆州市大得多。

三国时的荆州，下辖长沙、零陵、桂阳、南阳、江夏、南郡等八郡，辖境大致上是今湖北、湖南二省及河南、贵州、广西、广东等省（区）部分地区。当时荆州的范围，向北延伸至今河南境内，向南可达今广西桂林、广东韶关境内，向东到今鄂、赣交界，向西到今贵州境内。

荆州中心在两湖平原，即湖北的江汉平原和湖南的洞庭湖平原，地势平坦，略呈盆地形状。周围山川纵横，北有汉水，南有五岭，西有巫山，东有大别山、罗霄山，形成天然屏障。在大运河开凿之前，荆州是贯通南北、左右东西的交通中心。长江中游横贯整个荆州，溯江而上可达巴蜀，沿江而下可通吴越，北有汉、沔相连，南有湘、资、沅、澧四水相通。

想在这片广袤无垠的形胜之地站稳脚跟可不容易，有一个人却在军阀混战的局面中统治了荆州近 20 年的时间，将该地区发展为一块战略要地。

他就是刘表。

2

董卓之乱是开启三国乱世的关键，荆州加入乱世角逐的起因，也与董卓有点关系。

初平元年（190），关东州郡结盟讨伐董卓，长沙太守孙坚起兵响应，带兵途经襄阳，本想顺便请荆州刺史王睿一同出兵。王睿是"二十四孝"中"卧冰求鲤"的王祥的伯父，也出自名门望族琅邪王氏，平日里一向看不起孙坚。王睿收到孙坚的邀请后，不仅没有立马同意，还想先借刀杀人，干掉自己在荆州的政敌——武陵太守曹寅，因此对孙坚宣称，只有曹寅死了他才肯出兵讨伐董卓。

曹寅是个聪明人，想起不久前桥瑁檄诏诸侯讨伐董卓的招数，学着伪造了一篇檄文，借光禄大夫温毅的名号列举王睿罪状，请孙坚将王睿逮捕归案。孙坚一向急性子，早就对王睿之前对他的轻蔑态度不满，干脆清算旧账，将矛头转向王睿。王睿偷鸡不成蚀把米，被孙坚追着打，走投无路之际吞金自杀。

王睿死后，荆州成了一块无主之地，急需一位继任者。东汉朝廷将这一重任交给汉室宗亲出身的刘表，任命他为荆州牧。刘表是当时名士，早年曾拜经学大师王畅为师，熟读儒家经典，列"八俊"之一。后来卷入党锢之祸，被诬陷为朋党，成了宦官的重点打击对象。党禁解除后，刘表被何进推荐入朝，之后一直在京为官。刘表以贤能著称，何进和宦官争斗时，他置身事外，董卓进京时，他也不做出头鸟。简单说，就是一个老实人。

在刘表到达荆州之前，荆州一度陷入失控的局面——北面被袁术占领，各郡县暴乱四起，当地宗族势力划地而治，屯聚自守，形成数十股宗贼（以宗族、乡里关系而组成的武装集团）。

半生失意的刘表从洛阳启程，单枪匹马来到局势动荡的荆州，可谓前途未卜。不承想，这个在中央备受桎梏的老实人，竟宛如蛟龙入海，迅速地控制了局面。

3

孤身一人掀不起风浪。刘表一到荆州就先去拜访蒯越、蒯良、蔡瑁等地方豪族，而这些地方大族眼见荆州处于崩溃的边缘，也都希望有一个领袖来主持大局。

为了争取地方豪族的信任，刘表对蒯越委以重任，拜为章陵太守，又娶蔡瑁的姐姐为妻，和荆州本地豪族建立政治联姻。蒯越向刘表建议，打出仁政德治的旗号，稳定荆州政局，对那些划地而治的宗贼进行招抚、诱杀，将他们的部曲收归帐下，南据江陵，北守襄阳，荆州八郡可传檄而定。

宗贼的首领大多贪婪自私，各自为战，他们手下的乌合之众也都希望归附仁德之主，过几天安稳日子。刘表就让蒯越将在荆州作乱的数十名宗贼首领请来赴宴，在宴会中将他们全部斩杀，随后将这些军队全部收入麾下，没有大动干戈就平定了荆州境内的叛乱。

在经营荆州之初，刘表有几分危机意识，他为提防来自北方的威胁，也为了伺机夺取荆州北部的南阳郡，而将治所向北移至襄阳，应付来自荆州北面的威胁。

原本盘踞在襄阳周围的袁术军队被荆州将士包围，寡不敌众，只好撤离。之后，董卓的余党张济因军中缺粮，从关中向荆州进军时被弓箭射死，其侄子张绣率领部下向刘表投降，屯驻于襄阳以北的宛城，自称是刘表的"北藩"。

在解决内部的反叛和外部的入侵后，荆州除北部南阳郡之外的其余七郡，全部听从刘表号令。刘表势力鼎盛时，"南接五岭，北据汉川，地方数千里，带甲十余万"。

经过刘表近20年的经营，荆州岁月静好，与世无争，百姓远离战乱，大批北方士人南下避难。荆州一度成为战乱中少有的经济、文化极其繁荣的地区。刘表的事业达到巅峰，却只是"欲保江汉间，观天下变"，就此止步不前。当刘表逐渐老去，觊觎荆州的英雄大有人在，他们都摩拳擦掌，跃跃欲试。

4

建安十三年（208），是荆州命运转折之年，无论是扫平北方的曹操、坐领江东的孙权，还是寄人篱下的刘备，都不约而同地将目光投向荆州。

这一年，孙权率先向荆州发起冲击，他接受鲁肃的计策，在猛将甘宁的协助下，带兵向西攻打镇守江夏的黄祖，打开了通往荆州的东大门。江夏位于汉水下游，三方阻水，湖泊密布，易守难攻。汉水下游又称夏水，夏水的入江口称夏口，也叫汉口。后来，孙权为加强防御又在夏口附近修筑武昌城，并曾迁都至此。这一地区即为现在武汉的前身，不过在三国时期，此地只是一处交通枢纽，还没有成为湖北的龙头老大。

与此同时，曹操为南下完成统一大业，也做好进军荆州的准备。他以相当土豪的方式筹备南征，直接在邺城开凿了一个人工湖泊玄武池训练水军。

曹操的大军南下时，刘表已经病逝。他的继承人刘琮据有军事重镇襄阳，却不敢与曹军正面交锋，在兵临城下时听从蔡瑁等当地豪族的建议，不战而降。刘琮降曹的举措，本来是顺应历史潮流，使荆州免于遭受兵燹之灾，可谁也没想到，历经近20年和平的荆州，就此陷入长达半个多世纪连绵不休的战乱。

众所周知，在夺取荆州后，曹操顺流而下，虎视江东，在赤壁遭遇孙刘联军痛击，最终只能无奈北归。赤壁之战后，曹刘孙三家对荆州展开了激烈的争夺，逐渐在荆州形成了鼎足三分的局面。

曹操占据襄阳、南阳，孙权占据南郡、江夏，刘备则占有长江以南的武陵、长沙、零陵、桂阳四郡和江夏的鄂县、夏口等部分要地。其中，孙、刘两家对这种现状极为不满，因他们都将荆州作为立国的根本，孙刘联盟因此陷入随时可能破裂的局面。

5

在诸葛亮《隆中对》的设想中，刘备西进巴蜀、北伐中原的一个重要策源地就是荆州，其中，扼守长江中游要冲的南郡治所江陵（今湖北荆州）尤为重要。江陵地处江汉平原中心，经由长江可以连通东西，北据襄阳，南控湖湘，东连武昌，西通夷陵，既可以作为抵御曹操的战略重镇，也可以作为沿江西取益州的军事基地。

顾祖禹在论湖北形势时曾说："湖广之形胜，在武昌乎？在襄阳乎？亦荆州乎？曰：以天下言之，则重在襄阳；以东南言之，则重在武昌；以湖广言之，则重在荆州。"这三大重心中，荆州指的就是古代的江陵。

但是，江陵却在孙权手中。赤壁之战后，孙吴对南郡的曹军发动了长达一年的进攻。江陵城池坚固，粮草充足，周瑜先后攻打几次都无功而返，甚至在与镇守江陵的曹仁交战时被飞箭射中，身负重伤。为了鼓舞士气，他甚至带伤巡视军营，坚持在江北扎营，与曹军对峙。

直到曹军损失惨重，弃城而走，周瑜才成功攻下江陵。

人家费了好大的劲儿才拿下的军事重镇，刘备却说要就要，这便有了"借荆州"这桩公案。建安十五年（210），刘备放低姿态，亲自赴京口面见孙权，"求都督荆州"。对于这次大胆的冒险行动，诸葛亮是反对的，他担心东吴会乘机扣押刘备，以吞并刘备占有的荆州四郡，便力谏刘备取消这次行程。

半生戎马的刘备颇有勇气，不顾性命之危而坚持前往。他向孙权提出的理由是，刘表的旧部大多前来投靠，现在的根据地实在太小，不足以安民，请求向孙权借点儿地盘。实际上，刘备的目的就是要得到江陵。

孙权内心很矛盾，周瑜和鲁肃也提出了截然不同的观点。

鲁肃力主"借荆州"给刘备，共同对抗曹操。鲁肃的理由很充分：一是孙吴军队初到荆州，未得民心，立足未稳，不如借刘备的力量安抚他们；二是刘备占据江陵，就是给曹操多树一个敌人，让孙吴多一个屏障。

重伤在身的周瑜则坚决反对将江陵"借"给刘备，并劝孙权将刘备扣留，以美女、玩物削弱其心志。周瑜颇有远见，认为"刘备以枭雄之姿，而有关羽、张飞熊虎之将，必非久屈为人用者"。为了坚定孙权的信念，周瑜提出了从江陵出兵巴蜀的战略。但在出兵巴蜀的路上，周瑜骤然病逝，接任其职务的鲁肃再次劝孙权"借荆州"给刘备，共拒曹操。

孙权自知此时和刘备为敌只会两败俱伤，于是将周瑜经过一年苦战夺取的江陵交给刘备。刘备由此掌握了入川的门户，开始进军益州，实施"跨有荆益"的战略。

作为交换条件，刘备退出江夏，还从长沙郡分出汉昌郡，由鲁肃任太守。孙权在荆州所占的地盘和江东由此连成一片，而江陵作为荆州抗曹的主战场，也为孙吴起到战略缓冲的作用。这是孙权从"借荆州"得到的好处。

史书记载，当时曹操正在写字，得知孙权将江陵"借"给刘备，一时震惊，落笔于地。

6

实际上，孙吴与荆州的联系比蜀汉更密切。

在诸葛亮的《隆中对》中，"跨有荆益"战略的一大缺陷，就在于从地理形势看，相互毗连的荆州与益州彼此联系条件极差，两地相隔有千里之遥，且有山川险阻。

益州高山环绕，更有南北走向的巫山山脉阻挡，在当时的条件下陆路难行，荆益两州交往主要依靠长江水道交通，尤其是靠三峡相连。然而三峡江面狭窄，水流湍急，从荆州的夷陵到益州的江州，两岸都是重岩叠嶂的大峡谷，"自非亭午夜分，不见曦月"，只有水流平缓的季节才适合行船，还要小心崖壁崩塌。

与之相反，荆州与孙吴的根据地扬州地理关系密切，同处于长江中下游平原，几乎没有天然屏障阻隔，水路交通便捷。《隋书·地理志》中也有荆州"风俗物产，颇同扬州"的说法，由此可见两地关系相近。

早在孙策起兵时，就曾向江都名士张纮请教如何在江东立足。张纮当时已向孙策提出"投丹阳，收兵吴会，荆、扬可一"的战略。意思是说，占据长江下游的江东，就可以江东为根基进占长江中游的荆州，由此据长江，扫灭群雄，称霸一方。

后来，鲁肃进一步向继承父兄基业的孙权分析形势，提出的战略是：第一步，夺取荆州，消灭江夏的黄祖和襄阳的刘表；第二步，向长江上游进军，夺取益州，这一点与诸葛亮"跨有荆益"的想法一致；第三步，与北方的曹操划江而治，争夺天下，成就如汉高祖一样的帝业。

在孙吴的建国方针中，荆州早就在计划之内。位于江东上游的荆州，就像孙吴的门户，而控制这一门户的钥匙一旦掌握在两个对手手中，西面受制于蜀汉，北面受制于曹魏，就关系到孙吴的存亡。

没有永远的朋友，只有永远的利益。"借荆州"成了孙刘联盟给自己埋下的定时炸弹，刘备率军入蜀后，孙权多次派人向他索要荆州，却只是有借无还，败兴而归。到建安二十四年（219），这一矛盾终于集中爆发。

7

建安二十四年七月，留守荆州的关羽利用曹、孙在淮南交战，曹魏兵马东调之机，留下少量兵马守江陵、公安，率领其余军队大举北伐，围攻曹魏所占据的襄阳、樊城。

襄阳因位于襄水之阳而得名，是南北交通的要冲。鄂西北多为低山丘陵，襄阳城面向汉水，背依岘山，周围山川环绕，易守难攻，民间素有"铁打的襄阳，纸糊的樊城"一说。除此之外，襄阳利于农业屯垦，当地气候温和湿润，是湖北全省日照最充足的地区之一，可为前线提供充足的粮饷。清初学者顾祖禹曾说："襄阳府跨连荆、豫，控扼南北，三国以来，尝为天下重地。"自三国开始，襄阳作为军事重镇，成为无数攻城者的梦魇。

曹操以襄阳作为中原许昌、洛阳的屏障，即便关羽得天时之利，适逢当年八月汉水暴涨，水淹七军，擒于禁、斩庞德，也没能攻下襄阳。不过，曹操还是有些慌，一度打算迁都以避其锋芒。此时，司马懿劝谏道："于禁将军为汉水所淹，并非战败，而是天灾，对国家大计没有什么损失。刘备、孙权二人外亲内疏，孙权一定不愿看到关羽得志。可派人劝孙权偷袭关羽后方，答应将打下来的荆州地盘归他所有，襄樊之围自然就化解了。"

曹操采纳司马懿的建议，与孙权暗中联合，荆州局势风云突变。在袭取荆州前，孙权仍为是否与刘备撕破脸感到困惑。他问吕蒙，应该向北取徐州，还是向西取荆州？吕蒙说，徐州并无重兵驻守，取之不难，然其地为"骁骑所骋"，并不易守，还是袭取荆州，占据整个长江流域更有利。之后，吕蒙诈病，推荐当时还寂寂无名的陆逊代自己镇守上游，以此让关羽放松警惕。

陆逊一上任，就给关羽写了一封信，吹捧关羽北伐的战绩，自称自己的敬仰之情有如滔滔江水连绵不绝，即便是当年晋文公城濮之战、韩信破赵之战也不如关羽水淹七军、威震华夏的壮举。关羽看完信，更不把江东放在心上，将江陵的部队逐渐调往前线，而此时，吕蒙已经到达柴桑，准备白衣渡江。吕蒙亲自挑选一支精兵，扮作商人模样，昼夜兼程，偷袭江陵。

等到关羽得知江陵失守时，大势已去。当年十二月，关羽退守麦城，最终为吴军所擒杀。

从此以后，原来为三家所分割的荆州，就此被曹、孙两家占据，直到三国重归一统。

失去荆州，对刘备集团而言是一个无比巨大的损失，这几乎宣告诸葛亮的"隆中对"彻底破产。跨有荆、益，待天下有变，荆州之军向宛、洛，益州之众出秦川，这个计划，从此只存在于隆中草堂的远大理想中。

8

在孙吴袭取荆州后，吴、蜀之战的焦点转移到夷陵。荆州各城中，襄阳为荆州北部重镇，江陵是荆州的中心，江夏是荆州的东大门，而夷陵（西陵），是荆州的西大门。

由益州东出荆州，需通过全长 500 里的三峡地区。从白帝城，经巫县、巴东、秭归，最后到达夷陵，所谓"水至此而夷，山至此而陵"。夷陵作为三峡的东出口，扼守荆州要道，上控巴夔，下引荆襄，一旦失守，荆州难保。

章武元年（221），刘备在称帝仅 3 个月后，试图以武力夺回荆州，率领大军东征。

临危受命的孙吴新任大都督陆逊避其锋芒，率军 5 万一直退到夷陵坚守不出。手下将领多次请求出兵迎击，陆逊都不为所动。陆逊上书孙权说："夷陵是军事要地，得到容易，失去也容易。失去夷陵，损失的不仅是一个郡，甚至可能是整个荆州。"陆逊早已作好谋划，要借夷陵的地势击溃蜀军。

蜀军被阻挡于夷陵，刘备只能被迫沿着三峡扎营，从巫峡到夷陵，连营数百里，为避暑热，又将营寨安于山林中。和蜀军对峙了七八个月后，陆逊才在蜀军疲弱之际发起反击，火烧连营，并率军四面围攻。蜀军营寨土崩瓦解，上万士兵浮尸江面，刘备战败逃到白帝城。

夷陵之败让刘备悲愤交加，他叹道："我竟被陆逊羞辱，这是天意啊！"此话确实有一定道理，若无夷陵扼守荆州上游，蜀军南下后，荆州将一马平川。

后来，蜀汉灭亡，陆逊之子陆抗镇守荆州与魏、晋交战时，也将夷陵视为防御的重中之重。他深深担忧，一直到临终前还上书吴主孙皓："西陵、建平，国之蕃表，既处下流，受敌二境。若敌泛舟顺流，舳舻千里，星奔电迈，俄然行至，非可恃援他部以救倒县也。此乃社稷安危之机，非徒封疆侵陵小害也。"陆抗反复强调荆州上游的重要性，建议孙皓加强夷陵的守备。

然而，荒淫残暴的孙皓只顾享乐，基本把做皇帝当副业，自然也没把陆抗的忠告当回事，不再加强夷陵一带的防御。与此同时，晋将王濬已经在长江上游修造楼船，操练水军。有学者认为，从军事上看，孙吴决定性的失败就在荆州上游。

太康元年（280），西晋派巴蜀之兵东出，襄阳之军南下。王濬率领一路晋军从成都出发，顺流而下到达夷陵，与刘备东征路线一致。随着夷陵被晋军攻克，孙吴在荆州上游的防线顷刻间崩溃。荆州下游无险可守，孙吴不堪一击，王濬几乎兵不血刃，从武昌顺着长江长驱直入，抵达建业，孙皓自缚，出城投降。西晋就此完成了当年刘备未能实现的东征。

从刘表跨蹈汉南，到三国重归一统，荆州的局势始终影响着天下大势。这片锦绣山河，谱写了一曲最壮美的英雄史诗，不曾湮没在历史的长河里。

中国最失落的古都：从世界一哥到没落公子

1

北宋开宝九年（976），宋太祖赵匡胤再次巡幸洛阳，他向臣子们提出，未来将计划把首都从开封迁到洛阳。

在赵匡胤看来，开封作为四战之地，除了北临黄河外，其他三面地势平坦、完全没有险要可守，而就在北宋建国（960）前13年，公元947年，契丹军队甚至攻陷开封，灭亡了后晋。

历史的教训近在咫尺，为了拱卫开封，北宋不得不长期在开封屯兵数十万进行守卫，但长期"冗兵"导致的财政困境，以及开封无险可守的隐患，作为开国皇帝的赵匡胤，对此看得非常清楚。

在赵匡胤看来，几个适合定都的城市里，长安尽管天险巩固，但多年来因为黄河等各路河道淤积、漕运艰难，加上关中地区生态环境日益恶化，早已失去了作为帝都的条件。

相比之下，北临黄河、漕运便利，南有嵩岳，东有虎牢、成皋，西控函谷，"河山共戴，形势甲于天下"的洛阳，已经成为首都的不二之选。

为此，赵匡胤多次巡视洛阳，一直在为迁都做积极准备。

然而，赵匡胤的弟弟，在开封早已经营多年、根基深厚的晋王赵光义，非常担心会被迫离开自己的大本营，为此他联合多位大臣，力阻赵匡胤说，开封比起洛阳更加靠近漕运要道，更方便接受江淮地区的财赋，并且，"安天下者，在德不在险"！

赵光义有自己的小九九，而北宋的大臣们，也大多不愿离开早已在开封经营多年的安乐窝，这使得赵匡胤不由得仰天长叹："患不在今日，自此去不出百年，天下民力殚矣。"

深怀远见的赵匡胤没能坚持己见，而弟弟赵光义也不会再给他机会，就在赵匡胤仰天长叹的这一年，开宝九年（976）十月，赵匡胤在跟赵光义一起喝了一顿酒后，神秘暴毙。

赵光义则在"斧声烛影"中登基上位，是为宋太宗。

北宋永远失去了迁都的机会。

151 年后（1127），随着女真人的南下，北宋将为此付出亡国的代价。

2

赵光义选择开封为都，是因为它靠近黄河和各条运河要道，方便漕运。

但成就你的火种，或将毁灭你的一切。

回顾过去一千年，开封从一个北宋时期世界规模最大、最为繁华的城市，为何随后却逐渐陨落埋没？

因为曾经成就开封的黄河，也将一手毁灭开封的前程。

这其中，人祸扮演了至关重要的因素。

实际上，作为华夏文明的发源地，开封赖以兴盛的黄河到了北宋时期，由于中上游地区的长期过度开发，加上大片森林被砍伐，此时黄河流域的水土流失已经越来越严重，由于上游的泥沙逐渐淤积到中下游平原，这就使得开封周围的黄河河床日益增高，在北宋时就已形成了地上河和悬河，并比沿岸的村庄高出数米之多。

从北宋中期的 1048 年开始，黄河中下游在几十年内频繁决口，每隔两三年就有一次大决口，每三四十年就发生一次大改道。

而最致命的，是来自靖康之变后的人祸。

早在战国末期的公元前 225 年，秦国大将王贲在围攻魏国都城大梁（开封）时，就曾经扒开黄河大堤水淹大梁，最终迫使魏国投降，从而为秦始皇统一中国拉开了血腥的序幕。

1127 年靖康之变后北宋灭亡，随后女真人继续南下，为了阻挡金兵铁骑，1128 年，南宋军队在今河南滑县西南扒开黄河大堤，"以水当兵"，由此导致黄河流入泗水，再次由泗水夺淮入海。

1128 年的这次人祸，并没有挡住金兵南下，相反，却造成了黄河下游的第四次大改道。

在这次宋朝军队扒开黄河大堤后，黄河形成了新旧两条河道，并在从黄河到淮河之间的地域到处摆荡，由于这个位置刚好处于南宋与金国的对峙前线，因此宋金双方都无意堵塞决口，以致黄河在整个南宋时期，一直呈现到处泛滥的局面。

但历史赋予黄河流域和开封的苦难并未终结。

金哀宗开兴元年（1232），在蒙古人的一路追击下，金哀宗不得不南下逃到开封，随后又逃到距离开封仅仅100多公里远的归德（商丘），当时，金兵试图扒开黄河大堤水淹蒙古军队，结果派出去扒堤的部队全军覆没。

随后，获知消息的蒙古军队一不做二不休，直接来了个将计就计，想水淹归德，蒙古人随后扒开了黄河大堤，但没想到归德城地势高，黄河水竟然绕城而去，但泛滥的黄河，却给开封周边造成了巨大危害。

蒙古人扒开黄河大堤两年后，1234年，趁着金朝危亡，南宋军队北上与蒙古人争夺中原，为了阻挡宋朝军队，蒙古人再次人为扒开黄河大堤，这一次地点则选在了距离开封城北仅仅20多里的寸金淀，这也造成了黄河历史上的第五次大改道。

从1127年到1234年，由宋人与蒙古人轮流共三次扒开黄河大堤的结果，除了导致黄河频繁大改道之外，也给开封造成了几乎毁灭性的打击。

在北宋以前，黄河距离开封有200里之远，但是从北宋开始的黄河频繁决堤，加上整个南宋时期宋人与蒙古人的三次轮流扒堤，这种天灾与人祸的叠加，导致的直接结果，就是黄河河道逐渐向南迁徙，日益逼近开封城。

到1234年蒙古人再次扒开黄河大堤后，黄河距离开封城的直线距离，已经从北宋前的200里远，变成了距离仅仅20里远。

此后，作为地上河的黄河"悬河"之祸，给邻近的开封造成了越发深沉的苦难：因为河道远，洪水泛滥时尚可规避和减轻受灾面；但河道如此之近，一旦洪水泛滥或决堤，开封城已根本没有反应和逃亡的时间，生态影响也近在咫尺。

随着黄河水土流失的日益严重，加上整个南宋时期三次人为扒堤造成的黄河大改道，此后，黄河在开封城周边的决溢越来越频繁。

根据统计，进入元明清三朝，仅仅641年间（1271—1912），黄河在开封境内的决溢就达到了300多次，其中共有几十次洪水袭城、7次水淹开封城的记载，使得开封频繁遭受灭顶之灾。

3

长期的战争动荡与黄河决堤，也使得开封赖以兴盛的黄金水道日渐荒废。

尽管号称八朝古都，从夏朝到战国时期的魏国，以及五代时期的后梁、后晋、后汉、后周，还有北宋、金朝都曾经在开封立都，但开封作为真正的中国大一统王朝的国都，就只有北宋（960—1127）一朝167年的历史。

作为中国王朝定都走向的转折点，开封，在北宋历时167年的发展中，也逐步迎来了辉煌时刻，成长为一个当时具有超百万人口的世界级超级城市。

唐朝安史之乱后，中国的经济中心逐渐转向长江、淮河一带，当时，来自江淮地区的财赋，普遍需要依赖从隋朝开始凿通的大运河进行运输，相比较之下，处于大运河要道、更靠近江淮地区的开封，从唐代后期开始迅猛发展。

但除了倚仗黄河之外，地处平原、几乎没有天险可守的开封，从一开始就蕴含着赵匡胤所担忧的致命隐患。1127年北宋灭亡后，随着宋室南迁，首都从开封南迁到了杭州。

天生的地形弱点，以及失去首都地位，这种自然与政治的双重失势，是开封陨落的根本点。

开封的陨落，同时也是中国定都史的转折点。

中国王朝的定都史，从约公元前2000年的夏朝，到公元1000年左右的北宋，3000年间的定都范围，基本都是沿着渭河及黄河中游的东西走向，迁移轨迹沿着西安—洛阳—开封一线，呈东西走向波动迁移。

但1171年北宋灭亡后，中国的政治首都，第一次从沿着黄河流域的东西走向布局，转移到了南北走向。

1279年南宋灭亡后，中国的政治中心从南方的杭州，转移到了元朝位处北方的国都大都（北京）。

此后，从南宋算起，到元、明、清共4个朝代，中国的定都走向，从沿着黄河的东西走向，变成了沿着京杭大运河的南北走向，其迁移轨迹表现为杭州（南宋）—北京（元）—南京（明朝初期）—北京（明、清），并一直持续至今。

失去了首都的地位后，开封的政治地位一落千丈，这直接导致的后果就是大运河水道的荒废。

早在北宋时期，为了方便接受来自江淮地区的财赋，北宋在依赖黄河之外，除了继续扩大疏浚原来汴河、五丈河两条河道外，又相继开凿了金水河和惠民河两条运河，通过汴河、五丈河、金水河、惠民河等"四大潜渠"加上黄河通连全国各地，开封也因此成为"四方所凑，天下之枢，可以临制四海"的帝都所在。

当时，为了保证各条运河的通畅，北宋政府每隔三五年就要对各条河道进行疏浚，因此尽管各条运河都存在自然的泥沙淤积问题，"虽数湮废，（但仍）通流不绝"。

但从北宋后期开始，由于政治腐败、管理废弛，从江淮地区通连开封的运河已经开始逐渐淤塞荒废，此前全年通畅的运河，甚至出现了只能通航半年的情况："汴渠昔之漕运，冬夏无限，今则春开冬闭，岁中漕运止得半截。"

1127 年北宋灭亡后，随着此后战乱动荡和南宋迁都杭州，常年缺乏疏浚的大运河河道更是逐年淤积，南宋建立后仅仅 40 多年，曾经作为大运河重要通道的汴河河道，甚至淤积后变成了麦田和村落。

除了汴河之外，作为开封连接江淮地区的"四大潜渠"的另外两大通道——五丈河、惠民河也由于北宋的灭亡、南宋的迁都、长期的战争动荡，导致缺乏疏浚，最终淤积湮废。

最终，此前作为开封经济生命线的"四大潜渠"基本都淤塞荒废，而以运河作为血脉的开封，在连接南方的运河基本荒废以后，衰落已经成了必然的趋势。

4

开封衰落的背后，是京杭大运河的崛起。

在隋唐以前，中国的政治中心和经济中心都集中在黄河流域，因此沿着黄河流域东西走向的长安、洛阳和开封就成为首都的当然之选。

但是隋唐以后，随着江淮地区经济的不断崛起，中国的政治中心和经济中心开始不断分离。在此情况下，隋炀帝首先凿通了大运河，并通过大运河吸收江淮地区的财赋，以此维系王朝的运转。

到了唐朝时，大运河已经成为王朝绝对不可断裂的生命线。

唐朝贞元二年（786），由于从江淮地区向长安运输粮食的漕运道路被藩镇阻隔，整个长安城都陷入缺粮境地，以致禁军发生骚动，这时，刚好有 3 万斛米运到了长安周边，唐德宗听说后，流着眼泪跟太子说："米已至陕，吾父子得生矣。"

由于受到黄河三门峡水流湍急、不利水运，加上自然环境恶化等各种因素影响，长安最终在唐代以后逐渐衰落，取而代之的，则是开封的崛起，而开封的衰落，也与长安类似。

由于长期的战争动荡导致大运河水道荒废，使得开封无法接受来自江淮地区的反哺，加上北宋灭亡后首都的搬迁，开封的陨落已是定局。

元朝建都大都（北京）后，为了吸收江淮地区的财赋供养国家运转，开始全力开凿京杭大运河，至元三十年（1293），京杭大运河全线通航，而南起余杭（今浙江杭州），北到涿郡（今北京），全长约1797公里的京杭大运河的通航之日，也是长安、洛阳、开封等黄河中上游城市的彻底衰落之时。

从线路来看，京杭大运河途经今浙江、江苏、山东、河北四省及天津、北京两市，贯通海河、黄河、淮河、长江、钱塘江五大水系，由于京杭大运河不再连接河南开封等地，这就使得开封失去了江淮地区的滋养，成了没奶的孩子，很难长大了。

反观京杭大运河的通航，则捧火了运河流域的山东济宁、天津等新城市，对于开封来说，北宋时期那伟大辉煌的日子，已经一去不返了。

5

到了明朝时，由于贾鲁河的疏浚凿通，加上定都南京的朱元璋将汴梁（开封）一度改为北京，这使得开封的政治和经济地位有所提升。

到了明代，一度衰落的开封重新崛起成为中原地区最繁华的城市，"势若两京"，"大梁（开封）为中原上腴，北咽神京，南控八省，商车市舶，鳞次而至大梁门外，联轴接捆，旅邸栉比，居然一都会"。

但是，开封早已不是当初北宋时期傲视世界的全球第一大都市了，明朝时，与江南地区蓬勃发展的扬州、苏州、杭州等城市相比，开封已经称不上国内的大腕了，顶多只能算是中原地区的大城市。

到了明朝末年，在北宋时人口就已经超过百万的开封，才勉强恢复增长到了30多万人口。

就在开封似乎有所好转的时候，李自成却给了这座城市以致命一击。

从1641年至1642年，李自成三次率兵进攻开封，第二次进攻开封时，李自成为开封守城士兵射瞎了左眼，这使他恼羞成怒，于是在第三次围攻开封时，李自成前后共围攻开封达5个月之久，并将开封城周边的麦子全部抢割，致使开封城内"升粟万钱，米贵如珠"，开封城内百姓甚至开始人吃人。

在被围城整整5个月之后，守卫开封的河南巡抚高名衡、推官黄澍和巡按御史史严云在接近绝望之下，无奈决定"决河灌城"以求自保，随后，明朝守军派兵凿开了朱家寨口大堤，当时，明军凿开的缺口不大，而李自成却干脆以牙还牙，决定将开封全城毁灭方才解恨。

于是，1642年农历九月，李自成派出几万士兵，扒开了开封城附近的黄河马家口大堤，随后黄河水直冲开封城，整个城内积水达10米多深，当时，开封城内尚有37万守城军民，李自成扒河冲击开封后，全城百姓有34万人死绝，最终仅有3万人幸免于难。

经历过这场大变故的计六奇（1622—约1687）后来回忆说："自贼乱以来，杀人不可胜计，其最烈者，无如（张）献忠之屠武昌、（李）自成之淹汴梁（开封）也。夫图大事者，当以得人为本。张（献忠）李（自成）所为如此，不过黄巢、赤眉（军）之徒耳。天心人心胥失之矣。欲不速亡得乎？……其（李自成）与（张）献忠眉心脓秽不绝，俱天所以报其好杀也。其不死也几希矣！"

毁灭开封全城百姓、丧尽民心的李自成，尽管灭亡了明朝，却最终在水淹开封3年后的1645年，于湖北九宫山被杀。

经历李自成的毁灭性放水淹城后，开封人口再次出现了大倒退，即使到了清朝盛世时期的乾隆十六年（1751），当时全国人口都出现了大爆炸，但开封人口却从北宋时期的超百万、明末的37万，跌落至仅有12万。

也就是在清朝时期，开封陨落成了河南乃至中原地区一个普通城镇，再也无复当年辉煌。

6

在经历数百年的人为和天灾的洪水泛滥后，开封周边的土地也开始大规模沙化和盐碱化，这使农业生产遭到了严重破坏。

另外为了堵截洪水，开封民众从宋朝以来，就不断大规模砍伐森林修筑防洪堤坝，这使开封周边的森林也遭到了毁灭性破坏。1911年，地理学家张相文游览开封时，曾感慨地说："开封城外，平衍无山。……自屡经河患，而古代川流皆填塞无余，白气茫茫，退望之无异沙漠。而森林亦复鲜少，防风防沙之用缺焉。长此不变，数十年后将不知成何景象矣。"

而作为开封复兴的最后一道希望，位处开封城外20多公里的朱仙镇和周家口，也最终陨落。

到了明朝时，由于水患导致河道堰塞等，开封已经丧失了作为外港的功能，在此情况下，位处贾鲁河两端、可以连接颍河进入江淮地区的朱仙镇、周家口两个城镇开始崛起。

到了清朝中期，朱仙镇人口跃升至30万。当时，朱仙镇与湖北汉口、江西景德镇、广东佛山一起号称全国四大名镇，"贸易最盛……商贾云集"。

但黄河却再次给开封带来了毁灭性的灾难。

道光二十一年（1841），黄河再次决堤，水淹开封城达8个月之久。道光二十三年（1843），黄河又决堤冲毁了开封复兴的希望所在朱仙镇，致使贾鲁河"河身淤成平陆，河身以上又淤高丈许，朱仙镇民房冲去大半"。

由于河道淤塞，已经无法通航的朱仙镇迅速败落，至此，开封与外港的联系完全中断。

至此，朱仙镇从清朝四大名镇中迅速除名。到了光绪三十二年（1906），朱仙镇的人口更是从清朝中期巅峰时的30多万，跌落至仅有15000人，到了民国二十三年（1934），更是仅剩8500多人。

朱仙镇被黄河冲毁后，周家口仍然通过颍河，勉强维系着与江淮地区的联系，但随着鸦片战争后航海时代的到来，即使是一度风光数百年的京杭大运河沿线，也逐渐沉寂了下来，更不要说频繁决堤泛滥的黄河岸边的开封。

曾经在黄河流域红得发紫的开封衰落了，曾经在京杭大运河沿线呼风唤雨的扬州等城市也衰落了。

一个属于内河文明的时代过去了，一个属于航海和铁路的时代开始冉冉升起。

到了1898年，从北京卢沟桥到湖北汉口的卢汉铁路（今京广铁路）正式开工修建，由于开封段地质松软号称"豆腐腰"，因此卢汉铁路最终绕开开封，转而选择了途经郑县一带，由此，小小的郑县凭借铁路优势一跃而起，进而飞速成长为河南的一哥城市郑州。

1954年，河南省会干脆从开封迁移到了郑州，开封的区位优势则更加没落消沉。

对于开封的陨落，1923 年，到开封游览的康有为非常感慨。后来，他写了一副对联：

> 中天台观高寒，但见白日悠悠，黄河滚滚；
> 东京梦华销尽，徒叹城郭犹是，人民已非。

那个曾经高居世界第一的名城古都，早已辉煌不再。

北京：一个首都的800年沉浮史

崇祯十七年（1644）二月，李自成攻克太原，不日就将兵临北京城下。

大明王朝危在旦夕，大臣李明睿力劝崇祯帝南迁。他认为，向南进行战略转移，之后再北上反攻，可以暂时避其锋芒，且明朝在南京也有一套完整的行政系统，基础比当年宋高宗立国时强多了。

崇祯帝其实也有这个想法。然而，朝中大臣大都立场坚定，反对迁都。他们主张撤退可耻，坚守光荣，天子守国门，君王死社稷，留下来才是政治正确。满朝大臣吵了一个多月，李自成大军早已攻下居庸关和昌平，距北京近在咫尺。这时，崇祯帝就算想跑，也无路可退。

北京城破，崇祯帝在自缢前说了句"皆诸臣误朕"，埋怨众臣无能。此话虽然多少有些推脱责任之嫌，但那些力主坚守的官员确实已将口号抛之脑后，很多大臣在李闯进京、清廷入关后，就排队去请求新领导安排工作了。

在明末危机下关于迁都的争论中，慷慨陈词的大臣们似乎都没意识到一个现实的问题——北京的首都之位其实并不稳固。历朝定都北京，经常伴随着动乱。帝都的地位，亦非天之所赐，而是付出血与火的代价，并在800多年的岁月中几经沉浮。

1

金朝初年，首都本来设在上京会宁府（今黑龙江哈尔滨）。女真的保守派仍因循守旧，眷恋牧猎生活，守着东北那旮旯舍不得离开。那时，原为辽南京的燕京（今北京），成为金军南进的前哨站，动荡不安，经济凋敝。金灭辽、破宋之后，女真人中的一些极端分子为报复契丹人，在这里大肆屠杀，持续时间长达月余，导致燕云地区一时大乱。

后来，决定迁都燕京的是金朝第四位统治者海陵王完颜亮。

完颜亮一直都是一个饱受争议的人物，他野心勃勃，发动政变谋杀金熙宗夺位，又深受汉族文化影响，相传因为读了柳永的词而对江南莫名向往，急于南下攻宋。

完颜亮即位后杀掉了一批宗室大臣，并将上京的宫殿、宅第拆毁，夷为耕地，于贞元元年（1153）迁都到燕京，定名中都，取居天下之中号令四方之意。除此之外，完颜亮还将祖上陵墓迁葬。辽时，尽管政治、经济中心不断南移，契丹贵族死后仍按传统归葬北方，完颜亮却把老祖宗的坟都迁过来了。

完颜亮迁都，一是为巩固统治，摆脱旧势力的纠缠，二是看重此地利于军事防御的山川形胜。燕京北枕万里长城，南连京杭大运河，可"据长城而抚四夷"，抵御来自北方的军事威胁，也可凭借大运河这一生命线保证经济补给。当初，后晋石敬瑭将燕云十六州割让给契丹，导致中原王朝在之后的两个世纪里深受北方威胁，整日担惊受怕，燕京的战略地位可见一斑。诚如南宋大儒朱熹所言："冀都，天地间好个大风水。山脉从云中发来，前面黄河环绕，泰山耸左为龙，华山耸右为虎，嵩山为前案……故古今建都之地，皆莫过于冀都。"朱老夫子看风水的水平也是一流。

完颜亮的迁都政策无疑加强了女真族和汉族的融合，但其淫乱暴虐的行为早已引起女真宗室的不满，最终在征宋路上为手下所杀。

从完颜亮手中夺取皇位的是金世宗完颜雍。他在政变中即位，有人劝其遵守祖训，搬回上京会宁府，但更多的有识之士建议他迅速赶赴中都，"据腹心以号令天下，万世之业也"。

金世宗当机立断，急赴中都，果然迅速地坐稳皇位。之后，完颜亮帝号被废除，他在旧史书中的名声一直不太好。人们或许早已忘记，北京建都，正是这个暴君的决策。

2

13 世纪初，蒙古骑兵南下，燕京再度成为军事重镇。元世祖忽必烈之所以定都燕京，与一场夺位之争息息相关。1259 年，率军南下攻宋的蒙哥汗在合川钓鱼山下暴毙。当时，忽必烈正与贾似道率领的宋军鏖战于鄂州，而他的弟弟阿里不哥已经开始谋夺汗位。

阿里不哥以蒙古帝国的首都和林（今蒙古国境内前杭爱省）为根据地调兵遣将，

占得先机。那时的和林是帝国的都城，也是世界的中心，从莱茵河畔到黄河两岸，大半个欧亚大陆接受这座城市的诏令，屈服于蒙古大汗的铁蹄之下。

忽必烈从宋蒙战场北归时，阿里不哥已在北方号令各军，以大汗自居。忽必烈的谋臣郝经紧急上书，建议忽必烈班师前往燕京，然后再北上草原与阿里不哥交战。这位郝经也是个牛人，后来出使宋朝，被贾似道软禁，一关就是16年，元朝也不知他是死是活。直到去世前一年才获救，演绎了一出元代的"苏武牧羊"传奇。

忽必烈早已知道燕京一带的重要性，据《元史》记载，蒙古贵族巴图鲁曾向忽必烈进谏："幽燕之地，龙蟠虎踞，形势雄伟，南控江淮，北连朔漠。且天子必居中以受四方朝觐，大王果欲经营天下，驻跸之所非燕不可。"于是，忽必烈接受郝经的建议，北上燕京，进行建国定都的准备，随后与阿里不哥决战。阿里不哥远在漠北，反而鞭长莫及，难以调动进入汉地的蒙古军，在四年的争斗中落于下风，兵败被囚。

忽必烈成功夺取汗位。这次内战后，随着阿里不哥的失败，和林迅速衰落，沦为一个地区性中心，消逝在历史的漫漫黄沙之中。

此时，草原上的都城显然已不合时宜。另一个汉人谋臣刘秉忠，成为元朝改革的总设计师，为忽必烈出谋划策，提出完全按汉制建国号、颁章服、举朝仪、定官制，并定都燕京。刘秉忠有一句名言："马上取天下，不可以马上治之。"当年初入中原，蒙古军不懂农业生产，只知劫掠，有些蒙古贵族甚至主张杀尽汉人张、王、李、赵、刘五大姓，改农田为草原，进行放牧。

在这种反科学的思想指导下，燕京地区的农业经济大受破坏，直到契丹人耶律楚材向蒙古贵族进言，改劫掠为课税是更有效的致富之法，这一形势才得以缓解。当少数民族还处于奴隶制度时，以骑兵征服四方，可以在草原上建都，便于统治与调兵，可当进入中原，接受汉制，将都城南迁便迫在眉睫。因此，忽必烈采纳刘秉忠的规划，命他在燕京东郊营建新城，1271年改国号为"大元"，并于次年迁都燕京，称大都（今北京）。

3

历经金、元，北京的首都之位仍非不可动摇，明太祖朱元璋就曾在定都一事上纠结。明朝初年，虽定都应天（今江苏南京），但朱元璋仍不时有北迁的想法，曾考虑的地点包括长安、洛阳和北平（元大都）。

长安，有"崤函、终南之阻"，"泾、渭、灞、浐之雄"，且"据百二河山之胜"。但是，这里若无南方的粮食运输，饭都吃不饱，皇帝也要喝西北风。更何况，明朝时中国早已生齿日繁，粮食需求量更庞大。

再看洛阳，"东压江淮，西挟关陇，北依邙山，南望伊阙，曾为九朝之都"，这份"简历"也很漂亮，让人眼前一亮。太子朱标就十分中意，到此地巡视之后，有意迁都于此。可惜朱标早逝，洛阳失去了最有力的支持者，没能在明代再次成为首都。

至于北平，"右拥太行，左注沧海，抚中原，正南面，枕居庸，奠朔方"，蒙古人离开后，北方尚未安定。此时朱元璋直截了当地问廷臣们："建都北平，可以控制胡虏，和南京相比如何？"

翰林院修撰鲍频的回答代表了当时大多数人的观点："蒙古人兴盛于漠北，立都于燕，到现在已经百年，王气已尽。咱南京是兴王之地，这儿挺好的，没必要再迁都了。"迁都一事因大臣劝阻，就这样暂时搁置，直到明成祖朱棣发动靖难之役，于1403年从侄子建文帝手中夺位后，才再度提上日程。

朱棣在北方度过了20多年的藩王生涯，深知边境之祸是明朝的心腹大患，北平的军事战略地位何等重要。朱棣没有朱元璋的顾虑，毅然重回自己的"龙兴之地"，于永乐十九年（1421）迁都北京。从此，北京成为中国的政治中心、军事中心和文化中心，直至明末，崇祯帝吊死煤山，也没有南渡。

4

清代，北京依旧为帝都。和之前几朝建都一样，清初的北京城也笼罩在政治动荡的阴影之下。

顺治元年（1644）十二月，清廷颁布圈地令，京畿地区的农民被迫离开家园。20年里，京郊各县85%的耕地被圈占，近郊的通县（今北京市通州区），土地尽数被占，僻远的怀柔县（今北京市怀柔区），民间土地也"所余无几"。在圈地的同时，清廷"恩准"无衣无食的汉人投充旗下为奴，很多京畿农民不但失去田宅，自己也被迫沦为旗下奴。

为了摆脱庄主压迫，大量沦为旗奴的农民逃亡，顺治三年（1646），"数月之间，逃人已数万"。除了京郊圈地，北京内城还进行"迁汉"。清军入京后，首先圈占了北京城东、西、中三区的民居。顺治五年（1648）八月，清廷严令"凡汉官及商民人等，尽徙南城居住"。在"迁汉"的过程中，清廷实行优惠政策，每间房屋补贴银4两，充当搬迁费用。老百姓敢怒不敢言。经过清初对北京城的重新规划，清代北京内、外城实行满汉分居、分治，内城成为拱卫紫禁城的八旗军营。

之后200年里，北京城犹如一个历经沧桑的老者，眼见大清顶着康雍乾盛世的光环，逐渐走向王朝末路的黄昏。

5

1912年，中华民国建立，以袁世凯为首的北洋政府在清帝退位后完全控制了北京。袁世凯死后，直、皖、奉三系明争暗斗，在北京的政治舞台上，你方唱罢我登场。从1912年至1928年，北京政府更换了9次元首，约50届内阁，其中最短的一届，只有半天。

直到1928年，南京国民政府率领的北伐军进驻北京，才结束奉系的统治。关于建都问题的争议再度成为焦点。

以阎锡山、冯玉祥集团为首的北方势力对定都南京提出异议，和当年袁世凯不愿南下就任临时大总统的原因类似。北京正是在阎、冯势力的控制范围之内，定都北京，无疑对他们更有利。

早在前一年，冯玉祥就对蒋介石提出："我们将来还是把国都迁到北京去吧！"

为了反驳阎、冯等人，国民党元老吴稚晖在南京市党部发表演说，阐述建都南京的理由：首先让已故的孙中山"打头阵"，声称这是孙中山生前的一贯主张；随后又说，北京古城固然整齐，但那些红墙黄瓦的旧时代建筑不能成为新时代首都的象征；此外，南京靠近上海，地理位置上也处于中国中央。

总之，"首都建在南京已无问题"。吴稚晖此话一出，让南北方文人一时吵得不可开交。

地理学家白眉初在《国闻周报》上发表文章，为在北京建都宣传造势。他说：在北京建都已有800多年，在此建都者，代代强盛；南京地势低洼，民风文弱，在历史上曾是六朝金粉之地，萎靡之气太重，历代王朝前后在此建都的有10个左右，"非偏安即年促"。

言外之意是，建都南京，迟早完蛋。

南方人看完这篇文章就不高兴了，有"龚大炮"之称的《申报》编辑龚德柏，撰文指出白眉初"对于近代国都之意义毫无了解，竟以 18 世纪以前之理论来论现代之国都"。这场争论历时数月，最终不了了之。

6

南京国民政府改北京为北平，北京失去首都之位。然而"金陵王气"并没有让北京黯然失色，相反，在之后的 20 年里，几度发生迁都之争。

尤其是抗战后期，关于战后建都问题展开大辩论，政界、学界人士主张的建都城市就包括南京、北平、成都、重庆、西安、长沙、武汉和洛阳等，尤其以支持北平、南京和西安者为多数。

中国自古有"以天子守边防"之说，那么，中国未来的边防在何处，最大的敌人来自何方？一些学者由此展开思考。历史学家傅斯年提出，战后建都"若照东汉安乐主义的办法，便在南京住下好了；若有西汉开国的魄力，把都城放在边塞上，还是到北平去"。

《大公报》社评认为，"战后军事外交的中心是在北方大陆上，所以我们的首都应该建在北方"，"万万不可疏忽北方的大势"，因此应该建都北平。这些争论在 1946 年国民政府还都南京后宣告结束。

北平又等了 3 年。

1949 年，北平迎来曙光。通过第一届中国人民政治协商会议的决议，北平更名为北京，成为中华人民共和国的首都。正应了《英雄本色》里小马哥那段台词："我等了三年，就是要等一个机会，我要争一口气，不是证明我了不起，我是要告诉大家，我曾经失去的，我一定要拿回来！"那时的北京城，历经多年战火洗礼，正以全新的面貌走向新时代。

中国最玄幻的古都：500 年出一个天子？

南京总统府门前，有一对石狮子。这对石狮子，据说曾经很"灵异"。

1949 年 4 月，人民解放军攻占总统府，解放南京。过了没几天，总统府前面就来了许多围观群众。大家都是来看石狮子的。当时半个南京城传言，总统府门前的石狮子动了，尤其是右边那只，离开原位 1 米远，还转了个身。

过了几个月，总统府前面又来了许多围观群众。大家还是来看石狮子的。这次，传言更离谱，说石狮子不仅原地走动，眼里还流出了泪水，这是在怀念故主啊。传得神乎其神。

军委会接到报告后，经过调查，最终查明：这两次关于石狮子的"灵异"表现，都是潜伏在南京的国民党特务制造的谣言，意在蛊惑人心，扰乱社会秩序。灵异，原来是政治阴谋。

1

中国公认的六大古都（西安、北京、洛阳、南京、开封和杭州）里面，南京是很神奇的一个城市。它地处边缘，发迹却仅晚于占据中原地理优势的洛阳和西安，代表了江南城市逆袭而起的一段历史。

最早确立南京独特地位的人是孙权。但说服孙权确立南京独特地位的，则是一个叫张纮的人。

张纮是扬州人，早年在京都洛阳求学，是孙权身边重要的智囊。他与张昭齐名，人称"二张"。东吴政权早期的政治中心几经变迁，搬来搬去，张纮就跟孙权说，这样不行，我们要找一个基业永固的地方，定下来。这个地方是哪里呢？张纮说，秣陵就很合适。

史载，张纮的原话是这么说的："秣陵，楚武王（应为楚威王）所置，名为金陵，地势冈阜连石头。访问故老，云昔秦始皇东巡会稽，经此县，望气者云，金陵地形有王者都邑之气，故掘断连冈，改名秣陵。今处所具存，地有其气，天之所命，宜为都邑。"

秣陵、金陵都是南京的曾用名。张纮为了说服孙权，引用了秦始皇镇压金陵王气的历史传说。意思是，主公您看，秣陵这个地方有王者都邑之气，秦始皇见了都怕，要把它的王气破坏掉。您要是迁都于此，绝对是天命所归呀。

听张纮这么一说，南京确实很灵异。但懂历史的人，都知道所谓秦始皇破坏天子地，镇压王气，其实是一种传说类型。不光是南京，在南方，好几个城市都有类似的风水传说。比如福州，根据《闽中记》记载，秦始皇时，望气者看到闽县这个地方有王气，秦始皇遂下令斩断山脉，以镇王气。再比如广州，根据清代屈大均记载，说秦朝时，广州城北马鞍岗常有紫云黄气，占卜者认为这是天子气，秦始皇于是派人把马鞍岗凿破。这些同质化的传说，说明什么问题？说明原来的边陲地区，首次纳入了政治大一统王朝。秦始皇镇压当地王气，只是地方历史记忆中一种相对形象化的表达，表明这个地方被秦始皇征服了，成为正统王朝领土的一部分。

万万没想到，象征权力征服的"秦始皇镇压金陵王气"传说，被张纮忽悠成了全国独一无二的奇幻历史。估计孙权心里也清楚得很，但他也在想，张纮这小子不错，"金陵王气"这包装很给力，万一哪天有需要就派上用场了呢。金陵有王气，只是暂时被秦始皇镇住了，直到有一天，遇到了我……咳咳咳！

汉建安十六年（211），孙权将他的政治中心从京口（今江苏镇江）迁到了秣陵。第二年，他在秦淮河边修筑了石头城，并将秣陵改名为"建业"——建功立业。

2

念念不忘，必有回响。大约18年后，公元229年，孙权决定登极称帝。

这时，曹、刘两家已经分别称帝八九年了，只有孙权还很憋屈地给人家称臣道贺，为什么？曹丕占据中原地区，接受汉献帝"禅让"，称帝全凭正统和实力。刘备虽然偏居西南，但他自称汉室之后，汉献帝的皇叔，以血统争正统，称帝也说得过去。而孙权，既偏居东南一隅，又非皇族出身，要正统没正统，要血统没血统。就这样忍了八九年。

当然，这八九年间，孙权和他的谋臣们也没闲着。他们适当地宣传"金陵王气"的说法，向天下人普及南京这个地方要出天子的预言。到公元229年，吴国境内到处出现祥瑞之兆，这里报告发现了黄龙，那里上报说发现了凤凰。孙权感觉，前戏已经做足，老天彻底明示了，于是在建业称帝。这意思是，你们称帝靠正统，靠血统，那我就靠天意了。

而金陵王气，正是孙权集团制造出来的最大的天意。历史学者研究发现，史料中所有关于"金陵王气"的记载，全部出现在三国之后。这可以从侧面证明，金陵王气可能是孙权出于称帝合法性的一种政治造势。也就是说，金陵王气，这个听着很霸气的说法，是孙权集团发明出来的。

有了"金陵王气"论，孙权在历史上第一次对"中原王气"论发起了挑战。谁说称帝必须在中原，在天下之中？不一定的，你看，王气都转移了，转移到金陵来了，在我这里呢。按现在的说法，鼓吹金陵有王气，就是孙权的一个政治阴谋。

问题是，如果"金陵王气"是孙权集团生造出来的，那么，南京究竟有什么硬实力会被孙权拣选中，而后成为闻名全国的六朝古都呢？

3

我们现在经常从方言学的角度调侃，说南京是一座"依壁雕凿"的城市。但从地理学的角度看，南京的确是依壁雕凿：前有长江天堑，四周群山环绕，首尾相连——北面有乌龙山、燕子矶、幕府山，东面有钟山（紫金山）、灵山、青龙山，南面有牛首山、岩山、黄龙山，西面有象山、老虎山、狮子山等。

这样的地势，雄奇险要。在古代中国，也只有长安能够媲美。冷兵器时代，地理形势对于战争成败往往具有决定意义。南京先是因为地理优势而受到孙权政权的青睐，后来才因为政治宣传需要而附会衍生出风水的意义。

风水术，其实有两面性。

从科学性看，它是中国古代的地理学。在都城的选址上，风水师很强调"穴"的概念。所谓"穴"，就是指一个独立的、相对封闭的区域。一个典型的风水穴，四周要有自然的屏障，比如山、水或森林，这就是左青龙，右白虎，前朱雀，后玄武。南京简直是风水师眼中的完美都城选址：东面以钟山为苍龙，西面以石头山（今清凉山）为白虎，南面以秦淮河为朱雀，北面以覆舟山（今南京九华山）为玄武，又以北湖（后改名玄武湖）为玄武。四面以天然的山水合围，形成四神拱卫皇都的布局。这就是所谓的"象天设都"。

从玄学性看，风水术则是政治包装术。从孙权定都南京以后，关于"金陵王气"的说法就愈演愈烈，而且结合了星象、术数之学，把一个山川形胜的"宝穴"，说得玄乎其玄。最流行的一种伪说，是讲诸葛亮曾路过金陵，观察一番后说："钟阜龙蟠，石头虎踞，此乃帝王之宅也。"这成为日后南京的代称——"龙蟠虎踞"的滥觞。龙蟠虎踞最初是古人对苍龙（天蝎座）、白虎（猎户座）星座的形象描述，这里被借用来分别指代南京的钟山（紫金山）、石头山（清凉山），说明这座城市有王霸之气。所以，风水师做到极致，都想做帝王师，为称王称霸的人提供合法性支持和政治宣传。

还有一个问题需要解释一下。南京的地理、地形优势适合建都，那为什么要直到三国之后才成为事实呢？

原因很现实，古代都城选址除了地理、军事要素外，最重要的因素还包括经济。中国大一统历史前半期的两个超级帝都——长安和洛阳，在政治宣传层面上，一个讲的是地势险要，另一个讲的是位居天下之中，但没讲出来的，其实是这两个都城均位于当时全国经济最发达的地带。离开经济基础，其他都是虚的。南京所依靠的江南区域，经济得等到三国以后才起飞。这就是这么好的都城选址，却在秦汉时期及之前湮灭无闻的根本原因。

待到江南经济发展起来，南京作为都城的区位就无可挑剔了。它正好位于长江下游从东北流向转为正东流向的拐点处，是江南距离中原最近的地方，同时，前有淮河、长江两道天然防线，后有富庶的吴越地区作为经济后盾，简直完美。难怪南朝诗人谢朓说南京是"江南佳丽地，金陵帝王州"。

4

但是，最高级的政治斗争，从来不是摆事实讲道理，而是搞玄学讲天理。南京真实的优势（地理＋经济）因此被屏蔽，虚构的优势（金陵王气＋龙蟠虎踞）则被无限放大。

太康元年（280），西晋决定平吴之前，朝廷内部爆发了一场争论：到底要不要对孙吴开战。反对者认为时机不成熟，但他们说出来的理由都无关战斗力，而是说吴越之地常有紫气，说明吴国气运正盛，南征恐怕难以取胜。

晋武帝司马炎虽然觉得心虚，但最后还是听从了主战派的意见。最终，名将王濬轻松拿下了建业，灭了孙吴。唐朝大诗人刘禹锡有一首著名的诗，写了西晋平吴酣畅淋漓的过程：

> 王濬楼船下益州，金陵王气黯然收。
> 千寻铁锁沉江底，一片降幡出石头。
> 人世几回伤往事，山形依旧枕寒流。
> 今逢四海为家日，故垒萧萧芦荻秋。

看见没，刘禹锡重点强调的是，孙吴被灭是金陵王气消失了。

但根据史书记载，"吴亡后，蒋山（即紫金山）上常有紫云，数术者亦云，江东犹有帝王气"。现在我们可以用科学解释，紫金山上的神秘紫云，其实是山上的紫红色页岩，在阳光下反射出来的自然色彩。不过，古人更愿意将这种自然现象玄幻化，认为这个城市的帝王气尚在。

因此，坚信金陵王气尚存的吴国人，在西晋统一后，仍然发起了反抗，甚至一度杀掉西晋派出的官员，围攻扬州。

晋武帝首先把建业再改称"秣陵"，有镇压和贬低这座城市的意思；然后采取分治的方式，将秣陵一分为三，瓦解当地吴人的势力；最后再将其中一部分命名为"建邺"，表面是恢复"建业"之名，实际上"邺"字代表了司马氏的发迹之地邺城，"建邺"暗含了司马氏要在江南建立新邺城之意。这一系列举措，都是晋武帝打压"金陵王气"的特别手段。

吊诡的是，仅仅30多年后，他的堂侄司马睿就渡江到南京称帝，延续司马氏的半壁江山。这时候，"金陵王气"这个玄幻的东西，就不能打压了，而且得好好宣传，才能为东晋政权在江南立足造势。

东晋是这样进行政治宣传的："始秦时，望气者云'五百年后金陵有天子气'，故始皇东游以压之，改其地曰秣陵，堑北山以绝其势。及孙权之称号，自谓当之。孙盛以为，始皇逮于孙氏四百三十七载，考其历数，尤为未及；元帝之渡江也，乃五百二十六年，真人之应在于此矣。"所谓"五百年后金陵有天子气"，是东晋政权制造出来的谶纬，但故意说成是秦始皇时期的望气者（风水师）说的。从公元前210

年秦始皇巡视全国经过江南算起，到公元 229 年孙权称帝，相隔 438 年（东晋史学家孙盛说是 437 年），孙权认为自己就是那个五百年一出的天子。当时的史学家孙盛说，孙权其实不是那个天子，因为 437 年并不到 500 年之数，只有等到公元 317 年，晋元帝司马睿在南京称帝，相隔达 526 年，这才够了 500 年之数。所以秦始皇时期"五百年后金陵有天子气"这句预言，是应在东晋开国皇帝司马睿身上了。就差喊出司马睿才是救世主了。

东晋立国，通过金陵五百年出一个天子的舆论，以显示其政权的正统性，以及人心所向，天命所归。玄学的妙用，被发挥得淋漓尽致。

5

此后，南京的历史几乎就是之前历史的重演，始终处在金陵王气起—灭—起—灭的循环造势中。从孙权的吴国，到东晋，再经宋、齐、梁、陈四朝，均定都南京（当时分别称建业、建邺和建康）。南京成为妥妥的六朝古都。

侯景之乱后，公元 552 年，萧绎在江陵（今湖北荆州）称帝，是为梁元帝。梁元帝一度想还都南京，群臣大多是荆州人，纷纷站出来说，金陵王气已尽，轮到荆州出天子了，陛下应该顺应天意，留在这里。仅仅 3 年后，西魏 5 万大军攻陷江陵，梁元帝被人用土袋闷死，江陵"阖城老幼被虏入关"。可见，"王气"这个东西，宣传造势可以，当真的话就要出人命了。

到了 589 年，隋朝 51 万大军兵临南京城下，陈后主陈叔宝却说："王气在此，齐兵三度来，周人再度至，无不摧没。今虏虽来，必应自败。"众所周知，金陵王气没能成为他的护身符。他在胭脂井中被俘，南朝寿终正寝。

在陈朝被灭之前，太府卿韦鼎把在南京的田地和房子都卖掉了，朋友不解，问他原因。韦鼎说："江东王气，尽于此矣！吾与尔当葬长安。"南朝的灭亡，很长时间内是一个象征性事件，标志着金陵王气的终结。

隋唐两代，仍不时有人不死心，想在南京称王称帝，延续金陵王气。但终不成气候，反而招致统治者对南京进行更大力度的打压。整个唐代，南京在建制上，基本只是作为一个县（江宁县、归化县、白下县、上元县等）而存在。这造成了南京的长时间没落。

唐朝诗人写了很多关于南京的经典诗歌，这些诗不是在想象六朝时南京的繁盛，就是在写当下南京的衰微。罗隐有一首《金陵夜泊》很出名，在诗里，没了王气的南京简直就是一座被权力压得死死的废都：

> 冷烟轻淡傍衰丛，此夕秦淮驻断蓬。
> 栖雁远惊沽酒火，乱鸦高避落帆风。
> 地销王气波声急，山带秋阴树影空。
> 六代精灵人不见，思量应在月明中。

只有到了乱世，南京才再次崛起。这已经是陈朝灭亡300多年后，五代时期，南唐以金陵为国都，开创了一个经济、文化发展的黄金时代。

南唐亡国（975）后，又过了将近400年，刘伯温与鲁道原等友人游西湖，忽然看到西北有异云，光映湖水。大家都赋诗庆贺，认为这是代表吉祥的五色云，只有刘伯温一人豪饮满杯酒，放言说："此王气应在金陵，十年后王者起，佐之者其我乎？"相信大家已经看出来了，这个故事，是明朝的史书为明定都南京进行造势。

在时人看来，朱元璋建立明朝，是历史上金陵王气最盛的时期。此前建都南京的六朝和南唐，都是偏安一隅的政权，王气是有了，但霸气不足。只有朱元璋第一个打破了南京政权偏安和短命的历史宿命。尽管他的儿子朱棣后来把国都迁到了北京，但因为南京是开国立基之地，也是朱元璋陵寝所在地，所以整个明朝200多年，南京作为国家根本重地、国脉所在的地位，从未动摇。

自朱棣迁都北京（1421）后，过了将近500年，中华民国最初定都南京，后又迁都北京。直到蒋介石掌权，再次正式确立了南京的国都地位。然而，仅仅22年后，南京国民政府就败亡了。只能通过一对石狮子的灵异谣言，来延续金陵王气的神话。

南京作为国都的历史这么长，似乎每一个失败者最终都没搞明白：金陵王气的本质，其实是人心。

四

洞穿幽微：
那些潜藏的隐秘力量，才是历史的真正主宰

经济帝国

帝国盐业往事：权力与财富的生死场

当举报大盐枭黄玉林的密折出现在道光皇帝面前时，大清王朝最重要的产盐地——两淮盐场正面临前所未有的危机。

作为清政府财政收入的第二大来源，盐税始终占到全国财税的1/5以上。而其中，又以两淮盐税为最大宗，政府每年从这里获取的盐利超过白银400万两（道光时期每年全国盐税大约750万两），比全国任何一个省的田赋收入都要高。对此，曾任两江总督兼管两淮盐政的陶澍说过："东南财赋，淮鹾最大，天下盐务，淮课为最重。"

但是，根据官方统计，在道光十一年（1831）以前，两淮历年亏减的盐税竟然高达6300万两。作为清朝最显赫的巨富，这些两淮盐商中，竟然也有人撑不下去，资本蚀空，以破产收尾。原因当然有很多，但私盐的泛滥是导致国家财税亏空和盐商巨富破产的主要原因。

在这种情况下，清朝最大的盐枭案，爆发了。

1

中国的盐业专卖政策，起源相当早。最早可以上溯到春秋时期，管仲治理齐国时提出来的"官山海"政策，即主张由国家垄断经营盐业、矿产以及各种山林资源。再往下，就是汉武帝时期，桑弘羊为汉武帝构建的国有经济体系，其中最重要的一项正是盐铁官营。

汉武帝推行盐铁官营，一个主要原因是垄断利源，增加国家财政收入，用于填补常年对匈奴战争的财政漏洞。但还有一个原因鲜为人知，那就是要限制大商人和地方豪强的势力，防止他们成长为盐铁巨富，重演汉初七国之乱的悲剧。所以，盐铁专卖从一开始就带有国家控制的双重目的：不仅是中央与地方豪强、富商巨贾的经济利益之争，同时也是政治控制的一个重要手段。

只不过，经济控制和政治控制，历史越往后走，前者越发掩盖了后者。分界点出现在唐朝中叶，安史之乱爆发以后。

唐朝自 618 年立国后，有 140 年对盐业实行无税制，任其自由买卖。但安史之乱后，国家经济困窘，政府要搞钱，第一时间就想起了老祖宗管仲和桑弘羊。

758 年，理财名臣第五琦实施盐业专卖法，政府通过垄断盐业来开辟财源，增加收入。自此，终结了唐朝盐业 140 年不上税的历史，也终结了中国历史上食盐自由买卖的历史。此后历朝历代，盐业都是高度垄断的行业，无一例外。

第五琦的盐政方案，被后人归纳为"民制、官收、官运、官销"。也就是除了食盐的生产由盐户完成，其他环节包括收购、转运、出售等，都是政府来做。政府之所以要把所有环节都捏在手里，是不想假手他人，从而获取最大的利益。但是，高度国有化的弊端总是十分明显。后来的宋朝，也曾实行过这种高度国有化的官盐政策，结果宋仁宗初期垂帘听政的刘太后有一次问大臣："听说外头都在埋怨食盐的品质很差，是真的吗？"大臣们回答说："只有御膳和宫中的盐是好的，外头吃盐就跟吃土一样，难吃死了。"刘太后听后，长叹一口气："不是这样的，御膳用的盐也多土，根本不能吃。"这就是政府把一种东西完完全全垄断后，所能呈现出来的"品质"。

第五琦的盐政方案实施几年后，唐代另一个理财大师刘晏就发现了其中潜藏的问题，于是对盐法进行完善，改为"民制、官收、官卖、商运、商销"。刘晏的改革，最大的不同是引入了商人的角色：政府只负责从盐户手中收购食盐，再转手卖给盐商，中间的差价就是国家的财税；至于后面的转销环节，政府抽身出来，直接交由商人去办。这虽然也是国家专卖制度，但政府大包大揽的程度相对有所降低了。

刘晏的盐政改革，影响很大。帝制时代叱咤风云的盐商阶层，就是在刘晏改革后产生的。而且，盐商"不属州县属天子"，中央直管，可想而知，在垄断行业里分得一杯羹，迅速积累财富那是分分钟的事。史书记载，唐朝一个名叫龚播的人，出身贫困，以贩卖蔬菜瓜果为业，在刘晏改革后逮住时机，成为政府认定的盐商，获利丰厚，10 余年间积财巨万，竟然跃升为四川地区的首富。真是典型的站在政策风口上，猪也能飞。

伴随着一批盐业巨富的诞生，朝廷则成为改革的最大受益者。根据史书记载，刘晏主持盐政近 20 年间，把政府盐利收入从 40 万缗提高到了 600 万缗。盐利收入，占到唐朝财税收入的一半。司马光在《资治通鉴》中说，"天下之赋，盐利居半，宫闱、服御、军饷、百官俸禄皆仰给焉"。以后的朝代，对盐利的依赖同样有增无减。最高峰时，南宋高宗时期，盐利占国家财政总收入的 54% 以上。

唐以后的朝代，除了个别时期，基本都沿用刘晏的盐政政策，长达 850 年。一直到明朝万历后期，才被袁世振主导推行的纲运法所取代——政府不再收盐，由盐商直接向盐户收购运销，即实行"民制、商收、商运、商销"的盐商专卖制。而晚明的这一新政策，则开启了此后绵延 300 余年权力寻租最高峰的红顶商人时代。

2

权力寻租是垄断的衍生品。就像硬币的两面，腐败与垄断共生共存，不管朝代如何更替。这不是人的问题，是制度的问题。

唐朝中叶以后 1100 多年的帝制时代，每个朝代的政府都对盐政进行过或多或少的改革，但其核心目的，不在于打破垄断，而在于堵塞漏卮，尽可能提高政府的盐利收入。这就决定了无论如何改革盐政，权力寻租和腐败都如蝇附膻，驱之不去。

刘晏在政府盐业垄断中引入盐商群体，是以"官商共利"的形式，让商人协助政府攫取盐利，提高效率。在这种情况下，盐商实际上是政府的代理商，到了清代，大盐商甚至要替政府组织缉私队，打击私盐，成为半官半商的官商。

历史学家王家范说，历代盐法多变，此中有许多机巧，其主轴则始终是政府与盐商分割利权的纠葛。盐商的命运也随之而波动起伏，但盐商似乎是商人之中最善于利用政策、屈伸自如的蜥蜴。他又说，盐商为传统中国的特产，在绝大多数年代，他们之中能暴富者，多走官商串联、权钱交易的门路，老实经营者的处境则始终不脱"艰难"两字。

从帝制时代的盐商诞生之日起，他们就是权力寻租的坚定执行者、顺从者和受益者。

大盐商的暴富，并非来自赚取食盐低买高卖的差价，而是有太多附生在权力之上的生财之道。最典型的一种操作，就是盐商伙同盐政官吏一起坑朝廷。官吏允许声称凑不足巨额现钱的盐商赊销官盐，事后再把这些赊账做成坏账，能赖则赖，反正亏空的是国有资产，利益却进了个人口袋。

唐朝后期查处过一个名叫卢昂的福建盐官，不仅搜出了 30 万贯赃款，还从他家里发现了金床、金枕头。一个地方的盐务官员，已经贪污、奢靡到这种程度，在其背后供养他的那些大盐商，又该富到什么地步呢？

在宋代，由于盐业的暴利，使得一些军队、官员"赤膊上阵"，参与倒卖私盐，牟取暴利。南宋末期，宰相贾似道利用个人权势，指使下人大量贩卖私盐，时人写诗讽刺说：

> 昨夜江头长碧波，满船都载相公艖。
>
> 虽然要作调羹用，未必调羹用许多。

一个统治时间两三百年的王朝，必定要屡次改革盐政，为什么？因为每一次盐法改革初期，国家盐利收入都会大增，随后商蠹、官蠹必定串通起来侵蚀盐利，导致国家盐利锐减，于是不得不进行新一轮改良。但是，改良改良，越改越凉。

明朝是盐法改革最为频繁的朝代。最初实行"开中法"，要求商人押送粮食到"九边"（9 个军事边镇）换取盐引，获取盐业专卖商资格，然后凭盐引到盐场兑盐，再转运到指定的销售区域内卖盐。这项政策出台后，凭借地理优势，山西、陕西商人迅速崛起，成为王朝最具实力的山陕商帮。白银盛行并成为明朝的通用货币后，政府在盐政上推出了"运司纳银制"，不用盐商运粮到边镇了，只要直接给盐务部门交纳白银，就能换得盐引。这一下，靠近两淮、浙江盐场的徽州商帮，逐渐取代山陕商帮，成为帝国盐业中新的大佬。

不过，千万不要以为盐商的轮番崛起是地理区位决定的。在地理区位的背后，其实一直隐藏着一张更深广的关系网。盐商走过的每一步，都有权力之手在操纵。水最深的一步，出现在用盐引换盐这一环节。商人们都拿着盐引到两淮盐场换盐，结果被告知，慢慢等着吧，前边还有几千号在排队呢。没有一个商人等得起三五个月，更不要说三五年，但盐务官员或其亲属家人，有本事让一个商人提前换到盐。所以，到此时，盐商们真正的"肉搏"才刚刚开始，只是从来不是拼什么商业模式或商业创新，而是拼关系，拼后门，拼权钱交易。

从明初宣德、正统开始，已经有一批官员及其亲属活跃在盐商的背后，充当真正的大老板。到后来，这些幕后老板将权力之手继续往上摸：不是有钱有粮就能换盐引、做盐商，而是要先从他们手里买一个"中盐资格"。这种资格叫作"窝"，商人要通过钱财与关系网，从控制"窝"的人手中买"窝"，买到"窝"之后，才配称为盐商。

徽商在帝国盐业体系中，最终超越秦商和晋商，正是因为更早意识到了从事盐业资本要厚、关系要硬，所以举家族、宗族之力，把在其他行业积累起来的资本都转移到了两淮盐业中。明清时期，有资格称为"大贾""上贾"的商人，基本都是盐商，可见这个垄断行业集聚了全国最有资本和权势的商人。

盐商的兴替，是那个时代上层圈子的权力游戏。但盐商的一切付出，包括权力寻租的代价，终究是要从盐业生意中加倍赚回来的。兜兜转转，为这一切埋单的，终究还是老百姓和国家财政。

万历后期，袁世振在两淮实行"纲运法"改革，说明朝廷的盐利已经被盐业中的官商侵蚀得差不多了。"纲运法"打破了官员潜规则卖"窝"的灰色秩序，由政府直接指定资本雄厚的商人为纲运商人。这些资本雄厚的盐商以"占窝"的形式，成为承领盐引、拥有"盐纲"垄断权的纲商，相当于总经销商。纲商的出现，标志着寄生性极强的盐业垄断型大盐商的产生。

袁世振为了改革能够顺利进行，对原有的大盐商"一概抚而用之"，使其成为纲商。纲商不仅有专卖权，而且有世袭性质，这无疑加剧了盐商大规模输献的行为。因为一旦成为纲商，基本就能确保子孙金山银山。可见，在垄断的前提下，无论如何改革，都逃不脱权力寻租的制度之弊。

明朝中后期到清朝初期，是扬州盐商最辉煌的时期，身为红顶商人，盐商一个个腰缠万贯，无所不能。史载，扬州有个大盐商，钱实在多得没处花，相当郁闷。手下人给他想了个办法，用金条去买金箔，载至金山塔上，向风扬之，顷刻而散，天空中、草地上一片金光闪闪，大盐商这才心情转好。

但是，你别以为这些大盐商一个个都是人精，都是巨富，其实他们也不过是国家权力的提线木偶。历史学家王家范说，这些大盐商攀缘于国家财政政策提供的非常空间，既要与政治权力同流合污，也要时时受到政治权力强烈的干预和百般勒索，更受国家政策和政治形势影响，机体脆弱，命运无常，绝没有把握自我的主动权。

3

高居王朝财富顶层的盐商，争斗起来尚且如此不堪；身处底层的百姓，在"官商共利"的背景下，更是时刻会被牺牲掉的一群蝼蚁。

从技术或经济上来看，食盐本身并无太大价值，但一垄断之后，性质就彻底变了。官盐专卖以来，盐价长期居高不下。唐初的盐价，每斗 10 文钱，到第五琦改革后，盐价飙升至每斗 110 文钱，涨价 10 倍。到了元代，有官员统计，官盐卖到百姓手里，每斤加价到了 800 文钱，而且这个价格还在往上走。这名良心感觉到痛的官员，在上疏中慨叹，"濒海小民犹且食淡，深山穷谷无盐可知"。史书中，历朝历代关于百姓"终年不食盐""食盐之家，十无二三"的记载，并不鲜见。盐价死贵，平头百姓已经吃不起盐了。

但是，盐价居高不下，从来不是由产盐的成本决定的。事实上，产盐的成本极低极低，随着技术的发展，这个成本还在往下掉。为国家产盐的灶户（盐户），作为这个暴利行业的供应端，却是极贫极苦的一个阶层。元朝末年，绍兴人王冕曾夜宿上虞曹娥庙，亲眼看到了当地灶户被官府催缴盐课，不堪忍受而自杀的情形。王冕因此写下一首诗，记录灶户的血泪史：

> 前夜总催骂，昨日场胥督。
>
> 今朝分运来，鞭笞更残毒。
>
> 灶下无尺草，瓮中无粒粟。
>
> 旦夕不可度，久世亦何福。
>
> 夜永声语冷，幽咽向古木。
>
> 天明风启门，僵尸挂荒屋。

食盐，这一平常的生活必需品，变得越来越金贵，完全是由上面所讲的各种白色、灰色以及黑色成本层层叠加的恶果——

白色成本：在盐利成为政府的支柱财源之后，历代都想着从这白色结晶体上面多多开源，遇到战争或动乱等极端情况，盐业加税更是顺手且容易上瘾的事儿。

灰色成本：盐商通过巨额输献获得的专卖权、总经销权甚至世袭总经销权，以及自身由此获得的巨额财富，最终无一不是转嫁到盐价里面。

黑色成本：盐场、盐务、盐政官吏，都把盐业当成肥缺，为了获取相应的职位，他们同样需要在官场内部进行权钱运作，而这些付出，通通是要有回报的。

顶层圈子为了分蛋糕，需要不断用钱开路，环境确实险恶；但他们不会看到，庞大的底层为了捡蛋糕屑，处境已经险恶到了需要以命相搏的地步。强光之下，连阴影都会消失。只有在必要的时候，才会以极端的形式提醒整个国家阴影人群的存在。

私盐问题，历经1100多年，在帝制时代从未消失，恰恰证明了阴影始终未曾被驱散过。尽管每个朝代都对贩卖私盐者制定极其严苛的刑律，只要是三人以上盗贩私盐，带头的那个就是死罪，但这完全阻挡不住私盐越来越泛滥的趋势。北宋的苏轼，在一封奏疏中说："两浙之民以犯盐得罪者，一岁至万七千人而莫能止。"一年抓了17000人，都刹不住私盐问题啊。元朝初年，官府仅在松江府上海县（今上海市闵行区）一地就先后捕获了"盐徒五千"。到清代，广东的食盐贸易有一个公开的说法，叫"官三私七"。就是说，有七成的市场都被私盐侵蚀了。

从事私盐贩卖的群体，主要由两类人构成——

生存驱动型：盐户、贫民、流民、失业者等社会最底层的人，在高盐价逼迫下，走上贩私道路。

暴利驱动型：官员、合法盐商、盐枭等社会上最善钻营的人，在盐业暴利的诱惑下，知法犯法。

可怕的是，历朝的缉私官吏都很"识做"：但凡遇到生存驱动型的私盐贩子，他们就穷追猛打，竭力搜捕，以应付差事、邀功请赏；但凡遇到暴利驱动型的私盐贩子，因为这种人要么有团伙，要么有靠山，要么有行贿能力，他们就略而不问，甚至暗中成为其保护伞。长此以往，促成了生存驱动型盐贩子向暴利驱动型盐贩子合流。私盐贩运的团伙化和武装化，从唐末以后就日趋明显。有些地方，全村出动，集体走私，甚至联络周边几个村落，统一行动，以团体武装的形式增强对抗官府的能力。

这两种盐贩子一旦合流，形成大盐枭，一个王朝基本就走到尾声了。类似的情形在历史上多次上演，俨然是盐业对王朝统治的一个诅咒。

唐朝末年，多次考科举失败的黄巢，与王仙芝共贩私盐，数月之间，聚众数万，给了唐朝致命一击。与此同时，另一拨贩盐起家的盐枭，比如王建、钱镠等人，选择进入体制之内，在镇压黄巢起义以及藩镇兼并战争中脱颖而出，成为五代十国割据政权的创立者。

元朝末年，"世以浮海贩盐为业"的方国珍，被仇家告发贩卖私盐，无奈之下，走上反元之路。方国珍被逼起事的最初支持力量，几乎全部来自跟他一样长于海边的私盐贩子。他们起兵后，精准攻击元朝的漕粮海运系统，烧官船，劫漕粮，盛极一时的元代海运在危机重重中被迫停运，造成元大都严重的粮食危机，加速了元朝的衰亡进程。

一粒盐拖垮一个大王朝，这真的不是危言耸听。

4

从盐业问题去考察中国历史，不难发现，偌大的国家只有历史循环，而没有历史进步。专卖垄断—权力寻租—私盐泛滥—起义抗争—重新垄断，这个历史循环几乎在每个朝代都要重演一遍，从未被打破。

清道光年间的大盐枭黄玉林案，是唐朝中叶以后1100年间王朝围绕一粒盐展开循环争斗的一个缩影。这个案子，不是起点，也不会是终点。

道光十年（1830）四月，道光皇帝接到举报黄玉林的密折。密折称，53岁的湖南人黄玉林是一名贩私惯犯，数次逃过法律制裁，眼下正以江苏仪征为中心，构建起一支跨越数省的庞大贩私队伍，旗下拥有大船、小船无数，接连不断地运送私盐，每次贩私"以数百引计"（一引大概400斤，数百引相当于几万斤）。这些走私船上刀枪林立，每个关隘都有受贿的官吏与其勾结，任其往来，不加阻拦。更可怕的是，黄玉林为邀结民心，规定他的队伍只贩私，不抢劫，不偷盗，颇有打击报复官商联合哄抬盐价的侠义之风。

道光帝对这份密折十分重视，可能他担心唐末或元末的故事在他的王朝发生，因此紧急密令两江总督蒋攸铦：务必不遗余力破获黄玉林案，要军队、要人、要钱，随时开口，管够。

蒋攸铦身在地方，知道更多道光帝不知道的内情：黄玉林可能只是两淮最大的盐枭，不排除还有更大的盐枭。蒋攸铦希望通过招安，让黄玉林为官府所用。如果黄玉林接受招安，那肯定能帮助抓捕一大批盐枭，还能影响一大批盐枭主动投案。

当蒋攸铦将招安方案报告给道光帝时，道光帝立马看出蒋攸铦这个人其实是怕事。

大约一个月后，黄玉林带领同伙伍步云、伍光藻等8人，船12只，私盐37000斤，赴官投首，接受招安。随后，在黄玉林的配合下，官方迅速破获了另一起大案，一次就缉获李玉良、顾大、王三等12名大盐枭。受此影响，盐枭不断自首，"有业者170名，无业者243名"，合计400多人。

正当蒋攸铦以为这个案子可以完美结案的时候，万万没想到，黄玉林愿意接受招安，原来只是缓兵之计。仅仅两个月后，黄玉林"复图贩私"，重新谋划起贩私大计。之前已对蒋攸铦的招安方案不满的道光皇帝，此刻勃然大怒，责令新任两江总督陶澍重办此案，而蒋攸铦则受到革职处理。

陶澍最终将黄玉林处决，至此，清代最大的盐枭案落幕。

但陶澍是一个有想法的能臣，杀了一个黄玉林，根本无法解决1000多年来私盐泛滥的问题。他知道，私盐泛滥，盐枭振臂一呼天下从的根源，在于虚高的盐价；而盐价虚高的根源，在于垄断。自明万历后期实行"纲运法"，200年来，纲商世代相承，与官府勾结，将盐业当成自己的世袭领地，不容他人染指。即便是明清易代这样的大变局，以徽商为主体的大盐商仍旧牢牢掌控着盐业核心，坐得暴利。

不久，陶澍在淮北地区推行盐政改革，以"票盐制"代替"纲盐制"，废除原有的盐商垄断体制，无论何人，无论资本多寡，只要照章纳税，就可以领票运盐进行贩卖。这样一来，许多中小商人进入盐业领域，冲击了原来的大盐商，使得大盐商权力尽失，而盐政则大为改观。票盐和纲盐相比，最大的优点是打掉了各种灰色和黑色成本，让食盐回归到相对低价的状态。陶澍说，实行票盐前，"百姓淡食，不得已而买食私盐"，"自票盐到境，盐价顿减，取携甚便，民情安之"。

陶澍的改革，极大地触动了既得利益者，以至于徽商都在诅咒他。但他之所以有能力推动这项改革，除了个人的魄力之外，主要还得益于当时的背景——盐政久未改革，盐利又被侵蚀得厉害，是时候祭起改革的大刀了。陶澍的票盐制，恰逢其时，因而得到了上面的支持。

可以说，陶澍的票盐制，已经是帝制时代盐业垄断前提下，最具自由贸易性质的了。然而，这次改革还来不及推广，清朝就遭遇了长达14年的太平天国运动。战乱，阻遏了改革，也让清朝错失了解决私盐问题的时机。

当盐枭卷土重来，清朝的统治已进入了倒计时。这一次，盐枭不仅是团伙化、武装化，而且跟着时代发展，集纳了会党、帮派、革命等多种身份，相当于唐末、元末盐枭们的加强版。清朝最终亦难逃盐枭冲击的历史宿命。

外号"徐老虎"的大盐枭徐宝山，在码头、口岸与其他盐枭的火并和勾结中，站稳了脚跟，旗下的私盐队伍达万余人，淮河至沿江一线，都是他的势力范围。他身兼盐枭、青帮、红帮等多种角色，纵横捭阖，极具势力。后虽被朝廷招安，从盐枭摇身一变成为缉私营管带，但在清末的革命风潮中，他又迅速反正，为江苏的光复立下大功，成为清朝的掘墓人之一。

一个朝代结束了，一个时代也结束了。没有人去回望过去1100多年的朝代更替中，盐——一种无臭、味咸、在水中易溶解的白色结晶体——究竟重复扮演了怎样的角色：它制造过盛世，也制造过衰世；它催生过巨富，也催生过悍匪；它有过善，更有过恶；它是制度的化身，更是制度的替罪羊……

它铺满了整个王朝。白茫茫一片，大地真干净。

元朝亡于通货膨胀？

1

宋恭帝德祐二年（1276），当蒙古军队攻陷南宋首都临安（今浙江杭州）时，忽必烈明白，已经成立5年的大元（1271年成立），终于可以挺过第一次通货膨胀危机了。

作为一部不断扩张的军事机器，蒙古帝国同时也是人类史上一个早熟的纸币帝国。在成吉思汗生命的最后一年，1227年，蒙古帝国在学习宋朝和金朝的基础上，开始发行一种名为"会子"的纸币。

在攻占南宋的这一年（1276），蒙古帝国的纸币发行也已经走到了第49个年头。此时，由于没有什么经济基础，几乎完全是靠着对外扩张和野蛮掠夺来支持滥发纸币、扩张军费的蒙古帝国，已经危机隐现。

如果不能征服南宋，忽必烈明白，大元和整个蒙古帝国的日子将难以持续。

与历史上其他朝代以金、银、铜等金属货币作为国家主流通行货币不同，蒙古帝国和元朝却是自始至终都以纸币作为国家的主流通行货币，并只有在后期才少量发行了部分铜钱，作为辅助货币进行流通。

尽管在1234年就已灭掉了位处中国北方的金朝，但蒙古帝国征服南宋的战争却花了40多年，而金朝在灭亡前滥发纸币、导致严重通货膨胀的亡国教训，对蒙古人也是一种近在眼前的提醒，他们明白，灭宋战争再拖延下去，依靠滥发纸币来支撑战争的蒙古帝国，迟早也会被拖垮，所以，他们迫切渴望尽快结束这场战争。

此前，在忽必烈上位第一年的中统元年（1260），元朝境内的纸币发行量为7.34万锭，然而为了支撑持续的灭宋战争，到南宋被灭亡前，元朝境内的纸币发行量已经急剧提升到了 141.9 万锭。在中国北方原来的金朝统治区，此前由于金朝统治者滥发纸币，人民生活原本就已困苦不堪，而忽必烈继续滥发纸币的行为，更是又将元朝的扩张战争拖向深渊。

所以，当 1276 年，南宋太皇太后谢道清决定带着 5 岁的宋恭帝投降时，听到消息的忽必烈难免狂喜。因为他明白，富庶的南宋，将足以拯救由于滥发纸币，已经陷入通胀危机的大元。

在 13 世纪，南宋是当时世界上最为富庶的国家，这个 8000 多万人口的疆域此后带来的赋税，和首都临安的大量金银财物储备，让疯狂掠夺、满载而归的大元赚得盆满钵满，从而挺过了由于货币超发引发的第一次大规模通货膨胀。

历史记载，当 1276 年南宋皇室和全部府库财宝被押送出临安城前往北方时，临安人亲眼看到这一重大历史事件，却不罢市，照常经商。

在老百姓看来，王朝更替好像跟他们关系不大。

但持续疯狂印钞的蒙古人逐渐会让他们明白，这事儿，其实关系很大。

2

作为一个让 13 世纪的欧亚人民为之震撼、战栗的帝国，蒙古帝国在忽必烈时期，开始分裂成为中国元朝、金帐汗国、伊利汗国、察合台汗国等部分，而作为一个扩张性的政权，元朝在 97 年的历史中（1271—1368），有 75 年是在扩张战争中度过，堪称一个不折不扣的"战争机器"。

在 1276 年灭亡南宋后，元朝又历时 3 年，最终在 1279 年的崖山之战中，彻底消灭了南宋的残余抵抗势力。随后，元朝又继续对外扩张，但在出征日本、越南、缅甸和爪哇等国的战争中，元朝却屡屡失利。

对于蒙古人来说，高强度的扩张战争所产生的巨额军费，是依靠滥发纸币来维持的，而一旦无法顺利征服战争指向国，从而获得巨额战利品来抵销军费，那么这种滥发纸币引发的财政危机，也势必将反噬帝国的经济。

此前，蒙古帝国之所以能顺利地接连消灭西辽、西夏、花剌子模和金朝等国家，是因为蒙古帝国的铁蹄所向披靡，这使得他们在不断的扩张战争中，得以通过对战败国的残酷掠夺，从而不断平衡掉滥发的纸币和巨额的财政赤字。

但一旦扩张战争无法取胜，那么依靠滥发纸币来支持国家运转的扩张型财政，也势必将无法持续。

因此，与其他朝代在大规模战争后推行"休养生息"不同，通过战争和掠夺来不断反哺自身的大元，始终存在着巨额军费问题，仅仅至元二十四年（1287）在北征叛乱和南下进攻缅甸蒲甘王朝的战争中，大元这一年的军费开支就高达至少50万锭，而这，相当于唐朝最为强盛的天宝年间全国年税收的整整10倍之多。

由于平定南宋后的其他扩张战争多数进展不利，这就使得依靠"滥发纸币支持战争，通过战争掠夺来平衡财政赤字"的大元的战争逻辑已经进展不下去了，在此情况下，从忽必烈后期开始，元朝的通货膨胀问题，开始愈演愈烈。

在元朝成立初期，元朝政府还注意控制纸币的发行数量，但随着扩张战争的不断进行，到了元世祖忽必烈至元十九年（1282），王恽就在谈论元朝的钞法时指出，元朝当时的物价在彻底征服南宋后仅仅3年，就已经上涨了10倍之多。

尽管国家从成立初期，就面临着巨大的财政亏空和严重的通货膨胀，但来自草原的元朝统治者并不以为意，通过滥发纸币，他们以为，任何财政问题，都不是什么难事。

到了忽必烈的孙子元成宗铁穆耳执政时期（1295—1307），元朝国库只残存少得可怜的93.7万两白银，这些本来是要用作纸币发行准备金的元朝压舱宝，也被忽必烈的孙子拿来挥霍掉了。

尽管元朝财政收支持续入不敷出，统治者骄奢浪费的毛病却始终改不掉：当时，仅仅元文宗（1304—1332）在元大都（北京）皇宫中所豢养的狮子、老鹰等珍禽异兽，一年吃掉的肉就要花费1万多锭纸币，而当时元朝国库每年的财政收入，也不过才300多万锭。

元朝天历二年（1329），当时元廷赏赐宫中卫士13000人每人4000贯纸币，共计5200万贯，仅仅这一次赏赐，就相当于宋朝初年全国3年的财政开支。

在这种严重的挥霍浪费中，面对巨额财政窟窿早已无法兜底的元朝政府，只好通过疯狂印钞来解决财政赤字问题，而早在元世祖忽必烈统治的至元年间（1264—1294），元朝财政开支的90%以上，就必须要依靠滥发纸币来支撑了。

3

尽管历代王朝覆灭，都与财政危机有着密切关系，但与此前的其他朝代相比，元朝的财政危机非常特殊。

此前，中国历代王朝的财政收入，无论是汉唐还是两宋，来源主体都是农业税和人头税，并且以征收实物为主。但与此迥然不同的是，游牧部落出身的元朝，从来没有重视过农业税，元朝自始至终的财政收入，都是以货币形式的商业税为主，其中最主要的就是依靠盐税。

当时，元朝依靠国家垄断盐业经营，最高时可以获得每年760万锭的纸钞收入，而盐税收入，也占到了元朝财政收入的大约80%。

为了保证收入，元朝出台了"食盐法"，即按照居民人口数（或户数）强制分摊盐额，并按额征收盐税。

盐是必需品，但盐价却节节高涨，已经到了无法承受的地步，对此史书记载说，当时陕西地区虽然连年丰收，但是老百姓"粜终岁之粮，不酬一引（盐）之价。缓则输息而借贷，急则典鬻妻子"。

即使是在连续丰收的年份，面对元朝强迫性的高额盐税，老百姓都只能被迫去借高利贷，有的甚至只能通过贩卖妻子儿女来缴纳国家盐税，以满足朝廷征缴。

不仅是盐价高昂，到了元朝末年，由于滥发纸币导致巨额通货膨胀，当时米价相比于元朝刚刚征服南宋初期，更是上涨了六七万倍之多，民间交易买个小东西，也必须用车子载着一堆纸币去买。

货币贬值到了这个地步，人民已经无法生活，纸币也基本失去了流通功能，在此情况下，元朝纸币也就成了一堆废纸，老百姓被迫回到原始经济社会，进入实物交易状态。

由于元朝国家发行的纸币已经完全失去信誉，民间很多商铺甚至被迫用竹签等工具自己发行代用货币，以进行简单的邻里交易。在这种状况下，整个元朝社会的商品生产也日渐萎缩。最终，元朝的纸币制度在运行90多年后，逐渐崩溃。

4

每当一种货币疯狂贬值，元朝就会发行另外一种新货币来取而代之。元朝在其97年历史中，共发行了中统钞、至元钞、至大钞、至正钞4种货币，结果就是货币越发越乱，币值越来越低。

面对纸币贬值成为废纸的局面，元朝政府除了继续强迫人民使用纸币外，税赋也大幅提高了 20 多倍以满足财政开支。

至此，元朝财政已经进入了一个死局，就是滥发纸币导致严重通胀，严重通胀又迫使朝廷继续滥发纸币，这种无法解套的死循环，最终将元朝子民逼上了绝路。

在严重通胀的情况下，当时元朝境内的百姓即使是在丰收时节都难以过活，更遑论遇上天灾的年景，到了元朝末年，持续不断的洪水、旱灾、饥荒接连袭来，以致人民大量死亡和逃亡迁徙，已经到了"朝不敢保夕，暮不敢保晨"的地步。

在此情况下，私盐贩子率先揭竿而起。

历朝历代，盐业动乱，向来是政权动荡的一大导火索，例如唐朝末年的黄巢就是私盐贩子出身，到了元朝末年，由于政府强迫性的盐价飙涨，价格较低的私盐和私盐贩子开始趁机崛起，而在反抗元朝政府的过程中，私盐贩子出身的方国珍、张士诚成了此中的代表人物。

从唐朝后期开始，为了接近作为财赋中心的江南，中国的首都从长安一路东移到洛阳、开封，然后随着南宋南迁到临安，元朝建立后，首都又搬迁到了大都，为了解决首都庞大人口的物资供应问题，元朝政府只能依靠京杭大运河和海运来解决北方的物资供应问题。

但由于滥发纸币、物价飙涨，元朝政府支付的海运运费根本无法覆盖成本，"物价愈翔，不敷其用"。在此情况下，至正八年（1348），在浙江东部的私盐贩子方国珍带头下，海运工人也一哄而起，跟随着方国珍的势力一起抢劫元朝的海运物资。

由于海运被切断，国家的生命线也岌岌可危，元朝不得已，只好招降方国珍，但方国珍则反复无常，一会儿降，一会儿叛，致使元朝的海上运输生命线时断时续，最终彻底断绝。

5

人祸最怕叠加天灾。元至正十一年（1351），黄河在开封一带决堤，夺淮入海，并且切断了元朝除了海运外的另外一条最重要的生命线——京杭大运河，至此，几乎完全无法接收南方财赋的元朝，进入了濒死状态。

为了打通国家的生命线，元朝宰相脱脱于是命令水利学家贾鲁为总指挥，并强行征发河南、山东、河北、江苏、安徽等 13 路军民共计 17 万人治理黄河，最终在 5 个月时间内，通过开凿 280 里新河道，使黄河得以重新舍弃淮河入海。

尽管贾鲁成功治理了黄河，但是由于此次治河工程工期紧、人数众，且元朝政府只能继续滥发纸币来支付工资，这就使得聚集起来的 17 万军民，逐渐酝酿成了元末大起义的导火索。

就在治河工程进行时，信奉白莲教的韩山童和刘福通一起，到处散播"石人一只眼，挑动黄河天下反"的民谣，同时在河道中埋设一独眼石人，等到石人被挖出后，韩山童和刘福通随即趁着人心浮动，在河南颍州发动起义。

自此，由韩山童和刘福通等人领导的红巾军在北方大规模兴起，而元朝的两条生命线——海运和京杭大运河，也在方国珍和红巾军的不断攻击骚扰下，濒于崩溃。

当时，元朝境内烽烟四起，就在红巾军在北方发动起义后，徐寿辉、陈友谅、郭子兴、朱元璋以及张士诚等人也在南方相继起事，而元朝名为货币改革的滥发纸币行为，则加速了这些起义的崛起。

对此，元朝末年的民谣是这样传唱的："堂堂大元，奸佞专权。开河变钞祸根源，惹红巾万千。官法滥，刑法重，黎民怨。人吃人，钞买钞，何曾见？贼做官，官做贼，混贤愚。哀哉可怜！"

元朝多次"变钞"和滥发纸币、掠夺民间财富的行为，无疑是开启动荡局面的根源。

这个人类史上早产的纸钞帝国，最终随着朱元璋陆续平定天下和明朝的建立而濒于灭亡，1368 年，明朝将领徐达率军攻破北京，随后，元顺帝带着元廷的残余势力仓皇北逃，临走前元顺帝对臣子们说："我岂能再做宋徽宗和宋钦宗！"

此后，元廷退居漠北，史称北元。到 1402 年，元臣鬼力赤夺取政权建立鞑靼，北元至此灭亡。

而追究这场元朝末年的天下之变，元朝的战争逻辑，以及由纸币滥发引发的通货膨胀与人心尽丧，无疑是元朝覆灭的直接原因。对此，元顺帝在仓皇北逃南顾的时候，又不知做何感想。

白银中毒：大明王朝的最后 77 年

公元 1550 年的春天，浙江巡抚朱纨服毒自杀了。

3 年前，这名军事才华出众的明朝官员，被嘉靖皇帝任命为浙闽两省最高军事指挥官，负责平息东南沿海的"倭寇之乱"。为官清正的朱纨，一上任就收到了各种暗示。有人许他富贵，有人许他升官，朱纨不为所动，来了个釜底抽薪，"革渡船，严保甲，一切禁绝私市"，把东南沿海的走私贸易压得死死的。

当时整个明朝都知道，所谓的"倭乱"，绝大多数是亦商亦盗、以海外贸易为生的浙闽两省人，只有极少数的日本浪人参与其中，而且这些日本人往往受雇于中国大海商。朱纨严格执行明朝的海禁政策，并采取强硬的军事措施，先后俘获了当时最大的两大海商集团头目——许栋和李光头。

朱纨在给朝廷报捷的奏疏中，指责浙闽两省的世家大族与"倭寇"有勾结。这项指控，相当于在浙江、福建沿海的豪强家族中扔下一颗炸弹。两省的豪门大族，立马动用各自的官场资源，对朱纨展开反击。浙闽籍的朝廷言官纷纷弹劾朱纨，一方面说被俘的许栋、李光头等人都是良民，不是贼党，更不是倭寇，要求从轻发落；另一方面说朱纨污蔑浙闽士人，惑乱视听，请求皇帝撸掉他的军事权力。

结果是，朱纨下令对 96 名被俘的"倭寇"和"海盗"处以死刑。这一来，浙江、福建两省士大夫十分惊恐，再次弹劾朱纨"擅杀"——帝制时代，生杀大权必须掌握在中央特别是皇帝的手里，朱纨擅自杀伐，给了别人弹劾他谎报军功、僭越权力的理由。

转瞬之间，"禁海"名臣朱纨变成了明朝的待罪之徒。他无限感慨地说："去外国盗易，去中国盗难；去中国濒海之盗犹易，去中国衣冠之盗尤难。"绝望中，朱纨喝下毒药自杀。临死前，他颇为无奈："纵天子不欲死我，闽浙人必杀我。"

这是一个时代的悲剧。一个为官清正、能力很强的官员，在死守一条落后于时代的国家政策（海禁）时，连同自己的性命，也为时代所吞噬。

朱纨死后17年，1567年，隆庆皇帝即位后顺应时势，开放了海禁。由此带来一系列的连锁反应，最显著的一点是，世界上的白银终于源源不断、堂而皇之地流入中国。

从此时起，到明朝覆灭，大约77年间，大明王朝迎来了它的"白银时代"。

一个王朝，生死系于白银。

1

1542年，从日本驶向中国漳州的3艘商船，在中途被俘获，船上满载白银3000公斤。当时，在海上从事中日贸易的这样的商船，有10—20艘，进口到中国的白银不少于20000公斤。而这都属于非法的走私贸易。

嘉靖时期，声势浩大的"倭乱"，很大一部分诱因，是日本发现了产量巨大的银矿。来自浙江、福建、广东沿海的商船，于是不断航行到日本九州，跟日本"以物易银"。

1544年，一艘中国商船在海上遭遇风暴，漂到朝鲜。朝鲜方面问船主，为何事而来？船主回答说："以贸银事往日本，为风所漂而至此。"这说明，中国商人以获取白银为目的的中日海上走私贸易，已经开始了。

根据历史学者的估算，在1540—1644年，平均每年有75吨白银从日本流入中国，总计有7500吨左右。需要说明的是，这仅仅是白银进入中国的一个来源。

白银的另一个来源是美洲。

1545年（嘉靖二十四年）和1548年（嘉靖二十七年），西班牙殖民者相继在波托西（今属玻利维亚）和墨西哥的萨卡特卡斯发现特大型银矿。此后，大量低成本的美洲白银，通过国际贸易、金融操作、走私、海盗掠夺以及战争赔款等多种渠道，源源不断地注入西班牙和欧洲其他主要国家。但是，流入欧洲的美洲白银，最终，大部分都被装运到了中国，用于购买中国产品。

其中一条路线是：西班牙著名的"无敌舰队"装载白银，自墨西哥、巴拿马和秘鲁等地出发，经葡萄牙里斯本港和西班牙本土南部港口，绕过非洲好望角，到达印度果阿港。沿途有买有卖，有装有卸。在果阿港又增载来自地中海和中近东市场流入印度的大量白银，再经马六甲运至澳门。然后由葡萄牙人用这些白银购买日本、印度、中东、近东、中欧和西欧各地市场所需的大宗中国货物。仅仅葡萄牙商船，每年自果阿港运至澳门的白银，就有6000—30000公斤。

1571年，即隆庆五年，西班牙殖民者在菲律宾马尼拉建立殖民首府。此后，美洲白银直接航越太平洋，运到马尼拉，再经过贸易转至中国，这就是著名的"马尼拉大帆船"贸易。这条路线，成为明朝晚期美洲白银输入中国的主要渠道。一项数据研究显示，在1590—1644年，通过美洲—菲律宾—中国这条路线流入中国的白银总量达到4620吨。

数据表明，明朝晚期，包括日本和美洲在内的世界白银产量，1/3至1/2最终都流入了中国。明朝中国因此被形容为世界白银的"吸泵"，吸纳了当时全球巨量的白银。

中国制造的竞争力太强了，天下无敌。当时，整个世界都受益于中国输出的物美价廉的商品，如茶叶、瓷器、丝绸、棉布、药材等。而站在中国，放眼世界，其他地方能够售予中国的货物，却非常有限，这就逼迫他们只能用白银货币来跟中国做生意。史载，当时的外国商船来中国贸易，"所载货物无几，大半均属番银"。难怪后来的清朝皇帝会习惯性地声称"天朝上国，啥都不缺"，这是中国在1800年之前的三四百年一直维持大幅度贸易顺差的思维惯性使然吧。

说个有意思的小例子。1637年，即崇祯十年，英国东印度公司的商船首次到达中国，英国人很兴奋，以为从此可以狠狠赚中国人的钱了。结果，他们连一件英国货都卖不出去，只是抛出了8万枚西班牙银元，满载中国货而归。

明朝对洋货没兴趣，但为何对洋元（白银）这么有兴趣呢？

2

在白银大量流入中国之前，明朝法定的货币，已经崩溃了。

明朝建国后，最初的法定货币，也是唯一的法定货币是铜钱。7年后，洪武八年（1375）起，明朝发行"大明通行宝钞"，开始了明朝的纸币时代。

为什么要改铜钱为纸币？明朝的官方说法有三点：一是如果用铜铸币，由于铜矿缺乏，民间不得不以铜器上缴国家，这是劳民伤财；二是当时民间已经出现了盗铸铜钱的现象，扰乱国家货币秩序；三是铜钱分量重，长距离交易、携带和运输，远远不如纸币方便。

道理大家都懂，但是，明朝发行纸币，竟然没有准备金的概念。有多少储量的铜钱，就发行相应数值的纸币用于兑付，这在当代是一个基本的金融常识。而在当时，却没有准备金的理念，想着用纸一印钱财就滚滚来。要知道，元朝的崩溃，一大原因就是滥发纸币引发通货膨胀。朱元璋只想着学宋元两代印钱，想印多少就能印多少，但他从未想过元朝灭亡真正的原因是什么，以为只是被自己的雄才大略打垮了而已。

不难想象，大明宝钞从面世之日起就开始贬值。由于发生不可控的贬值，朝廷就加大发行量，从而造成更迅速的贬值，这是一个无解的恶性循环。

洪武二十三年（1390），大明宝钞仅仅发行了15年，钞值已经贬到官方定价的1/4。到宣德十年（1435），大明宝钞发行60年之时，宝钞对白银的市场比价，降到了1000贯抵1两（官方定价是1贯抵1两）。也就是说，明朝的法定货币在60年间，贬值到原来的千分之一，形同废纸。户部经过调查后表示，民间交易，只用金银，宝钞没人用。

面对大明宝钞刹不住车的贬值，朝廷的应对也很奇葩：一开始是用权力禁止民间使用铜钱、金银交易，后来想到要回笼旧钞，但回笼过程还想着以新钞来搜刮社会上的白银，导致彻底失败。

直到大明宝钞发行大约100年的时候，即正统至成化年间，宝钞在民间流通中彻底绝迹。这个时间点，跟元朝的寿命（97年）差不多，但明朝没有因此灭亡，只是多亏了朝廷的变通。从正统到成化年间，朝廷逐步放开"银禁"，"朝野率皆用银"，相当于政府被逼放弃了已经崩溃的法定货币，重新锚定了具有硬通货性质的白银，从而拯救了明朝的经济体系。

到嘉靖末年，明朝的赋税几乎都是通过白银收取，甚至国家的各项财政支出，包括军饷、工程营建、政府采购等，也都用白银。这说明，在1560年左右，虽然朝廷仍未承认白银是法定货币，但在现实中，白银已是整个明朝的第一货币。

白银一旦成为明朝的首要货币，它的产量就变得至关重要，重要到可以影响王朝安危。但是，中国本土的白银产量非常有限，即便明朝中后期在广西、云南等地加大开采力度，所产仍然远远不足以应付整个社会的货币需求。

救命稻草来自前文所说的海外白银，包括日本产和美洲产白银。

这里有一个非常巧合的时间节点：当明朝需要大量白银的时候，日本和美洲的银矿刚好被发现了，大航海时代也刚好来临了。

嘉靖时期虽然厉行海禁，其实对走私贸易禁而不止，仍有大量沿海人民以中国制造换取世界白银。而且，浙闽两省人从这种海外贸易中获利甚巨，从大海商、大海盗、地方豪强富户，到朝中士大夫、官员，形成强大的利益共同体。

但也正是在嘉靖时期，海上走私贸易的问题，以"倭乱"之名被当成政治问题提了出来。从嘉靖二十六年（1547）朱纨受命巡抚浙闽开始，明朝对之前睁一只眼闭一只眼的走私贸易进行收紧。无论是朱纨处死大海商许栋、李光头，告发浙闽士大夫勾结"倭寇"，还是后来胡宗宪诱捕纵横东南海域、在日本叱咤风云的大海商汪直，都是政策管制趋严的表现。

然而，这是一把双刃剑。严禁海外贸易，相当于切断了白银输入的路径，引起浙闽两省的内部反抗不说，光是对于明朝货币的供给而言，就已经造成了白银紧缺的恶果。所以，1567 年，隆庆皇帝上台后，明朝已经有撑不住的迹象，赶紧开放了"海禁"和"银禁"，以宽松的政策，促进白银流入。巨量的白银最终缓解了明朝的经济窘迫，并促成了后来张居正的改革，增强了朝廷的财政实力，使其能够为之后的"万历三大征"买单。

如果嘉靖帝再活 10 年，或者没有隆庆开关，继续执行严苛的海禁政策，明朝能不能撑到 17 世纪，真的很难讲。

可以说，明朝最后的命是白银给的。

3

辩证法告诉我们，任何事物都有两面性。明朝续命依靠白银，明朝的死最终也因白银而起。

稍微学过历史的人，都知道一个很著名的论断：中国的资本主义萌芽，产生于明朝中后期。但很多人可能不知道，资本主义萌芽，正是中国对白银的需求和进口催生出来的。白银类似于当代的外汇，为了换取外汇，明朝发展出了成熟的外向型经济，促进整个社会向着专业化、商业化，甚至跨国、跨区域的方向发展。特别是江南地区，随着国内外对丝织品、棉布的需求增加，越来越多的土地从粮食作物改种桑麻等经济作物，越来越多的人改行进入纺织生产和贸易行业。这些地方的人民得风气之先，游走在海外贸易的灰色地带，赚得盆满钵满，成为最先富起来的一部分人。传统理解的男耕女织、自给自足的自然经济，在江南、东南沿海地区被冲击得七零八落。

白银大量进入中国社会，财富暴涨，也改变了当时人的金钱观念、消费观念以及社会关系。我们熟知的《金瓶梅》等情色小说在晚明的泛滥与畅销，正是商品经济发展到一定程度后市民阅读情趣的产物。这引起了一些观念保守者的警惕，他们认为，拜金主义、奢靡消费是世风日下、人心不古的表现，而归根结底是整个社会对白银的渴望引起的。他们呼吁大家回到明初那种纯粹的自然经济时代。

回去是不可能回去了。但朝廷真正的隐忧，并不在于白银引起的商业发展和风气演变，而在于国家彻底失去了货币的控制权。

早在弘治时期（1488—1505），户部尚书丘濬就从明朝的统治需要出发，主张应该由君主垄断货币权，如果朝廷放弃货币铸造权，就会造成社会混乱。前面说过，明朝的法定货币大明宝钞，因为无限制发行而崩溃，白银于是取代大明宝钞成为国家的主要货币。但由于中国自产白银十分有限，明朝政府无法行使白银铸币和发行权。虽然很长时期内朝廷并未承认白银的法币地位，但实际上，国家已经默认了白银的流通及其重要性。而政府手里又没有白银货币，大量的进口白银货币由外贸巨商掌握，这相当于国家把金融命脉委之于商人。以丘濬为代表的一些官员，预见到国家垄断货币权的历史将在明朝中后期结束。国家权力，将被极大削弱。

果然，明朝晚期政府一步步向操控了进口货币的商人妥协，制定了一系列重商政策。著名的"一条鞭法"，就是王朝内部，政府与商人、社会相互博弈的产物。张居正曾说，"一条鞭法"乃"势所必然，势所必行"。顺应了白银货币化的趋势，明朝国家财政收入在"一条鞭法"全面实施后，提升了整整一倍，从国库一年收入 200 万两白银，飙升到 400 万两左右。

然而，一场巨大的危机悄悄降临。

关于明朝覆灭的原因分析，我们已经写过很多，比如气候因素、自然灾害、民变频发、女真崛起、朝廷党争，甚至最后一任皇帝努力自救但搞错了方向，等等。应该说，任何朝代的沦丧，都是综合因素共同作用的结果。而白银，也参与了埋葬明朝的整个过程。

虽然明朝皇帝自始至终抗拒海外贸易，不到绝路不会开放海禁（隆庆开关），但事实上，基于白银这种介质，明朝在 15 世纪末以后的大航海时代中，扮演了世界经贸中心的重要角色。有学者指出，在"丝（丝绸）银（白银）对流"的贸易中，形成了以明朝中国为中心的南海经济共同体。明朝由此自觉或不自觉地卷入了世界经济体系中，与寰球共冷暖。

1620年起，欧洲市场爆发了贸易危机，西班牙等国家重商主义盛行，开始采取措施遏制白银外流。中国商船原来每年有40多艘停泊于马尼拉，到1629年，仅剩下6艘。贸易萎缩，输入中国的白银锐减。

1634年，西班牙颁布了紧急限制贸易的征税令。

1639年，中国商人在马尼拉遭到西班牙人和土著的大屠杀。

1640年，日本断绝了与澳门的所有贸易往来。

1641年，马六甲落入荷兰人手中，印度果阿港与澳门的贸易线也被切断。

流入中国的白银总量，急剧下降。而这一切，都发生在崇祯时期。

朝廷早已丧失货币控制权，常年对后金、对内乱的战争都需要巨额财政，但就在这个节骨眼上，世界却不太平，经济危机来袭，白银输入的通道几乎都断了。这就是崇祯统治时期，朝廷一直处于缺钱状态的深层原因。崇祯朝的悲剧，真是一半在人，一半在天。

明朝政府采用的应对办法，是加税。从1618年至1636年，18年间，连续7次增税以应付女真人的入侵和全国各地的农民起义。这些新增的税收，从社会中抽取了大量白银，让处于经济衰退期和自然灾害频发期的整个社会雪上加霜。由此触发更多的民变和反抗，明朝逐步走入死循环。

明朝的贪官和巨商，原来就有窖藏白银的习惯，巨额白银被藏入地窖，退出流通领域，如同进入黑洞。如今，白银紧缺，民间惶恐，也纷纷窖藏白银自保。结果，一方面海外流入的白银少了，另一方面国内流通的白银也少了，造成了严重的银荒。

1642年，崇祯帝要求户部发行5000万贯纸钞，每贯兑换白银0.97两。这是想赤裸裸地从老百姓手上抢劫白银，时人评论说："百姓虽愚，谁肯以一金买一纸？"

1643年，安徽桐城人蒋臣赴京出任户部主事。他经历过家乡民变，在日记中说，如今天赤如血，流民万里，无外乎就是贫户去抢富户的白银罢了。

一年后，明朝覆灭。死因之一，被诊断为"白银中毒"。

环境与人

玉米改变中国

在哥伦布发现新大陆4年后，1496年，一种名为玉米的神奇植物被从美洲带到了欧洲，并逐渐传遍世界。中国人不会想到，以玉米、番薯等美洲作物为代表，一场超级农业革命在全球化的先声中，剧烈地冲击中国。

在传入欧洲55年后，明朝嘉靖三十年（1551），河南《襄城县志》就出现了关于玉米在中国的最早文字记载。4年后的嘉靖三十四年（1555），由云南土司进贡的玉米在送入北京的途中经过河南巩县，又由《巩县志》留下记录。

历史学家分析，玉米在从美洲传入中国的过程中，存在着东南海路、西南陆路、西北陆路三个方向，而明朝时期最早出现在中国文字记录中的玉米，应该是经过缅甸等西南陆路传入云南后进入中国的。

由于传入路线的多元化，在明朝，有关玉米的名称也出现了玉蜀黍、包谷、包米、包粟、包芦、棒子、玉茭、珍珠米等多种称呼。对于这种在中国出现的新奇植物，为了撰写《本草纲目》行走四方的李时珍（1518—1593），在1552—1578年游走采写的过程中，也发现了玉米在长江中下游的种植。但他对当时玉米的描写是"种者亦罕"。

200年后的乾隆二十三年（1758），在湖南的《沅州府志》中，出现了"玉蜀黍，俗名玉米……此种近时楚中遍艺之"的记载。

在低调进入中国200多年后，玉米开始"爆发"了。

1

玉米经西南陆路和西北陆路传入中国的时间很早，但在传入云南和甘肃等西部地区后，并未向中国内地大规模传播。玉米在中国的爆发，主要源于福建等东南海路的传播。

明朝万历三年（1575），天主教传教士艾拉达（Herrada）在他所写的回忆录中，记载了当时福建的漳州、泉州一带已经出现了玉米栽培。由于福建地形"八山一水一分田"，自从魏晋南北朝以来人口不断激增的福建到了宋代时，人口已经高度密集，并不断向外扩散进入江西南部的赣南、赣北地区。在此情况下，在明朝中后期引入福建的玉米、番薯开始传播进入江西山区，到了清朝道光时期（1821—1850），江西《玉山县志》就记载说，当地"田间作息无间且晚，以余力竭之于山，茶、桐、杉、竹及靛、薯、玉蜀黍"。

与明朝万历二十一年（1593）50岁的老秀才陈振龙为了拯救世人而从菲律宾偷运番薯进入福建的坎坷故事不同，玉米进入中国的具体时间已经难以考证，但在16世纪中后期传入中国后，同样以福建为基地，玉米从福建翻越南岭山脉，随着福建移民进入江西，却是中国农业史上的一件大事。

1644年，李自成农民军攻破北京，崇祯皇帝上吊自杀，明朝灭亡。此后，中国陷入了长期战乱，一直到1681年康熙皇帝基本平定三藩之乱后，属于玉米的盛世逐渐到来。

尽管多年战乱，但在明末清初的动荡中，玉米沿着福建—江西的路线，继续传入湖南，在清代湖南的方志中，出现了"湖南一省半山半水……至于深山穷谷，地气较迟，全赖包谷、薯、芋、杂粮为生""玉蜀黍俗名玉米，荆属傍山及州田多种之"的记载。

进入清朝康雍乾时期（1662—1795），玉米沿着福建—江西—湖南的路线，逐渐在湖广地区传播开来。这方面，棚民的开发至关重要。

2

清朝入关后，顺治十八年（1661），官方能控制的人口仅有1920万人。雍正时期取消人头税实行摊丁入亩后，中国人口开始激增：乾隆六年（1741），清朝人口达到1.43亿人；乾隆六十年（1795），人口达到2.96亿人；到了道光二十九年（1849），人口更是"大爆炸"，达到了4.12亿人。

对于人口的激增，乾隆皇帝感到了巨大压力。清朝的耕地从顺治十六年（1659）时的549万顷，扩展到了康熙二十四年（1685）时的607万顷，平原地区土地基本已经开垦殆尽。

对此，乾隆皇帝忧心忡忡地说："朕查上年各省奏报民数，较之康熙年间，计增十余倍。承平日久，生齿日繁，盖藏自不能如前充裕。且庐舍所占田土，亦不啻倍蓰。生之者寡，食之者众，朕甚忧之。犹幸朕临御以来，辟土开疆，幅员日廓，小民皆得开垦边外地土，藉以暂谋衣食。然为之计及久远，非野无旷土，家有赢粮，未易享升平之福。"

为了解决人口与土地的矛盾带来的巨大压力，乾隆七年（1742）开始，清廷正式"弛禁"，从以前的禁止，转为允许和鼓励农民进入山区开垦，并宣布山区开垦土地免收地税，同时还对山区居民在科举考试方面给予名额照顾。这些举措促进了中国山区的开垦，而耐旱、易种的玉米，从此随着中国农民的脚步，开始了浩浩荡荡的挺进山区运动。

自明代后期开始，随着土地兼并的愈演愈烈，加上明朝后期中国水旱蝗灾等自然灾害的频发，大量农民就开始涌入山区开发土地，这些在山区搭棚居住的农民又被称为"棚民"。

《清史稿·食货志》记载："棚民之称，起于江西、浙江、福建三省。各山县内，向有民人搭棚居住，艺麻种箐，开炉煽铁，造纸制菇为业。而广东穷民入山搭寮，取香木春粉、析薪烧炭为业者，谓之寮民。"

这些涌入山区的农民，通过砍伐树木从事耕种、炼铁、烧炭、种植蘑菇和采矿等各种职业。由于明末清初大规模战乱，越来越多的平原居民开始涌入山区避乱求生。于是，在湘赣、赣鄂皖、闽浙赣、闽粤赣、川鄂陕等各省交界地区，棚民的大规模聚集和向山区开发，成为明清时期的重要移民现象。而在清朝康雍乾时期人口大爆炸的背景下，激增的人口无处可去，更加大规模涌入山区。在乾隆七年清廷正式废除山区开垦禁令后，一场有关中国山区开垦的浩荡运动轰轰烈烈地展开了。

在向南方各省交界的山区开垦运动中，传统的水稻、小麦、粟、黍、高粱、荞麦等作物对水源、土壤和气候要求相对较高，这就使得从美洲引入的玉米、番薯和马铃薯等农作物开始大显身手：当时，棚民一般在山区的低地种植喜欢暖湿气候的番薯，在更高的山地则种植耐旱的玉米，在高寒地区则种植生存能力最强、耐"地气苦寒"的马铃薯，三种原产于美洲的农作物因地制宜、轮番上阵，从而为棚民的生存以及中国的人口大爆炸，提供了源源不断的食物动力。

以地处湖北、四川、陕西三省交界的湖北恩施为例，"环邑皆高山，以包谷为正粮，间有稻田种植，收获恒迟，贫民则以种薯为正务，最高之山惟种药材，近则遍植洋芋（马铃薯），穷民赖以为生"。

嘉庆时期（1796—1820），湖南湘西的《龙山县志》记载说，当地的棚民"烧舍种植杂粮，包谷尤为大庄"。同时期的湖南浏阳县志也记载说，"山土只种包粟"。道光时期（1821—1850），湖北建始县志更是记载说，当地"巨阜危峰，一望皆包谷也"。

随着棚民在山区的开垦，玉米沿着福建—江西—湖广地区广泛蔓延，并反向渗透进入贵州、云南地区。到了嘉庆、道光时期，随着大量外省流民涌入云南，云南的玉米种植也进入了高潮期。

当时，湖北、湖南、福建、广东等地流民纷纷迁入云南，以致清廷大员林则徐在云南保山县看到玉米种植"自半山腰中，下至临江间"，"无业客民，单身赴彼，或种包谷杂粮"。而在云南顺宁府，玉米甚至成了主粮，"府属山多田少，多种荞与玉米，以此为天"，在云南曲靖府宣威州，"苞谷熬糖、煮酒、磨面，功用甚大，宣人仰为口粮大宗"。

3

而随着"湖广填四川"运动的开始，玉米在中国的传播进入了第二个高潮。

1681年清廷平定三藩之乱，四川在经历明末清初长达40多年的战乱后，人口从明朝万历六年（1578）的600万人，锐减至不足50万人。全省90%的人口丧亡，"合全蜀数千里内之人民，不及他省一县之众"。

面对四川土著人口几乎伤亡殆尽的惨痛局面，清廷从康熙皇帝时期，就开始大规模鼓励湖广地区的民众移民四川，史称"湖广填四川"。从康熙时期到嘉庆时期，湖广地区共有600多万人移民四川，从而为四川的人口复苏和土地开垦注入了崭新活力。

玉米也随之大规模挺进四川，并延伸进入四川与陕西、湖北交界的秦岭、巴山地区。乾隆时期，陕甘总督毕沅上奏说，陕西兴安州（今陕西安康）"从前多数荒山，后因两湖、安徽、江西、四川、河南等省民人前来开垦，数年中，骤增户口数十万"。

棚民进入秦岭巴山地区后，"或只身前往，或携眷而来，开垦荒山，种植包谷杂粮"。到了乾隆时期，陕南地区的《延长县志》记载说，棚民在陕南山区种植玉米收成显著，"近来南方普种山原，收获倍于别种，始知玉米"，"南方农人种仅二十余年，不忧饥饿且或骤致小富"，因此"劝种玉米以济民食"。

陕西"汉中府之留坝、凤县、宁羌、略阳、定远、洋县六邑，商州之镇安、山阳、商南、洛南四邑，兴安府属之安康、石泉、紫阳、询阳、白河五邑，民食皆以苞谷杂粮为正庄稼"，"山氓为常饭"。而在陕西有些地区，甚至出现了"（包谷）一季歉收，不惟贫者无食，即富者亦无粮"的仰以为生的局面。

在玉米、番薯和马铃薯等美洲农作物大规模挺进山区的影响下，中国开始了自宋代引入占城稻以后的第二次农业革命。

历史学家葛剑雄评价说，"甘薯、玉米、花生、土豆等高产耐旱作物的引种等都曾大大提高了粮食产量，从而使人口有了新的增加"。

学者姜涛也指出，"粮食作物品种的不断改良，尤其是美洲高产粮食作物的引进，无疑也是中国人口在明清两代得以大增长的重要条件"。

4

然而，在促进人口"大爆炸"的同时，玉米对中国历史的进程，也产生了意想不到的冲击。

在明末清初以前，尽管中国的原始森林逐渐经历了大规模破坏，但在川鄂陕、湘赣、赣鄂皖、闽浙赣、闽粤赣等各省交界地区，仍然存在着广袤的原始森林。明朝中后期玉米、马铃薯等耐旱和适宜山地种植的美洲农作物进入中国后，森林破坏再次进入了高潮。

各地棚民在进入山区后，纷纷砍伐森林种植玉米。在玉米作为粮食的支持下，在山区扎根下来的棚民又继续砍伐森林炼铁、烧炭、种植蘑菇。这种"剃光头"式的山区乱砍滥伐，使得山区土壤在几年后就被雨水冲刷流失，到处石骨嶙峋，难以耕种，于是，棚民又继续在山区迁移开垦"游耕"，使得中国南方各省交界的森林毁坏愈演愈烈。

道光时期（1821—1850），陕南地区的山地"为川楚客民开垦殆尽"，"低山尽村庄，沟岔无余土"。随着棚民的大规模毁林种田，水土流失问题也日益严重。

同治时期（1862—1875），江西武宁县志记载说，"棚民垦山，深者五六尺，土疏而种植十倍。然大雨时行，溪流湮淤。十余年后，沃土无存，地力亦竭"。

由于棚民开山造成大规模的森林砍伐和水土流失，长江流域和珠江流域的水患日益严重。

对此，当时的湖广总督林则徐向清廷上奏说，汉水流域由于秦岭巴山地区的棚民开山种植玉米等农作物，造成常年水患："襄河河底从前深皆数丈，自陕省南山一带及楚北之郧阳上游，深山老林尽行开垦，栽种苞谷，山土日松。遇有发水，沙泥随下，以至节年淤塞，自汉阳至襄阳，愈上而河水愈浅……是以道光元年至今，襄河竟无一年不报漫溃。"

在大规模开垦山区，造成森林被乱砍滥伐、水土流失和水患逐年增加的背景下，移民进入山区的棚民与山下的地方居民的矛盾也不断加深。

而在棚民方面，一方面是巨大的生存压力，在清代愈演愈烈的土地兼并和人口"大爆炸"背景下，他们不得不进入山区开垦谋生；另一方面，他们又被地方居民和官府仇恨敌视。

随着山区水土流失的日益严重，进入山区的棚民生存环境也日益恶劣，以致当时的棚民哀叹说："某骡子，实则骡亦不逮矣！"

在比骡子还辛劳的沉重生活压力下，嘉庆元年（1796），在棚民聚集、生态环境恶劣的湖北枝江、宜都等山区，白莲教起义率先爆发，并很快蔓延到了整个秦岭巴山地区。

清廷最终经过9年混战，"竭宇内之兵力而后定之"。尽管白莲教起义被平定，清廷却已元气大伤，开始步入乱世末日。

从某种逻辑上看，玉米的传播与清朝的人口"大爆炸"、山区生态环境恶化以及白莲教起义，有着间接的关系。

5

白莲教起义被镇压后，鸦片战争的爆发则使得玉米进一步扩散传播。

1840年，英国正式对清朝发起鸦片战争，清朝在屈辱中被迫卷入全球化，而随着洋布等各种进口商品的冲击，中国传统的手工业者开始大量破产。在土地兼并、生态恶化的背景下，农民的生存环境也日益恶劣。

另外，在玉米、番薯等农作物促进清朝人口"大爆炸"、山区开垦、破坏森林、水土流失的长期累积影响下，到了晚清民国时期，中国的水旱蝗灾也愈演愈烈。道光时期，清朝的自然灾害达到了高峰。

生态环境恶化的流毒甚至影响到了民国时代。在从 1912 年民国建立到全面抗战爆发的 1937 年间，短短 25 年，中国暴发重特大水旱蝗灾竟达 77 次之多，并引发了多次大饥荒。

在全球化的商品冲击以及生态环境恶化的作用下，晚清民国时期的农民贫困化日益严重，在平原地区，尽管粮食种植结构仍然以水稻、小麦为主，但普遍将稻米和小麦用来交租缴税的农民，竟吃不起自己辛辛苦苦种出来的粮食了。

例如在民国时期的山东黄县，由于玉米相对小麦等作物便宜很多，当地农民普遍以玉米为主食："食粮之属以麦与谷为主要品，其更贱者则为高粱，近二三十年来多种玉蜀黍者俗呼曰包米，遂皆以包米为片片，谷制者少矣，盖黄境全恃三省之粮，东三省产包米，其价较谷为俭，农家乃自种之，食之颇甘，微不耐饥，故包谷日多，而谷日少，并高粱亦鲜食者矣。"

为了活下去，农民不得不放弃了相对精细的稻米和白面，改而吃起了相对粗糙的玉米和番薯。因为玉米和番薯这两种作物更高产、更便宜，农民相对还吃得起。

对此，徐珂在 1924 年分析说："南人食稻，北人食麦，夫人而知之，然皆就中人以上之家言之。窭人之常食品，南为薯芋，北为玉蜀黍。"

由于晚清民国时期农民普遍贫困，山东很多地方的农民都是以玉米、高粱、番薯等为主食，而不是传说中的小麦。

民国时期山东的《清平县志》记载说："食品，以麦为尚，惟富民食之；中产以下所食惟玉米、高粮（粱）等，而间以薯芋。"

民国时期河北的《清苑县志料》也记载道："乡民常食以高粱、小米、玉蜀黍为多，向不食用麦粉，即食之均在旧历年节或麦秋时偶用数日，过此以后仍食杂粮。高年人亦有食麦粉者，半皆小康之家，劳农人家自以粗粮为便也。"

而在河南，民国时期的《洛阳县志略》写道："贫者多食小米、玉蜀黍、甘薯、豆类等杂粮，而佐以园蔬及野菜之类。"

在农民普遍贫困的大背景下，玉米的种植继续迎来高潮，甚至在传统上号为富庶之地的安徽、浙江等省的山地地区也"多种之"。

也就是在这时期，玉米也在黄河中下游广泛种植开来，并突破长城，进入了长城以北的内蒙古和东北地区。

于是，到了民国时期，中国以水稻、小麦、玉米、高粱、谷子、番薯和马铃薯等为主要粮食作物的种植结构最终逐渐定型。而历经 400 多年传播，玉米、番薯、马铃薯等美洲作物在中国扎下根来，成为中国人餐桌上的重要主粮之一，并助力中国成为世界第一人口大国。

在品味历史的同时，我们作为祖先艰苦谋生的留存后裔，又怎能不感谢玉米的功勋和上天的眷顾？

400 年来，番薯如何救中国？

1

明朝万历二十一年（1593），50 岁的老秀才陈振龙决定，要干一件大事。

与西方人从中国偷盗蚕种和茶树不同，陈振龙准备要干的这件大事，是从菲律宾将一种西班牙人从南美洲带来的神奇植物，偷运进中国。

这种植物后来被叫作番薯。

陈振龙出生于福建福州长乐县（今长乐区），年轻时曾经考取过秀才，但随着明末人口的剧增和科举的艰难，在考取举人不第后，陈振龙跟随着东南各省浓厚的经商风气下了南洋（东南亚）经商，"往来于闽省、吕宋（菲律宾）之间"。

当时，征服菲律宾的西班牙人"常患粮米不足"，于是便在菲律宾引入了一种从南美洲移植而来的植物，这种植物亩产高峰可达 4000 多斤，低的也有 2000 多斤，相比于明朝时国内亩产仅有两三百斤的小麦和水稻来说，这无疑是一种超级农作物。

尽管只是个改行经商的秀才，可陈振龙心中，依旧涌动着强烈的救国济民的传统知识分子情怀，遥想到故乡生齿日繁，依旧在温饱线上苦苦挣扎的父老乡亲，陈振龙决定无论千辛万苦，都要将这种超级植物带回中国。

然而，西班牙人很精，"珍其种，不与中国人"，并且在海关层层盘查，在历经多次偷运失败后，1593 年，在通过贿赂当地土著得到番薯藤后，陈振龙将薯藤绞入汲水绳，混过关卡，历经七昼夜的颠簸航行，才将番薯从菲律宾运回福州。

在历史大叙事中，万历二十一年（1593），丰臣秀吉侵略朝鲜的大军，与援朝作战的明朝大将李如松所率领的明军在平壤展开激战，最终明军将士拼死击败日军。但正史没有记载的是，这一年，卑微的福建秀才陈振龙，拼死从菲律宾为中国带来了番薯这件神奇宝贝，并将在此后几百年间，为中华民族的繁衍和拯救亿万国人性命，作出不朽的贡献。

开辟者的功劳，常常被历史轻描淡写，但这并不影响他的丰功伟绩。

2

陈振龙生活的明朝末年，中国当时的实际人口已经超过 1 亿人，以陈振龙生活的福建为例，在明朝中后期实行海禁后，福建早已无力承载人口的过多繁衍，当时，福建"隘山阨海，土瘠民贫，旸雨少愆，饥馑洊至，偶遭歉岁，待食嗷嗷"。

以福建惠安县为例，由于人口剧增、地产不足，仅仅隆庆五年（1571），这个区区 1 万多户人口的蕞尔小县，每年就"须输入米粮约七万石（约合当代 1300 万斤）"，才能养活全县人口。

为了拯救父老乡亲，陈振龙认定，番薯这种耐旱易活，生熟可食，"六益八利，功同五谷"的超级农作物，一定可以拯救苍生百姓于水火之中。在将薯种偷运回福州后，陈振龙和儿子陈经纶马上草拟了一份禀帖，送呈当时的福建巡抚金学曾，陈述引种番薯的利害所在。

在回国四个月后，陈振龙第一批引种的番薯成功繁殖，"小者如臂，大者如拳，味同梨枣"，福建巡抚金学曾获知后振奋不已，马上旌表陈氏父子此行"事属义举"，"虽曰人事，实获天恩"，随后开始在福建全省推广引种番薯。

当时，北方小麦亩产仅为 300 斤左右，且每年只能种一季；在南方虽然可以种两季水稻，但全年亩产也不过就五六百斤。

而番薯不仅可以种植两季，而且其中春薯亩产可达 4000 多斤，夏薯亩产可达 2000 多斤，全年产量可达 6000 多斤，尽管口感不如水稻和小麦美好，但对于长期挣扎在温饱线上的中国农民来说，这种从南美洲辗转引进的超级农作物，无疑是上天恩赐给中国人的超级礼物。

这场由陈振龙偷运番薯后，即将在中国引发的食物革命和人口革命，可以说，无论如何赞誉都不为过。

历史并非孤立的叙述线。就在陈振龙拼死从菲律宾引种番薯进入福建前后，明朝万历年间（1573—1620），广东东莞人陈益、广东吴川人林怀兰，也分别从安南（今越南）引种番薯，进入了广东东莞和吴川等地。

尽管各自独立，互相不知道对方的引种行为，但这场从全球地理大发现时代发端，从南美洲辗转传播进入广东和福建的农业革命，即将剧烈地改写往后的中国史。

3

但历史的发展总是充满曲折，就在番薯引入广东和福建后不久，中华大地开始陷入了长期战乱之中，历经明末清初历时近百年的动荡，番薯这种本来可以利泽万民的超级农作物，竟然在广东和福建困阻不前，无法进行大规模的广泛传播。

尽管明末清初长期动荡，但自从陈振龙引入番薯后，粗生贱养，即使"地属沙土"也能成活，且产量极高的番薯，使得以往常年"产米不敷"的福建人民得以"足果其腹，灾不为荒"。当时，番薯在福建"遍地皆种，物多价廉，三餐当饭而食，小民赖之"，以至于当明末清初郑成功的船队为台风所困，下令在澎湖筹粮时，粮食官回答他，当地"唯有番薯"而已。

得益于番薯的广泛引种，福建人口也从明朝万历年间（1573—1620）的173万，增加到了清朝道光十四年（1834）的1500多万。

在中国农业史上，曾经有过两次农业革命：第一次是北宋真宗大中祥符五年（1012），宋朝开始大规模引种耐旱、早熟、相对高产的占城稻；第二次则是以番薯、玉米传入中国为代表掀起的食物革命。

与番薯一样，玉米也大概于明朝后期的16世纪，分别从中亚、印度、缅甸以及南海海路等路线，传入中国的黄河流域、西南地区和东南沿海等地，然而在明末清初的战乱中，玉米与番薯一样，也是仅仅局限于个别省份的小范围种植，尚未进入全国性大种植时代。

与此同时，在番薯、玉米之外，通过地理大发现，来自美洲的原产农作物马铃薯、木薯、花生、向日葵、辣椒、番瓜、西红柿、菜豆、菠萝、番荔枝、番石榴、油梨、腰果、可可、西洋参、番木瓜、烟草等近30个物种也先后传入中国，并即将在中国大地上掀起一场超级农业革命。

而促成这场农业革命的重中之重，正是先驱者们历经千辛万苦，从国外引种进来的番薯和玉米。

进入清朝后，随着康熙皇帝宣布"滋生人丁永不加赋"，和雍正皇帝"摊丁入亩"正式取消人头税，中国开始出现了狂飙突进的人口"大爆炸"，康熙三十九年（1700），当时中国人口约为 1.5 亿，不到百年后，乾隆五十九年（1794），清朝人口飙升到了3.13 亿。

仅仅凭借小麦和水稻等传统农作物的产出，已经无法养活中国日益庞大的人口，而随着人口的繁衍和土地的日窘，无数饥民开始挺进各处荒山野岭到处开垦，他们惊奇地发现，在小麦和水稻难以存活的山地，新引进的番薯和玉米却可以倔强地生存下来，并且产量颇高。

历史进入康熙年间后，为了充实历经多年战乱后几乎损耗殆尽的四川人口，清廷发起了浩浩荡荡的"湖广填四川"运动。随着福建、两广和两湖等地移民蜂拥进入四川，他们在迁徙路上也带去了容易种植的番薯。此前困阻在福建和广东等地达百年之久的番薯，终于在南方各省广泛传播开来。

淡紫色的番薯花，在大清王朝南方的各个角落悄悄开放。

4

而陈振龙及其子孙，则将番薯的传播，铭刻成了家族代代相传的使命。

乾隆十四年（1749），陈振龙的五世孙陈世元来到山东胶州（今山东青岛）古镇口经商时，发现昔日富庶的胶州竟然天灾横行、遍地饥馑。他后来回忆说："时东省旱、涝、蝗、螨，三年为灾。"

看到百姓蒙难，这个家族血液中始终流淌着番薯情结的商人，决定延续自己先祖陈振龙的使命，在黄河流域推广种植番薯。于是，陈世元联合自己的两个朋友余瑞元和刘曦一起，自己垫资雇人前往胶州古镇口试种番薯，历经两年试验，番薯最终种植成功，于是，胶州等地农民"乃各骇异"，随后也开始了大规模的引种和传播。

在胶州古镇口推广番薯成功后，陈世元又带上了自己的三个儿子陈云、陈燮和陈树在胶州、山东全省乃至整个黄河流域进行广泛传播，并且亲自写了一本书《金薯种植法》向北方人民免费发放。

在陈氏家族几代接力的义务传播下，从山东到河南再到北京通州地区，番薯种植开始如火如荼传播开来：在山东胶州，知州周于智随即以官方名义宣示番薯的"六利八大益"；在山东潍坊，举人王某召集亲邻，"竞来传习，处处埋掘"；山东布政使李渭，更让人以快板的方式，在全省范围内推行番薯种植。

在这场从陈氏家族发起，到民间普及，再到地方政府推广的番薯种植运动中，番薯开始从南方"北伐"，顺着黄河流域广泛传播，到了乾隆五十年（1785），认识到番薯巨利的乾隆皇帝终于发出圣旨，下令在全国大力推广番薯种植，"使皆知种薯之利，多为栽种"。

至此，番薯种植终于从民间的自发传播，演变成了国家行为，而在番薯和玉米、马铃薯等美洲农作物的传播引种下，原本难以栽培农作物的山区也得到了广泛开发，当时，人口"大爆炸"的流民经常进入山区，在山谷低处就种喜欢气候暖湿的番薯，在高处就种耐旱的玉米，更高处就种"耐地气苦寒"的马铃薯。

在番薯、玉米和马铃薯浩浩荡荡的传播引种下，即使是以往人迹罕至的陕西、湖北、四川三省交界的深山密林地区，也到处种满了玉米、番薯、马铃薯等农作物。

5

在番薯、玉米和马铃薯的扩种支持下，清朝产生了人口"大爆炸"，这也使得雍正皇帝决定，对西南地区实行广泛的改土归流运动。

从唐宋时期开始发端后，形同垄断割据的土司制度，一直是妨碍中原王朝统治西南地区的重大障碍，从明朝中后期开始，王朝中央一直在西南地区不断推进改土归流制度，以寻求将原来土司管辖地区，变成与内地相似的流官派管制度。

面对从康熙时期开始的人口"大爆炸"局面，为了将西南各地土司控制的广阔土地纳入王朝中央的管辖，以养活更多的子民，雍正四年（1726），雍正皇帝派出以云贵总督鄂尔泰为首的各地重臣，开始在西南地区的云南、贵州、四川、广西、湖南、湖北等地大规模开展改土归流运动。

历经多年强力废改，最终在雍正时期（1722—1735），番薯、玉米、马铃薯等农作物也开始大规模挺进改土归流地区，而回溯根源，正是得益于番薯、玉米和马铃薯促成的人口"大爆炸"，才反过来在雍正时期，促成了大规模的改土归流运动。

因为以往这些土司统治地区多处山地，很难种植水稻和小麦，但现在有了适宜山地种植的番薯、玉米和马铃薯，山区的土地，自然倍显珍贵，反过来则促进了中央政府改土归流的决心。

6

在康雍乾时期番薯、玉米广泛种植的情况下，中国的粮食结构，也发生了重大变化。

在清代以前，中国的主要粮食作物一直是水稻、黍、稷、麦、菽、粟等五谷杂粮，一直到明代，中国的粮食构成还是延续宋元时期的以水稻和小麦为主的格局。明末的宋应星（1587—1666）在《天工开物》中写到，明末社会的主要农作物70%仍然是水稻，小麦、黍、粟等占30%左右。

到了清代，随着番薯、玉米、马铃薯等30多种美洲农作物在全国的推广种植，番薯、玉米也得以加入主要粮食作物行列，并与其他杂粮一起，共同构成了全国粮食产量的1/3。

至此，历经从明朝后期开始的延续传播，在以水稻、小麦为主的粮食作物结构下，番薯、玉米、马铃薯等美洲农作物也到了中国人的餐桌之上，而在明清和民国时期，在赣南、湖北襄阳等山区，百姓甚至常年以番薯和玉米作为主食，一年到头很少吃稻米，"或终岁不米炊，习以为常"。

最终在番薯、玉米的广泛种植和有力支援下，中国的人口，也从明朝万历年间（1573—1620）的约1亿，繁衍至乾隆五十九年（1794）的3.13亿，到了道光三十年（1850），又增长至4.3亿。

追溯这场400多年来中华民族发展壮大的人口革命，番薯和玉米的引种与传播，实在居功至伟。

到了乾隆晚年，致力于在北方推广番薯种植的陈振龙的五世孙陈世元，则在自己福州的家中，写下了记录自己家族几代接力传播番薯种植的《金薯传习录》一书。

在民间，福州老百姓还为陈振龙供奉修建了一座"先薯祠"以示纪念。

因为在老百姓看来，别小看了那一根漂洋过海而来的番薯藤，那可是先驱们为我们民族带来的伟大希望。

中国老虎消亡史：最后的疯狂100年

1

当几十只老虎蜂拥围住村庄的时候，1957年9月，位处雪峰山下的湖南通道县高坪村的村民们，做梦都不会想到，他们竟然经历了如此恐怖的三个昼夜。

当年亲历这一恐怖事件的谢耀宗，那时是一个常年在雪峰山一带收山货的货郎，他回忆说，他刚走进高坪村不久，突然看到放牧在村外的牛都疯狂逃了回来，村子里所有的狗全部瑟瑟发抖不敢出声，这时候，村口开始有人拼命敲锣，大声呼叫村民们赶紧进村躲避。

原来，就在整个村子附近，几十只老虎竟然将高坪村围了个水泄不通，此后三天三夜，无论村民如何燃起火堆和敲打铜锣，老虎们就是不肯离去，在整整持续三天三夜后，老虎开始集体疯狂冲进高坪村，在将村子里的牲畜全部咬死拖走后，还叼走了村子里的母女共三个人。

亲历这一事件的高坪村老村民李怀德后来回忆说："老虎吃人吃得惨啊，连娘一起三个，扛到山上那伢还在哭。"

这一"奇闻异事"听起来像是天方夜谭，却是真实事件。尽管自清朝初期开始，在湖南各地府志、县志中就不断有关于"长沙府虎昼食人""益阳虎群行，食人"的记载，然而人们仍然难以相信，前后距离300多年，湖南的虎患竟然曾经达到如此让人毛骨悚然的地步。

而高坪村，仅仅是湖南乃至中国大地上，曾经虎患横行的一个惊人代表。实际上，从1952年至1962年，整个湖南省陷入了长达10年之久的饿虎之灾。10年间，湖南全省共有2000多人命丧虎口，其中最高峰的一天，湖南省内有32人相继为老虎所吃。

若非有众多当事人的亲身见证和口述，这无论如何都令人难以置信。

2

在当代人的印象中，老虎按照教科书所说，似乎是一种独行动物，然而无数的史料都在告诉我们，这远非事实的全部。

其实早在湖南通道高坪村经历恐怖的群虎围村事件前300多年，康熙年间，四川人欧阳直在《蜀乱》一书中记载当时四川的虎患时说："遍地皆虎，或一二十成群，或七八只同路，逾墙上屋，浮水登船爬楼，此皆古所未闻，人所不信者。"

对于当时四川省内老虎成群结队、横行出没的情境，欧阳直在书中特地指出："此皆古所未闻，人所不信者。"他写道："余途次草中，月下见四虎过前。又于叙南舟中，见沙际群虎如牧羊，皆大而且多。过泸州舟中见岸上虎数十逍遥江边，鱼贯而行。"

康熙初年的四川，在经历明末清初长达数十年的战争、瘟疫和饥荒后，人口从明朝末年的600多万人，锐减至不足50万人，全省90%的人口丧亡，"合全蜀数千里内之人民，不及他省一县之众"。在大规模的人口灭亡后，四川境内的老虎开始汹涌挺进原来人类的属地，并疯狂啮食四川省内残存的人类。对此，欧阳直写道："大抵蜀人死于贼者十之八，死于饥者十之二，仅存者又死于虎之口。"

所谓乱世出妖孽，康熙时人赵彪诏在所著《谈虎》一书中指出，顺治年间（1644—1661），四川"虎患，十百为群，或夜半扶椽瓦而下，尽啮室中老幼"。

当时，四川在经历长时间、大规模的战争、瘟疫、灾祸后地广人稀。清代初期，四川南充知县黄梦卜就向上级汇报说，他原来在南充招徕了户口人丁506人，没想到这批人被老虎吃掉了228人，病死55人，现存223人；黄梦卜不死心，又招徕了74人到南充落户，没想到，这74人中，又有42人被老虎吃掉了。

到了康熙二十一年（1682），新任四川荣昌知县张懋带着7位随从抵达荣昌县城就任，没想到他们进入县城后却发现，全城死寂，空无一人，"蒿草满地"。正当大伙感觉纳闷时，突然，一群老虎猛地蹦了出来，张懋主仆8人惊恐之下慌忙逃命。怎奈老虎凶猛，转眼间，张懋的7个随从，就有5人丧生虎口之下。

对此，经历过明末清初四川这段疯狂虎患时期的刘石溪在《蜀龟鉴》中，对清朝初年四川死于虎患的人口做过粗略估计："自崇祯五年（1632）为蜀乱始，迄康熙三年（1664）而后定"，30 余年中，川南"死于瘟虎者十二三"，川北"死于瘟虎者十一二"，川东"死于瘟虎者十二三"，川西"死于瘟虎者十一二"。

即使到了民国时期，1930 年，在重庆主城区金汤街内，时任川军 32 师师长的四川军阀唐式遵有一天夜里在府中大宴宾客，突然一只老虎直接闯进了唐府厅堂之中，众人大惊失色。慌乱之中，唐式遵的卫队急忙将老虎乱枪打死。第二天，唐式遵为了安慰宾客，又招徕客人们前来吃老虎肉，并美其名曰"虎宴"。

3

实际上，在清代乃至民国，甚至中华人民共和国成立初期，关于老虎闯进城市中的记载一直不绝于书。

雍正三年（1725）十二月初三，北京城中就闯进了一只大老虎到处游荡，这只老虎当时先是在北京东便门一带出现，后来又窜至京城前门，转入西江米巷原川陕总督年羹尧府中，一直到进入北京城后第二天，这只老虎才被闻讯赶来的京城卫戍部队开枪轰击，然后用长枪扎死。

对于这件猛虎进入京城的奇闻，雍正帝当时就在署直隶总督蔡珽的奏折上，朱批说："有此奇事乎（猛虎入城）……奇。从古罕闻之事也。"

实际上，一直到 1957 年，北京密云十三陵附近，还有关于老虎出没的记载。

据动物学家研究，老虎大约在 200 万年前起源于中国，而后向亚洲其他区域扩散，并逐渐演化为 9 个亚种。这 9 个亚种分别为华南虎、西伯利亚虎（东北虎）、孟加拉虎、印度支那虎（东南亚虎）、马来虎、苏门答腊虎、里海虎（新疆虎）、爪哇虎和巴里虎。

据推测，在 19 世纪末期，全世界的野生老虎大约还有 10 万只，然而，随着人类开发的不断推进，到了 20 世纪，里海虎（新疆虎）、爪哇虎和巴里虎 3 个老虎亚种相继灭绝，但此一时期，华南虎与东北虎却仍然在中国大地上纵横肆虐。

早在东汉时期，王充就在《论衡·遭虎》中提到，当时老虎经常闯进东汉王朝的各座城市中，"虎时入邑，行于民间"。唐朝时期，首都长安城周边，仍然虎患不断，对此唐朝诗人张籍（约 766—830）在自己所写的《猛虎行》中提到，长安城周边"南山北山树冥冥，猛虎白日绕林行"。

到了与南宋同时的金宣宗时期（1163—1224），曾经作为北宋首都的开封府境内，也仍然存在猛虎食人的记载，对此金宣宗甚至"诏亲军百人射杀之，赏射获者银二十两，而以内府药赐伤者"。

从公元1世纪到13世纪，中华疆域内即使是在首都周边，也是到处虎患横行，而这种情况，随着中国人口的"大爆炸"，即将愈演愈烈。

4

东汉桓帝永寿三年（157），当时中国人口是5648万，一直到明朝成祖永乐元年（1403），中国人口是6659万。然而，到了清朝乾隆十八年（1753），中国人口首次突破1亿，道光十三年（1833），中国人口更是暴增至3.98亿。

人口的"大爆炸"，意味着人类对森林荒地的不断开发，老虎的栖息地不断遭到压迫，在此情景下，进入明朝和清朝后，随着原本地广人稀的土地不断开发，人与虎的遭遇冲突开始愈演愈烈，并广泛记载于各地地方志、文人日记等各种史料之中。

鉴于明末清初四川人口锐减，清朝初年开始，清政府开始不断号召人民前往四川屯垦，在经历长达200多年的"湖广填四川"运动后，四川和陕西南部原本急剧萎缩的人口开始恢复增长，但随着人口的增加，以陕南西乡县为例，虎患也开始不断加剧，当时，西乡县内"不特虎迹交于四郊，而且午夜入城伤害人民，殃及牲畜"。

为此，当时陕南西乡县知县王穆，特地重金招募勇士数十人杀虎，"捕者癸巳（1713）至乙未（1715）射虎六十有四"。从1713年至1715年，短短两年间，仅仅西乡县由官方组织的打虎队，就射杀老虎达64只，当时陕西虎患由此也可见一斑。

明清时期虎患横行，除了人口增长、大量老虎栖息地被破坏之外，气候因素，也是这一时期虎患严重的原因之一。

明清时期，当时中国的气候十分寒冷，史称"明清小冰期"，这一时期，即使是位处长江以南的江西地区，也经常出现"大寒""连日大雪"等异常寒冷天气，据许怀林《江西历史上经济开发与生态环境的互动变迁》一文统计，明清时期江西发生旱灾64次，是宋元时期的3.2倍，而水灾更是高达151次之多。

由于水旱灾害频发，导致河流干涸、草丛枯萎、大量食草动物死亡，影响到了老虎的生存环境，加上栖息地日益遭到人类的侵蚀破坏，于是，明清时期，中国的虎患逐渐进入了史上最高峰时期，以康熙二十年（1681）为例，当年江西余干县"秋大旱，虎出伤人，连年不息"，咸丰六年（1856），江西德化县"大旱，自夏至冬二百余日不雨，是年七月，德化东乡谭家坂虎昼食人，夜群虎过村"。

在人类的侵蚀进犯，以及自然灾害影响下，实际上从明末清初开始，关于老虎成群结队、横行出没的记载，开始不断出现在中国各地的地方志上。

以上海为例，根据历代地方志记载，上海共有25次老虎出没记录（元代1次，明代14次，清代10次），其中明朝正统二年（1437），上海宝山吴淞附近更是老虎成群出没，咬死咬伤多达65人，"有时咆哮啸一声，怒音十里秋风狂"，以致"居民号恸死不辜，哭声夜半干穹苍"。

到了清朝顺治十五年（1658），在上海县城附近的金山卫西关，一只老虎更是直接冲进城中，在城里转了一圈之后，"咆哮而去，不知所之"，当时有4名兵勇试图捉捕这只老虎，最后竟然全部被它咬死。

5

尽管南方关于虎患横行的记载不绝于书，但是从明清时期开始，北方的老虎已经开始逐渐减少，乃至消失。

以元末明初小说《水浒传》所记载的武松打虎的景阳冈所在地山东聊城为例，在列为正统史料的明代万历年间（1573—1620）的《兖州府志》之后，就再也见不到"有虎"的记载了。而另一个《水浒传》里著名的老虎出没的地方，李逵怒杀大小一窝四虎的沂州（今山东临沂），至清代康熙十三年（1674）的《沂州志》之后，对于老虎的记载也消失了。

清兵入关后，清朝皇家先是将东北作为"龙兴之地"进行封禁，这就使得东北虎一度大肆繁衍，此时期，清朝皇室经常到东北猎虎，仅仅康熙二十一年（1682），康熙皇帝东巡盛京（今辽宁沈阳），"在如此九百余里的距离间，一天也不停止地狩猎"，"打住的虎有六十多头"。

当时，清朝皇家狩猎队经常将老虎团团围困，然后等待皇帝亲自猎杀，"或皇上亲射，或皇太子射之，亲王大臣近侍非得旨不敢在围中发一矢"。就是在这种"坐享其成"的猎杀中，到了康熙五十八年（1719），康熙皇帝就回忆自己"自幼至今，凡用鸟枪弓矢获虎一百三十五"。

而康熙帝，也可称为古今中外的杀虎皇帝第一人。

晚清时期，清廷开始开放东北，以奉天省（辽宁）为例，其人口由咸丰元年

（1851）的 258 万猛增至 1908 年的 1100 万。随着人口的不断繁衍扩张，辽宁关于东北虎的记载也在不断消失，"旧记呼兰多虎……自放荒后人烟渐密，叶陌互连，村屯相望，俱绝迹于呼兰境内矣"。

根据乾隆初年成书的《盛京通志》记载，当时老虎在东北"诸山皆有之"，而到了民国时期的东北地方志里，已多是记载"（老虎）昔年有之，今不曾见"。即使如此，到了民国时期，"东北王"张作霖对于吃老虎肉仍然很感兴趣，当时，辽宁境内老虎已经几乎消失，对此，每逢冬令，张作霖就命令从黑龙江、吉林等地打虎送来一些虎肉，以飨帅府。当时的名厨赵连壁精烹的虎馔"虎肉烧鲜笋""虎肉丸子烧雪里蕻""姜丝虎肉炒鲜笋""虎肉炖萝卜块"等，更是张作霖的最爱。

到了清末民初，就在东北虎节节退缩之时，在新疆，新疆虎（里海虎）也逐渐走到了灭绝边缘。

1876 年，俄国人普尔热瓦尔斯基来到新疆塔里木河尾闾的罗布泊探险，就在罗布泊宿营的第一夜，普尔热瓦尔斯基一行人全部被长长的虎啸声惊醒，马圈里的马惊恐地嘶鸣着。后来普尔热瓦尔斯基回忆说，这时期新疆的老虎仍然"像（俄罗斯）伏尔加的狼一样多"。

到了 1899 年，瑞典探险家斯文·赫定也抵达了罗布泊，这时期罗布泊由于水流来源日渐枯竭，已经成为人类难以生存的荒漠。但是，斯文·赫定初来的第一夜，还是受到了虎的惊吓，就在斯文·赫定的考察报告里，留下了一张虎落陷阱的速写：一只虎困在罗布人的陷阱里，前左爪被一个圆形的夹子夹住，那只老虎蹲着身子仰天长啸，似乎想一跃而起冲出陷阱。

但新疆虎已逐渐陷入灭绝边缘，到了 1927 年年底，德国探险家艾米尔·特林克勒报告说，罗布人告诉他已经有近二三十年没有怎么见过老虎了。新疆巴楚的一位猎人则告诉他，叶尔羌河河畔的最后一只老虎死于 1916 年。

1934 年，斯文·赫定再次来到塔里木一带，一个罗布老人告诉他说，10 多年前一只很老的老虎慢吞吞地沿着河岸的林地向塔里木河上游走了。斯文·赫定因此首先作出了新疆虎已经绝迹的判断。

另外根据新疆《巴音郭楞蒙古自治州志》记载，1961 至 1962 年州境内有人曾经用枪打到过老虎；而中国科学院新疆生态与地理研究所的动物学家谷景和教授则表示，"新疆虎的绝迹在 1960 年前后，我最后一次见到老虎是在霍城（新疆伊犁地区），那一次猎获的老虎制成了标本"。

6

随着东北虎的大规模退缩和新疆虎的灭绝，华南虎也走到了穷途末路，并开始向人类发出最后的怒吼。

在广东徐闻，1949 年以前，该县一度仍然残存有多达 1000 多平方公里的热带雨林，清代大儒屈大均就在《广东新语》中记载，广东"高（州）、雷（州）、廉（江）三郡多虎"。

然而随着徐闻县境内热带雨林的不断消失，老虎与人类的接触也不断密集，根据广东徐闻商会统计，1916—1933 年间，当时徐闻县内平均每年都有 300 多人死于虎口。不仅如此，当时广东徐闻老虎甚至直接闯进县城为害。20 世纪 30 年代，当时广东徐闻县县长陈桐有一次傍晚办事回来，有一只老虎竟然就趴在徐闻县政府门口伸懒腰，由于夜色朦胧，陈桐刚开始还以为是一头牛，一直到走近发现是老虎后，陈桐被吓得急忙从县政府偏门逃入院内躲避。

在这种疯狂的虎患之中，20 世纪 30 年代，广东徐闻宿虎村曾经有几名村童误将一只老虎崽当作野猫崽抱回来喂养，由此导致一大群老虎围攻村庄，村民们回忆说，当时村庄周围全是猛虎此起彼伏的狂啸，具体多少数量村民们也不敢外出清点，后来，村民们将老虎崽放出，群虎才逐渐离去。由于这次遭遇，广东徐闻宿虎村也成为远近闻名的村庄。

而广东徐闻宿虎村在 20 世纪 30 年代的遭遇，正是 1957 年湖南通道群虎围村的先兆。

就在 1957 年湖南通道县高坪村遭遇群虎围村事件前后，从 1952 年至 1962 年 10 年间，湖南全省共有 2000 多人命丧虎口。

实际上，湖南虎患横行，与湖南人口的"大爆炸"也有着密切关系。清朝初期，在经历长期战乱后，湖南人口一度跌至仅 91 万，然而到了道光二十二年（1842），湖南人口已经超过了 2000 万，在大规模的人口扩张和林地开垦背景下，湖南关于"虎群行，食人"的记载开始络绎不绝地出现。

新中国成立初期，鉴于湖南地区虎患横行，官方开始组织打虎队进行打虎。

当时，湖南耒阳地区的虎患最为严重，仅 1952 年，整个耒阳县就有 120 多人被老虎咬死。

也就是在这时候，1952 年 11 月，湖南耒阳县县长杨泽芝开始在耒阳各地到处组织打虎队为民除害，此后，从 1952 年到 1959 年 7 年间，耒阳共打到猛虎 168 只，其中由"打虎王"陈耆芳率领的打虎队，更是打到猛虎 138 只。

此前，在湖南耒阳虎患最为严重的 1952 年，陈耆芳年仅 14 岁的孙子陈青乃被老虎咬杀，从此后，陈耆芳为了报仇，一直带着两个儿子，父子三人一起到处打虎报仇，在最高峰时期，陈耆芳父子三人带着打虎队员，一年猎虎就达到了 40 多只。

到 1957 年年底，由于打虎数量惊人，陈耆芳被特地请去北京，受到了周总理的亲自接见，成为湖南乃至中国当之无愧的"打虎王"。

由于老虎的肆虐，到了 1959 年 2 月，国家林业部（后更名为国家林业和草原局）更是颁发批示，将华南虎划归到与熊、豹、狼同一类的有害动物之列，号召猎人"全力以赴地捕杀"，在历经近 20 年如火如荼的大规模"除害兽运动"后，从 1949 年到 1964 年，15 年间，仅仅湖南地区有公开统计的打虎数量，就达到了 647 只，到 1964 年，由于已经无虎可打，湖南省内最后一支打虎队宣告解散。

而曾经虎患横行的广东徐闻，在 1960 年打死最后一只老虎后，再也未见老虎出没的记载。

根据重庆自然博物馆动物学专家胥执清的统计，在新中国成立初期，当时全国有 4000 多只华南虎，根据公开数据统计，从 1950 年到 1960 年，全国各地至少猎杀了 3000 只老虎，其中绝大多数为华南虎。

到了 1986 年 11 月，湖南安仁县一只华南虎幼虎在被夹子捕获后，因为伤势过重死去，而这，也是国家林业局最后一次接到野生华南虎的报告，此后，国内再也未见野生华南虎出没的官方记录。

至此，自有人类记录以来，就一直在中国大地上驰骋纵横的老虎，随着新疆虎的灭绝和东北虎的败退，以及野生华南虎的消失，逐渐走到了灭绝的边缘，而 1957 年发生在湖南的群虎围村事件，仅仅过去 60 多年，这一切听起来，真真恍如昨日一梦。

历史地理

蜀汉为何一定要北伐？

清初学者顾祖禹在《读史方舆纪要》中说："四川非坐守之地也。以四川而争衡天下，上之足以王，次之足以霸，恃其险而坐守之，则必至于亡。"

在中国历代割据巴蜀的政权中，三国时蜀汉北伐的决心最为强烈，其行动也最为果断。很多人心中都有一个疑问，蜀汉为何执着于北伐？

这一切成败，在冥冥之中早已注定。

1

建安十二年（207），刘备三顾茅庐，与诸葛亮初次见面。人到中年的刘备打着汉室宗亲的名号，20多年来东奔西走，先后依附于公孙瓒、陶谦、曹操、袁绍、刘表，事业屡屡受挫，一直没有自己的一块儿地盘。自从投奔荆州后，刘表表面笑嘻嘻，其实心存猜忌，只给刘备少量军队驻扎于新野，让他看着荆州的北大门。

当刘备向刘表提出，趁曹操率大军北上偷袭许都时，刘表也没有同意，只想龟缩在荆州过太平日子。髀肉复生的刘备，也想艰苦奋斗再创业。在招聘高端人才诸葛亮时，他诚恳地请教道："现在汉室衰微，奸臣当道。我不度德量力，想伸张正义，兴复汉室。只是自己才智短浅，屡遭失败，至今一无所成。然而我的志向并未就此减退，还想干番事业，希望先生为我出主意。"

27岁的诸葛亮结庐隆中多年，静观天下大势，早已胸有成竹。他被刘备的理想打动，愿意出山辅佐，还为其制订了一套完整的建国方略，主要分为四步：一，利用刘备"帝室之胄"的身份，在政治上树立"兴复汉室"的正统旗帜；二，占据荆、益二州为根据地，建立政权；三，对内改善政治（内修政理），对外实行联孙抗曹，"西和诸戎，南抚夷越"的政策；四，积蓄力量，等待时机，从荆州、益州分两路大军北上，夺取天下。

如此，霸业可成，汉室可兴。北伐是全盘计划的最后一步，也是最终目的。这就是"隆中对"，北伐的理想就此铭刻在蜀汉政权的建国大纲中。

2

那么，刘备想北伐吗？

至少在"借"得荆州、夺得益州，实现"跨有荆、益"战略之初，刘备并没有忘记他与诸葛亮的共同理想。他的目的是承袭汉室江山，不是建立割据政权。

建安二十三年（218），刘备已取代刘璋占据益州，他采纳心腹谋士法正的建议，亲自带兵北伐，进军阳平关，与曹操争夺巴蜀通往关中的门户——汉中。这是蜀汉北伐的第一战。

汉中与曹魏控制的关中地区之间，横贯着秦岭，与蜀地是唇亡齿寒的关系，也是屏障蜀地的天险。一旦掌握这一险要地带，只需一大将镇守，就可御敌于外。从汉中北上关中和陇右，是先民利用秦岭河谷地形开辟的五条古道，自东向西分别为：子午道、傥骆道、褒斜道、陈仓道和祁山道。这几条通道，在蜀汉北伐中发挥了关键作用。

汉中争夺战中，刘备与曹操手下大将夏侯渊、张郃对峙一年有余，之后才改变策略，从阳平关南渡沔水，在定军山斩杀夏侯渊，闹得曹军人心惶惶。

次年（219）三月，曹操亲自带兵来救汉中。多年未见的曹、刘在阵前重逢，刘备指着老对手喊话道："曹公虽来，无能为也，我必有汉川矣！"之后派义子刘封出阵挑战。曹操一听怒了，回骂道："卖履舍儿，长使假子拒汝公乎！待呼我黄须来，令击之！"你这卖草鞋的别得意，等我儿子来你就倒霉了。黄须指的是曹操的儿子曹彰，也是曹魏的一员猛将。

汉中之战的结果耐人寻味，曹操认为局势不利，从汉中撤军，退至关中。刘备占据汉中，并在当年七月自称汉中王。

曹操晚年对汉中的态度一直很暧昧，或许，他正为蜀汉埋下一个致命陷阱。

汉中，原本是张鲁的地盘。四年前，在平定马超、韩遂之后，曹操率军走秦岭古道中的陈仓道（又称故道，由山间谷道与河谷组成，是当年韩信暗度陈仓的路线），兵临汉中，招降张鲁。在出兵之前，曹操听别人说，汉中容易攻破，亲自到此地一看，才知秦岭地势险要，不禁感叹："他人商度，少如人意。"

曹操攻克汉中后，与刘备的益州接壤，这对冤家又成了邻居。司马懿与刘晔向曹操建议，不如南下攻蜀，趁刘备根基未稳，把他灭了。曹操却意味深长地说："人苦无足，既得陇右，复欲得蜀。"他将汉中的人口和物资大量迁往关中，留下大将夏侯渊、张郃镇守。汉中的人口、物资，才是张鲁经营多年的成果，可谓汉中的"血肉"。剩下的对以中原为根据地的曹魏而言无足轻重，不过一块"鸡肋"罢了，食之无味，弃之可惜。

正如曹操所言，南郑（汉中盆地西南）堪称"天狱"，通往汉中的"斜谷道为五百里石穴，非用武之地"。在崇山峻岭的环绕下，汉中就像一个天然的牢狱，虽然易守难攻，但蜀军若对魏用兵，也会因秦岭的险峻而备受阻碍，造成粮草不继、交通阻塞。刘备夺取汉中，曹操退守关中，表面上是蜀汉得以凭借天险屏障与曹魏抗衡，曹魏防线大范围收缩到长安、陈仓一带，吃了大亏。实际上，曹操改变战略后，蜀汉的地理优势已经悄然转化为劣势，只能独自承担"守战之力，力役参倍"的压力。

秦岭天险对蜀汉就像一把双刃剑，此后诸葛亮、姜维连年北伐，进军陇右、关中，企图突破曹魏的防线，却只能在秦岭山麓南北疲于奔命。直到蜀汉灭亡，蜀军都未能突破曹操设下的防线。其中也不乏魏延这样的冒险家，提出过子午谷奇谋（以一支轻兵走子午道偷袭长安，与走褒斜道的蜀汉大军会合）的军事计划，可惜未能实施。

汉中之战后，蜀汉局势发生天翻地覆的变化，镇守荆州的关羽孤军北伐，不幸大意失荆州，兵败身死。这一变故，让刘备与孙权撕破脸，忘记了创业理念，甚至与诸葛亮的计划背道而驰，一时将东征放在优先地位。

章武元年（221），在称帝仅三个月后，刘备弃北伐大业于不顾，几乎举全国之力讨伐孙吴。即便以赵云为代表的老部下苦劝道："国贼是曹操，非孙权也，且先灭魏，则吴自服。"刘备仍一意孤行，最终兵败夷陵，郁郁而终，临终托孤于丞相诸葛亮。北伐的接力棒，传到了诸葛亮手中。

3

后主刘禅即位，诸葛亮受托辅政，此时，《隆中对》中的北伐战略已经全乱套了。如今荆州已失，两路大军北伐沦为空谈。现实更残酷，夷陵之战蜀军大败而归后，外有魏、吴兵力强盛，刘备撒手人寰后，内有各方势力蠢蠢欲动。后来诸葛亮北伐，《出师表》开头一句就说："先帝创业未半而中道崩殂，今天下三分，益州疲弊，此诚危急存亡之秋也。"

在这样一个生死存亡的紧要关头，蜀汉应不应该北伐？诸葛亮的答案是，必须的。

后刘备时代的蜀汉北伐，既是因为外患，也是出于内忧。蜀汉政权内部，始终有三支不同的政治力量相互制约：益州集团，即益州本土士族；东州集团，即刘焉、刘璋父子统治益州时的旧部，多为外籍士人；荆州集团，即随刘备入川的文臣武将。

自刘焉入川到蜀汉灭亡，蜀地主客之争不止，内部冲突不断，其中的益州集团尤为憎恨蜀汉政权，甚至在曹魏伐蜀时甘当投降派。

早在东汉末年，兵革满道，百姓颠沛流离，南阳、三辅数万户流民以及各地士人纷纷涌入益州。在刘备之前割据益州的刘焉、刘璋父子招揽大批外籍士人，并征发外地流民为兵，号称"东州兵"。刘焉入川后，曾为树立威信找借口一次就杀了益州豪强10余人，引起当地士民怨恨。

到了刘璋统治时期，东州兵多次与当地人发生冲突，甚至引发暴乱，本土"旧士颇有离怨"。规模最大的一次，益州人、中郎将赵韪本来被刘璋派去安抚东州兵暴动，却趁机联络益州豪门大族，向刘璋的军队发起反攻，蜀郡、广汉、犍为等地郡守群起响应。刘璋躲在成都城中不敢出来，东州兵为了保住自身性命，才为他与益州本土的叛军死战，最终平息这场叛乱。

诸葛亮在隆中对刘备说"刘璋暗弱"，说的就是他未能解决益州主客矛盾。

刘备入川后，"荆、楚群士从之如云"，其创业团队荆州系执掌大权，蜀汉内部形成三足鼎立之势。为了缓和主客矛盾，刘备积极起用刘璋旧部和益州士人，诸葛亮和法正、刘巴等人制定《蜀科》，统一政令，整顿吏治。刘备还纳刘璋旧将吴懿的妹妹吴氏为夫人，后来更是立她为皇后。这位吴夫人是个寡妇，第一任丈夫是刘焉第三子刘瑁。刘备娶吴氏为妻，跟他与孙吴联姻有异曲同工之妙。

刘备死后，诸葛亮深知内部三大势力的明争暗斗，丝毫不逊色于外部魏蜀吴的战争，为此采取了一些软硬兼施的措施。

益州士人的代表彭羕，为人狂妄自大，早在刘璋据益州时就是一个不安定分子。诸葛亮曾向刘备进言："彭羕心大志广，难保他做出什么事来。"彭羕因此遭到贬谪，他还辱骂刘备，甚至想煽动马超起兵叛乱。马超得知后大惊，将此事上告朝廷，于是彭羕被下狱处死。

东州集团的代表来敏，一向喜好议论朝政，在诸葛亮北伐时大肆宣传不正当言论，造成朝廷上下人心纷乱。诸葛亮迅速将来敏罢免，指责他诽谤朝廷，还说："敏乱群，过于孔文举！"孔融当年怎么死的？就是因为太爱说话触怒了曹操。

荆州集团的代表廖立，因不受重用而郁郁寡欢，整天责骂诸葛亮任用的官吏都是平庸之辈。他有时连刘备和关羽都骂，说刘备东征孙吴是白白劳累将士，关羽带兵无方，白白丢失一方土地，死后连骨头都收不回来。诸葛亮得知后，对荆州系的老同志一视同仁，将廖立削职为民，贬到汶山郡耕田。

如果仅仅靠诸葛亮的人格魅力缓和内部矛盾，肯定远远不够。只有在"北定中原，兴复汉室"这一共同目标下，蜀汉才能从三大势力冲突的内部矛盾转移到魏蜀战争的外部矛盾。

正是处于危急存亡之秋，内外交困之下，蜀汉才更要以攻为守。

4

诸葛亮为北伐做了充分准备。他重视发展生产，主张"务农殖谷，闭关息民"，实行盐铁官营，大力发展蜀锦贸易。三国时期，无论战况如何紧急，蜀锦一直远销魏、吴两国，成为蜀汉贸易战中不可或缺的一环，贡献了大量 GDP 和军费。孔明自己说："今民贫国虚，决敌之资，唯仰锦耳。"至今，四川省境内还有不少诸葛亮执政时进行农业生产的遗址，如成都市西北的九里长堤"诸葛堤"，相传就是孔明为防洪所修。

为维持边疆稳定，诸葛亮采用马谡"攻心为上，攻城为下"的策略平定南中，安抚夷越，让蜀军北进中原时无后顾之忧。

吴人张俨在《述佐篇》中称赞道："孔明起巴蜀之地，蹈一州之土，方之大国，其战士人民盖有九分之一也，而以贡赞大吴，抗对北敌，至使耕战有伍，刑法整齐，提步卒数万，长驱祁山，慨然有饮马河、洛之志。"

可是，无论诸葛亮如何巩固内部、积聚力量，蜀汉与曹魏的国力对比相差依旧悬殊。蜀汉是三国中最弱小的一国，占据西南一隅，仅有一州之地。据统计，后主刘禅统治末期，蜀汉的官方登记户口共有 28 万户，人口 94 万，军队却有 10 万，官吏则是 4 万。大概 9 个人就要养一个兵，7 户人就要养一个官。蜀汉人民表示，压力真大。

相比之下，魏国在三国中势力最大，疆域最广，统辖有豫、兖、青、徐、凉、雍、冀、幽等 12 州，其中凉州还兼管西域的广大地区（今甘肃西部、新疆一带），在籍人口总共约为 440 万。

从争夺资源的角度来看，蜀汉北伐既可以扩大疆土，也可以抢夺人口。

蜀汉迁移人口的事例可不少。甚至小说《三国演义》中渲染得感人至深的携民渡江，其实也有刘备舍不得那 10 万人口落入敌手，才劝说老百姓一块儿逃跑的嫌疑。曹操更狠，派兵追杀到当阳，宁可错杀一千，也不愿他们被刘备夺去。

建安二十三年（218），刘备出兵夺取汉中，为推行隆中对"西和诸戎"的策略，派人招抚武都氐民。曹操担心氐民为刘备所用，命雍州刺史张既以武力强行迁徙陇右的氐民 5 万余户到京兆、扶风一带，又命武都太守杨阜迁徙氐、汉各族百姓万余户到长安以西地区。等到刘备大军入境，发现当地的氐、汉民户差不多都已被曹操迁走。

诸葛亮北伐时，一有机会也会抢夺人口回国。蜀汉建兴六年（228），蜀军出兵北伐，在西城（今甘肃天水西南）为魏军所败，诸葛亮"拔西县民千余家，还于汉中"。后来姜维北伐，也还是相同的套路。延熙十七年（254），姜维击破魏将徐质后，"拔河关（今青海尖扎南）、狄道（今甘肃临洮）、临洮（今甘肃岷县）三县民还"，安置于"绵竹及繁"（今四川西北）。

蜀汉不仅存在人口危机，还逐渐暴露人才奇缺的问题。

三国鼎立之势形成后，东汉末年南来北往的人才流动已断绝，蜀汉偏居一隅，人口少，地理环境闭塞，自然会出现"小国贤才少""蜀兵轻锐，良将少"的局面。前、后《出师表》相传写作时间仅隔一年多，从中可以感受到诸葛亮对蜀汉人才凋零的忧虑。他在《后出师表》中心痛地写下这句："自臣到汉中，中间期年耳，然丧赵云、阳群、马玉、阎芝、丁立、白寿、刘郃、邓铜等及曲长屯将七十余人。"短短一年间，赵云等 70 余名老将先后去世，蜀军后继乏人。民间也有一句话，"蜀中无大将，廖化作先锋"。

为此，《三国志》作者陈寿认为诸葛亮坚持北伐，还有一个原因是"又自以为无身之日，则未有能蹈涉中原、抗衡上国者，是以用兵不戢，屡耀其武"。以诸葛亮的才智，他当然知道蜀汉国力有限，北伐不过是以弱示强，也知道其继任者蒋琬、费祎等人都不如自己，难以接过进军中原、对抗大国的大任。诸葛亮等不起，蜀汉更等不起，与其坐以待毙，不如放手一搏。诸葛亮执政后，五次北伐曹魏，属防守性的仅一次，其余全为主动进攻。他为北伐耗尽了最后的生命，直至病逝于五丈原。

5

蜀汉建兴六年（228），诸葛亮第一次北伐，因错用马谡酿成街亭之败，甚至上演"挥泪斩马谡"的悲剧。在马谡之后，诸葛亮有意培养新的将帅人才，而这一人选就是姜维。

姜维是天水冀城（今甘肃甘谷）人，本仕宦于魏，因其父战死沙场，立有军功，年少的姜维被天水太守马遵提拔为中郎，参与本郡军事。诸葛亮北伐时，马遵怀疑姜维有异心，使这个前途光明的青年才俊被迫投降蜀汉。千里马常有而伯乐不常有，诸葛亮对姜维颇为器重，将其带在身边，多次随军北伐。姜维时年27岁，与诸葛亮出山时年纪相仿，也有着相似的孤苦童年。他成为诸葛亮军事上的继承者，在孔明逝世后接过北伐大旗，执掌蜀汉前线战事近30年。

无论是当时以蜀国益州集团为首的投降派，还是后世史家，大多强烈谴责姜维北伐，甚至认为他穷兵黩武，终致"国被覆灭之祸"。

可我们真的了解姜维的北伐吗？姜维九伐中原，是蜀汉北伐的最后一搏，其中主动伐魏多达11次，取得大胜1次，小胜3次，相拒不克5次，大败1次，小败1次：

第一次，238年，姜维西取陇右，"与魏将相拒南安"；

第二次，244年，姜维部将王平袭击魏大将军曹爽，曹爽"争险苦战，失亡甚众"；

第三次，246年，姜维出陇西，与魏将郭淮、夏侯霸大战于洮西，"克之"；

第四次，249年，姜维遣廖化进取洮城，"不克而还"；

第五次，250年，姜维诱以羌胡为羽翼，又与郭淮大战于洮西，"不克而还"；

第六次，253年，姜维亲率数万蜀军大举伐魏，"粮尽退还"；

第七次，254年，姜维大破魏将徐质，"拔河关、狄道、临洮三县民还"；

第八次，255年，姜维出兵包围狄道，魏将陈泰带兵解围；

第九次，256年，姜维与魏将邓艾大战于段谷，因蜀将胡济援军失期不至，为邓艾所破，蜀军"死伤甚众"；

第十次，257年，姜维乘魏将诸葛诞反于淮南，出兵响应，"闻诞破败，乃还成都"；

第十一次，262年，姜维"与邓艾相拒，兵败，还住沓中"。

11次北伐，姜维率领蜀汉将士锲而不舍，将诸葛亮5次北伐时沿秦岭西县和子午谷一线的战线，推进到了西县以北金城和渭水南岸的芒水一线，总的战绩胜多败少，伤亡人数也都是魏多于蜀。姜维从未愧对诸葛亮的知遇之恩，从未愧对蜀汉。他一生廉洁奉公，没有搜刮宅舍钱财，也从不好声乐之娱，平时的工资只用于日常的衣食住行，"清素俭约，自一时之仪表"。他为减轻蜀汉人民的负担，身体力行，给北伐省下军费，还大规模开辟屯田，供养前线将士。

有人说，建立一个国家靠的不是梦想，它最终总要诉诸血和铁。

如果没有北伐，蜀汉与历代诸多四川割据政权一样，怀着侥幸的盆地心态，偏安一隅，不思进取，未必能坚持到邓艾偷渡阴平、兵临成都的那一天。

那些反对姜维的人，为蜀汉做了什么？姜维北伐时，光禄大夫谯周作《仇国论》，宣传反战言论，认为姜维之举不识时务，经过多次北伐，"夫民疲劳，则骚扰之兆生，上慢下暴，则瓦解之形起"。

谯周是蜀地大儒，巴西西充人，典型的益州集团代表。他和蜀郡成都人杜琼、巴西阆中人周舒等清一色的益州士人，坚决地反对北伐，四处散布蜀汉必亡的言论。益州士族自从刘焉父子入川后，就被迫靠边站，先后受制于东州集团和荆州集团，仕途上只能听从外地人调遣，心中早已不满。曹魏实行的九品中正制，是以当地士族为主导的选官制度，自然更符合益州集团的阶级利益。益州集团，成了蜀汉的"带路党"。

文化人搞事情就是高明，谯周等人编造谶语，用刘备和刘禅的名字大做文章。

先帝叫什么名字？备嘛，意思是足够了。

刘禅的"禅"又是什么意思？不就是让出去嘛。蜀汉凭什么和曹魏斗，还是早早投降吧。

景耀六年（263），魏将邓艾率军突袭成都。刘禅原本还想逃亡东吴，谯周却力排众议，劝他向曹魏投降。谯周对刘禅说，到了吴国咱也只能称臣，既然称臣不如就挑个大国，魏国迟早会吞并吴国，投降魏国肯定比逃奔吴国明智。刘禅听罢，放弃抵抗，开城投降，蜀汉灭亡。

蜀汉亡国后，前线的蜀军将士难掩心中愤怒，每个人都拿起手中的刀剑劈砍石头。他们的统帅姜维更是不甘失败，他企图诈降曹魏，策反钟会，可惜计谋未成，为魏军所杀。史书载，姜维死后，魏军将士剖开他的尸体，见其胆如斗大。

北伐之梦，就此消逝在巴山蜀水之间，徒留一曲英雄悲歌。

得淮河者，为何能得天下？

赤壁之战后4年，公元212年，曹操跟孙权又在濡须口杠上了。

濡须口，地处长江以北、淮河以南的今安徽含山县与无为县之间。为了攻克这个小小的地域，魏国从212至252年，历时40年，先后4次发动濡须之战，最终却在这里惨败而归。

就在公元212年的第一次濡须之战失败后，曹操感慨地说："生子当如孙仲谋，刘表的儿子跟孙权相比，真是跟猪狗一样啊！"

在两军对峙一个多月后，孙权给曹操写信说："春水方生，公宜速去。"意思是说春天来了，江水渐涨利于水攻，你要懂得军事形势。然后孙权又附上一张小字条说："足下不死，孤不得安。"

占不到便宜的曹操，无奈下拿着信件跟各位将领说："孙权不欺孤也。"于是主动撤军。

然而，魏国并不死心，此后一直对濡须口发起冲击，一直到公元252年司马师、司马昭兄弟掌权时代，魏国军队又在濡须口大败。遭遇惨败的司马昭甚至为此"坐失侯"。对于魏国来说，濡须口，是个继赤壁之后的伤心地。

在魏国看来，濡须口地处长江以北、淮河以南的江淮流域，而要击败孙吴，就必须彻底控制淮河流域，争夺进入长江流域的主动权。

而对于孙吴来说，长江流域是老孙家的经济命脉，如果持续在此发生大战，必将对孙吴政权的经济基础造成重大破坏，因此最好的战争策略，就是拒敌于江北的淮河流域，为吴国提供战略纵深，避免破坏江南之地。

中国历史上著名的战争方略"守江必守淮"，正是从三国时代老孙家开始的。

1

作为中国七大河之一，淮河介于长江与黄河之间，在古代与长江、黄河和济水并称"四渎"，其发源于河南南阳的桐柏山河谷，流经河南、安徽、江苏三省，全长1000公里；而支流纵横交错的淮河流域更是跨越河南、湖北、安徽、江苏和山东五省，流域面积达27万平方公里。

实际上，作为中国南北战争的分界线，这个地点并非在长江流域，而是在长江以北的淮河及其流域。

中国历史进入三国时代以后，魏蜀吴三国的战争围绕着秦岭、长江一线展开，在魏蜀之间，战争的分界线主要是秦岭地区，而魏吴之间，战争的分界线看似在长江，但双方真正的争夺指向，其实明确为长江以北的淮河流域。

对于孙吴政权来说，以孙权为首的东吴君臣，很早就看出了"南得淮则足以拒北，北得淮则南不可复保"的道理，因此就在公元208年赤壁之战后，为了争夺淮河流域的中正之地合肥，孙权发起了第一次合肥之战，最终却被曹魏打得灰头土脸。

在215年第二次合肥之战中，曹操手下大将张辽甚至以八百步兵大破孙权十万大军，打得当时东吴老百姓每次吓唬哭喊小孩，都说"张辽来了"，小孩立马就不哭了。

此后一直到253年，孙吴政权历时45年前后发起了五次合肥之战，而跟四次濡须之战相反，东吴的五次合肥之战却以惨败告终。

当时，魏吴两国长期在淮河一带相持，互有胜负，对此魏国名将邓艾（就是后来率兵进入成都，攻灭蜀汉的邓艾）向司马懿献出高招说，魏国与东吴连年征战，而战线基本僵持在淮河一带，但战事要持续，粮食运输和土地耕耘是基础，因此他建议在淮河南北进行大规模的军事屯垦，最终灌溉农田2万多顷，使得淮河流域成为曹魏进攻东吴的先锋阵地，为西晋灭亡东吴奠定了经济与军事基础。

而将淮河流域彻底视为战场、没有进行开发利用的东吴政权，则在公元280年最终为西晋所灭。

在淮河流域争夺战中，作为曹魏的继承者，司马家族笑到了最后。

2

作为与秦岭并列的中国南北分界线，淮河流域北部与黄河连为一体，南部则与长江连为一体，因此无论是黄河还是长江政权，都将淮河视为本流域的自然延伸部分，也因此，秦岭淮河流域不仅成为中国南北地理分界线，而且更是成为中国南北军事、政治分界线。

与东吴政权因为失去淮河流域导致亡国不同的是，东晋以及后继的南朝刘宋、萧齐、萧梁各国，则因为夺得了淮河流域的主动权，而得以与北方实现了持续200多年的对峙，甚至时不时在战争中获得主动权。

对于北方政权来说，从北方南下，秦岭险峻并不是最佳选择，因此淮河就成了必选之地。东晋太元八年（383），已经统一北方的前秦皇帝苻坚挥兵南征，当时，前秦从淮河西部到东部，前后共部署112万大军南下，随后在淮河流域历史上争夺最为激烈的寿阳（也称寿春、寿县），东晋与前秦爆发了淝水之战。

从两淮流域的防御体系来看，两淮战场可以分为淮东和淮西，其中淮东根本在扬州，它以淮安、盱眙为门户。淮西根本则在合肥，其中凤阳、寿县是藩屏。

当时，沿着淮河流域东进的前秦大军，首要的攻击地很自然地指向了淮西的藩屏寿阳，而根据统计，截至公元1600年，中国历史上发生过30次以上战役的地方除了长安、洛阳和南京，寿阳排行第四，合肥第五，湖北襄阳第六，甘肃临夏第七，江苏徐州第八，河南开封和南阳分列第九和第十。

由此也可见，作为淮河流域重镇，在今天看起来似乎名不见经传的寿阳，在古代战争史上的地位之重要。

面对前秦大军，吸取了东吴亡国教训，已经在淮河流域耕耘多年的东晋政权，最终依靠在淮河流域训练成军的8万"北府兵"大破前秦的百万大军。此后东晋趁机北伐，直接将国界推进到了黄河以南，从而为此后长期的南北对峙奠定了基础。

淝水之战后20年，依靠着淮河流域的精兵北府兵，刘裕甚至一度收复洛阳和长安，率兵攻灭南燕、后秦，兵锋一度进入山东等地，达到了南朝时期的军事巅峰，而这一切的基础，都是建立在淝水之战后，南方政权控制、经营淮河流域的基础上。

然而到了刘宋后期，公元436年，宋文帝刘义隆由于猜疑，诛杀了北府兵最后一位名将檀道济，临死前，檀道济愤怒大喊说："汝乃自毁万里长城也！"

檀道济死后，北魏君臣立马额手称庆说："道济已死，吴子辈不足复惮。"

此后，淮河流域的屏障北府兵逐渐瓦解，檀道济死后15年，刘宋元嘉二十七年（450），北魏大军甚至进攻到了与建康（今江苏南京）隔江相对的瓜步，对此，宋文帝刘义隆登上石头城北望感慨地说："如果檀道济还在，怎么会到这个地步！"

而失去了淮河流域主动权的南朝各国，从此步步进入守势。

南朝梁武帝时期，梁武帝为了夺回淮河重镇寿阳，甚至耗费两年时间在淮河修筑了一道拦河大坝，并于公元516年扒开大坝水淹寿阳城。结果，由于北魏军民提前转移，这次水淹寿阳不仅没有伤害到北魏军，反而使得梁朝好不容易夺回的淮南地区，"缘淮城戍村落十余万口皆漂入海"。由于淮河被人为决堤，使得淮河流域的10多万人被洪水冲走，造成了一出人间惨剧。

到了梁武帝后期的公元548年，东魏叛将侯景从寿阳起兵南下，一年后攻占梁朝首都建康，梁武帝被活活饿死。侯景之乱后，梁朝在长江以北的淮南领土几乎全部沦丧，此后，失去淮河流域屏障、代梁建立的陈朝成为南朝四国（宋、齐、梁、陈）中领土最少、实力最弱的朝代。

而在北方夺取淮河流域、奠定北强南弱的局势后，陈朝最终如东吴一般，走上了覆灭的道路，被代北周而立的隋朝灭亡。

3

对于中国古代南北方政权来说，在作为各自政治中心的黄河流域和长江流域决战，都不是理想之地，也因此，相对远离核心区的淮河流域，就成了南北争战的主战场。

也因此，所谓"守江必守淮""南得淮则足以拒北，北得淮则南不可复保"成为历代南北政权的至高战略。

唐朝安史之乱后，江淮流域各地藩镇割据，断绝了江淮流域的财赋贡献，使得长安政权岌岌可危，其中作为淮西节度使的吴少诚家族更是割据淮西长达30年。

在此情况下，唐宪宗元和十二年（817），唐朝名将李愬最终在大雪之夜奇袭淮西重镇蔡州，并俘虏了当时的淮西节度使吴元济，结束了淮河流域长达30多年的割据。

在打通连接江南地区的淮河流域后，此后两年，唐宪宗东征西讨，一度结束了唐朝自安史之乱后出现的藩镇割据局面，使得唐朝出现了"元和中兴"的有利局面。

但唐宪宗之后，各路藩镇再度复兴，到了唐朝末年的公元897年，控制淮河流域的杨行密与控制中央朝政的朱温为了争夺淮河流域，又爆发了清口之战，最终朱温战败，此后，一直到后周世宗以前，中原地区都无法再控制江淮流域和东南地区。

而被称为小型淝水之战的清口之战，最终也成为奠定五代十国四分五裂局面的重要战役，因为当中央政权无力控制淮河流域时，国家也不可避免地走向了分裂。

4

鉴于淮河流域的战略地位，因此如何从外围突破，进而夺得淮河流域，然后再南下南京或杭州，就成了古代北方政权南征的重要策略。

此前在公元383年的淝水之战中，前秦就是先夺取了淮河流域周边的襄阳，然后从襄阳东进寿阳争夺淮河流域，所幸的是东晋最终在淝水之战中大败前秦，致使前秦的淮河战略土崩瓦解。

但历史总在不断重复，就在公元1234年击灭金朝后，蒙古人就打起了跟前秦一样的主意，希望借由襄阳东进淮河流域。公元1234年，稀里糊涂的南宋与蒙古联合攻灭金国，在消灭障碍金国后，蒙古人频繁南下，对作为汉水重镇和淮河流域屏障的襄阳发起了持续长达38年之久的攻城战。

由于荆襄地区守卫森严，其间蒙古人一度希望能从四川入手，然后再溯长江而下进攻南宋，然而1259年，蒙古大汗蒙哥在围攻四川钓鱼城时兵败殒命，此后，蒙古人最终改变策略，到了忽必烈时期，南宋降将刘整向忽必烈进献了攻灭南宋的战略："先攻襄阳，撤其捍蔽！""无襄则无淮，无淮则江南唾手可下也。"

作为南宋名将孟珙的老部下，刘整深谙南宋的命脉之所在，而随着刘整的叛逃献计，驰骋亚欧大陆，但在此前20多年攻宋战争中却始终找不到北的蒙古人，才终于建立了攻灭南宋的至高战略。

此后，宋元战争进入了新阶段，忽必烈则耐心布局，最终历时6年，终于在南宋咸淳九年（1273）攻下与襄阳一江之隔的樊城，迫使襄阳守将吕文焕力竭降元。

襄阳失守后3年，蒙古军又顺着江淮流域步步推进，最终于1276年攻占临安，又3年后，随着南宋最后的十万军民在1279年的崖山之战中失败，不甘屈服的陆秀夫最终背着宋帝昺在广东江门海域跳海自尽，至此，南宋最终灭亡。

追究这场持续了整整45年的宋蒙战争（1235—1279）的核心转折点，就在于忽必烈采纳了南宋叛将刘整提出的"取荆襄、夺淮河"战略，失去了淮河流域屏障的南宋，最终彻底覆灭于崖山的怒海波涛之中。

　　到了明朝末年，随着清兵的入关南下，希望为南明政权振兴天下的大儒顾炎武，在详细考察了立足于东南的孙吴、东晋、宋、齐、梁、陈、南唐、南宋 8 代政权的成败兴亡后，提出了"厚荆襄""阻两淮"的东南立国之本，然而，随着南明政权的最终溃败，顾炎武的战略构想也随之付诸东流。

　　历史最终以无数的兴亡成败，验证了淮河流域在中国南北方军事战争中的至高地位。所谓"得淮河者得天下"，历史诚不我欺。

一路向南：两宋大移民真相

或许是深秋时候，南岭以北，已经颇为寒冷。

古老的驿道上，人群嘈嘈杂杂。沿途的松树和梅树，数百年来，几乎没有见过这么拥挤而慌乱的过客。他们中间，有官员，有读书人，有富商，有士兵，有农民，甚至有皇族成员……大多数人，经过长途跋涉，衣衫破旧。

在这场不舍昼夜、一路向南的狼狈奔亡中，一切关于身份与阶层的界限，通通消弭于无形。此刻，他们有且仅有一个共同标签：逃亡者。

这是兵荒马乱的年代，素来安土重迁的中国人，开始了一次次逃亡之旅。他们肩负个体生存、家族传承，甚至文化使命。活下去，家族、国家与历史就都有希望。

终于跨过梅关，来到大庾岭之南。整个世界，突然平静下来，连气温都升高了不少，五岭阻隔，冷风不再直灌进来。刚刚提心吊胆、大气不敢出的人群，凝重的脸上，有了些许的放松。往南再走十几二十公里路，就是南雄珠玑巷——对于逃亡的人群来说，心中没有最终的目的地，从北往南，邂逅的岭南第一个有烟火气的地方，就是最好的歇脚与停留的地方。

这种大规模的人口流动，举族迁徙，在公元1120年至1360年的200多年间，以王朝更替为大背景，总共出现了三四次。而这200多年间南方大移民的最终结果，是彻底重塑了岭南地区，尤其是珠三角一带的族群构成。

如今，遍布海内外的广府人中，有七成自称是南雄珠玑巷移民后裔。由于统计口径不一，珠玑巷移民后裔的人数，有7000万人、4000万人以及数千万人等不同说法。但精确的数字并不重要，珠玑巷已实实在在成为广府人寻根问祖的发祥之地。你在珠三角任何一座城市，每问及10个广府人，就有七八个会告诉你，他（她）的祖上正是来自珠玑巷。

七八百年前，那一次次惊险万分的南迁移民潮，每一个沉重的步伐，踩在空旷的古驿道上，留下历史的回声，多么像是在呼应数百年后千万子孙的寻根之旅。

1

由于五岭阻隔，整个岭南在明清以前，属于王化可及、文化难及的地区。虽然同处一个统一王朝，但中央政府的控制力和教化能力，在两广地区时常要大打折扣。

唐朝开元四年（716），从岭南韶州曲江走出来、逆袭成为宰相的张九龄，说服唐玄宗开凿一条沟通南岭内外的驿道。事关家乡打破交通盲区、拥抱中原水陆网络，张九龄本人十分重视，亲自勘察，并率领民众在大庾岭上凿出一个大山坳，又分别沿南北修筑了一条宽 1 丈、长 10 多公里的岭道。

这条岭道建成后，在长达 1200 年的历史里，一直是岭南连接中原的黄金要道。通过这条岭道，跨越梅关，北上入江西，可抵赣江而达长江，南下入广东，可顺浈水、北江而接珠江。因此，张九龄开凿大庾岭的功绩，千百年来都让岭南人铭记于心。直到民国年间粤汉铁路通车，这条出岭南的黄金要道才衰落下来。

任何时代，占据交通优势的地方总能先发展起来。梅关驿道开通后，位于粤北的今韶关地区，因为地理优势得中原风气之先，成为岭南最早开化的地方。到北宋初年，南雄州（今广东南雄）已是南北商贸中心，地处梅关驿道上的珠玑巷，则是这个中心最繁华的重镇，时人形容说是"商贾如云，货物如雨，万足践履，冬无寒土"。

北宋绍圣元年（1094），苏东坡被贬岭南，从虔州（今江西赣州）过梅关，抵达珠玑巷，曾小住龙泉寺，并写下《过大庾岭》一诗：

> 一念失垢污，身心洞清净。
> 浩然天地间，惟我独也正。
> 今日岭上行，身世永相忘。
> 仙人抚我顶，结发授长生。

大家注意到没有，唐宋时期及以前，朝廷贬谪官员，最喜欢贬到岭南，但到了明清，最喜欢贬到西南。这说明经历过两宋的开发，到明代以后，岭南地区已不再是当初那个蛮荒和瘴疬之地，作为惩罚性的贬官，皇帝只能把受罚官员贬往条件依然艰苦的大西南去了。

而岭南尤其是珠三角地区的发展，肇始于两宋时期的大移民浪潮。

第一次是北宋末年。靖康之变后，中原大乱，继位的宋高宗赵构南逃，一大批汉族士人、平民跟着大规模南迁至太湖流域。然而，金兵穷追不舍，兵锋从两浙打到江西南昌，迫使南迁的汉族士民进一步南逃，直至翻越大庾岭，跨梅关，而进入广东。

另一批汉族士民则随隆祐太后南下。史书记载，南宋建炎三年（1129），隆祐太后率大批士民沿赣江一路南下，从洪州（今江西南昌），到吉安，再到虔州（今江西赣州）。这些人里面，护卫太后的将士，起初有万人规模，但沿途溃散、逃走，抵达虔州时已剩下不满百人。一年后，隆祐太后自虔州回临安（今浙江杭州），宋高宗下诏令说"官吏士民家属南去者，有司无禁"。意思是，官方不要阻止大家南逃，随他们去吧。

这样，两拨南下的流民、将士，拥挤在大庾岭驿道上。过了梅关，终于缓过气来，暂时寄寓南雄。南宋史学家李心传在《建炎以来系年要录》中，写出了这一段史实："时中原士大夫避难者多在岭南。"

第二次是南宋末年。从金兵灭北宋，到元兵灭南宋，仅仅过了150年，中原汉人又要经受一次大规模的颠沛流离。都城临安陷落后，由陆秀夫、张世杰先后拥立的两任南宋小皇帝，组成小朝廷，转战于东南沿海。据估计，1276年，南宋小朝廷尚有江淮兵1万，诸路民兵20万，正规军17万，到1279年崖山之战，南宋还有兵民20余万。这些人，除战死外，大多逃匿在闽粤两省，尤其是珠三角一带（比如东莞、新会、番禺）最多。

与此同时，1276年，元将吕师夔攻陷了广东人口密度最大的粤北南雄、韶州，南宋守将曾逢龙、熊飞先后战死。这就迫使北宋末年及后来移居南雄的中原士民，顺着北江南下，二次迁徙到了珠三角地区。

经过这两次乱世大移民，广东的人口结构发生显著变化，珠三角人口密度超越了传统的人口密集区粤北地区。统计数据显示，珠玑巷所在的南雄州保昌、始兴二县，人口从北宋元丰年间（1078—1085）的2万余户，锐减到元朝至元十五年（1278）的1万余户，也就是说，200年时间人口减半。要知道，这中间还有北宋末年大批中原士民迁入粤北作为填充，不然南雄剩下的人口会更少。与之相反，珠三角的人口在宋元时期大飙升，以每平方公里平均人口计算，唐代是1.2户，宋代上升至4.8户，元代再升至 6.0 户。也就是说，宋代珠三角人口比唐代增加了 3 倍，元代又比宋代增加了将近 30%。

这些冰冷的数字背后，隐藏着两宋时期一段段辗转奔波的个人、家族与民族痛史。战争与朝代更替，看似离我们如此之远，但每一个人只要有心思翻开自家的族谱，就会发现，它曾经如此深刻地影响着我们的家族和祖先的选择。

2

以上所讲述的，是历史上真实的南雄珠玑巷移民过程。但我们会发现，无论是在这些移民后裔的口头讲述中，还是在族谱记载上，都很少提及大历史背景下的移民真相。相反地，他们会记载和讲述一段夹带浪漫与艰辛的移民传说。

这个传说版本各异，但主要情节基本相似：南宋末年（有的写作南宋初年），苏妃（有的族谱写作胡妃）因言行不慎得罪皇帝，继而私逃出宫，隐瞒身份，遇到南雄富商黄贮万，许以终身，并跟随黄贮万回到南雄保昌县定居。在遭人上告，苏妃逃亡之事败露后，朝廷兵部官员担心皇帝追究，就谎称民间有人作乱，决定将黄贮万的老家保昌县牛田坊一带彻底平毁，以消除苏妃的踪迹。兵部关于在牛田坊建寨驻军的公文下达后，当地官员赶紧命令百姓迁走。在集体南迁的人潮中，由当地士人罗贵组织的一支 33 姓 97 户人家的队伍最为出名。罗贵号召大家商议南迁路线，并认为"南方烟瘴地面，田野宽平，及无势恶把持之处，众相开辟基址，共结婚姻，朝夕相见，仍如今日之故乡也"，遂以竹结筏，沿北江顺流南下，迁到珠三角各地。

根据有关族谱记载，此次南迁的规模：罗贵一家，有男丁 6 人、女丁 1 人、男仆 5 人、女仆 3 人，共 15 口人；麦秀一家，有兄弟 5 人，家属共达 200 余人；冯元昌一家，有兄弟 7 人，家属人数不详……可以想象，这 97 家南迁的人口达数千人。而此次南雄居民南下珠三角的总规模，数以万计。

这个传说，尤其是罗贵等 97 家被迫南迁的缘由——苏妃流落被揭发，导致兵部要平毁南雄保昌县——已被历史学者证明是荒诞无稽的"传说"，没有史实根据。但是，以苏妃落难为核心的珠玑巷移民传说，从明朝开始就广泛流传，成为珠玑巷移民后裔的共同记忆。这究竟是怎么回事呢？

传说的内容本身是虚构的，但它反映的历史背景是真实的。历史学者曾祥委在《关于南雄珠玑巷移民故事的研究》一文中，指出这个传说的出现，一定是当时移民珠三角的人群需要隐瞒身份而编造出来的。

根据曾祥委的考证和推测，罗贵等 97 家集体南迁，他们的真实身份可能是一支战败的小部队，比如南雄守将熊飞或者南宋流亡小朝廷名将张世杰的部属，在抗元战争失败后，藏匿起来。进入元朝后，这些藏匿者为了获得户籍，根据当年从南雄顺北江漂流入珠三角各地的实际经历，编造了苏妃落难的故事来"洗白"自己的身份，以证明他们原本是被迫的合法移民。这个故事一经产生，就很受欢迎，因为南宋末年南迁珠三角的大量军民、勤王义民，都需要这种故事来掩藏自己当年抗元的真实身份。珠玑巷移民故事，由此得到第一轮传播，并逐渐深入人心。

到了明朝，这个故事又有了新的用途而被重新派上用场。明朝立国后，汉民族的民族意识在历史上达到一个空前的高度，朱元璋曾在北伐檄文中提出"驱除胡虏"的口号。但明朝中叶以后，是广东民族问题最为复杂的时代。历史上，虽然有数次汉族移民广东的政策性迁徙，但直到明朝，广东仍居住着大量的非汉族"土著"，包括瑶、畲、黎、苗、疍族，等等。这些土著民族在明朝中期以后陆续起来反抗，叛乱对作为广东政治经济中心的珠三角地区构成极大的威胁。不过，也正是在不断的叛乱与反叛乱之后，非汉族逐渐被汉化。在这个过程中，珠三角的很多家族都存在一种需求，那就是怎样证明自己是纯粹的汉族。

梁启超曾经分析说，广东人不愿承认自己是土著，因为广东土著很容易被误认为是非汉族。尽管自秦代以来，北方汉族历代移民岭南，意味着土著不一定就是非汉族，但土著等于非汉族的观念仍然很流行。在明朝中叶以后民族问题空前尖锐的背景下，珠三角居民为了证明自己的祖先是来自中原的汉族，就普遍接纳了珠玑巷移民故事，通过这个故事来说明自己的祖先渊源有自：宋末中原士民翻越大庾岭，迁至南雄，因苏妃—罗贵故事，再二次迁徙到珠三角。这样，中原汉族祖先在宋元 200 多年间逐步南迁的历史链条，就被构建起来了。

今天的广东台山市上川岛，在明朝是瑶族的地盘。曾居住此地的甘氏家族，认为自己不是瑶民，但因为居住在瑶族的地界，常常被认为是瑶民。这让甘氏家族很苦恼。最终，他们在族谱中主张其祖先是从珠玑巷迁来的，以此证明他们是中原汉族后裔，而不是瑶族。这是不是历史的真相，已经无从考证，但甘氏家族通过接纳珠玑巷传说来表明家族来源，却实实在在让他们摆脱了非汉族质疑的困扰。在明朝，像甘氏家族这样的遭遇与解决问题的案例，肯定不在少数。

经过长期的口传之后，这个故事逐渐变成了珠三角宗族的"历史"的一部分，并被编纂进族谱，世代相传。

总之，经过元、明两代的有意识传播和族群认同，或为了隐瞒身份，或为了证明身份，自称珠玑巷移民后裔的人口暴增。明朝嘉靖年间《广东通志》说，"岭上古有珠玑巷""今南海衣冠多其子孙"。其中，夹杂着许多非珠玑巷移民后裔，为了现实需要，强行攀附为珠玑巷移民后裔。

根据统计，目前珠三角有 180 多个姓氏宣称是珠玑巷移民后裔。

3

在王朝更替的大背景下，持续 200 多年的岭南大移民，还藏着一个更为根本的动因：人地比例。

传统农耕社会，一个大区域的人地比例，是决定这个区域输出或迁入人口的终极因素。当一个区域的人口严重超过了土地的负荷，就是该区域向外移民的时候了；反之，则是对外吸纳移民的时候。而战乱或朝代兴亡，是这种持续性移民的导火索和催化剂。

中国历史上有两个"南北朝"，分别接近 400 年时间：一个是我们熟悉的魏晋南北朝（3—6 世纪），另一个是五代十国、宋辽金时期（10—13 世纪）。有意思的是，这两个"南北朝"，恰恰是中国人口南迁的两个关键期。

第一个"南北朝"，在永嘉之乱后，北方移民南迁到江淮平原、江汉平原和长江三角洲。历经安史之乱到第二个"南北朝"前期，南岭以北、长江以南地区人口大幅增长，浙江、江西、福建等省许多地方人多地少，人口压力激增，导致杀婴、溺婴之风泛滥。

第二个"南北朝"，在北宋末期之后，其他方向已经难以找到人口稀疏之地，南岭以南成了移民的新选择，加上金兵入侵和元军灭宋都是自北向南推进，更加促使移民大批涌入岭南地区。

从区域发展的角度分析，第一个"南北朝"的大移民促成了江淮、江南的开发，而第二个"南北朝"的大移民，则很大程度上促成了珠三角的开发。

珠玑巷移民最终走向珠三角，从地理环境来看，实质上是大自然安排的唯一选择。南雄一带，退回北面是大庾岭、骑田岭（而且退回南岭以北是不可能的），往东是滑石山、青云山，向西则有瑶山阻隔，仅有南面给北江留下一个出口，由此顺流而下，直达珠三角腹地。除了这条路，别无选择。

当年，珠玑巷移民砍竹做成竹筏，顺北江南下，一路并非没有风险。有族谱记载，遇大风，竹筏散，溺毙男女多人，此类不幸事故时有发生。

当时的珠三角地区，仍被视为南方烟瘴地。但广州是闻名遐迩的外贸城市，还是国内首屈一指的粮市，由于商贸繁盛，人口密集，绝大多数南下移民，不可能在广州落脚，只能见缝插针，继续迁徙到周边未耕垦开发而布满河流水网的荒地区域。集体南迁的人群，最终按姓氏，散居各地：北有清远的朱姓，增城的刘姓；东有东莞的张、李、陈、刘诸姓；南有恩平的梁姓，新会的区、李、麦、陈诸姓；西有阳江的司徒，等等。根据统计，南下移民比较集中的居留地，为南海、番禺、顺德、香山、东莞、新会等六县。

由于这些新移民属于珠三角的"客人"，初来乍到，在没有站稳脚跟之前，非常担心当地势力制造事端，产生入住权纠纷。因此，他们尽量选择无主之地、没有恶势力把持的地方落脚。有些移民，为了取得当地入住权，甚至要经过百余年、五六代人的努力。

南海甘蕉村蒲氏家族的族谱记载，这个家族的祖先南宋末年迁到顺德县（今佛山市顺德区），历经数代人在顺德、南海多地辗转迁徙，均无法获得户籍，只能"挂籍于人，借户输税"。直到大约150年后，明永乐二十二年（1424），才得以开户于南海甘蕉村。自此时起，整个家族才感觉，脚下的土地是乡园，而不是旅居。在一个传统社会，这种寄人篱下、漂泊不定的生活，艰辛和痛苦是难以言喻的。

新移民到达居住地，安顿下来后，开始筑堤护田，开垦荒滩，在恶劣的条件下，硬是打出了一片新天地。经过相当时日，逐步把昔日的烟瘴地，变成了以"桑基鱼塘"出名的发达农业地区。珠三角的崛起，正是从两宋移民之后日积月累形成的。

这些自称珠玑巷移民的人及其后裔，早期与珠三角土著打交道处于劣势，因此他们更需要凝聚力量，对抗土著的欺负和歧视。珠玑巷移民的共同标签，有利于他们的认同、团结和集体对外。根据移民传说，珠玑巷移民即便"各姓子孙，贫富不一"，仍然要尊奉"富者建祠奉祀，贫者同堂共飨"的约定，以至"万代永不相忘也，世世相好"。在大家都是珠玑巷移民的认同下，广府人之间几乎没有发生过内部的大规模冲突，他们的拳头永远对着非珠玑巷移民。

由于珠玑巷移民具有中原的先进技术和文化教育背景，当他们立足站稳之后，在数代人的努力下，已经完全"反客为主"，处于优势地位。无论是读书、科举、做官，还是工农业、经商，珠玑巷移民后裔都占据主导地位，并获取了区域治理的话语权。这时候，珠三角原住民和那些从其他地方来的移民，纷纷接受了强势文化的渗透，把自己的家族也塑造成珠玑巷移民。不管祖先是否来自珠玑巷，都在族谱中认定珠玑巷是本家族的祖源地，这是珠玑巷移民身份被大量冒称的根本原因。因此，也就不难理解，一条仅长约 1.5 公里的古老巷子，为何能在 800 年后孕育出数千万移民后裔。

如今，散布在粤港澳和海外的广府人，大约 70% 都自认是珠玑巷移民后裔。珠玑巷因此被称为"粤人故里"，是广府人心中的"吾家故乡"。从珠玑巷走出去的历代后裔，名人辈出，尤其是在晚清以后，出现了容闳、康有为、梁启超、孙中山等足以影响中国历史进程的大人物，让广东在最近的 150 年间始终独领风骚。

行文至此，不得不说：中国的历史少了珠玑巷，是不完整的。今天，重温这段夹杂着传说与历史、苦难与光荣的移民往事，或许，我们会对脚下的每一寸土地，投以不一样的深情凝视。

参考文献

一、古籍、资料汇编

[1]〔汉〕司马迁 . 史记 [M]. 北京：中华书局，2006.

[2]〔汉〕班固 . 汉书 [M]. 北京：中华书局，2007.

[3]〔汉〕刘向 . 战国策 [M]. 上海：上海古籍出版社，1998.

[4]〔晋〕陈寿，〔宋〕裴松之 . 三国志 [M]. 北京：中华书局，1982.

[5]〔南朝〕沈约 . 宋书 [M]. 北京：中华书局，1974.

[6]〔南朝〕范晔 . 后汉书 [M]. 北京：中华书局，2000.

[7]〔唐〕房玄龄，等 . 晋书 [M]. 北京：中华书局，1996.

[8]〔唐〕李延寿 . 南史 [M]. 北京：中华书局，1974.

[9]〔唐〕姚思廉 . 梁书 [M]. 北京：中华书局，1973.

[10]〔后晋〕刘昫，等 . 旧唐书 [M]. 北京：中华书局，1975.

[11]〔宋〕欧阳修，等 . 新唐书 [M]. 北京：中华书局，1975.

[12]〔宋〕薛居正，等 . 旧五代史 [M]. 北京：中华书局，1976.

[13]〔宋〕欧阳修 . 新五代史 [M]. 北京：中华书局，1976.

[14]〔宋〕司马光，等 . 资治通鉴 [M]. 北京：中华书局，2009.

[15]〔宋〕李焘 . 续资治通鉴长编 [M]. 北京：中华书局，2004.

[16]〔元〕脱脱，等 . 宋史 [M]. 北京：中华书局，1985.

[17]〔元〕脱脱，等 . 金史 [M]. 北京：中华书局，1975.

[18]〔明〕宋濂，等 . 元史 [M]. 北京：中华书局，1976.

[19]〔明〕陈邦瞻 . 宋史纪事本末 [M]. 北京：中华书局，1977.

[20]〔清〕张廷玉，等．明史 [M]．北京：中华书局，1974.

[21]〔清〕谷应泰．明史纪事本末 [M]．北京：中华书局，1977.

[22] 赵尔巽，等．清史稿 [M]．北京：中华书局，1998.

[23]〔三国〕诸葛亮．诸葛亮集 [M]．北京：中华书局，2009.

[24]〔宋〕黄庭坚，〔宋〕任渊，等．山谷诗集注 [M]．上海：上海古籍出版社，2003.

[25]〔宋〕黄庭坚，马兴荣，祝振玉．山谷词校注 [M]．上海：上海古籍出版社，2011.

[26]〔宋〕辛弃疾，邓广铭．稼轩词编年笺注（增订本）[M]．上海：上海古籍出版社，1993.

[27]〔明〕文徵明，周道振．文徵明集 [M]．上海：上海古籍出版社，2014.

[28]〔明〕熊廷弼．熊廷弼集 [M]．北京：学苑出版社，2011.

[29]〔明〕孙传庭．孙忠靖公全集 [M]．上海：上海古籍出版社，2018.

[30]〔清〕顾祖禹．读史方舆纪要 [M]．北京：中华书局，2005.

[31]〔清〕徐秉义．明末忠烈纪实 [M]．杭州：浙江古籍出版社，1987.

[32]〔清〕彭玉麟．彭玉麟集 [M]．长沙：岳麓书社，2003.

[33]〔清〕曾国藩．曾国藩全集 [M]．长沙：岳麓书社，1994.

[34] 鲁迅．鲁迅全集 [M]．北京：人民文学出版社，2005.

[35] 胡适．胡适全集 [M]．合肥：安徽教育出版社，2003.

[36] 陈旭麓，等．中国近代史词典 [M]．上海：上海辞书出版社，1982.

[37] 萧涤非，等．唐诗鉴赏辞典 [M]．上海：上海辞书出版社，1999.

[38] 谭其骧．中国历史地图集 [M]．北京：中国地图出版社，1996.

二、专著、论文

[1] 钱穆．国史大纲 [M]．北京：商务印书馆，2013.

[2] 夏曾佑．中国古代史 [M]．长沙：岳麓书社，2010.

[3] 张荫麟．中国史纲 [M]．上海：上海古籍出版社，1999.

[4] 吕思勉．三国史话 [M]．北京：中华书局，2006.

[5] 吕思勉．隋唐五代史 [M]．上海：上海古籍出版社，2005.

[6] 何兹全 . 三国史 [M]. 北京：人民出版社，2011.

[7] 蒋廷黻 . 中国近代史 [M]. 上海：上海古籍出版社，2001.

[8] 郭廷以 . 近代中国史纲 [M]. 上海：格致出版社，2009.

[9] 唐德刚 . 袁氏当国 [M]. 桂林：广西师范大学出版社，2004.

[10] 唐德刚 . 晚清七十年 [M]. 长沙：岳麓书社，1999.

[11] 顾颉刚 . 古史辨自序 [M]. 石家庄：河北教育出版社，2003.

[12] 何炳棣 . 明清社会史论 [M]. 徐泓，译注 . 台北：联经出版公司，2013.

[13] 马非百 . 秦始皇帝传 [M]. 南京：江苏古籍出版社，1985.

[14] 易中天 . 易中天中华史 [M]. 杭州：浙江文艺出版社，2016.

[15] 顾诚 . 南明史 [M]. 北京：中国青年出版社，1997.

[16] 韩茂莉 . 中国历史地理十五讲 [M]. 北京：北京大学出版社，2015.

[17] 董佳 . 教科书里没有的近代史 [M]. 北京：中华书局，2011.

[18] 黄仁宇 . 万历十五年 [M]. 北京：生活·读书·新知三联书店，2015.

[19] 阎崇年 . 清朝十二帝 [M]. 北京：故宫出版社，2010.

[20] 波音 . 王朝的家底：从经济学角度看中国历史 [M]. 北京：群言出版社，2016.

[21] 张其凡 . 宋太宗 [M]. 长春：吉林文史出版社，1997.

[22] 孟森 . 明史讲义 [M]. 北京：中华书局，2006.

[23] 杜文玉 . 唐代宫廷史 [M]. 天津：百花文艺出版社，2010.

[24] 王小甫 . 隋唐五代史 [M]. 北京：中信出版集团，2017.

[25] 房德邻 . 封疆大吏与晚清变局 [M]. 合肥：安徽人民出版社，2013.

[26] 徐焰 . 战争与瘟疫 [M]. 北京：人民出版社，2014.

[27] 庞利民 . 晋商与徽商 [M]. 合肥：安徽人民出版社，2017.

[28] 傅崇兰 . 中国运河城市发展史 [M]. 成都：四川人民出版社，1985.

[29] 王振忠 . 明清徽商与淮阳社会变迁 [M]. 北京：生活·读书·新知三联书店，2014.

[30] 辛德勇 . 黄河史话 [M]. 北京：中国大百科全书出版社，1998.

[31] 黄宝华 . 黄庭坚评传 [M]. 南京：南京大学出版社，1998.

[32] 莫砺锋 . 江西诗派研究 [M]. 济南：齐鲁书社，1986.

[33] 邓广铭 . 辛弃疾传·辛稼轩年谱 [M]. 北京：生活·读书·新知三联书店，2007.

[34] 巩本栋 . 辛弃疾评传 [M]. 南京：南京大学出版社，2002.

[35] 邓广铭 . 宋史十讲 [M]. 北京：中华书局，2008.

[36] 闻一多 . 唐诗杂论 [M]. 上海：上海古籍出版社，1998.

[37] 莫砺锋 . 杜甫评传 [M]. 南京：南京大学出版社，1993.

[38] 周勋初 . 李白评传 [M]. 南京：南京大学出版社，2005.

[39] 张绥 . 中国人的通史 [M]. 上海：上海人民出版社，2009.

[40] 茅海建 . 戊戌变法史事考 [M]. 北京：生活·读书·新知三联书店，2005.

[41] 汪荣祖 . 走向世界的挫折——郭嵩焘与道咸同光时代 [M]. 长沙：岳麓书社，2000.

[42] 王天有 . 明朝十六帝 [M]. 北京：紫禁城出版社，2010.

[43] 李亚平 . 帝国政界往事：公元 1127 年大宋实录 [M]. 天津：天津人民出版社，2015.

[44] 李亚平 . 帝国政界往事：大明王朝纪事 [M]. 天津：天津人民出版社，2015.

[45] 赵柏田 . 岩中花树：十六至十八世纪的江南文人 [M]. 北京：中华书局，2007.

[46] 戴逸 . 乾隆帝及其时代 [M]. 北京：中国人民大学出版社，2008.

[47] 樊文礼 . 李克用评传 [M]. 济南：山东大学出版社，2005.

[48] 赵剑敏 . 大唐玄宗时代 [M]. 上海：上海人民出版社，2007.

[49] 张海鹏，张海瀛 . 中国十大商帮 [M]. 合肥：黄山书社，1993.

[50] 路遇，滕泽之 . 中国人口通史 [M]. 济南：山东人民出版社，2000.

[51] 方彪 . 图说老北京：北京简史 [M]. 北京：北京时代华文书局，2017.

[52] 朱明德，梅宁华 . 蓟门集：北京建都八百五十周年论文集 [M]. 北京：北京燕山出版社，2005.

[53] 侯仁之 . 北平历史地理 [M]. 北京：外语教学与研究出版社，2013.

[54] 李建军 . 明代云南沐氏家族研究 [M]. 沈阳：辽宁人民出版社，2002.

[55] 饶胜文 . 布局天下：中国古代军事地理大势 [M]. 北京：解放军出版社，2006.

[56] 赵春阳 . 英雄的棋局：三国军事地理大势 [M]. 北京：台海出版社，2017.

[57] 吕焕斌 . 共和国深处的历史记忆 [M]. 长沙：湖南人民出版社，2010.

[58] 梁绍辉 . 曾国藩评传 [M]. 南京：南京大学出版社，1999.

[59] 成晓军 . 曾国藩家族 [M]. 重庆：重庆出版社，2006.

[60] 漆侠 . 宋代经济史 [M]. 北京：中华书局，2009.

[61] 黄国信 . 区与界：清代湘粤赣界邻地区食盐专卖研究 [M]. 北京：生活 · 读书 · 新知三联书店，2006.

[62] 全汉昇 . 中国近代经济史论丛 [M]. 北京：中华书局，2011.

[63] 樊树志 . 明史讲稿 [M]. 北京：中华书局，2012.

[64] 葛剑雄，等 . 简明中国移民史 [M]. 福州：福建人民出版社，1993.

[65] 费孝通 . 中华民族多元一体格局 [M]. 北京：中央民族大学出版社，1999.

[66] 葛剑雄 . 统一与分裂：中国历史的启示 [M]. 北京：商务印书馆，2013.

[67] 侯家驹 . 中国经济史 [M]. 北京：新星出版社，2008.

[68] 刘志伟 . 在国家与社会之间：明清广东地区里甲赋役制度与乡村社会 [M]. 北京：中国人民大学出版社，2010.

[69] [美] 魏斐德 . 洪业：清朝开国史 [M]. 南京：江苏人民出版社，2010.

[70] [美] 司徒琳 . 南明史：1644—1662 [M]. 上海：上海人民出版社，2017.

[71] [美] 孔飞力 . 中华帝国晚期的叛乱及其敌人 [M]. 北京：中国社会科学出版社，1990.

[72] [美] 魏斐德 . 大门口的陌生人：1839—1861 年间华南的社会动乱 [M]. 北京：中国社会科学出版社，1988.

[73] [美] 贾志扬 . 天潢贵胄：宋代宗室史 [M]. 南京：江苏人民出版社，2005.

[74] [美] 威廉 · 麦克尼尔 . 瘟疫与人 [M]. 北京：中信出版集团，2018.

[75] [美] 牟复礼，[英] 崔瑞德 . 剑桥中国明代史 [M]. 北京：中国社会科学出版社，1992.

[76] [英] 崔瑞德，等 . 剑桥中国秦汉史 [M]. 北京：中国社会科学出版社，1992.

[77] [英] 崔瑞德，等 . 剑桥中国隋唐史 [M]. 北京：中国社会科学出版社，1990.

[78] [英] 柯律格 . 雅债：文徵明的社交性艺术 [M]. 北京：生活 · 读书 · 新知三联书店，2012.

[79] [德] 弗兰克 . 白银资本：重视经济全球化中的东方 [M]. 北京：中央编译出版社，2008.

[80] [瑞典] 喜仁龙 . 北京的城墙与城门 [M]. 北京：北京联合出版公司，2017.

[81] 张应二 . 诸葛亮军事活动研究 [D]. 长春：吉林大学，2006.

[82] 张小健 . 江右商帮兴衰研究（1368—1911）[D]. 武汉：华中师范大学，2015.

[83] 曹志红 . 老虎与人：中国虎地理分布和历史变迁的人文影响因素研究 [D]. 西安：陕西师范大学，2010.

[84] 许文超 . 明末名臣孙传庭研究 [D]. 西宁：青海师范大学，2018.

[85] 何仁杰 . 南朝皇权政治与王谢家族 [D]. 武汉：武汉大学，2004.

[86] 席明旺 . 交通、水利与城市的兴衰：以清代开封为例 [D]. 成都：四川大学，2007.

[87] 赵克尧，许道勋 . 略论曹魏的士家屯田 [J]. 中国社会经济史研究，1984（01）.

[88] 叶哲明 . 重评蜀汉姜维北伐 [J]. 兰州大学学报（社会科学版），1987（01）.

[89] 高敏 . 曹魏士家制度的形成与演变 [J]. 历史研究，1989（05）.

[90] 朱绍侯 . 刘秀与他的功臣 [J]. 中国史研究，1995（04）.

[91] 黄惠贤 . 曹魏中军溯源 [J]. 魏晋南北朝隋唐史资料，1996.

[92] 张作耀 . 曹操屯田述论 [J]. 江汉论坛，1998（12）.

[93] 张淑华 . 建国初期北京城墙留与拆的争论 [J]. 北京党史，2006（01）.

[94] 钱江 . 古代亚洲的海洋贸易与闽南商人 [J]. 海交史研究，2011（02）.

[95] 陈尚君 . 贺知章的文学世界 [J]. 杭州师范大学学报（社会科学版），2012（03）.

[96] 石树芳 . 天宝三载的诗学意义 [J]. 浙江学刊，2015（05）.

[97] 宋杰 . 三国交兵中的襄阳与荆州战局 [J]. 军事历史研究，2019（01）.

[98] 高学源 . 番薯传入中国四百一十周年记 [J]. 粮食问题研究，2003（04）.

[99] 王思明 . 美洲原产作物的引种栽培及其对中国农业生产结构的影响 [J]. 中国农史，2004（02）.

[100] 曹玲 . 美洲粮食作物的传入对我国农业生产和社会经济的影响 [J]. 古今农业，2005（03）.

[101] 简姿亚，邵华 . 试论湘军兴起对晚清湖南文化教育的影响 [J]. 湖南第一师范学院院报，2013（05）.

[102] 项顺贵 . 试论淮军与湘军的差异 [J]. 浙江学刊，2012（05）.

[103] 李英全，关伟．论晚清淮军的军购对中国军事近代化的影响 [J]．广东外语外贸大学学报，2012（05）．

[104] 叶美兰．近代扬州城市现代化缓慢原因分析 [J]．扬州大学学报（人文社会科学版），2004（04）．

[105] 蔡云辉．中国近代战争作用下的衰落城市 [J]．浙江社会科学，2007（01）．

[106] 刘惠敏．大运河对城市文明兴起与经济发展的作用 [J]．生产力研究，2011（06）．

[107] 陈肖静，侯兵．运河的变迁及其对扬州社会与文化的影响 [J]．中国名城，2015（11）．

[108] 杨德华，杨永平．元朝的货币政策和通货膨胀 [J]．云南民族学院学报（哲学社会科学版），2001（05）．

[109] 张丽，骆昭东．从全球经济发展看明清商帮兴衰 [J]．中国经济史研究，2009（04）．

[110] 南香红，等．失乐园：中国虎的最后 100 年 [J]．看历史，2010（07）．

[111] 王永平．论六朝时期陈郡谢氏的家风与家学 [J]．江苏社会科学，2001（05）．

[112] 张其凡．五代政权递嬗之考察——兼评周世宗的整军 [J]．华南师范大学学报（社会科学版），1985（01）．

[113] 李晓．王朴、周世宗、宋太祖统一战略比较 [J]．烟台大学学报（哲学社会科学版），1992（01）．

[114] 杨翠微．论章献明肃刘太后 [C]// 面向二十一世纪：中外文化的冲突与融合学术研讨会论文集．北京：商务印书馆，1999：76-99．

[115] 张明华．论北宋女性政治的蜕变 [J]．河南大学学报（社会科学版），2002（01）．

[116] 毛秋瑾．唐寅与文徵明交游考略 [J]．苏州文博论丛，2016．

[117] 邓璐冰．绚烂之极归于平淡的文徵明 [J]．湖南省博物馆馆刊，2015．

[118] 李志茗．彭玉麟：兵事之外的才识操守 [J]．史林，2014（01）．

[119] 戴鸿义．明末辽东杰出将领熊廷弼 [J]．社会科学辑刊，1989（04）．

[120] 姜守鹏．熊廷弼、孙承宗、袁崇焕经辽研究 [J]．东北师大学报（哲学社会科学版），1992（04）．

[121] 李东杲，吴大昕．熊廷弼反对"以辽守辽"探究 [J]．地域文化研究，2018（05）．

[122] 陈岸峰．吴梅村《雁门尚书行并序》与《绥寇纪略》的诗史互证 [J]．安徽大学学报（哲学社会科学版），2018（04）．

[123] 樊树志．崇祯：攘外与安内的两难选择 [J]．学术月刊，1996（07）．

[124] 胡卫平．从《几何原本》的刊刻到"雪耻"的数学世家 [J]．湖南人文科技学院学报，2010（04）．

[125] 石潇纯．论曾国藩家族女性对曾氏家风的继承与发扬 [J]．船山学刊，2012（04）．

[126] 方志远．赣商与江西商业文化 [J]．江西社会科学，2011（03）．

[127] 黄志繁，杨金鹏．太平天国战争后地方社会重建困境与近代江西经济衰落 [J]．江西社会科学，2016（06）．

[128] 王家范．帝国时代商人的历史命运 [J]．史林，2000（02）．

[129] 倪玉平．清道光朝黄玉林私盐案研究 [J]．安徽史学，2015（01）．

[130] 史继刚．中国古代私盐的产生和发展 [J]．盐业史研究，2003（04）．

[131] 陈彩云．元代私盐整治与帝国漕粮海运体制的终结 [J]．清华大学学报（哲学社会科学版），2018（04）．

[132] 金钟博．明代盐法之演变与盐商之变化 [J]．史学集刊，2005（01）．

[133] 晁中辰．明后期白银的大量内流及其影响 [J]．史学月刊，1993（01）．

[134] 万明．明代白银货币化:中国与世界连接的新视角 [J]．河北学刊,2004(03)．

[135] 陈乐素．珠玑巷史事 [J]．学术研究，1982（06）．

[136] 曾祥委．关于南雄珠玑巷移民故事的研究 [J]．神州民俗，2012（04）．

[137] 徐杰舜，何月华．汉族迁入岭南钩沉 [J]．湖北民族学院学报（哲学社会科学版），2019（01）．

[138] 江媚．怎样认识 10 至 13 世纪中华世界的分裂与再统一 [J]．史学月刊，2019（06）．